ISABEL WILKERSON

KASTE

Die Ursprünge unseres Unbehagens

Aus dem Amerikanischen von
Jan Wilm

Im Gedenken an meine Eltern, die das Kastensystem überlebt haben, und im Gedenken an Brett, der sich ihm widersetzt hat

»Ich bin oft genug in die Keller von Polizeiwachen geschleift worden, und ich habe Geheimnisse verzweifelter weißer Männer und Frauen gesehen, gehört und ertragen, die sie bei mir gut aufgehoben wussten, weil mir ohnehin niemand glauben würde. Sie würden mir nicht glauben, weil sie wüssten, dass ich die Wahrheit sage.«

James Baldwin, Nach der Flut das Feuer

»Würde die Mehrheit die Wurzel dieses Übels kennen, wäre der Weg zu seiner Beseitigung nicht weit.«

Albert Einstein, Rede an die Urban National League[1]

INHALT

Der Mann in der Menge

Es existiert eine berühmte Schwarz-Weiß-Fotografie aus der Zeit des Dritten Reichs. Es handelt sich um ein Bild, das 1936 in Hamburg aufgenommen wurde und hundert oder mehr Werftarbeiter zeigt, die im Glast der Sonne in dieselbe Richtung blicken. Den rechten Arm starr ausgestreckt, führen sie vereint den Hitlergruß aus, um ihre Führertreue zu demonstrieren.

Wenn man genau hinsieht, kann man oben rechts auf dem Bild einen Mann erkennen, der sich von den anderen abhebt. Sein Gesicht ist sanft, aber unnachgiebig. Auf heutigen Versionen des Fotos ist oft ein roter Kreis um den Mann herumgezogen – oder es deutet ein Pfeil auf ihn. Der Mann ist umgeben von Mitbürgern, die im Bann der Nazis stehen. Er hält die Arme vor der Brust verschränkt, während die steifen Handflächen der anderen nur Zentimeter von ihm entfernt in der Luft schweben. Er allein verweigert den Hitlergruß. Er ist der einzige Mann, der gegen den Strom schwimmt.

Aus unserer heutigen Sicht ist er der einzige Mensch in der Menge, der auf der richtigen Seite der Geschichte steht. Alle um ihn herum liegen tragisch, verhängnisvoll, kategorisch falsch. In diesem Moment war er als Einziger in der Lage, dies zu erkennen.

Man vermutet, sein Name war August Landmesser. Damals konnte er nicht ahnen, welch mörderischen Weg die Hysterie um ihn herum einschlagen würde. Doch er hatte längst genug gesehen, um diesen Weg abzulehnen. Jahre zuvor war er selbst in die NSDAP eingetreten. Inzwischen wusste er jedoch aus erster Hand, dass die Nazis die Deutschen mit Lügen über jüdische Mitbürgerinnen und

Mitbürger, die Ausgestoßenen der damaligen Zeit, mästeten, dass die Nazis selbst in dieser frühen Phase des Reichs bereits Terror, seelische Qualen und Zerrüttung verursacht hatten. Er wusste, dass jüdische Menschen alles andere als Untermenschen waren, dass sie deutsche Bürgerinnen und Bürger waren, Menschen wie alle anderen auch. Er war ein Arier, der in eine Jüdin verliebt war, doch die kürzlich erlassenen Nürnberger Rassengesetze hatten ihre Beziehung illegalisiert. Es war ihnen untersagt, zu heiraten oder eine sexuelle Beziehung zu führen, was die Nazis als »Blutschande« bezeichneten.[2]

Seine persönlichen Erfahrungen und seine enge Verbindung zur Kaste der Sündenböcke erlaubten ihm, die Stereotype und die Lügen zu durchschauen, die von anfälligen Mitgliedern – bedauerlicherweise der Mehrheit – der herrschenden Kaste so bereitwillig übernommen wurden. Obwohl er selbst Arier war, hatte er durch seine Offenheit für die Menschlichkeit derjenigen, die als unter seiner Würde angesehen wurden, ein Interesse an ihrem Wohlergehen, denn ihr Schicksal war mit dem seinen verbunden. Er sah, was seine Landsleute nicht sehen wollten.

In einem totalitären Regime wie dem Dritten Reich war es ein Akt der Tapferkeit, gegen einen ganzen reißenden Fluss anzuschwimmen. Wir alle möchten glauben, dass wir wie er gewesen wären. Wir könnten uns glauben machen, dass wir, wenn wir arische Bürgerinnen und Bürger im Dritten Reich gewesen wären, sicher alles durchschaut hätten, dass wir uns wie er darüber erhoben hätten, dass wir diejenigen gewesen wären, die dem Autoritarismus und der Brutalität bei aller Massenhysterie dennoch widerstanden hätten.

Wir möchten nur zu gerne glauben, dass wir den schwierigeren Weg des Widerstands gegen die Ungerechtigkeit zur Verteidigung der Ausgestoßenen eingeschlagen hätten. Doch wenn die Menschen nicht bereit sind, ihre Ängste zu überwinden, Unannehmlichkeiten *und Spott über sich ergehen zu lassen, die Verachtung von Angehörigen, Nachbarinnen, Kollegen und Freundinnen zu erleiden und bei vielleicht allen, die sie kennen, in Ungnade zu fallen, mit Ausgrenzung und sogar Verbannung konfrontiert zu werden, dann ist es für jeden Menschen statistisch unmöglich, menschlich unmöglich, dieser Mann zu sein. Was bräuchte es, zu diesem Mann zu werden, ganz gleich, zu welcher Zeit? Was bräuchte es heute, dieser Mann zu sein?*

TEIL EINS

TOXINE IM PERMA-FROST UND RINGSUM STEIGENDE HITZE

1

Das Nachleben von Krankheitserregern

Im gespenstischen Sommer von 2016 rollte eine ungewöhnliche Hitzewelle über die sibirische Tundra hinweg, gerade an den Grenzen dessen, was man einst »das Ende der Welt« nannte. Oberhalb des Polarkreises und weit entfernt von den tektonischen Platten, die in der amerikanischen Politik aufeinanderprallten, stieg die Temperatur unter der Erdoberfläche an, zusätzlich drückte die Hitze von oben auf die Erde, wobei die Luft auf der russischen Jamal-Halbinsel unvorstellbare 35 Grad Celsius erreichte. Waldbrände brachen aus und Methanblasen gurgelten unter dem gewöhnlich gefrorenen Boden der Polarregion. Bald erkrankten die Kinder der einheimischen Hirten an einer ihnen unbekannten Krankheit, die viele der Menschen sich nicht erklären konnten. Ein zwölfjähriger Junge bekam hohes Fieber und Magenschmerzen, dann verstarb er. Die russischen Behörden riefen den Notstand aus und begannen, Hunderte von erkrankten Kindern des Hirtenvolks der Nenzen in das nächstgelegene Krankenhaus in Salechard auszufliegen. Wissenschaftler fanden schließlich heraus, was die sibirischen Siedlungen befallen hatte. Die abnorme Hitze hatte sich viel tiefer als sonst in den russischen Permafrost hineingefressen und ein Giftgas freigesetzt, das seit 1941, während des letzten Weltkriegs, eingeschlossen gewesen war. Es handelte sich um einen Milzbranderreger, der vor Jahrzehnten ganze Rentierherden niedergerafft hatte und in den Tierkadavern verborgen lag, die tief im Permafrost schlummerten. In jenem Sommer war einer dieser verseuchten Kadaver an die Oberfläche gekommen, aufgetaut, und der Erreger war erwacht, geradeso intakt und kraftvoll wie eh und je.[3] Die Sporen des Bakteriums verstreuten sich rasch über das Weideland, infizierten die Rentiere und sprangen auf die Hirten über, die die Tiere züchteten und von ihnen lebten. Der Milzbrand – wie die Reaktivierung der menschlichen Krankheitserreger des Hasses und des Tribalismus in diesem sich entspinnenden Jahrhundert – war niemals ausgestorben. Er hatte auf der Lauer gelegen, schlummernd, bis extreme Umstände ihn an die Oberfläche und zurück ins Leben beförderten.

Am anderen Ende der Erde war die älteste und mächtigste Demokratie der Menschheit in Aufruhr wegen einer Wahl, die die westliche Welt lähmen und zu einem psychischen Bruch in der Geschichte der USA führen würde, der wahrscheinlich über Generationen hinweg analysiert und seziert werden wird. In jenem Sommer und bis in den Herbst hinein sowie in den darauffolgenden Jahren waren inmitten des Geredes über Einreisebeschränkungen für muslimische Menschen, über *nasty women*, Grenzmauern und über die Bezeichnung von Ländern als »Dreckslöcher« immer wieder dieselben ungläubigen Rufe zu vernehmen: »Das sind nicht die Vereinigten Staaten«, »Ich erkenne mein Land nicht wieder« oder »Das ist nicht, wer wir sind.« Allein, dies war und ist unser Land, und das war und ist, wer wir sind, ob wir es nun wussten und begriffen oder nicht.

Die Temperatur stieg an – in der Arktis wie auch bei zufälligen Begegnungen in den USA. Im Spätsommer dieses Jahres war ein weißer Mann, ein Künstler in New York City, einem demokratischen Hafen in einem verlässlich blauen Bundesstaat, einer weißen Frau mittleren Alters in Brooklyn dabei behilflich, ihre Einkäufe in eine U-Bahn Richtung Coney Island zu tragen.

Damals war es unmöglich, Gesprächen über Politik aus dem Weg zu gehen. Es war ein Wahlkampf, wie es ihn noch nie zuvor gegeben hatte. Zum ersten Mal in der Geschichte kandidierte eine Frau für das Amt der Präsidentin der Vereinigten Staaten. Die Kandidatin war weitläufig bekannt, eine nüchterne und nach Einschätzung einiger Kommentatoren überqualifizierte nationale Persönlichkeit, konventionell und besonnen, wenn auch für ihre Kritiker wenig inspirierend, mit einem sicheren Gespür für jede Politik und jede Krise, mit der sie sich würde befassen müssen. Ihr Gegenkandidat war ein ungestümer Milliardär, ein Reality-TV-Star, der dazu neigte, jeden zu beleidigen, der sich von ihm selbst unterschied, ein Mann, der nie ein öffentliches Amt bekleidet hatte und dem Experten nicht den Hauch einer Chance einräumten, die Vorwahlen seiner Partei zu gewinnen, geschweige denn die Wahl zur Präsidentschaft.

Bevor der Wahlkampf beendet war, stellte der Kandidat der Kandidatin während einer Fernsehdebatte, die in alle Welt übertragen wurde, wie ein Stalker nach. Er prahlte damit, Frauen an den Genitalien zu berühren, machte sich über Menschen mit Behinderung lustig und rief zu Gewalt gegen die Presse und all diejenigen auf, die nicht seiner Meinung waren. Seine Anhängerinnen und Anhänger verhöhnten die Kandidatin und skandierten bei Massenkundgebungen, die der Milliardär anführte, sie solle verhaftet werden: »Lock her up!« Seine Äußerungen und Aktivitäten wurden als so derb empfunden, dass einigen Nachrichtenreportagen ein Warnhinweis für Erziehungsberechtigte vorangestellt wurde.[4]

Es handelte sich hier um einen Kandidaten, der »so offensichtlich nicht für den Job qualifiziert war«, schrieb der *Guardian* 2016, »dass seine Kandidatur eher wie ein böser Streich wirkte als eine ernsthafte Bewerbung um das Weiße Haus.«[5]

Oberflächlich betrachtet ging es nicht um das, was man in den USA gemeinhin als »race« bezeichnet. Sowohl die Kandidatin als auch der Kandidat waren weiß und gehörten der historisch dominanten Mehrheit des Landes an. Doch die Kandidatin vertrat die liberalere Partei, die sich aus einem Flickenteppich von Koalitionen zusammensetzte, die, grob gesagt, aus humanistisch gesinnten sowie marginalisierten Menschen bestanden. Der Kandidat vertrat die konservative Partei, die in den letzten Jahrzehnten als Behüterin einer alten Gesellschaftsordnung angesehen worden war und die vor allem die Interessen der weißen Wählenden vertrat.

Die beiden waren so unterschiedlich wie zwei Himmelspole, und sie wurden von den Anhängern des jeweils anderen Lagers gleichermaßen verabscheut. Die Extreme dieses Wahlkampfes zwangen die US-amerikanische Bevölkerung, sich für eine Seite zu entscheiden und entweder ihre Loyalität zu erklären oder einen Weg zu finden, um sie herumzutänzeln. Als der Künstler aus Brooklyn an einem ganz gewöhnlichen Tag der älteren Frau beim Einkaufen zur Hand ging, wandte sie sich unaufgefordert an ihn, um zu erfahren, wem er seine Stimme geben werde. Der Künstler, der progressiv gesinnt war, sagte, er habe vor, die Demokratin zu wählen, die erfahrenere Kandidatin. Die ältere Frau mit den Lebensmitteln muss dies bereits geahnt haben, und seine Antwort passte ihr nicht. Wie Millionen anderer US-Amerikanerinnen und -Amerikaner, die zur historisch dominanten Mehrheit gehören, hatte sie sich von den unverblümten Appellen des nativistischen Milliardärs bezirzen lassen.

Nur wenige Wochen zuvor hatte dieser gesagt, er könne jemanden auf der Fifth Avenue erschießen, und seine Anhänger würden ihn trotzdem wählen, derart ergeben seien sie ihm.[6] Die mit Lebensmitteln überladene Frau war eine von ihnen. Im blauesten aller Blue States hatte sie seinen Ruf erhört und seine Botschaften verstanden. Sie nahm es auf sich, den Künstler auf den Irrtum seines Denkens hinzuweisen und ihn zu belehren, warum es dringend notwendig sei, dem Richtigen die Stimme zu geben.

»Ja, ich weiß, dass er manchmal eine große Klappe hat«, räumte sie ein und näherte sich ihrem potenziellen Konvertiten. »Aber er wird uns wieder mächtig machen in der Welt.«

Damals, noch vor den Debatten und den sich überschlagenden Enthüllungen, wurde dem Mann aus Brooklyn klar, dass ein Reality-TV-Star mit der geringsten Erfahrung von allen, die je für das Präsidentenamt kandidiert hatten, aller historischer Widrigkeiten und Schreckensbeispiele zum Trotz, der Führer der freien Welt werden könnte.

Der Wahlkampf war zu mehr als einer politischen Rivalität geworden – es war ein existenzielles Ringen um die Vorherrschaft in einem Land, dessen demografische Strukturen sich gewandelt hatten. Menschen, die wie der Künstler aus Brooklyn und die Dame auf dem Weg nach Coney Island aussahen, deren Vorfahren aus Europa stammten, gehörten seit der Gründung der Republik zur historischen Mehrheit, zur dominierenden ethnischen Kaste in einer unausgesprochenen Hierarchie. Doch in den Jahren, die diesem Moment vorausgegangen waren, hatte sich im Radio und im Kabelfernsehen herumgesprochen, dass der Anteil der weißen Bevölkerung schrumpft. Im Sommer 2008, hatte das U. S. Census Bureau, das Volkszählungsamt, die Prognose ausgegeben, dass ab 2042 erstmals in der Geschichte der USA die Weißen nicht mehr die Mehrheit in einem Land bilden würden, das nie eine andere Konstellation gekannt hatte.[7]

Anschließend war im Herbst desselben Jahres, inmitten einer verheerend anmutenden Finanzkrise und wie um einen möglichen Niedergang der lange Zeit dominanten Kaste anzukündigen, ein Schwarzer, ein Mann aus der historisch untersten Kaste, zum Präsidenten der Vereinigten Staaten gewählt worden. Sein Aufstieg löste sowohl verfrühte Verkündungen einer Welt ohne Segregation als auch eine ganze Protestbewegung aus, die ihren einzigen Zweck darin sah, zu beweisen, dass der Präsident nicht in den USA geboren worden war, eine Kampagne, die von ebenjenem Milliardär angeführt wurde, der 2016 selbst für das Präsidentenamt kandidierte.

Unter der Oberfläche war also ein leises Grollen zu vernehmen, Neuronen, die erregt waren durch die Aussicht auf einen gerechten Kämpfer für die dominante Kaste, ein Sprachrohr für ihre Ängste. Einige Leute sahen sich dadurch ermutigt. Ein Polizeichef in South New Jersey sprach davon, Schwarze »niederzumähen«, und beklagte sich darüber, dass die Kandidatin der Demokraten sich »allen Minderheiten beugen« würde. In jenem September schlug dieser Mann auf einen Schwarzen Teenager in Handschellen ein; man hatte den Jungen festgenommen, weil er unerlaubt in einem Pool geschwommen war. Der Polizist packte ihn am Kopf und rammte ihn laut Zeugenaussagen »wie einen Basketball« gegen einen Türpfosten aus Metall. Als die Präsidentenwahl näher rückte, sagte der Polizeichef zu seinen Beamten, der Reality-TV-Star sei »die letzte Hoffnung der Weißen.«[8]

Auf der ganzen Welt begriffen die Menschen die Tragweite dieser Wahl. Zuschauende in Berlin und Johannesburg, Delhi und Moskau, Peking und Tokio blieben bis spät in die

Nacht oder bis zum nächsten Morgen vor ihren Fernsehern sitzen, um die Wahlergebnisse an diesem ersten Dienstag im November des Jahres 2016 zu verfolgen. Für viele außerhalb der USA war es unerklärlich, dass der Ausgang der Wahl nicht von der einfachen Mehrheit der Wählerstimmen abhing, sondern von den Wahlleuten im Electoral College, einer amerikanischen Erfindung aus der Gründungszeit der Sklaverei, nach der jeder Bundesstaat ein eigenes Mitspracherecht bei der Wahl des Präsidenten hat, basierend auf den Stimmen der jeweiligen Wahlleute sowie dem Ergebnis der gesamten Direktstimmen des bundesstaatlichen Wahlkreises.[9]

Bis dahin hatte es in der Geschichte des Landes nur fünf Wahlen gegeben, bei denen das Wahlleute-Kollegium oder ein ähnlich undurchsichtiger Teil des politischen Apparats die Entscheidung des Volkes überstimmt hatte, zwei davon im 21. Jahrhundert. Einer dieser beiden Fälle war die Wahl von 2016, eine Kollision ungewöhnlicher Umstände.[10]

Die Vereinigten Staaten sollten einen Kurs einschlagen in Richtung Isolationismus, Stammesdenken, Abschottung und Protektionismus, Anbetung von Reichtum sowie Raffgier auf Kosten anderer und sogar des Planeten selbst. Nachdem die Stimmen ausgezählt waren und der Milliardär zum Sieger erklärt worden war, konnte sich ein Mann auf einem Golfplatz in Georgia zum Entsetzen der Welt und derjenigen, die vielleicht weniger tief in die ethnische und politische Geschichte des Landes eingeweiht waren, freier fühlen, sich zu äußern. Der Mann war ein Sohn der Konföderierten Staaten von Amerika, die gegen die Vereinigten Staaten und für das Recht auf Versklavung anderer Menschen in den Bürgerkrieg gezogen waren.

Die Wahl war ein Sieg für ihn und für die Gesellschaftsordnung, in die er hineingeboren worden war. Zu den Menschen, die ihn umgaben, sagte er: »Ich erinnere mich an eine Zeit, in der jeder wusste, wo er hingehörte. Höchste Zeit, dass wir dorthin zurückkehren.«

Das Gefühl, zur alten Ordnung und zur rechtmäßigen Hierarchie der Vorfahren zurückzukehren, verbreitete sich bald im ganzen Land in einer schlagzeilenträchtigen Welle aus Hassverbrechen und Massengewalt. Kurz nach dem Tag der Amtseinführung tötete ein weißer Mann in Kansas einen indischen Ingenieur und forderte einen seiner indischen Kollegen auf, sein »Land zu verlassen«, als er auf sie schoss. Einen Monat später setzte sich ein weißer US-Army-Veteran mit dem erklärten Ziel, Schwarze zu töten, in einen Bus von Baltimore nach New York. Am Times Square verfolgte er einen 66-jährigen Schwarzen und erstach ihn mit einem Schwert. Er sollte der erste Anhänger der »White Supremacy« werden, der im Bundesstaat New York wegen Terrorismus verurteilt wurde.

In einem überfüllten Pendlerzug in Portland, Oregon, gab ein weißer Mann rassistische, antimuslimische Beleidigungen von sich und griff zwei Teenagerinnen an, von denen eine einen Hidschab trug. »Verpisst euch verdammt nochmal«, schimpfte er. »Wir wollen hier Amerikaner.« Als drei weiße Männer die jungen Frauen verteidigten, stach der Angreifer auf die Männer ein. »Ich bin Patriot«, sagte der Angreifer der Polizei auf dem Weg ins Gefängnis, »und ich hoffe, dass jeder, den ich niedergestochen habe, tot ist.« Tragischerweise überlebten zwei der Männer ihre Verletzungen nicht. Im folgenden Sommer waren die Augen der Weltöffentlichkeit auf eine Auseinandersetzung um Denkmäler der Konföderierten Staaten in Charlottesville, Virginia gerichtet. Während einer Demonstration gegen den Hass raste ein weißer Mann mit seinem Wagen in eine Menschenmenge und tötete eine junge weiße Frau namens Heather Heyer.

Was Massenerschießungen betrifft, wurde 2017 zum bisher tödlichsten Jahr der jüngeren amerikanischen Geschichte. In Las Vegas ereignete sich das landesweit größte Massaker dieser Art, gefolgt von einer Massenerschießung nach der anderen an öffentlichen Schulen, auf Parkplätzen, auf den Straßen der Großstädte und in Supermärkten im ganzen Land. Im Herbst 2018 wurden bei dem schlimmsten antisemitischen Angriff auf US-amerikanischem Boden elf Menschen in einer Synagoge in Pittsburgh ermordet. Außerhalb von Louisville in Kentucky versuchte ein Mann, einen ähnlichen Angriff auf eine Kirche Schwarzer Gläubiger auszuüben, indem er an den verschlossenen Türen rüttelte, um einzubrechen und Mitglieder der Gemeinde während ihrer Bibelstunde zu erschießen. Da es ihm nicht gelang, die Türen aufzubrechen, ging der Mann zu einem nahegelegenen Supermarkt und tötete die ersten Schwarzen Menschen, die er sah – eine Schwarze Frau auf dem Parkplatz, die Lebensmittel einkaufen wollte, und einen Schwarzen Mann, der mit seinem Enkel Plakatkarton kaufte. In den Nachrichten hieß es, ein bewaffneter Passant habe den Schützen zufällig auf dem Parkplatz gesehen, was die Aufmerksamkeit des Täters erregt habe. »Nicht schießen«, soll der Passant gesagt haben, »dann schieße ich auch nicht. Weiße töten keine Weißen.«

In den darauffolgenden Monaten, als der neue Präsident internationale Abkommen aufkündigte und Diktatoren umgarnte, fürchteten viele Beobachtende das Ende der Republik. Im Alleingang trat der neue Staatschef der ältesten Demokratie der Welt aus dem Pariser Abkommen aus, dem zufolge sich die Nationen der Welt im Kampf gegen den Klimawandel zusammengeschlossen hatten, und sein Handeln ließ viele in tiefe Sorge über einen bereits verlorenen Wettlauf zum Schutz des Planeten verfallen.

Schon bald ging eine Gruppe führender Psychiaterinnen und Psychiater, die von Berufs wegen nur dann über ihre Diagnosen sprechen dürfen, wenn ein Mensch eine Gefahr für sich selbst oder seine Umwelt darstellt, den außergewöhnlichen Schritt, die US-amerikanische Öffentlichkeit davor zu warnen, dass der neu gewählte Führer der freien Welt ein bösartiger Narziss und eine Gefahr für die Öffentlichkeit sei. Im zweiten Jahr der Regierung saßen Kinder von Eingewanderten an der südlichen Landesgrenze hinter Gittern, getrennt von ihren Eltern, während sie um Asyl baten. Jahrzehntealte Gesetze zum Schutz für Luft, Wasser und gefährdete Arten wurden kurzerhand gekippt. Mehrere Wahlkampfberater wurden im Zuge von sich ausweitenden Korruptionsermittlungen zu Haftstrafen verurteilt, und der amtierende Präsident wurde als Agent einer ausländischen Macht bezeichnet.

Die Oppositionspartei hatte alle drei Zweige der Regierung verloren und zerbrach sich den Kopf darüber, wie sie handeln könnte. Es gelang ihr zwar, 2018 das Repräsentantenhaus zurückzuerobern, doch damit verfügte die Partei dennoch nur über ein Sechstel der Regierung – also die Hälfte der Legislative –, und deshalb zögerte sie zunächst, ein Amtsenthebungsverfahren einzuleiten, das in ihre Zuständigkeit fiel. Viele befürchteten eine Gegenreaktion, sie hatten Angst, die Basis des Milliardärs zu erzürnen, die zwar eine Minderheit der Wählenden darstellte, aber überwiegend aus Menschen der herrschenden Kaste bestand.

Die Unbeirrbarkeit der Anhänger des Präsidenten und die Verzweiflung der Opposition schienen das System der Checks and Balances zur gegenseitigen Kontrolle aller Gewalten des Staats, von dem man ausging, es sei unverbrüchlich im Fundament der Nation verankert, zu kompromittieren, mit der Folge, dass die USA mit den Worten eines Vorsitzenden der Demokratischen Partei in South Carolina, eine Zeit lang drohten, »keine voll funktionsfähige Demokratie« mehr zu sein.[11]

Zu Beginn des dritten Amtsjahres wurde von den Gegnern des Präsidenten im Unterhaus ein Amtsenthebungsverfahren eingeleitet. Die Loyalisten im Senat sprachen ihn frei, wobei die Stimmverteilung entlang von Parteigrenzen verlief und die Spannungen im ganzen Land widerspiegelte. Es war erst das dritte Amtsenthebungsverfahren dieser Art in der Geschichte des Landes.[12] Inzwischen waren mehr als 300 Tage ohne ein Pressebriefing des Weißen Hauses vergangen – ein Washingtoner Ritual der Rechenschaftspflicht. Es war so sang- und klanglos verschwunden, dass nur ein geringer Teil der Bevölkerung diesen zusätzlichen Bruch der Normalität zu bemerken schien.[13]

Dann brachte die schlimmste Pandemie seit mehr als einem Jahrhundert die Menschheit zum Stillstand. Der Präsident tat die Ursache als chinesisches Virus ab, das wie ein Wunder verschwinden würde, bezeichnete die wachsende Unruhe im Land als Schwindel, der von den Medien kolportiert worden sei, und verunglimpfte alle, die anderer Meinung waren oder ihn zu warnen versuchten. Innerhalb weniger Wochen verbuchten die Vereinigten Staaten die höchsten Fallzahlen auf dem Globus, Gouverneure baten inständig um Tests und Beatmungsgeräte, Krankenschwestern wickelten sich in Müllsäcke, um sich vor Ansteckung zu schützen, während sie die Erkrankten versorgten. Das Land verlor die Fähigkeit, schockiert zu sein; das Unfassbare wurde zu einem Teil des Alltags.

Was war mit den USA geschehen? Was könnte der Grund dafür sein, dass Millionen von Wählenden sich dafür entschieden hatten, gegen alle Gewohnheit das Land in die

Hände einer unerfahrenen Person zu legen, die weder im Krieg noch in einem öffentlichen Amt gedient hatte und deren Rhetorik ein gefundenes Fressen für Extremisten zu sein schien?[14] Waren es die Menschen im Landesinneren gewesen, die sich gegen die Eliten an den Küsten auflehnten? Waren die Angestellten im Bergbau und in der Autoindustrie in einer stagnierenden Wirtschaft unruhig geworden? War ein Teil der Wählerschaft einfach bereit für einen Wechsel? War es wirklich wahr, dass die Frau im Rennen um die Präsidentschaft – die erste, die es in greifbare Nähe des höchsten Amts der Nation geschafft hatte – einen »heillosen Schlamassel« von einer Kampagne geführt hatte, wie es zwei altgediente Politikjournalisten ausdrückten?[15] Lag es daran, dass die sogenannten »urban voters«, sprich die Schwarzen Wähler, nicht zur Wahl gegangen waren, die evangelikalen – also die weißen – Wähler jedoch schon? Wie konnten so viele Menschen, einfache Angestellte, die auf Krankenversicherung und Bildung für ihre Kinder, auf den Schutz des Wassers, das sie trinken, und der Löhne, die sie ernähren, angewiesen sind, »gegen ihre eigenen Interessen stimmen«, wie zahlreiche Progressive während dieses Wendepunkts in der politischen Geschichte zu sagen pflegten? So lauteten einige der beliebtesten Fragen und Mutmaßungen in der Folgezeit, und an einigen mag durchaus etwas Wahres dran gewesen sein.

Es hatte den Anschein, der Boden unter unseren Füßen hätte sich über Nacht verschoben. Seit Langem haben wir Erdbeben als Folge der Kollision tektonischer Platten definiert, bei der eine Erdebene unter die andere gekeilt wird, und wir glaubten, dass das innere Ringen unter der Erdoberfläche nur allzu leicht zu erkennen sei. Bei klassischen Erdbeben spüren wir, wie der Boden unter uns erzittert und knackt, wir erkennen die Verwüstung der Landschaften oder die darauffolgenden Tsunamis.

Die Wissenschaft hat erst vor Kurzem entdeckt, dass den bekannteren Erdbeben, die leicht zu messen sind, während sie sich ereignen und deren Zerstörung unmittelbar eintritt, häufig längere, langsame, katastrophale Erschütterungen vorausgehen, die zwanzig Meilen oder mehr unter uns rumpeln, so tief, dass wir sie nicht spüren. Weil sie in der Stille wirkten, blieben sie so lange unentdeckt, bis sich ein großes Beben an der Oberfläche ankündigte. Erst seit Kurzem verfügt die Geophysik über eine Technologie, die empfindlich genug ist, um diese unsichtbaren tiefergelegenen Erschütterungen im Erdkern zu messen. Man bezeichnet diese Erschütterungen als stille Erdbeben. Und erst vor Kurzem haben uns die Umstände in dieser Ära der menschlichen Zerrissenheit dazu gezwungen, auch nach den unsichtbaren Erschütterungen des menschlichen Herzens zu suchen, um die Ursprünge unseres Unbehagens zu erkunden.

Zum Zeitpunkt jener schicksalhaften US-Wahl versuchten sich die Menschen in Sibirien, am nördlichsten Ende der Welt, von der Hitze zu erholen, die sie Monate zuvor heimgesucht hatte. Dutzende der einheimischen Hirtenvölker waren umgesiedelt worden, einige standen unter Quarantäne, und ihre Zelte mussten desinfiziert werden. Die Behörden begannen mit Massenimpfungen der überlebenden Rentiere und ihrer Hirten. Man hatte jahrelang auf Impfungen verzichtet, da der letzte Ausbruch schon Jahrzehnte zurücklag und man der Meinung war, das Problem gehöre der Vergangenheit an. »Offenbar ein Fehler«, sagte ein russischer Biologe gegenüber einer Nachrichtenseite.[16] Das Militär musste abwägen, wie die zweitausend toten Rentiere am besten zu entsorgen waren, um eine Verbreitung der Sporen zu verhindern.[17] Zur

Auslöschung des Erregers genügte es nicht, die Kadaver bloß zu vergraben. Man musste sie auf Feldern bei bis zu 500 Grad Celsius verbrennen und anschließend die Asche sowie das umliegende Land mit Bleichmittel behandeln, um die Sporen abzutöten und die Bevölkerung zu schützen.[18]

Vor allem aber – und für die Menschheit insgesamt noch viel beunruhigender – lautete die Botschaft des Jahres 2016 und des ausklingenden zweiten Jahrzehnts des noch jungen Jahrtausends: dass die zunehmende Hitze in den Ozeanen der Erde und im Herzen der Menschen lange verschüttete Bedrohungen wieder aufleben lassen könnte; dass einige Krankheitserreger niemals ausgerottet, sondern nur eingedämmt werden und vielleicht bestenfalls mit immer besseren Impfstoffen gegen ihre zu erwartenden Mutationen kontrolliert werden können.

Was die Menschheit gelernt hat, ist hoffentlich, dass ein uraltes und widerstandsfähiges Virus vielleicht eines mehr als alles andere erfordert: das Wissen um seine allgegenwärtige Gefahr, die Vorsicht zum Schutz vor Ansteckung und die Wachsamkeit gegenüber seiner Langlebigkeit, seiner Fähigkeit, zu überwintern, zu mutieren und zu überleben, bis das Pathogen wieder zum Leben erwacht. Es schien so, als könnten diese Infektionskrankheiten nicht vernichtet werden, jedenfalls noch nicht; sie konnten nur kontrolliert und antizipiert werden, und wie bei jedem Virus waren Voraussicht und Umsicht, die Weisheit, diese Krankheiten niemals nur als gegeben zu erachten und ihre Langlebigkeit niemals zu unterschätzen, vielleicht die wirksamsten Gegenmittel, zumindest bis auf Weiteres.

Die Vitalfunktionen der Geschichte

Wenn wir uns einer ärztlichen Behandlung unterziehen, beginnt der Arzt oder die Ärztin nicht mit der Behandlung, ohne unsere Krankengeschichte aufzunehmen – und nicht nur unsere eigene, sondern auch die unserer Eltern und Großeltern. Die Ärztin untersucht uns erst, wenn wir viele Formularseiten ausgefüllt haben, die uns bei der Ankunft ausgehändigt werden. Die Ärztin stellt erst dann eine Diagnose, wenn sie die Vorgeschichte kennt, die über Generationen zurückreicht.

Während wir die Formularseiten zu unserer medizinischen Vergangenheit und unseren aktuellen Beschwerden ausfüllen – wessen unser Körper ausgesetzt war und was er überstanden hat –, hilft es uns nicht, bestimmte Beschwerden zu verheimlichen, oder die volle Wahrheit darüber zu leugnen, warum wir hier sind. Kein Problem wurde je dadurch gelöst, dass man es ignoriert hat.

Auf Entdeckungen in den tieferliegenden Ebenen der Geschichte des eigenen Landes zu stoßen, ähnelt der Feststellung, dass in der eigenen Familie Alkoholismus oder Depressionen existieren, dass Selbstmord häufiger als gewöhnlich vorkommt oder dass man durch die Fortschritte der medizinischen Genetik entdeckt, dass man die Marker einer BRCA-Mutation für Brustkrebs geerbt hat. Man steckt nicht den Kopf in den Sand, weil man sich schämt oder schuldig fühlt für diese Entdeckungen. Und wenn man klug ist, verbietet man sich auch nicht, darüber zu sprechen. Man tut das Gegenteil, man informiert sich. Man spricht mit Menschen, die dasselbe durchgemacht haben, und mit Spezialistinnen, die auf dem Gebiet forschen. Man lernt die Folgen und Widrigkeiten und die Möglichkeiten der Behandlung kennen. Man kann beten oder meditieren. Dann trifft man Vorkehrungen, um sich selbst und die nachfolgenden Generationen zu schützen, und setzt sich dafür ein, dass sich diese Dinge, was immer sie auch sind, nicht wiederholen.

2

Ein altes Haus und ein Infrarotlicht

Der Bauaufseher zielte mit seinem Infrarotobjektiv auf einen unförmigen Bogen in der Decke, ein unsichtbarer Lichtstrahl suchte die Schichten von Putzträgern ab, um zu untersuchen, was dem bloßen Auge verborgen blieb. Dieses Haus war vor Generationen gebaut worden, und ich hatte eine kleine Beule in einer Ecke des Verputzes in einem Nebenzimmer entdeckt, sie allerdings als bloße Einbildung abgetan. Mit der Zeit hatte sich die Beule in der Decke zu einer Welle ausgewachsen, die sich trotz des neuen Daches vergrößerte und weiter wölbte. Ein altes Haus ist eine eigene Art der Andacht, eine alte verwitwete Tante, der man eine Geschichte entlocken muss, ein Mysterium, eine Reihe ineinandergreifender Rätsel, die der Lösung harren. Warum ist diese Dachuntersicht in der südöstlichen Ecke einer Dachtraufe versteckt? Was verbirgt sich hinter diesem verfärbten Stück Ziegelstein? Bei einem alten Haus ist die Arbeit nie wirklich getan.

Die USA sind ein altes Haus. Wir können die Arbeit an ihm niemals für beendet erklären. Wind, Überschwemmung, Dürre und menschliche Umbrüche setzen einem Bauwerk zu, das bereits mit den Mängeln zu kämpfen hat, die schon dem ursprünglichen Fundament innewohnten. Lebt man in einem alten Haus, möchte man nach einem Sturm vielleicht nicht in den Keller gehen, um zu sehen, was der Regen angerichtet hat. Jedoch: Wer nicht hinschaut, tut dies auf eigene Gefahr. Die

Eigentümerin eines alten Hauses weiß, dass das, was man ignoriert, niemals verschwindet. Was immer auch dort lauert, wird schwären, ob man nun hinsehen will oder nicht. Unwissenheit schützt nicht vor den Folgen der Untätigkeit. Was immer man wegwünscht, wird an einem nagen, bis man den Mut aufbringt, sich ihm zu stellen.

Wir in der entwickelten Welt sind wie Hausbesitzerinnen, die ein Haus auf einem Grundstück geerbt haben, das äußerlich schön anzusehen ist, dessen Boden aber aus instabilem Lehm und Gestein besteht, das sich über Generationen hinweg anhebt und absenkt, dessen Risse geflickt, dessen tiefere Brüche aber jahrzehnte- und sogar jahrhundertelang unbeachtet geblieben sind. Viele Menschen mögen zu Recht sagen: »Ich habe nichts damit zu tun, wie all das angefangen hat. Ich kann nichts für die Sünden der Vergangenheit. Meine Vorfahren haben keine Native Americans angegriffen, und sie haben auch niemanden versklavt.« Und natürlich: Keiner von uns war hier, als dieses Haus errichtet wurde. Unsere unmittelbaren Vorfahren mögen nichts damit zu tun gehabt haben, doch hier sind wir, die jetzigen Bewohnerinnen und Bewohner eines Hauses mit Spannungsrissen, verbogenen Wänden und einem brüchigen Fundament. Wir sind die Erbinnen und Erben von allem, was an diesem Haus richtig oder fehlerhaft ist. Wir haben die unebenen Säulen oder Balken nicht gebaut, aber wir müssen mit ihnen umgehen.

Und jede weitere Verschlechterung liegt nur an uns.

Die Risse und querverlaufenden Spalten werden sich nicht von selbst wieder fügen. Die Giftstoffe werden nicht verschwinden, sondern sich ausbreiten, durchsickern und mutieren, wie es bereits geschehen ist. Leben Menschen in einem alten Haus, so gewöhnen sie sich an die Eigenheiten und Gefahren, die in einem alten Gemäuer lauern. Sie stellen Eimer unter eine feuchte Decke, stützen ächzende Fußböden ab, lernen, die verrotteten Holzstufen im Treppenhaus auszulassen. Das Unangenehme wird akzeptabel, und das Inakzeptable wird lediglich unpraktisch. Lebt man nur lange genug damit, wird das Undenkbare zur Normalität. Sind wir über Generationen hinweg damit konfrontiert, lernen wir zu glauben, dass das Unbegreifliche die Art und Weise ist, nach der das Leben nun einmal verläuft.

*

Der Bauaufseher stand vor dem Rätsel der verzogenen Decke und hielt zunächst einen Sensor an die Oberfläche, um sie auf Feuchtigkeit zu überprüfen. Da das Ergebnis nicht eindeutig war, zückte er die Infrarotkamera, um das Problem mit einer Art Röntgenaufnahme sichtbar zu machen. Nun war es ihm möglich, hinter den Putz zu spähen, hinter das, was tapeziert oder übermalt worden war, so wie wir es heute in dem Haus, in dem wir alle leben, ebenfalls tun müssen, um eine vor langer Zeit erbaute Struktur betrachten zu können.

Was in anderen alten Häusern Bolzen und Balken, ist in den USA das Kastensystem, ein unsichtbares Skelett, das jenes Gebäude stützt, das wir unser Zuhause nennen. Die Kaste ist die Infrastruktur unserer Spaltung. Sie ist die Architektur der menschlichen Hierarchie, der unbewusste Code von Anweisungen zur Aufrechterhaltung einer – in unserem Fall – 400 Jahre alten Sozialordnung. Ein Blick auf die Kaste ist so, als würde man das Röntgenbild des Landes vors Licht halten.

Ein Kastensystem ist ein künstliches Konstrukt, eine feststehende und festverankerte Rangordnung menschlicher Werte, die die vermeintliche Überlegenheit einer Gruppe gegenüber anderen Gruppen auf der Grundlage von Abstammung und weiteren unveränderlichen Merkmalen festlegt, Merkmalen, die abstrakt gesehen neutral wären, denen aber in einer existenziellen Hierarchie eine Bedeutung zugeschrieben wird, die die dominante Kaste begünstigt, deren Vorfahren sie geschaffen haben. Ein Kastensystem bedient sich starrer, oft willkürlicher Grenzen, um die hierarchisierten Gruppierungen zu trennen, sie voneinander zu unterscheiden und an den ihnen zugewiesenen Plätzen zu halten.

Im Laufe der Menschheitsgeschichte haben sich drei Kastensysteme herauskristallisiert. Das tragisch intensivierte und als überwunden geltende Kastensystem von Nazi-Deutschland. Das seit Jahrtausenden bestehende Kastensystem Indiens. Und die sich wandelnde, unausgesprochene, ethnische Kastenpyramide in den Vereinigten Staaten. Alle drei stützten sich auf die Stigmatisierung derjenigen, die als minderwertig galten, um die Entmenschlichung zu rechtfertigen und rational zu begründen, die notwendig war, die Menschen auf den untersten Rängen zu fixieren. Ein Kastensystem hat Bestand, weil es häufig als göttlicher Wille gerechtfertigt wird, der einem vermeintlichen Naturgesetz entstammt, in der gesamten Kultur verstärkt und über Generationen weitergegeben wird.

In unserem Alltag ist Kaste die wortlose Platzanweiserin in einem dunklen Theatersaal, die uns mit der Taschenlampe durch die Gänge zu den uns zugewiesenen Plätzen für die Aufführung bringt. In der Hierarchie der Kaste geht es nicht um Gefühle oder Moral. Es geht um Macht – welche Gruppen sie besitzen und welche nicht. Es geht um Ressourcen – welche Kaste sie verdient und welche nicht; wer die Ressourcen erwerben und kontrollieren darf und wer nicht. Es geht um Respekt, Autorität und Kompetenz – wem diese zugestanden werden und wem nicht. Als Mittel, um weiten Teilen der Menschheit einen Wert zuzuweisen, beeinflusst die Kaste jede und jeden Einzelnen von uns, auch wenn es uns häufig gar nicht bewusst ist. In uns verankert sie eine unbewusste Rangordnung menschlicher Eigenschaften und legt die Regeln, Erwartungen und Stereotype fest, die zur Rechtfertigung von Gewalt gegen ganze Gruppen innerhalb unserer Spezies eingesetzt werden. Im US-amerikanischen Kastensystem nennen wir das Merkmal des Ranges *Race*, die ethnische Einteilung von Menschen auf Grundlage ihres Aussehens. In den USA ist *Race* das wichtigste und sichtbarste Werkzeug der Kaste. Wenn *Race* die Sprache ist, in der wir von klein auf über Menschen nachdenken, in der wir sie sehen und wahrnehmen, dann ist die Kaste die ihr zugrundeliegende Grammatik. Sie ist der Leitfaden, wie wir sprechen und wie wir Informationen verarbeiten, ohne dass wir darüber nachdenken müssten. Selbst Menschen, die nie gelernt haben, wie unsere Grammatik funktioniert, wenden sie instinktiv richtig an. Sie »wissen«, dass ein transitives Verb ein Objekt erfordert, dass ein Subjekt ein Prädikat verlangt; ohne darüber nachzudenken, kennen sie den Unterschied zwischen der dritten Person Singular und der dritten Person Plural. Wir sprechen vielleicht von *Race* und bezeichnen Menschen als Schwarz oder weiß oder lateinamerikanisch oder asiatisch oder Indigen, ohne uns bewusst zu machen, dass sich hinter jeder Bezeichnung eine jahrhundertelange Geschichte und die Zuweisung von Fähigkeiten und Werten über körperliche Merkmale in einer Struktur menschlicher Hierarchie verbirgt.

Das Aussehen von Menschen, oder besser gesagt, die *Race*, der sie zugeordnet werden oder der man sie zugehörig glaubt, ist der sichtbare Hinweis auf ihre Kaste. Es ist das historische Zeichen für die Öffentlichkeit, wie sie zu behandeln sind, wo sie leben sollen, welche Anstellungen ihnen zugetraut werden, ob sie in diesen Stadtteil oder an jenen Platz in einem

Sitzungssaal gehören; ob sie mit Autorität über dieses oder jenes Thema sprechen dürfen; ob ihnen in einem Krankenhaus Schmerzmittel verabreicht werden; ob es wahrscheinlich ist, dass ihre Nachbarschaft an eine Giftmülldeponie angrenzt oder ob kontaminiertes Trinkwasser aus ihren Hähnen fließt; ob es in der fortschrittlichsten Nation der Welt wahrscheinlich oder unwahrscheinlich ist, dass sie eine Geburt überleben werden; ob sie von Polizisten ungestraft erschossen werden können.

Wir wissen, dass die Buchstaben des Alphabets neutral und für sich genommen bedeutungslos sind, bis sie zu einem Wort zusammengesetzt werden, das selbst ebenfalls erst größere Bedeutung erlangt, wenn es in einen Satz eingefügt und von denen, die es sprechen, interpretiert wird. So wie *Schwarz* und *Weiß* auf Menschen angewandt wurden, die ganz buchstäblich keines von beiden waren, sondern eher Abstufungen von Braun und Beige und Elfenbein, genau so stellt das Kastensystem Menschen an Polen gegenüber und besetzt die Extreme sowie die Abstufungen dazwischen mit Bedeutungen. Anschließend gießt das Kastensystem diese Bedeutungen in die entsprechende Form, in gesellschaftliche Rollen, die von den Menschen der jeweiligen Kaste ausgefüllt werden müssen.

Kaste und *Race* sind weder Synonyme noch schließen sie sich gegenseitig aus. Kaste ist das Knochengerüst, *Race* ist die Haut. *Race* ist, was sichtbar ist: die körperlichen Merkmale, denen historisch eine willkürliche Bedeutung verliehen wurde, die rückwirkend veränderbar ist, wenn es den Bedürfnissen der herrschenden Kaste in den heutigen Vereinigten Staaten förderlich scheint. Kaste ist die mächtige Infrastruktur, die jede soziale Gruppe an ihrem Platz fixiert.

Kaste ist etwas Festes und Starres. *Race* ist flüssig und oberflächlich. Während sich die Anforderungen, um als weiß zu gelten, im Laufe der Jahrhunderte gewandelt haben, ist die Tatsache einer herrschenden Kaste seit ihren Anfängen stets konstant geblieben – wer immer der Definition von Weiß entsprach, egal zu welchem Zeitpunkt in der Geschichte, erhielt die gesetzlichen Rechte und die Privilegien der herrschenden Kaste. Vielleicht noch entscheidender und tragischer ist, dass am anderen Ende der Leiter die unterste Kaste ebenfalls von Anfang an als Nullpunkt festgesetzt wurde, der von all den anderen Kasten unmöglich unterschritten werden kann.

So werden wir alle in ein stummes, jahrhundertealtes Kriegsspiel hineingeboren und in Teams eingeteilt, für die wir uns nicht selbst entschieden haben. Die Kaste, der wir im US-amerikanischen System der menschlichen Kategorisierung zugewiesen werden, wird verkündet durch die Teamuniform, die unseren mutmaßlichen Wert und unsere Fähigkeiten signalisiert. Dass es einigen von uns gelingt, über diese künstlichen Trennlinien hinweg dauerhafte Verbindungen zu anderen herzustellen, zeugt von der Schönheit des menschlichen Geistes.

Zufällige körperliche Merkmale als Hinweise auf unsere inneren Fähigkeiten, unsere Talente und unseren Wert zu verstehen, ist vielleicht die geschickteste Methode, die je von einer Kultur zur Verwaltung und Aufrechterhaltung eines Kastensystems entwickelt wurde.

Der Politikwissenschaftler Andrew Hacker schreibt über die Verwendung physischer Merkmale zur Bildung menschlicher Kategorien: »Als soziale und menschliche Einteilung übertrifft sie alle anderen – sogar das Geschlecht –, was die Intensität und die Unterordnung angeht.«[19]

3

Ein US-amerikanischer Unberührbarer

Im Winter 1959, nachdem Martin Luther King jr. und seine Frau Coretta den Busboykott von Montgomery angeführt hatten, der infolge der Verhaftung von Rosa Parks entstanden war, landeten King und seine Frau in Indien, in der Stadt, die damals Bombay hieß, um das Land von Mahatma Gandhi, dem Vater des gewaltlosen Protests, zu besuchen. Bei ihrer Ankunft wurden sie mit Kränzen geschmückt, und King sagte zu den Reportern: »In andere Länder reise ich vielleicht als Tourist, nach Indien aber komme ich als Pilger.«

Lange hatte King bereits von einer Reise nach Indien geträumt, und auf Einladung von Premierminister Jawaharlal Nehru blieben sie einen ganzen Monat im Land. King wollte sich endlich selbst ein Bild von dem Ort machen, dessen Kampf um die Befreiung von der britischen Herrschaft ihn zu seinem eigenen Kampf für Gerechtigkeit in den USA inspiriert hatte. Er wollte die sogenannten Unberührbaren treffen, die Menschen der untersten Kaste des alten indischen Kastensystems, über die er gelesen hatte und für die er Sympathien hegte und die ein Jahrzehnt nach der Unabhängigkeit Indiens noch immer benachteiligt waren.

Er stellte fest, dass die Menschen in Indien die Unterdrückung der Schwarzen in den USA verfolgt hatten und von dem Busboykott wussten, den er angeführt hatte. Wo immer er auftauchte, drängten sich die Menschen auf den Straßen von Bombay und Delhi um ihn und baten um ein Autogramm.

Eines Nachmittags reisten King und seine Frau an die Südspitze des Landes, in die Stadt Trivandrum im Bundesstaat Kerala, und besuchten Schülerinnen und Schüler einer Highschool, deren Familien Unberührbare waren. Der Schulleiter stellte King vor.

»Ihr lieben jungen Menschen«, sagte er, »ich möchte euch einen Kameraden unter uns Unberührbaren aus den Vereinigten Staaten von Amerika vorstellen.«

King war fassungslos. Er hatte nicht erwartet, dass dieser Begriff auf ihn angewandt werden würde. Anfangs störte er sich daran. Er war von einem anderen Kontinent eingeflogen, hatte den Premierminister zum Galadinner getroffen. Er sah den Zusammenhang nicht, begriff nicht, was das indische Kastensystem mit ihm zu tun hatte, warum die Menschen der niedrigsten Kaste in Indien ihn, einen US-amerikanischen Schwarzen und einen Ehrengast, als Angehörigen einer ebenso niedrigen Kaste und als einen der ihren ansehen würden. »Einen Moment lang«, schrieb er, »war ich schockiert und verärgert, dass man mich einen Unberührbaren nannte.«

Dann begann er über die Lebenswirklichkeit der Menschen nachzudenken, für die er kämpfte: 20 Millionen Menschen, die in den USA seit Jahrhunderten auf den niedrigsten Rang verwiesen werden, die »noch immer in einem luftdichten Käfig der Armut ersticken«, die in isolierten Ghettos unter Quarantäne stehen und in ihrem eigenen Land im Exil leben.

Und er sagte sich: »Ja, ich bin ein Unberührbarer, und jeder *Negro* in den Vereinigten Staaten von Amerika ist ein Unberührbarer.«[20]

In diesem Moment begriff er, dass das Heimatland der Freiheit ein Kastensystem kreiert hatte, das dem indischen nicht unähnlich war, und dass er sein ganzes Leben lang innerhalb dieses Systems gelebt hatte. Dies war es, was sich hinter den Kräften verbarg, gegen die er in den Vereinigten Staaten kämpfte.

*

Was Martin Luther King jr. an jenem Tag über sein Land erfuhr, hatte seinen Ursprung genommen, lange bevor die Vorfahren unserer Vorfahren überhaupt ihren ersten Atemzug getan hatten. Mehr als anderthalb Jahrhunderte vor der Amerikanischen Revolution hatte sich auf dem umkämpften Boden dessen, was die Vereinigten Staaten werden sollten, eine menschliche Hierarchie herausgebildet, ein Konzept des Geburtsrechts, die Versuchung der berechtigten Expansion, die die erste Demokratie der Welt in Gang setzen sollte.

Diese künstlich geschaffene Rangordnung würde die Gedanken der Menschen verzerren, während Gier und Selbstsucht das menschliche Gewissen in den Hintergrund drängte, um Land und Körper zu rauben, von denen die Eroberer überzeugt waren, beides sei ihr rechtmäßiges Eigentum. Wenn sie diese Wildnis verwandeln und nach ihren Vorstellungen zivilisieren wollten, mussten sie die bereits dort lebenden Menschen unterwerfen, sie versklaven oder vertreiben und diejenigen aus ihren Heimatländern, die sie für minderwertig hielten, an jenen Ort bringen, um das Land zu formen und zu beackern und den Reichtum, der in den fruchtbaren Böden und Küsten lag, an sich zu ziehen.

Um ihre Vorhaben zu rechtfertigen, griffen sie auf bereits bestehende Vorstellungen von ihrer eigenen zentralen Stellung zurück, die durch ihre selbstdienliche Auslegung der Bibel noch untermauert wurden, und schufen eine Hierarchie darüber, wer was tun durfte, wer was besitzen konnte, wer oben und wer unten und wer dazwischen stand. Die Menschen der dominanten Gruppe stammten aus Europa; innerhalb dieser Gruppe wiederum standen die englischen Protestanten an der Spitze, da ihre Waffen und Ressourcen im blutigen Kampf um Nordamerika letztendlich den Sieg bringen sollten. Alle übrigen würden in absteigender Folge auf der Grundlage ihrer Nähe zu den als am höchsten angesehenen Völkern eingeordnet. Die Rangfolge würde sich fortsetzen, bis man ganz unten am Boden angelangte mit afrikanischen Gefangenen, die zum Aufbau der Neuen Welt hertransportiert wurden und den Siegern für alle Tage dienen sollten, eine Generation nach der nächsten, zwölf an der Zahl.

Es entwickelte sich ein Kastensystem, das auf dem Aussehen der Menschen basierte, eine verinnerlichte Rangordnung, unerkannt und unausgesprochen, von normalen Bürgerinnen und Bürgern, die sich bis zum heutigen Tag unbewusst daran halten und danach handeln. Gerade die Unsichtbarkeit der Kaste verleiht ihr Macht und Langlebigkeit.

Der Begriff *Kaste* wird nicht oft zur Beschreibung der Vereinigten Staaten gebraucht. Man verortet ihn eher in Indien oder im Europa zur Zeit des Feudalismus. Einige Anthropologen und Forscherinnen, die sich mit *Race* in den USA beschäftigen, verwenden den Begriff jedoch schon seit Jahrzehnten. Einer der ersten US-Amerikaner, der den Begriff der Kaste früh aufgriff, war der Abolitionist und US-Senator Charles Sumner, der vor dem Amerikanischen Bürgerkrieg gegen die Segregation im Norden kämpfte. »Die Trennung der Kinder in den öffentlichen Schulen von Boston aufgrund ihrer Hautfarbe oder Ethnie«, schrieb er, »liegt in der Natur der Kaste und ist ein Verstoß gegen die Gleichheit.« Er zitierte einen anderen Humanisten: »Die Kaste trifft Unterscheidungen, wo Gott keine Unterscheidungen vorgenommen hat.«[21]

Wir können die gegenwärtigen Umwälzungen wie auch fast alle Wendepunkte in der US-amerikanischen Geschichte nicht vollständig begreifen, ohne die menschliche Rangordnung zu berücksichtigen, die uns allen eingepflanzt wurde. Das Kastensystem und die Versuche, diese Hierarchie zu verteidigen, aufrechtzuerhalten oder abzuschaffen, lagen dem amerikanischen Bürgerkrieg und der Bürgerrechtsbewegung ein Jahrhundert später zugrunde und durchdringen bis heute die US-amerikanische Politik des 21. Jahrhunderts. So wie die DNA der Code für die Zellentwicklung ist, so ist die Kaste das Betriebssystem für die wirtschaftliche, politische und soziale Interaktion in den Vereinigten Staaten, und das seit ihrer Entstehung.

Der schwedische Sozialökonom Gunnar Myrdal und ein Team der begabtesten Forscher der USA legten 1944 ein 2.800 Seiten starkes, zweibändiges Werk vor, das vielen noch immer als die umfassendste Studie über *Race* in den USA gilt: *An American Dilemma.* Interessanterweise führte Myrdals Untersuchung ihn zu der Erkenntnis, dass der treffendste Begriff, um die Funktionsweise der US-amerikanischen Gesellschaft zu beschreiben, jedoch nicht *Race* sei, sondern *Kaste.* Er kam zu dem Schluss, dass das Bemühen, »die Rassengrenze aufrechtzuerhalten, für den gewöhnlichen Weißen die ›Funktion‹ hat, das Kastensystem aufrechtzuerhalten, den *Negro* an seinem Platz zu halten.«[22]

Der Anthropologe Ashley Montagu war einer der Ersten, die die Kategorie der Rasse als eine menschliche Erfindung brandmarkten, ein soziales Konstrukt, kein biologisches, und er argumentierte, dass wir bei der Suche nach einem Verständnis für die Unterschiede und Ungleichheiten in den Vereinigten Staaten typischerweise in den Treibsand und die Mythologie von *Race* geraten seien. »Wenn wir von dem

Rassenproblem in Amerika sprechen«, schrieb er 1942, »meinen wir in Wirklichkeit das Kastensystem und die Probleme, die dieses Kastensystem in den USA erzeugt.«[23]

Unter den führenden White Supremacists des vorigen Jahrhunderts herrschte größtenteils Einigkeit über die Zusammenhänge zwischen dem indischen Kastensystem und dem des US-amerikanischen Südens, wo das konsequenteste legale Kastensystem des Landes existierte. »Die verzweifelten Bemühungen der herrschenden Oberschicht in Indien, die Reinheit ihres Blutes zu bewahren, sind bis zum heutigen Tag in ihrem sorgfältig geregelten Kastensystem erhalten geblieben«, schrieb Madison Grant, ein populärer Eugeniker, in seinem Bestseller von 1916, *The Passing of the Great Race.* »In unseren Südstaaten verfolgen die Züge mit getrennten Abteilen für Schwarze und Weiße und die soziale Diskriminierung genau denselben Zweck.«[24]

*

Ein Kastensystem neigt dazu, alle Menschen eines Landes zu beeinflussen. Seine Codes werden wie Mineralien aufgenommen und legen die Erwartungen fest, wo auf der Leiter man sich befindet. »Der Fabrikarbeiter, der niemanden hat, auf den er ›herabschauen‹ kann, sieht sich selbst als dem *Negro* haushoch überlegen an«, stellte der Yale-Wissenschaftler Liston Pope 1942 fest. »Der Schwarze ist sein letzter Vorposten gegen das soziale Vergessen.«[25]

Im Jahr 1913 nahm es ein prominenter Pädagoge aus den Südstaaten namens Thomas Pearce Bailey auf sich, etwas zusammenzustellen, was er das ethnische Glaubensbekenntnis des Südens nannte. Es handelte sich dabei um die zentralen Grundsätze des Kastensystems. Einer dieser Grundsätze lautete: »Der niedrigste Weiße soll mehr zählen als der höchste Schwarze.«[26]

Im selben Jahr kam ein Mann, der als Unberührbarer in den Central Provinces von Indien geboren wurde, aus Bombay nach New York City. Bhimrao Ambedkar reiste im Herbst in die Vereinigten Staaten, um an der Columbia University Wirtschaftswissenschaften zu studieren und sich mit den Unterschieden zwischen *Race*, Kaste und Klasse zu befassen. Da er nur wenige Blocks von Harlem entfernt wohnte, konnte er die gesellschaftliche Stellung seiner Mitstudierenden selbst mit ansehen. Er schloss gerade seine Masterarbeit ab, als der Film *Die Geburt einer Nation,* die aufrührerische Hommage an die Konföderierten Südstaaten, in New York City Premiere hatte. Das war 1915. Ambedkar studierte anschließend in London weiter, bevor er nach Indien zurückkehrte, wo er der Anführer der Unberührbaren und ein herausragender Intellektueller wurde, der an der Ausarbeitung einer neuen indischen Verfassung mitwirkte. Er setzte sich dafür ein, die abwertende Bezeichnung *Harijans, die Unberührbaren*, abzuschaffen. Stattdessen bezeichnete er sein Volk als *Dalits,* was »gebrochene Menschen« bedeutet und was sie aufgrund des Kastensystems durchaus waren.

Es ist schwer zu sagen, welche Auswirkungen seine Auseinandersetzung mit der sozialen Ordnung in den USA auf ihn persönlich hatte. Doch im Laufe der Jahre schenkte er, wie viele Dalits es taten, der untersten Kaste der Vereinigten Staaten größere Aufmerksamkeit. Das indische Volk war sich der Notlage der versklavten afrikanischen Menschen und ihrer Nachkommen in den USA vor dem Bürgerkrieg schon lange bewusst gewesen. In den 1870er-Jahren, nach dem Ende der Sklaverei und während der kurzen Zeitspanne des Aufstiegs Schwarzer Menschen, die als Reconstruction bekannt wurde, fand ein indischer Sozialreformer namens Jotiba Phule Inspiration in der Arbeit der Abolitionistinnen und Abolitionisten. Er äußerte die Hoffnung, »dass sich seine Landsleute an ihrem edlen Beispiel orientieren mögen.«[27]

Viele Jahrzehnte später, im Sommer 1946, als Ambedkar erfuhr, dass Schwarze US-Amerikanerinnen und -Amerikaner bei den Vereinten Nationen den Schutz von Minderheiten beantragten, wandte er sich an den bekanntesten Schwarzen Intellektuellen seiner Zeit, W. E. B. Du Bois. Er teilte Du Bois mit, dass er ein »Forscher des *Negro*-Problems« sei, der die Situation von der anderen Seite des Ozeans aus studiert habe und der Meinung sei, dass sie womöglich ein und dasselbe Schicksal teilten.

»Es gibt so viele Ähnlichkeiten zwischen der Lage der Unberührbaren in Indien und der Lage der *Negros* in den USA«, schrieb Ambedkar an Du Bois, »dass die Erforschung des Letzteren nicht nur naheliegend, sondern notwendig ist.«[28]

Du Bois antwortete Ambedkar, dass er mit seiner Arbeit vertraut sei und »großes Mitgefühl mit den Unberührbaren in Indien« habe.[29] Du Bois war es gewesen, der für die Ausgegrenzten in beiden Ländern zu sprechen schien, als er das geteilte Bewusstsein ihrer Existenz feststellte. Und Du Bois war es auch, der sich Jahrzehnte zuvor auf ein indisches Konzept berufen hatte, um der bitteren Klage seines Volkes in den USA eine Stimme zu verleihen: »Warum hat Gott mich zu einem Ausgestoßenen und Fremden in meinem eigenen Haus gemacht?«[30]

*

Ich habe die Arbeit an diesem Buch mit dem gleichen Wunsch begonnen, über die Ozeane hinweg zu blicken, um besser zu verstehen, wie all dies in den Vereinigten Staaten seinen Anfang nahm: wie zufällige, unveränderliche physische Merkmale mit einer bestimmten Bedeutung aufgeladen wurden; die über Jahrhunderte weitergegebene Hierarchie, die die Politik und die persönlichen Interaktionen bestimmt und lenkt. Was sind die Ursprünge und die Funktionsweise der Hierarchie, die in das tägliche Leben und die Lebenschancen jedes Menschen eingreifen, der in den USA lebt, und die mit beunruhigender Regelmäßigkeit und Konsequenz in mein eigenes Leben eingedrungen sind?

Ich begann, das US-amerikanische Kastensystem zu erforschen, nachdem ich mich fast zwei Jahrzehnte lang mit der Geschichte des Jim-Crow-Südens befasst hatte, dem legalen Kastensystem, das durch die Versklavung verfestigt wurde, bis in die frühen 1970er-Jahre andauerte und also bis in die Lebensspanne vieler heutiger US-Amerikanerinnen und -Amerikaner hineinwirkte. Während der Arbeit an meinem Buch *The Warmth of Other Suns* entdeckte ich, dass ich nicht über Geografie und Umsiedlung schrieb, sondern über das Kastensystem der USA, eine künstliche Hierarchie, in der fast alles, was man tun oder nicht tun kann, auf dem eigenen Aussehen beruht. Ich hatte über ein stigmatisiertes Volk geschrieben, sechs Millionen an der Zahl, die im Süden nach der Befreiung vom Kastensystem strebten, und ich entdeckte, dass die Hierarchie sie verfolgte, wohin auch immer sie gingen, und dass sich der Schatten der Kaste bis in die indische Diaspora und über die Menschen, die darin leben, wirft.

Für dieses Buch wollte ich die Ursprünge und die Entwicklung der Priorisierung einer Gruppe von Menschen über eine andere begreifen und die Folgen für die vermeintlichen Nutznießenden und die Benachteiligten aufzeigen. Da ich mich selbst als lebendes, atmendes Kastenexperiment in der Welt bewege, wollte ich die Hierarchien verstehen, die ich und Millionen anderer Menschen überwinden mussten, um unsere Arbeit und unsere Träume zu verwirklichen.

Das bedeutete zum einen, das bekannteste Kastensystem der Welt – das indische – zu betrachten und die Parallelen, Überschneidungen sowie Kontraste zwischen dem Kastensystem in meinem eigenen Land und dem ursprünglichen System der Kaste zu untersuchen. Auch versuchte ich, das molekulare, konzentrierte Böse zu begreifen, welches das Kastensystem in Nazi-Deutschland hervorgebracht hatte, und ich fand verblüffende, beunruhigende Verbindungen zwischen den USA und Deutschland in den Jahrzehnten vor dem Dritten Reich. Nachdem ich die Geschichte aller drei Hierarchien durchforstet und eine Fülle von Studien über das Kastenwesen in vielen Disziplinen durchgesehen hatte, begann ich, die Parallelen zu systematisieren und die wesentlichen gemeinsamen Merkmale dieser Hierarchien zu identifizieren. Sie sind das, was ich als die acht Säulen des Kastenwesens bezeichne; Merkmale, die in allen drei Hierarchien auf beunruhigende Weise vorzufinden sind. Meine Recherchen führten mich über die USA hinaus nach London, Berlin, Delhi und Edinburgh. Ich entschied mich, Einblicke in das Kastenwesen zu geben – einige dieser Einblicke entstammen meinen eigenen Erfahrungen, andere wurden mir zugetragen.

Zwar versucht dieses Buch, die Auswirkungen der Kaste auf alle Menschen zu berücksichtigen, die in der Hierarchie gefangen sind. Jedoch schenkt es den Menschen an den Polen des amerikanischen Kastensystems die größte Aufmerksamkeit: denjenigen an der Spitze, europäischstämmigen US-Amerikanerinnen und -Amerikanern, die seine Hauptnutznießenden waren, und denjenigen am unteren Ende, den Schwarzen Menschen afrikanischer Abstammung, gegen die das Kastensystem seine ganze Macht der Entmenschlichung richtete und immer noch richtet.

*

Das US-amerikanische Kastensystem nahm seinen Ursprung in den Jahren nach der Ankunft der ersten versklavten Menschen aus Afrika in der Kolonie Virginia im Sommer 1619, als die Kolonie versuchte, noch klarer zu unterscheiden, wer auf Lebenszeit versklavt werden konnte und wer nicht. Im Laufe der Zeit gewährten die Kolonialgesetze den englischen und irischen Schuldknechten größere Privilegien als den Menschen aus Afrika, die an ihrer Seite arbeiteten, und bald wurden alle Menschen europäischer Abstammung zu einer neuen Identität verschmolzen: Sie galten alle als Weiße und waren somit das exakte Gegenteil von Schwarzen. Der Historiker Kenneth M. Stampp bezeichnet diese Unterteilung der Ethnien als ein »Kastensystem, das diejenigen, die aufgrund ihres Aussehens eine rein kaukasische Abstammung beanspruchen konnten, von denjenigen trennte, deren Aussehen darauf hindeutete, dass einige oder alle ihrer Vorfahren *Negros* waren.« All jene, die der kaukasischen Kaste, wie er sie nannte, angehörten, »glaubten an die ›weiße Vorherrschaft‹ und hielten ein hohes Maß an Kastensolidarität aufrecht, um diese Vorherrschaft zu sichern.«[31]

Geburtsort dieses Kastensystems in den USA ist der amerikanische Süden. Es ist der Ort, an dem die Mehrheit der untersten Kaste die längste Zeit zu leben verurteilt war. Hier wurde das Kastensystem formalisiert und am brutalsten durchgesetzt. Hier wurden die Grundsätze der Beziehungen zwischen den Kasten zementiert, bevor sie sich auf den Rest des Landes ausbreiteten, was den Schriftsteller Alexis de Tocqueville 1831 zu der Feststellung veranlasste: »Das Vorurteil

[...] scheint mir noch stärker zu sein, da wo die Sklaverei nicht mehr vorhanden ist, als da, wo man sie nicht abgeschafft hat, und am unduldsamsten zeigt es sich in den Staaten, wo die Knechtschaft stets unbekannt war.«[32]

Um unser Selbstverständnis neu zu kalibrieren, verwende ich Begriffe, die für gewöhnlich eher mit Menschen in anderen Kulturen assoziiert werden: *dominante Kaste, herrschende Mehrheit, bevorzugte Kaste* oder *Oberkaste* anstelle von oder zusätzlich zu *weiß. Mittlere Kaste* anstelle von oder zusätzlich zu *asiatisch* oder *Latinx. Untergeordnete Kaste, niedrigste Kaste, unterste Kaste, missbilligte Kaste, historisch stigmatisiert* anstelle von *afroamerikanisch. Ursprüngliche, eroberte* oder *Indigene Völker* anstelle von oder zusätzlich zu *Native American. Marginalisierte Menschen* zusätzlich zu oder anstelle von Frauen jeglicher Ethnie sowie Minderheiten aller Art.

Manches davon mag wie eine Fremdsprache anmuten. In gewisser Weise ist es das auch, und das soll es auch sein. Denn um die USA wirklich zu verstehen, müssen wir unsere Augen für das verborgene Wirken eines Kastensystems öffnen, das diesen Namen nie trug, aber zu unser aller kollektivem Nachteil Bestand hat, um zu sehen, dass wir mehr miteinander und mit anderen Kulturen gemeinsam haben, als wir uns wagen anzuerkennen.

Während meiner Recherche stieß ich auf zahlreiche Gleichgesinnte aus der Vergangenheit – Soziologinnen, Anthropologen, Ethnografinnen, Schriftsteller –, deren Arbeit mich durch die Zeit und über Generationen hinweg trug. Viele hatten sich gegen den Strom gewandt, und ich spürte, dass ich eine Tradition fortsetzte und nicht allein war.

Mitten in der Forschungsarbeit erfuhren einige indische Menschen, die hier in den USA leben und das indische Kastensystem erforschen, von meinem Unterfangen. Sie luden mich ein, auf einer Eröffnungskonferenz über Kaste und *Race* an der Universität von Massachusetts in Amherst zu sprechen, jener Stadt, in der W. E. B. Du Bois geboren wurde und wo sich heute sein Archiv befindet.

Dort erzählte ich den Anwesenden, dass ich ein sechshundertseitiges Buch über die Jim-Crow-Ära im amerikanischen Süden, die Zeit der nackten weißen Vorherrschaft, verfasst hatte, in dem das Wort *Rassismus* allerdings auf keiner Seite zu finden war. Ich sagte ihnen, dass ich, nachdem ich mich 15 Jahre lang mit dem Thema beschäftigt und die Aussagen der Überlebenden dieser Ära gehört hatte, schließlich einsah, dass der Begriff unzureichend sei. *Kaste* sei zutreffender. Sie waren schockiert und ermutigt zugleich. Das indische Essen, das man mir beim Empfang serviert hatte, wurde kalt, weil unser Austausch bis in die Nacht hinein dauerte.

Bei einer Abschlusszeremonie, von der ich im Vorfeld nichts erfahren hatte, überreichten mir die Gastgeberinnen und Gastgeber eine bronzefarbene Büste des Schutzpatrons der Geringgeborenen Indiens, Bhimrao Ambedkar, des Dalit-Führers, der vor so vielen Jahrzehnten Briefe mit Du Bois ausgetauscht hatte. Es fühlte sich an, als würde ich in eine Kaste aufgenommen, der ich vielleicht auf eine gewisse Weise immer schon angehört hatte. Immer wieder erzählten sie von ihren Erlebnissen, und ich reagierte mit persönlicher Anerkennung, als ob ich eine bestimmte Wendung oder ein bestimmtes Ergebnis vorwegnehmen wollte. Zu ihrem Erstaunen begann ich zu erkennen, wer von den indischstämmigen Menschen unter uns hoch- und wer niedriggeboren war, und zwar nicht anhand ihres Aussehens, wie man es in den USA tun könnte, sondern anhand der ganz menschlichen Reaktion auf Hierarchien – die sich im Falle einer Person der oberen Kaste zum Beispiel in einer auffälligen Selbstsicherheit ausdrückte, was Haltung und Auftreten betraf, sowie in einer sichtbaren Erwartung, im Mittelpunkt zu stehen.

Nach einem Vortrag ging ich auf eine Referentin zu, deren Kaste ich durch Beobachtung ihrer Interaktionen mit anderen ausgemacht hatte. Ich bemerkte, dass sie sich reflexartig über die Dalit-Rednerin gestellt und sich angemaßt hatte, zu erklären, was die Dalit gerade gesagt oder gemeint hatte. Auf diese Weise nahm sie beinahe automatisch – und vielleicht unbewusst – eine autoritäre Position ein.

Wir plauderten ein wenig, und dann sagte ich zu ihr: »Ich glaube, Sie gehören zur Oberkaste, richtig?« Sie sah erschüttert aus. »Woher wissen Sie das?«, fragte sie, »ich gebe mir doch so viel Mühe.« Wir unterhielten uns eine gefühlte Stunde lang, und ich konnte sehen, wie viel Anstrengung es sie kostete, die Signale der einprogrammierten Überlegenheit zu unterdrücken, wie viel Geistesgegenwart nötig war, um der Programmierung der Kaste zu widerstehen. Ich konnte mit ansehen, wie schwer dies selbst für eine Frau war, die sich für die Überwindung der Kastenkluft einsetzte, die, wie sich herausstellte, mit einem Mann aus der untergeordneten Kaste verheiratet war, der sich für Gleichstellungsideale einsetzte.

Auf der Rückreise wurde ich in meine eigene Welt zurückgeworfen, als an der Gepäckkontrolle mein Koffer herausgezogen wurde. Bei dem TSA-Mitarbeiter handelte es sich um einen Schwarzen, der Anfang zwanzig sein musste. Er zog Latexhandschuhe an und durchwühlte meinen Koffer, dabei kramte er eine kleine Schachtel hervor, wickelte sie aus dem Papier, in das sie eingeschlagen war, und hielt die Ambedkar-Büste in der Hand, die mir zum Geschenk gemacht worden war.

»Das hier ist beim Durchleuchten aufgefallen«, sagte er. Die Büste wog so viel wie ein Briefbeschwerer. Er drehte sie auf den Kopf und beäugte sie von allen Seiten, wobei sein Blick auf der Unterseite der Büste verweilte. Er schien zu befürchten, dass darin etwas versteckt sein könnte.

»Ich muss es auf Sprengstoff untersuchen«, sagte er wie zur Warnung. Nach einigen Minuten kam er zurück und erklärte, es sei in Ordnung, ich könne die Büste mit ins Flugzeug nehmen. Er betrachtete das bebrillte Gesicht mit dem hohen Haaransatz und dem unerschütterlichen Blick, und er schien sich zu fragen, warum ich etwas bei mir trug, das wie ein Totem aus einer anderen Kultur anmutete.

»Und wer soll das sein?«, fragte er. Der Name Ambedkar allein hätte ihm nichts gesagt; ich selbst hatte erst im Jahr zuvor von ihm erfahren, und es war nicht genug Zeit, die Ähnlichkeit der Kastensysteme zu erläutern. Also sagte ich einfach, was mir in der Situation am meisten Sinn zu machen schien.

»Na ja«, sagte ich, »das ist der Martin Luther King von Indien.«

»Ziemlich cool«, sagte er und schien sogar ein wenig stolz. Dann wickelte er Ambedkar wieder ein, als wäre es Martin Luther King höchstpersönlich, und legte ihn sanft in den Koffer zurück.

Ein unsichtbares Programm

In der Vorstellung zweier Filmemacherinnen aus dem späten 20. Jahrhundert kontrolliert eine künstliche Intelligenz die menschliche Spezies in einer Scheinrealität, in der alles, was man sieht, empfindet, hört, schmeckt, riecht, berührt, in Wirklichkeit nichts als ein Programm ist. Es gibt Programme innerhalb von Programmen, und die Menschen werden nicht nur programmiert, sondern sind sogar auf dem besten Weg, selbst zu nichts anderem als zu Programmen zu werden. Sein und Schein verschmelzen miteinander. Die ineinandergreifenden Programme gehen als das Leben selbst durch.

In der Matrix-*Filmreihe geht es um jene Menschen, die diesen Umstand erkennen und nach einem Weg suchen, sich aus der Gefangenschaft zu befreien. Diejenigen, die ihrer Programmierung folgen, führen ein abgestumpftes Leben, versklavt an einen Schein von Realität. Sie sind Gefangene, solange sie sich ihrer Gefangenschaft nicht bewusst werden. Vielleicht ist es eben diese unreflektierte Duldung, die Blindheit gegenüber der eigenen Gefangenschaft, die Menschen am effektivsten dazu bringt, gefangen zu bleiben. Menschen, die nicht wissen, dass sie Gefangene sind, werden sich ihrer Knechtschaft nicht widersetzen.*

Die anderen bedrohen das Brummen der Matrix. Jeder Versuch, ihrer Haft zu entkommen, birgt das Risiko, entdeckt zu werden, stellt einen Bruch in der Ordnung dar und entlarvt das Kunstprodukt der Unwirklichkeit, die den Menschen aufgezwungen wurde. Die Matrix, das unsichtbare komplexe Programm, das sich aus dem

Überlebensinstinkt eines ferngesteuerten Kollektivs speist, reagiert nicht wohlwollend auf Bedrohungen seiner Existenz.

In einem entscheidenden Moment konsultiert ein Mann, der sich erst vor Kurzem des Programms, in dem er und seine Spezies gefangen sind, bewusst geworden ist, eine weise Frau, das Orakel, das ihm womöglich den Weg in die Freiheit weisen kann. Er ist unsicher und misstrauisch, als er neben ihr auf einer Parkbank Platz nimmt, die vielleicht real ist, vielleicht aber auch nicht. Die Frau spricht in Rätseln und Metaphern. Ein Vogelschwarm fliegt auf dem Bürgersteig hinter ihnen auf.

»Siehst du diese Vögel?«, fragt das Orakel ihn. »Irgendwann wurde ein Programm geschrieben, um sie zu steuern.«

Sie blickt auf und betrachtet den Horizont. »Ein Programm wurde geschrieben, um über die Bäume und den Wind zu wachen. Sonnenauf- und Sonnenuntergang. Hier laufen permanent irgendwelche Programme.«

Manche dieser Programme bleiben unbemerkt, so perfekt sind sie auf ihre Aufgaben zugeschnitten, so tief sind sie eingebettet in das Rauschen der Existenz. Das Orakel sagt dem Mann: »Diejenigen, die korrekt laufen und ihren Job richtig machen, sind unsichtbar. Du weißt nicht mal, dass es sie gibt.«[33]

Dasselbe gilt für das Kastensystem, das seine Arbeit im Stillen verrichtet. Ungerechtigkeit, die gerecht wirkt. Grausamkeiten, die unvermeidlich erscheinen, um die Maschinerie am Laufen zu halten. Die Matrix der Kaste als Faksimile für das Leben an sich, deren Zweck es ist, die Vorherrschaft derjenigen aufrechtzuerhalten, die die Macht horten und sich an sie klammern.

TEIL ZWEI

DIE WILLKÜRLICHE KONSTRUKTION MENSCHLICHER UNTERSCHEIDUNG

4

Ein endlos aufgeführtes Theaterstück und die Entstehung der Kaste in den USA

Tag für Tag geht der Vorhang auf und zeigt eine Bühne von epischem Ausmaß, auf deren Brettern seit Jahrhunderten gespielt wird. Die Schauspielerinnen und Schauspieler tragen die Kostüme, die auch schon ihre Vorfahren trugen, und übernehmen die ihnen zugewiesenen Rollen. Die Menschen in diesen Rollen sind nicht identisch mit den Figuren, die sie spielen, doch sie haben die Rollen lange genug gespielt, um sie zum Teil ihres Wesens gemacht zu haben.

Die Kostüme wurden ihnen bei der Geburt ausgehändigt und können nie wieder gewechselt werden. Die Kostüme weisen jeder Darstellerin die Rolle zu, die sie zu spielen hat. Im Laufe der Spielzeit hat sich das Ensemble daran gewöhnt, wer welche Rolle spielt. Seit Generationen wissen alle, wer in der Hauptrolle im Mittelpunkt steht. Alle wissen, wer die Heldin ist, wer die Nebenfiguren sind, wer der Handlanger ist, der für Lacher sorgt, und wer im Schatten steht, der gesichtslose Chor, der keinen Text spricht und dessen Mitglieder nicht individuell singen, der aber für das Gelingen der Inszenierung unerlässlich ist.

Wie von ihren Figuren, die sie verkörpern, so wird auch von den Schauspielenden selbst nicht erwartet, die Namen derjenigen im Hintergrund zu kennen oder sie auch nur wahrzunehmen, so eng miteinander verschmolzen sind Rolle und

Identität der Schauspielenden. Wenn man lange genug in den Rollen bleibt, fangen alle an zu glauben, dass die Rollen vorbestimmt sind, dass jedes Mitglied der Besetzung aufgrund von Talent und Temperament am besten und ausschließlich für die ihr oder ihm zugewiesene Rolle geeignet ist, dass sie exakt dort hingehören, wo sie sind, und genauso besetzt werden sollten, wie sie jetzt zu sehen sind.

Die Schauspielerinnen und Schauspieler werden mit ihren Figuren assoziiert und sogar gleichgesetzt. Sie werden zu ihren Figuren. Als Schauspielerin muss man sich so bewegen, wie es einem aufgetragen, und so sprechen, wie es von der Figur erwartet wird. Man ist nicht man selbst. Man darf nicht sein, wer man wirklich ist. Halte dich an das Skript und an die Rolle, die du spielen sollst, und du wirst belohnt werden. Andernfalls trägst du die Konsequenzen. Wenn du vom Text abweichst, werden dich die anderen Schauspieler darauf aufmerksam machen. Weichst du häufig oder in einem bestimmten Moment vom Skript ab, wirst du vielleicht entlassen, oder deine Figur wird einfach aus der Handlung herausgeschrieben.

Die soziale Pyramide, die als Kastensystem bekannt ist, ist nicht identisch mit dem Ensemble eines Theaterstücks, auch wenn die Ähnlichkeit der Bedeutungen auf eine verlockende Überschneidung hinweist. Wenn wir in Rollen gesteckt werden, sind wir nicht mehr wir selbst. Wir dürfen nicht wir selbst sein. Wir alle sind Schauspieler auf einer Bühne, die lange vor der Ankunft unserer Vorfahren in diesem Land errichtet wurde. Wir sind die jüngsten Schauspielerinnen in einem Drama, das auf diesem Boden im frühen 17. Jahrhundert uraufgeführt wurde.

Ende August 1619, ein Jahr vor der Ankunft der Pilgerväter in Plymouth Rock, ging ein holländisches Kriegsschiff an der

Mündung des James River bei Point Comfort in der Wildnis des heutigen Virginia vor Anker. Wir wissen davon nur aufgrund einer beiläufigen Zeile in einem Brief des frühen Siedlers John Rolfe. Dies ist die älteste erhaltene Erwähnung von afrikanischen Menschen in den englischen Kolonien Amerikas, von Menschen, die anders aussahen als die Kolonisten und die schließlich per Gesetz auf die niederste Stufe eines entstehenden Kastensystems verbannt wurden. Rolfe erwähnt sie als Handelsware und zwar nicht unbedingt als die, mit der die englischen Siedler gerechnet hatten. Das Schiff »brachte nichts weiter als etwa 20 *Negros*«, schrieb Rolfe, »die der Gouverneur und der Siedler John Smith gegen Proviant eintauschten.«

Diese afrikanischen Menschen hatten sich auf einem Sklavenschiff befunden, das für die spanischen Kolonien bestimmt war, doch sie wurden entführt, erneut in Gefangenschaft gesteckt und anschließend weiter nördlich an die Briten verkauft. Die Geschichtswissenschaft ist sich nicht einig darüber, welchen Status diese Menschen hatten, ob sie kurzfristig für die Schuldknechtschaft bestimmt waren oder sofort zu lebenslanger Versklavung verurteilt wurden.

Die wenigen überlieferten Aufzeichnungen aus der Zeit ihrer Ankunft zeigen, dass sie »in den Augen der weißen Siedler Virginias von Beginn an einen besonders entwürdigten Status hatten«, schrieb der Historiker Alden T. Vaughan. »Waren sie auch formell noch nicht zur dauerhaften Versklavung verurteilt, so waren die Schwarzen Menschen Virginias zumindest auf dem besten Weg, es bald zu sein.«[34]

In den darauffolgenden Jahrzehnten setzten die Kolonialgesetze das Kastensystem in Gang, das zum Eckpfeiler des sozialen, politischen und wirtschaftlichen Systems der USA werden sollte. Dieses Kastensystem unterschied deutlich zwischen europäischen und afrikanischen Arbeitern und löste einen blutigen Krieg auf US-amerikanischem Boden aus, es führte zur Lynchjustiz und zur rituellen Ermordung von Tausenden von Menschen aus untergeordneten Kasten und wurde zur Quelle jener Ungleichheiten, die das Land bis zum heutigen Tag überschatten und destabilisieren.

Bei den ersten primitiven Versuchen einer kolonialen Volkszählung 1630 in Virginia wurden nur wenige der afrikanischen Menschen als bedeutend genug erachtet, um namentlich aufgeführt zu werden, ganz im Gegensatz zur Mehrheit der europäischen Menschen, ganz gleich, ob diese Schuldknechte waren oder nicht. Die afrikanischen Menschen wurden nicht wie die europäischen mit Alter und Ankunftsdatum verzeichnet. Diese Daten wären für die genauen Bedingungen und den Zeitrahmen ihrer Schuldknechtschaft von entscheidender Bedeutung gewesen, doch galten sie seinerzeit bei Menschen afrikanischer Abstammung als weniger wichtig.

Das Kastensystem, das im kolonialen Virginia seinen Ursprung nahm, existierte also, bevor die Vereinigten Staaten von Amerika gegründet wurden. Zunächst bestimmte die Religion und nicht die *Race*, nicht die Ethnie, wie wir sie heute kennen, den Status der Menschen in den Kolonien. Das Christentum, das stellvertretend für europäische Menschen stand, befreite die europäischen Arbeiterinnen und Arbeiter im Allgemeinen von der lebenslangen Versklavung. Und es verbannte die Native Americans und die afrikanischen Arbeiter, die bei ihrer Ankunft mehrheitlich nicht christlich waren, auf die unterste Stufe der Hierarchie. Der Begriff *Race*, der ihre letztgültige und vollkommene Entwürdigung rechtfertigen sollte, bildete sich erst später heraus.

Der Aufbau eines Kastensystems war ein fortschreitender Prozess des Austestens von Grenzen und nicht etwa das Ergebnis eines einzigen Erlasses. Es war eine jahrzehntelange Verschärfung der Trennlinien. Als die afrikanischen Menschen begannen, zum Christentum zu konvertieren, forderten sie die Hierarchie heraus. Ihr Bestreben, an einem menschenwürdigen Leben in den Kolonien teilzuhaben, stand im direkten Gegensatz zur europäischen Gier nach den billigsten, gefügigsten Arbeitskräften, um den größten Reichtum aus der Neuen Welt zu schöpfen.

Die Stärke der afrikanischen Arbeitskräfte wurde ihnen zum Verhängnis. Die britischen Kolonisten auf den Westindischen Inseln beispielsweise sahen in den Menschen aus Afrika »eine zivilisierte und weithin fügsame Volksgruppe«, die »an Disziplin, einen der Marksteine zivilisierten Verhaltens, gewöhnt« war. Afrikanische Menschen zeigten sich immun gegen europäische Krankheiten, was sie für die Kolonisten wertvoller machte als die Indigene Bevölkerung, die die Europäer ursprünglich zu versklaven versucht hatten.[35]

Wichtiger aber war, dass die Chesapeake-Kolonien ins Straucheln geraten waren und dringend Arbeitskräfte für den Tabakanbau benötigten. Die weiter südlich gelegenen Kolonien eigneten sich für den Anbau von Zuckerrohr, Reis und Baumwolle – Pflanzenkulturen, mit denen die Engländer wenig vertraut waren, die aber von afrikanischen Menschen in ihrer Heimat angebaut worden waren oder mit denen sie sich schnell vertraut gemacht hatten. »Die Kolonisten erkannten schnell, dass ihre Unternehmungen ohne die Menschen aus Afrika und die von ihnen mitgebrachten Fähigkeiten zum Scheitern verurteilt gewesen wären«, wie die Anthropologin Audrey Smedley und der Anthropologe Brian Smedley schrieben.[36] Zu ihrem tragischen Nachteil waren die afrikanischen Menschen durch ein Muttermal am ganzen Körper erkennbar.

Anders als sie konnten Menschen europäischer Abstammung, die ihren Herren entflohen, sich unter die allgemeine weiße Bevölkerung mischen, die dabei war, sich zu einer einzigen Kaste zu verhärten. »Die Irische Rebellion veranlasste die Engländer dazu, neue Menschen aufzutun, die sie versklaven konnten: Männer und Frauen Afrikas«, schrieben die Smedleys.[37]

Die Kolonisten waren nicht imstande gewesen, die Indigene Bevölkerung auf ihrem eigenen Territorium zu versklaven, und glaubten nun, das Arbeitskräfteproblem mit den von ihnen importierten Menschen aus Afrika lösen zu können. Da sie für die Indigenen Einwohnerinnen und Einwohner kaum noch Verwendung hatten, begannen die Kolonisten, sie aus ihrem Heimatland und aus dem entstehenden Kastensystem zu vertreiben.

Somit waren die afrikanischen Menschen gänzlich auf die unterste Stufe verbannt. Ende des 16. Jahrhunderts waren sie nicht nur versklavt, sondern wurden auch Opfer unsäglicher Folter, die von ihren Entführern reuelos dokumentiert wurden. Und auf der ganzen Welt gab es niemanden, der bereit war, ein Lösegeld für ihre Befreiung zu zahlen. In den USA spricht man nur ungern über Versklavung, weil sie unserer Vorstellung von einer gerechten und aufgeklärten Nation, einem Leuchtturm der Demokratie für die Welt, widerspricht. Die Sklaverei wird gemeinhin als ein »trauriges, dunkles Kapitel« in der Geschichte unseres Landes abgetan. Es scheint, als ob wir die Schuld- oder Schamgefühle, die die Sklaverei in uns auslöst, umso besser abwehren können, je mehr Abstand wir zwischen uns und ihr schaffen.

Doch ein Land, das sich nicht mit dem konfrontiert, was die Grundlage seiner wirtschaftlichen und sozialen Ordnung war, ist nicht in der Lage zu heilen. Ein Vierteljahrtausend lang war dieses Land gleichbedeutend mit der Sklaverei.

Sie war Teil des Alltags, ein Spektakel, das die Behörden und die europäischen Besucherinnen und Besucher der Sklavenprovinzen mit Neugier und Abscheu zugleich beobachteten.

In einer Rede im Repräsentantenhaus beklagte ein Kongressabgeordneter aus Ohio im 19. Jahrhundert, dass »die Mitglieder des Kongresses während dieser Sitzungsperiode auf der schönen Allee vor dem Kapitol gezwungen waren, zur Seite zu treten, um einen Sklavenzug passieren zu lassen, *aneinandergekettete Männer und Frauen,* die auf ihrem Weg zu diesem *nationalen Sklavenmarkt* waren.«[38]

Der Minister der US Navy äußerte sich entsetzt über den Anblick barfuß entlanggehender Männer und Frauen, die mit dem Gewicht einer Ochsenkette in der prallen Sonne zusammengekettet wurden und gezwungen waren, den Weg bis zu ihrer Verdammnis in einem weiter südlich gelegenen Bundesstaat zu Fuß zurückzulegen, und hinter ihnen ritt »ein weißer Mann zu Pferd, der Pistolen in seinem Gürtel trug und der, als wir ihn passierten, die Unverfrorenheit besaß, uns ohne den leisesten Anflug von Schamesröte ins Gesicht zu blicken.«

Der Minister sagte weiter: »Wenn sie [die Sklavenhalter] solche schamlosen und unanständigen Verstöße gegen die Menschlichkeit zulassen, wie ich sie beschrieben habe, wenn sie es billigen, dass ein Schurke halbnackte Frauen und Männer, die mit Ketten beladen sind, ohne jemals eines Verbrechens bezichtigt worden zu sein, außer jenem, *Schwarz* zu sein, von einem Teil der Vereinigten Staaten zum anderen treibt, Hunderte von Meilen am helllichten Tag, dann bringen sie Schande über sich selbst und über das Land, dem sie angehören.«[39]

*

Die Sklaverei in diesem Land war kein Unglück, das den Schwarzen widerfuhr. Sie war eine US-amerikanische Erfindung, eine Institution, die von den Eliten der herrschenden Kaste geschaffen und von den ärmeren Mitgliedern derselben durchgesetzt wurde, die ihr Schicksal lieber dem Kastensystem als ihrem Gewissen überantworteten. Aus den Mitgliedern der dominanten Kaste machte sie Herren, denn Gesetz und Brauch besagten, dass »der Sklave sich nicht nur dem Willen des Herrn, sondern auch dem Willen aller anderen Weißen zu unterwerfen hat.«[40] Es handelte sich nicht nur um einen zerrissenen Faden in »einem ansonsten makellosen Tuch«, schreibt der Soziologe Stephen Steinberg. »Man könnte eher sagen, dass die Sklaverei erst den Stoff geliefert hatte, aus dem das Tuch gewoben wurde.«[41]

Die US-amerikanische Sklaverei, die von 1619 bis 1865 andauerte, war nicht die Sklaverei des antiken Griechenlands oder die illegale Sexsklaverei der Gegenwart. Die abscheuliche Sklaverei der Gegenwart ist uneingeschränkt illegal, und jedes heutige Opfer, das entkommt, flieht in eine Welt, die seine Freiheit anerkennt und sich für die Bestrafung seiner Sklavenhalter einsetzt. Im Gegensatz dazu war die Sklaverei der USA legal und wurde vom Staat und einem Netz von Vollstreckern durchgesetzt. Jedes Opfer, dem die Flucht gelang, flüchtete in eine Welt, die nicht nur die Freiheit des Opfers leugnete, sondern es zur Vergeltung auch noch seinen Sklavenhaltern zurückbrachte, die ihm weitere unsägliche Gräuel antaten. In der amerikanischen Sklaverei wurden die Opfer, nicht die Sklavenhalter, bestraft, und zwar mit allen Grausamkeiten, die der Sklavenhalter sich ausdenken konnte, um anderen damit eine Lehre zu erteilen.

Was die Kolonisten erschufen, war »eine Extremform der Sklaverei, die es bisher nirgendwo auf der Welt gegeben hatte«, schreibt die Rechtshistorikerin Ariela J. Gross. »Zum ersten Mal in der Geschichte wurde eine Gruppe der Menschheit aus der ›menschlichen Rasse‹ ausgeschlossen und zu einer separaten Untergruppe degradiert, die für Generationen versklavt bleiben sollte.«[42]

Ein Vierteljahrtausend lang bedeutete die Institution der Sklaverei die Verwandlung von Menschen in Geld, in Maschinen, die nur für den Profit ihrer Besitzer existierten, die so lange zu arbeiten hatten, wie die Besitzer es für richtig hielten, die keine Rechte an ihrem eigenen Körper oder ihren Angehörigen besaßen, die verpfändet, gezüchtet, in einer Wette gewonnen, als Mitgift verschenkt, an Nachkommen vererbt, von Ehepartnern oder Kindern verkauft werden konnten, um die Schulden eines Besitzers zu begleichen, um einen Rivalen zu schikanieren oder um einen Nachlass zu regeln. Sie wurden regelmäßig ausgepeitscht, vergewaltigt und gebrandmarkt und waren jeder beliebigen Laune ihrer Besitzer ausgeliefert.

Bevor die Vereinigten Staaten von Amerika existierten, existierte die Sklaverei. Sie war ein lebendiger Tod, der zwölf Generationen lang weitergegeben wurde.

»Der Sklave ist dazu verdammt, zu ackern, damit andere die Früchte ernten können«, so schilderte ein Richter mit Namen Ruffin das, was er im tiefen Süden der USA bezeugt hatte.[43]

»Der Sklave ist ganz und gar dem Willen seines Herrn unterworfen«, schrieb William Goodell, ein Geistlicher, der in den 1830er-Jahren die Institution der Sklaverei dokumentierte. »Was er ihm zufügen will, muss der Sklave erleiden. Er darf niemals eine Hand zur Selbstverteidigung erheben, kein Wort der Anklage. Er hat keinen Schutz und keinen Rechtsbehelf«, also noch weniger als die Tiere auf dem Feld. Goodell zufolge galt es als unmöglich, dass versklavte Menschen verletzlich seien. »Nach dem Ermessen ihres Herrn dürfen sie bestraft oder sogar durch seine Autorität hingerichtet werden.«[44]

1740 beschloss South Carolina, wie andere Sklavenhalterstaaten auch, den Arbeitstag versklavter Menschen auf 15 Stunden von März bis September und auf 14 Stunden von September bis März zu begrenzen – das Doppelte eines normalen Arbeitstages von Menschen, die für ihre Arbeit entlohnt werden. Damals durften selbst Häftlinge, die sich eines Verbrechens schuldig gemacht hatten, höchstens zehn Stunden pro Tag arbeiten. Niemand soll bitte sagen, dass Schwarze Menschen nichts für dieses Land getan haben.[45]

Als Entschädigung erhielten viele der afrikanischen Arbeiter nur einen Viertelscheffel Mais pro Woche, den sie nachts nach ihrer Arbeit auf dem Feld von Hand mahlen mussten. Fleisch als Eiweißquelle erlaubten manche Herren nur einmal im Jahr. »Sie durften kaum die Krümel aufsammeln, die von den Tischen ihrer Herren fielen«, schrieb George Whitefield.[46] Und der Diebstahl von Lebensmitteln war »ein Verbrechen, das mit Auspeitschen gesühnt wurde.«

In einem offenen Brief wandte sich Whitefield 1739 an die Kolonien am Chesapeake: »Eure Sklaven, so meine ich, arbeiten genauso hart, wenn nicht gar härter, als die Pferde, auf denen ihr reitet.« »Nur werden die Pferde nach getaner Arbeit gefüttert und umsorgt.«[47]

Die Sklavenhalter machten sich an ihren Geiseln zu schaffen, um den größtmöglichen Gewinn zu erzielen; sie peitschten diejenigen aus, die ihre unmöglichen Erwartungen verfehlten. All jene, die sie übertrafen, wurden jedoch umso härter gezüchtigt, sodass noch mehr Nutzen aus ihren erschöpften Körpern gezogen werden konnte.

»Auspeitschen war ein Einstieg in die Gewalt, die zu bizarrkreativen Formen von Sadismus führte«, schreibt der Historiker Edward Baptist. Die Sklavenhalter verwendeten »jede moderne Foltermethode«, schreibt Baptist weiter: von Verstümmelung bis zum Waterboarding.

Die Sklaverei machte die Sklavenhalter zu den wohlhabendsten Menschen der Welt, da sie »die Fähigkeit besaßen, eine Person in kürzester Zeit zu Geld zu machen.« Die Südstaatler verharmlosten die Grausamkeiten, die sie anrichteten und an die sie sich längst gewöhnt hatten. Baptist schreibt: »Niemand war bereit, zuzugeben, dass man in einer Wirtschaft lebte, die auf Folter aufgebaut war.«

*

Die überwiegende Mehrheit der Schwarzen lebte in den ersten 246 Jahren der Vereinigten Staaten unter einem Terrorregime von Menschen, die absolute Macht über ihren Körper und über jeden ihrer Atemzüge besaßen; sie waren Menschen unterworfen, die für ihre Grausamkeit keinerlei Konsequenzen fürchten mussten.

»Diese Tatsache ist für das Verständnis ethnischer Konflikte von großer Bedeutung«, schrieb der Soziologe Guy B. Johnson, »denn aus ihr folgt, dass sich die Weißen während der langen Zeit der Sklaverei mit Billigung des Gesetzes daran gewöhnt haben, die Unverschämtheit und den Ungehorsam der *Negros* durch Gewalt zu ›regulieren‹.«[48]

Die Sklaverei ließ die Degradierung der untergeordneten Kaste als gewöhnlich und rechtschaffen erscheinen. »In den sanftmütigsten Häusern hörte man hin und wieder das Schleifen von Ketten und Fesseln, das Gebell von Hunden, das Knallen von Pistolen auf der Jagd nach dem Ausreißer«, schrieb der Südstaatenschriftsteller Wilbur J. Cash. »Und wie die Anzeigen der Zeit unbestreitbar beweisen, erfuhr man von Verstümmelung und dem Zeichen des Brandeisens.«[49]

Die angesehensten Mitglieder der Gesellschaft beaufsichtigten Zwangsarbeitslager, die schicklich »Plantagen« genannt wurden und in denen sich Hunderte von schutzlosen Gefangenen befanden, deren Verbrechen lediglich darin bestand, dass sie mit dunkler Haut auf die Welt gekommen waren. Selbst »gute« und »liebevolle« Mütter und Väter fügten ihren Mitmenschen grausamste Qualen zu.

»Für das Elend des schwarzen Amerikaners«, schrieb James Baldwin, »gibt es praktisch keine Sprache.«[50]

Die längste Zeit ihrer Geschichte waren die Vereinigten Staaten von Amerika ein Ort dieses Grauens. Erst im Jahr 2022 war das Land länger unabhängig, als die Sklaverei angedauert hatte. Und niemand, der heute erwachsen ist, wird das Jahr erleben, in dem Schwarze Menschen als Gruppe so lange als freie Menschen gelebt haben werden, wie sie versklavt worden waren: 2111.[51]

*

Um der Versklavung in den Vereinigten Staaten von Amerika ein Ende zu setzen, bedurfte es eines Bürgerkriegs, des Todes von einer Dreiviertelmillion Soldaten und Zivilisten,[52] der Ermordung des Präsidenten Abraham Lincoln sowie der Verabschiedung des 13. Zusatzartikels der Verfassung, mit dem die Sklaverei endgültig abgeschafft wurde. Nach Ende des Krieges versuchte der Norden für kurze Zeit – nämlich in den zwölf Jahren, die als Reconstruction bekannt sind –, den Süden wieder aufzubauen und den vier Millionen Menschen Unterstützung zu gewähren, die gerade befreit worden waren. Doch die Regierung zog sich 1877 aus politischer Opportunität zurück und überließ die Menschen in der untergeordneten

Kaste wieder denselben Leuten, die sie einst versklavt hatten. Die Menschen der dominanten Kaste, die ihren Groll über die Kriegsniederlage hegten, ließen ihre Feindseligkeiten an der untergeordneten Kaste mit neuer Folter und Gewalt aus, um ihre Vorherrschaft in einem umstrukturierten Kastensystem wiederherzustellen.

Die herrschende Kaste entwarf ein Labyrinth von Gesetzen, um die neu befreiten Menschen auf der untersten Stufe zu fixieren, während eine populäre neue Pseudowissenschaft namens Eugenik diese jüngste Entwürdigung rechtfertigte. Die Menschen auf der untersten Stufe konnten für jede Übertretung der Kastenregeln ungestraft gezüchtigt oder getötet werden, etwa wenn sie nicht schnell genug den Bürgersteig verließen, um Platz zu machen, oder wenn sie versuchten zu wählen.

Die dominante Kaste kontrollierte alle Ressourcen, sie kontrollierte, ob und wann eine Schwarze Person essen, schlafen, sich fortpflanzen oder leben durfte. Die Kolonisten schufen eine Kaste von Menschen, die gemeinhin als dumm galten und denen es verboten war, Lesen und Schreiben zu lernen, man nannte sie faul, um so die Peitsche zu rechtfertigen, man bezeichnete sie als unmoralisch, um ihnen die Schuld an ihrer Vergewaltigung und der daraus resultierenden Schwangerschaft zu geben.

So trat jeder einzelne eingewanderte Mensch – die Vorfahren der meisten heute in den USA lebenden Menschen – in eine bereits bestehende, bipolare Hierarchie ein, die aus der Sklaverei hervorging und die Extreme der menschlichen Pigmentierung radikal gegeneinander ausspielte. Jede neu ins Land eingewanderte Person musste herausfinden, wie und wo sie sich in der Hierarchie ihres neuen Heimatlandes einfinden musste. Unterdrückte Menschen aus aller Welt, vor allem aus Europa, passierten Ellis Island, legten ihr altes Selbst und oft auch ihre alten Namen ab, um in die mächtige, dominante Mehrheit aufgenommen zu werden.

Irgendwann in diesem Prozess wurden die europäischen Menschen zu etwas, das sie niemals zuvor gewesen waren und das sie auch nie hatten sein müssen. Sie waren nicht mehr tschechisch, ungarisch oder polnisch, sondern *weiß*, eine politische Bezeichnung, der nur dann eine Bedeutung zukommt, wenn man sie mit etwas vergleicht, das nicht weiß ist. Sie wurden Teil einer neuen Schöpfung, einer Überkategorie für alle, die aus Europa in die Neue Welt kamen. Laut dem Einwanderungs- und Rechtswissenschaftler Ian Haney López wurden die Deutschen in den 1840er-Jahren in die herrschende Kaste aufgenommen. Die Iren zwischen den 1850er- und 1880er-Jahren und die Ost- und Südeuropäer im frühen 20. Jahrhundert. »In Irland oder Italien«, schrieb López, »stellte Weißsein keinen Teil der sozialen oder ethnischen Identitäten dar, die diese Menschen besaßen.«[53]

Erst als sie US-Amerikanerinnen und -Amerikaner wurden, wurden sie zu Weißen.

Serben und Albanerinnen, Schwedinnen und Russen, Türken und Bulgarinnen, die sich in ihren Heimatländern vielleicht bekriegt hätten, wurden zusammengewürfelt, nicht auf der Grundlage einer geteilten ethnischen Kultur oder Sprache, eines Glaubens oder einer nationalen Herkunft, sondern allein aufgrund ihres Aussehens, um die herrschende Kaste in der Hierarchie zu stärken.

»Niemand war weiß, bevor er/sie nach Amerika kam«, sagte James Baldwin einmal.[54]

Die geografische Herkunft als Eintrittskarte in die dominante Kaste. »Die Erfahrung der europäischen Eingewanderten wurde entscheidend dadurch geprägt, dass sie eine Arena betraten, in der Europäischsein – sprich: Weißsein – zu den wichtigsten Besitztümern gehörte, die sie für sich beanspruchen konnten«, schrieb der Yale-Historiker Matthew Frye Jacobson. »Es war ihr Weißsein, nicht irgendeine Art von Großmut der Neuen Welt, die das Goldene Tor öffnete.[55]

Damit einher ging die aktive Distanzierung von der etablierten untersten Kaste. Weiß zu werden, bedeutete, sich so weit wie möglich vom Gegenteil abzugrenzen – vom Schwarzsein. Um sich der Aufnahme in die herrschende Kaste als würdig zu erweisen, musste man sich die Schimpfwörter für sie aneignen, sich der Gewalt gegen sie anschließen, nicht wenige übertrafen mit ihrem Hohn und ihrer Verachtung irgendwann diejenigen, bei denen sie sich alles abgeschaut hatten.

Vielleicht kamen sie unparteiisch und unschuldig im Land an, doch sie waren gezwungen, sich für eine Seite zu entscheiden, wenn sie in ihrer Wahlheimat überleben wollten. Hier mussten sie lernen, weiß zu sein. So wurden irische Eingewanderte, die vor einer Hungersnot und Verfolgung durch die Briten geflohen waren und die bei ihrer Ankunft keinen Groll gegen eine bestimmte Gruppe hegten, gegen Schwarze ausgespielt, als sie für einen Bürgerkrieg um die Sklaverei eingezogen wurden, von dem sie nicht profitierten und den sie auch nicht verursacht hatten.

Da sie nicht in der Lage waren, die weißen Eliten anzugreifen, die sie in den Krieg schickten und die den Schwarzen verboten hatten, an die Front zu gehen, richteten die irischen Immigranten ihre Frustration und ihren Zorn gegen die Sündenböcke, von denen sie inzwischen wussten, dass sie ihnen in der amerikanischen Hierarchie unterlegen waren. Sie hängten Schwarze an Laternenmasten auf, und in den Draft Riots von 1863, die als die größten Rassenunruhen in der US-amerikanischen Geschichte gelten, brannten sie alles nieder, was mit Schwarzen in Verbindung gebracht wurde: Wohnhäuser, Geschäfte, Kirchen, ein Waisenhaus für Schwarze Kinder.[56] Ein Jahrhundert später randalierten rund viertausend italienische und polnische Einwanderer, als ein Schwarzer Veteran 1951 versuchte, mit seiner Familie in den ausschließlich weißen Vorort Cicero im Bundesstaat Illinois zu ziehen. Die Feindseligkeit gegenüber der untersten Kaste wurde zum Teil des Initiationsritus für die Staatsbürgerschaft in den USA.

So wurde aus Menschen mit afrikanischer Abstammung eine überaus hilfreiche Kontrastfigur, von der sich alle anderen abgrenzen konnten. »Nicht nur, dass die wirtschaftlichen Erfolge verschiedener weißer eingewanderter Gruppen auf Kosten von Nichtweißen gingen«, schreibt Jacobson, »nein, ihr inzwischen allgemein anerkanntes Weißsein verdanken sie zum Teil sogar diesen nichtweißen Gruppen.«[57]

Die Institution der Sklaverei kreierte eine lähmende Verzerrung zwischenmenschlicher Beziehungen, nach der die Menschen auf der einen Seite dazu gezwungen wurden, die Rolle der Unterwürfigkeit zu übernehmen und jegliche angeborenen Talente oder Intelligenz, die sie vielleicht besaßen, zu sublimieren. Sie mussten ihre Trauer über den Verlust von Kindern oder Ehepartnerinnen unterdrücken, die ihnen von jenen Menschen entrissen wurden, an die sie zwanghaft gebunden waren, um zu überleben.

Die dominante Kaste hingegen lebte in der Illusion einer angeborenen Überlegenheit gegenüber allen anderen Gruppen von Menschen und redete sich ein, dass die, die sie zwangen, bis zu 18 Stunden täglich zu schuften, ohne dafür irgendeinen Lohn erwarten zu dürfen, in Wahrheit gar keine Menschen waren, sondern Ackertiere, kindliche Kreaturen, und dass die

Unterwürfigkeit, in die man sie hineingezwungen hatte, aus tiefem Respekt und Bewunderung für die angeborene Herrlichkeit ihrer Herren hervorgegangen war.

Diese hässliche Art der Beziehungsführung wurde von Generation zu Generation weitergegeben. Die Menschen, deren Vorfahren sie an die Spitze der Hierarchie gestellt hatten, gewöhnten sich an die unverdiente Ehrerbietung der untergeordneten Gruppe und begannen, sie zu erwarten und einzufordern. Sie redeten sich ein, dass die unterworfenen Menschen weder Schmerz noch Kummer empfänden, dass sie entwürdigte Maschinen seien, die nur menschenähnlich aussähen und denen man jeden Gräuel antun könnte. Die Menschen, die sich diese Dinge einredeten, belogen sich selbst. In dieser Hinsicht war ihr Leben eine Lüge, und indem sie diese Menschen, die sie als Ackertiere betrachteten, entmenschlichten, entmenschlichten sie sich selbst.

Die heutigen US-Amerikanerinnen und -Amerikaner haben diese Regeln geerbt, unabhängig davon, ob in ihren eigenen Familien Menschen versklavt worden waren oder ob sie überhaupt in den Vereinigten Staaten gelebt hatten. Die Sklaverei trieb eine tiefe Kluft zwischen Schwarze und Weiße, die die mittleren Kasten von Asiatinnen und Asiaten, Latinx, Native Americans und neuen Eingewanderten afrikanischer Abstammung heute dazu zwingt, sich in einer ursprünglich bipolaren Hierarchie zurechtzufinden.

Neuankömmlinge lernen, um die Gunst der dominanten Kaste zu buhlen und sich von den unteren Kasten abzugrenzen. Sie lernen, sich dem Diktat der dominanten Kaste anzupassen, wenn sie in ihrem neuen Land gedeihen wollen, und Schwarze Menschen als historische Kontrastfiguren anzusehen, über die man sich in einer rauen Wirtschaft, in der alle nur für sich selbst arbeiten, erheben kann.

In den späten 1930er-Jahren, als sich in Europa Krieg und Autoritarismus zusammenbrauten, war das Kastensystem der USA vollständig in Kraft gesetzt und ging in sein drittes Jahrhundert. Die Werkzeuge des Kastensystems waren im ganzen Land erkennbar, doch im autoritären Jim-Crow-Regime der ehemaligen Konföderationsstaaten wurden sie am erbarmungslosesten eingesetzt.

»Die Kaste in den Südstaaten«, schrieben der Anthropologe W. Lloyd Warner und die Anthropologin Allison Davis, »ist ein System zur willkürlichen Festlegung des Status aller *Negros* und aller Weißen in Bezug auf die grundlegendsten Privilegien und Chancen der menschlichen Gesellschaft.«[58]

*

Vor einigen Jahren besuchte eine in Nigeria geborene Dramatikerin einen meiner Vorträge in der British Library in London. Fasziniert hörte sie von der Vorstellung, dass Millionen Schwarzer Menschen zur Zeit der Great Migration in ihrem eigenen Land politisches Asyl suchen mussten – eine Geschichte, von der sie nichts wusste. Nach dem Vortrag unterhielten wir uns, und sie sagte etwas, das ich nie vergessen werde: »Sie wissen, dass es in Afrika keine Schwarzen Menschen gibt.«

Das klingt in unseren Ohren zunächst unsinnig. Natürlich gibt es Schwarze Menschen in Afrika. In Afrika gibt es einen ganzen Kontinent voller Schwarzer Menschen.

»Die Menschen in Afrika sind nicht Schwarz«, sagte sie. »Sie sind Igbo und Yoruba, Ewe, Akan, Ndebele. Nicht Schwarz. Sie sind einfach sie selbst. Sie sind Menschen des Landes. So sehen sie sich selbst.«

Was wir in den USA als unantastbare Wahrheit betrachten, sei ihnen fremd, sagte die Dramatikerin.

»Sie werden erst dann zu Schwarzen, wenn sie in die USA gehen oder nach Großbritannien kommen«, sagte sie.

Mit der Entstehung der Neuen Welt wurden die Europäer weiß, die Afrikanerinnen Schwarz und alle anderen gelb, rot oder braun. Mit der Entstehung der Neuen Welt wurden die Menschen auf der Grundlage ihres Aussehens voneinander getrennt, ausschließlich im Gegensatz zueinander identifiziert und in eine Rangfolge gestellt, um ein Kastensystem aufzubauen, das auf einem damals neuen Konzept namens *Race* basierte. Mit diesem Prozess der Einordnung wurden wir alle in uns zugewiesene Rollen gesteckt, um unseren Teil zur Inszenierung des endlosen Theaterstücks beizutragen.

Keiner von uns ist er selbst.

5

»Die Form, die wir für euch vorgesehen haben«

Ihr Name ist Miss, nur Miss, und zwar nicht ohne Grund. Sie wurde in den 1970er-Jahren in Texas als Tochter zweier Menschen geboren, die unter Jim Crow aufgewachsen waren, dem autoritären Regime, das die Grundregeln für den Rest eines willigen Landes festgelegt hatte. Die übergreifende Regel lautete, dass die unterste Kaste die unterste bleiben musste, zu jeder Zeit und um jeden Preis. Mit jedem Wort, das man über sie verlor, sollte ihre Unterlegenheit unterstrichen werden. In Zeitungsberichten über ein Zugunglück heißt es zum Beispiel: »Zwei Männer und zwei Frauen wurden getötet sowie vier *Negros*.«[59] Schwarze Männer durften niemals mit »Mister« und Schwarze Frauen niemals mit »Miss« oder »Mrs« angesprochen werden, sondern nur mit ihrem Vornamen oder mit Verniedlichungsformen wie »auntie« oder »gal«, die Erwachsene abwerten.

Die Anwendung dieser Regeln war so selbstverständlich wie der Wandel der Jahreszeiten. So selbstverständlich, dass ein Bürgermeisterwahlkampf in Birmingham, Alabama, sich beinahe ausschließlich um einen Verstoß gegen sie drehte. Der Polizeichef Bull Connor, ein Rassist, hatte einen Favoriten für den Wahlkampf von 1961. Er beschloss, die Wahl des Mannes, den er als Sieger sehen wollte, dadurch zu sichern, dass er den Mann, den er als Verlierer sehen wollte, in ein schlechtes Licht rückte: Er bezahlte einen Schwarzen dafür, dass er dem Gegenkandidaten in aller Öffentlichkeit die Hand schüttelte, während ein Fotograf mit der Kamera lauerte. Die Geschichte nahm eine ganze Seite in einer Lokalzeitung ein, und der Gegenkandidat verlor die Wahl, so wie Bull Connor es geplant hatte. Für die weißen Südstaatler war es eine »Kardinalsünde«, es war »erschütternd«, schrieb der Historiker Jason Sokol, »einen Schwarzen ›Mister‹ zu nennen oder ihm die Hand zu schütteln.«[60]

Ein kleiner Junge, der 90 Meilen südlich in Selma aufwuchs, musste mitanhören, wie Weiße, vollkommen Fremde, ja sogar Kinder, seine Mutter und Großmutter bei ihrem Vornamen nannten, wie sie die Frechheit besaßen, seine Mutter mit »Pearlie« statt mit »Mrs Hale« anzureden, und das trotz ihrer aufrechten Haltung, ihrer feinen Kleidung. Harold Hale würde sie bald verabscheuen, diese Anmaßung der Distanzlosigkeit, und er würde wissen, dass er nichts dagegen ausrichten konnte.

Anfang 1965 kam Dr. Martin Luther King jr. in die Stadt. 100 Jahre waren seit dem Ende des Bürgerkriegs vergangen, und die niedrigste Kaste durfte immer noch nicht wählen, obwohl das 15. Amendment dieses Recht gewährte. Harold Hale meldete sich für den von Dr. King geplanten Marsch von Selma nach Montgomery an.

Die Edmund-Pettus-Brücke, die sie zu Beginn des Marsches überqueren mussten, war nur wenige Blocks von Hales Haus entfernt. Als er und die sechshundert anderen Demonstrierenden vor der Brücke ankamen, versperrte ihnen eine Kolonne behelmter und berittener Polizisten den Weg. Die Polizisten stürmten auf die Demonstrierenden zu. Sie schlugen sie, setzten Tränengas ein und trampelten sie nieder, »mit stürmenden Pferden, deren Hufe über die Gefallenen hinwegblitzten«, wie es der Schriftsteller George B.

Leonard ausdrückte, der das Geschehen entsetzt vor seinem Schwarz-Weiß-Fernseher mitverfolgte.[61] ABC News hatte den Film *Urteil von Nürnberg,* der von den Kriegsverbrechen der Nazis handelt, in der Mitte unterbrochen, um das körnige Filmmaterial aus Selma auszustrahlen, als ginge der eine Alptraum in einen anderen über.

Hale, ein Teenager, der sich weit entfernt von der Spitze des Demonstrationszuges befand, blieb körperlich unversehrt. Doch die Sorge darüber, wann endlich ein Wandel eintreten würde, ließ ihm keine Ruhe. Er beschloss, etwas zu unternehmen. Er beschloss, dem Kastensystem die Stirn zu bieten, indem er seiner erstgeborenen Tochter den Namen »Miss« geben würde. Jedem in der herrschenden Kaste würde er die Gelegenheit nehmen, sie anders zu nennen als mit dem Titel, den sie seinen Vorfahren verweigert hatten. Als seine erste Tochter geboren wurde, war seine Frau Linda mit seinem Wunsch einverstanden.

An einem Sommerabend saß mir Miss an ihrem spitzenbesetzten Esstisch gegenüber. Die Reste der selbstgemachten Lasagne und des Erdbeerkuchens waren weggeräumt worden. Die Kinder und ihr Mann beschäftigten sich anderweitig, und sie erzählte mir von ihrem Leben im Norden und im Süden, davon, wie die Träume ihres Vaters an der Kaste zerbrachen, während sie durchs Leben ging.

Eine weiße Zuckerdose aus Porzellan stand zwischen uns auf dem Tisch. Sie strich mit der Hand über den Rand der Dose. »Ich stelle immer wieder fest, dass die Weißen kein Problem mit mir haben«, sagte sie, »solange ich an meinem mir zugewiesenen Platz bleibe. Solange ich die ›Form bewahre, die sie für mich geschaffen haben.‹«

Sanft, aber eindringlich tippte sie mit dem Finger gegen den Rand der Zuckerdose. »Sobald ich aus dieser Form ausbreche«, sagte sie und hob den Deckel an, »ist das aber ein Problem.«

Sie hielt den Deckel gegen das Licht und verschloss damit anschließend wieder die Zuckerdose.

Harold Hale war mit seiner Familie in eine kleine Stadt im Osten von Texas umgezogen, als Miss ein kleines Mädchen war. Sie waren die einzige Schwarze Familie in ihrer Nachbarschaft. Ihr Vater hatte Freude daran, in seiner Freizeit den Vorgarten zu pflegen. In der Nacht wechselte er manchmal die Pflanzen in den Blumenbeeten aus, sodass die Nachbarn beim Aufwachen praktisch einen neuen Vorgarten vorfanden. Eines Tages beobachtete ein weißer Mann, der ebenfalls in der Nachbarschaft wohnte, Harold draußen beim Rasenmähen. Der Mann sagte, dass Harold seine Arbeit richtig gut mache, und fragte, was er für die Gartenarbeit verlange.

»Ach, ich berechne gar nichts«, sagte Harold Hale. »Ich darf mit der Dame des Hauses ins Bett gehen.« Er lächelte dem Mann ins Gesicht. »Ich wohne hier.«

Nachdem sich das herumgesprochen hatte, wurde ihr Briefkasten demoliert. Also betonierte Harold Hale den neuen Briefkasten ein. Als eines Tages jemand vorbeifuhr und versuchte, auch den neuen Briefkasten vom geöffneten Fenster seines Wagens aus zu demolieren, hörte die Familie einen lauten Schrei von draußen. »Die Person hatte sich am Arm verletzt, als sie mit einem Baseballschläger gegen den neuen Briefkasten schlug«, sagte Miss. »Der stand in Zement, und der Schläger schnellte zurück. Danach ließen die Leute den Briefkasten in Ruhe.«

Anfang der 1970er-Jahre, noch vor der Ankunft der Familie in der Stadt, hatten die örtlichen Highschools den gemeinsamen Schulbesuch von Schwarzen und weißen Kindern erlaubt. Als Miss in der zehnten Klasse war, erregten sie und ihre

Freunde ungeahnte Aufmerksamkeit durch Walkie-Talkies, mit denen sie in den Pausen herumspielten. Der Schulleiter rief sie in sein Büro, weil er sich über diese Aktivitäten wunderte und wissen wollte, warum sich die Schülerinnen um ihren Spind versammelten. Sie zeigte ihm eines der Geräte.

Er fragte sie nach ihrem Namen. »Miss Hale«, sagte sie.

»Wie ist dein Vorname?«

»Miss.«

»Ich sagte, wie lautet dein Vorname?«

»Mein Name ist Miss.«

»Ich habe keine Zeit für diesen Unsinn. Wie ist dein richtiger Name?«

Sie wiederholte den Namen, den ihr Vater ihr gegeben hatte. Der Schulleiter war nun außer sich und wies einen Assistenten an, ihre Schulakte zu bringen. Die Dokumente bestätigten ihren Namen.

»Hale. Hale«, murmelte er mehrfach vor sich hin und versuchte, den Grund für diesen Verstoß gegen die Norm zu erklären. In den Kleinstädten des Südens kannten die Weißen alle Schwarzen – oder waren der Meinung, sie zu kennen. Die meisten der Schwarzen Menschen waren für ihr Einkommen oder ihr Überleben auf die eine oder andere Weise von der herrschenden Kaste abhängig. Der Schulleiter versuchte herauszufinden, welche Schwarze Familie die Bosheit besessen hatte, ihre Tochter Miss zu nennen.

»Hale. Ich kenne keine Hales«, sagte er schließlich. »Du bist nicht von hier. Woher kommt dein Vater?«

»Er kommt aus Alabama.«

»Für wen arbeitet er?«

Sie nannte ihm den Namen der Firma, die ihren Sitz außerhalb von Texas hatte. Sie berichtete ihm, dass es sich um eines der umsatzstärksten Unternehmen des Landes handelte. Ihre

Eltern hatten ihr beigebracht, dies zu sagen, in der Hoffnung, ihr dadurch zusätzlichen Schutz zu bieten.

»Ich wusste, dass du nicht von hier bist«, sagte er. »Weißt du, woher ich das weiß?«

Sie schüttelte den Kopf.

»Du hast mir in die Augen geschaut, als ich mit dir geredet habe. Schwarze von hier wissen, dass man das nicht macht.«

Schließlich durfte sie gehen, und als sie am selben Tag nach Hause kam, erzählte sie ihrem Vater, was passiert war. Er hatte so lange auf diesen Moment gewartet.

»Was hat er gesagt? Und was hast du gesagt?«

Er konnte sich kaum beherrschen. Sein Plan war aufgegangen.

Aber sie müsse dem Namen, den er ihr gegeben hatte, auch gerecht werden. »Die Weißen haben kein Alleinrecht auf Menschlichkeit«, sagte er zu seiner Tochter. »Sie haben kein Alleinrecht auf Weiblichkeit. Sie haben kein Alleinrecht auf all das, was es heißt, ein vollständiges, wundervolles, edles, ehrenhaftes weibliches Mitglied der menschlichen Spezies zu sein. Sie haben nicht das alleinige Recht darauf.«

Jahre später erhielt Miss die Gelegenheit, das Leben in einem anderen Teil des Landes kennenzulernen. Im College wurde sie eingeladen, den Sommer bei der Familie einer Kommilitonin auf Long Island im Bundesstaat New York zu verbringen. Die Mitglieder ihrer Gastfamilie empfingen sie mit offenen Armen, sie liebten ihren Namen und empfanden eine diebische Freude darüber, dass Miss' Familie es den Fanatikern im Süden gezeigt hatte.

Miss sorgte sich um die Großmutter der Gastfamilie, die sie besonders lieb gewann. Miss hatte eine anmutige, ungezwungene Art und verhielt sich, wie in der langen Tradition des Schwarzen Südstaatenlebens üblich, respektvoll gegenüber älteren Menschen. Als sich der Sommer dem Ende zuneigte und es Zeit war, wieder zurück ans College zu gehen, war Miss der Großmutter so sehr ans Herz gewachsen, dass die ältere Frau niedergeschlagen war über den Weggang der jungen Studentin.

»Ich wünschte, du könntest bleiben«, sagte die Matriarchin mit verzweifeltem Blick und in der Hoffnung, sie doch noch überzeugen zu können zu bleiben.

Miss sagte, dies sei leider nicht möglich.

»Es gab eine Zeit«, sagte die Matriarchin warnend und bedauernd, »da hätte ich dich zum Bleiben zwingen können.« Sie richtete sich auf, aber ihre Stimme versagte.

*

Jeder und jede von uns ist in eine bestimmte Form gepresst worden, die man für uns geschaffen hat. Diese Form signalisiert der Welt, wen man dahinter vermutet und was man mit diesem Menschen anfangen soll.

Damals, in der Zeit vor Amazon und iPhones, war ich Korrespondentin der *New York Times* in Chicago. Ich hatte beschlossen, einen heiteren Artikel über Chicagos Magnificent Mile zu schreiben, jenen Straßenabschnitt der Michigan Avenue, der schon immer das Aushängeschild der Stadt gewesen war und auf der nun einige große Namen aus New York und anderswo im Begriff waren, sich niederzulassen. Ich dachte mir, die New Yorker Einzelhändler würden sich über ein Gespräch sicher freuen. Als ich den Artikel plante, fragte ich Interviews mit ihnen an. Alle, die ich kontaktierte, waren begeistert, mit der *Times* über ihren Ausflug nach Chicago zu sprechen.

Die Interviews verliefen wie erwartet – bis auf das letzte. Ich war ein paar Minuten früher gekommen, um sicherzustellen, dass wir das bevorstehende Gespräch pünktlich beginnen könnten.

Die Boutique war zu dieser ruhigen Stunde am Spätnachmittag leer. Die Assistentin des Geschäftsführers sagte mir, dass er bald von einem anderen Termin zurückkommen würde. Die Wartezeit machte mir nichts aus. Ich war froh, einen weiteren großen Namen für den Text gewinnen zu können. Die Assistentin zog sich in den hinteren Bereich der Boutique zurück, während ich allein in einem weitläufigen Ausstellungsraum herumstand. Da betrat ein Mann in Anzug und Mantel gehetzt und atemlos die Boutique. Aus der hinteren Ecke gab mir die Assistentin ein Zeichen, dass dies der Geschäftsführer sei, also ging ich auf ihn zu, um mich vorzustellen. Er holte Atem und schaute auf seine Uhr.

»Ach, ich kann jetzt nicht mit Ihnen reden«, sagte er und schob sich an mir vorbei. »Ich bin spät dran für einen Termin.«

Ich war verwirrt. Hatte er vielleicht noch einen Termin zur selben Zeit ausgemacht?

Aber außer uns beiden und der Assistentin im hinteren Bereich befand sich niemand in der Boutique.

»Ich glaube, ich bin Ihre Verabredung«, sagte ich.

»Nein, das ist ein sehr wichtiger Termin mit der *New York Times*«, antwortete er und schlüpfte aus seinem Mantel. »Ich kann jetzt nicht mit Ihnen sprechen. Wir müssen uns ein anderes Mal unterhalten.«

»Aber ich bin von der *New York Times*«, sagte ich ihm mit Stift und Notizbuch in der Hand. »Ich habe mit Ihnen am Telefon gesprochen. Ich habe den Termin mit Ihnen für vier Uhr dreißig vereinbart.«

»Wie ist der Name?«

»Isabel Wilkerson von der *New York Times*.«

»Woher soll ich wissen, dass das stimmt?«, wurde er ungeduldig. »Hören Sie, ich sagte doch, dass ich jetzt keine Zeit habe, um mit Ihnen zu reden. Sie wird jeden Moment hier sein.«

Er schaute zum Vordereingang und erneut auf seine Uhr.

»Aber ich bin Isabel. Wir sind jetzt für das Interview verabredet.«

Er stieß einen Seufzer aus. »Können Sie sich ausweisen? Haben Sie eine Visitenkarte?«

Hatte ich nicht. Es war das letzte Interview für den Artikel, und ich hatte bereits all meine Karten weggegeben.

»Ich habe den ganzen Tag Interviews geführt«, sagte ich ihm. »Jetzt habe ich zufällig keine mehr bei mir.«

»Was ist mit einem Ausweis? Haben Sie einen Führerschein dabei?«

»Ich sollte Ihnen wirklich nicht meinen Führerschein zeigen müssen, aber hier ist er.« Er warf einen flüchtigen Blick darauf.

»Sie haben nichts, wo *New York Times* draufsteht?«

»Was für einen Grund hätte ich denn, hier zu sein, wenn nicht wegen des Interviews mit Ihnen? Es ist jetzt schon so viel Zeit vergangen, während wir hier gestanden haben, und es ist niemand anderes gekommen.«

»Sie muss sich verspätet haben. Ich muss Sie leider bitten, zu gehen, damit ich mich auf meinen Termin vorbereiten kann.«

Ich ging zurück in die Redaktion der *Times*, benommen und wütend, und versuchte zu begreifen, was da gerade vor sich gegangen war. Es war das erste Mal, dass man mich beschuldigt hatte, mich als mich selbst ausgegeben zu haben. Seine von der Kaste geprägten Vorstellungen dessen, wer in der Gesellschaft was erreichen konnte und wer welches Recht besaß, hatten ihn derartig verblendet, dass er sich nicht vorstellen konnte, dass die Reporterin, auf die er sehnsüchtig wartete und mit der er unbedingt sprechen wollte, längst vor ihm stand. Es schien ihm unmöglich zu sein, dass eine Korrespondentin der *New York Times* meine Erscheinungsform haben könnte, obwohl alles darauf hindeutete, dass ich diese Korrespondentin war.

Der Artikel erschien am darauffolgenden Sonntag. Da es mir nicht gelungen war, ihn zu interviewen, wurde er nicht erwähnt. Es wäre eine nette Publicity für ihn gewesen, doch die übrigen Interviews machten das Gespräch mit ihm letztendlich überflüssig. Ich schickte ihm einen Beleg des Artikels zusammen mit der Visitenkarte, um die er mich gebeten hatte. Bis zum heutigen Tag betrete ich dieses Geschäft nicht mehr. Ich werde den Namen nicht erwähnen, nicht aus Zensurgründen oder um den Ruf eines Unternehmens zu schützen, sondern wegen unserer kulturellen Neigung zu glauben, dass wir das Problem aus der Welt geschafft haben, wenn wir nur den vermeintlich seltenen Ausreißer identifizieren. Dasselbe Problem hätte sich überall zeigen können, denn die Ursache dafür liegt in Wahrheit an der Wurzel.

6

Das Maß der Menschlichkeit

In einem Paralleluniversum mit ähnlichen Naturgesetzen wie den unseren fuhr ein Volk mit mächtigen Waffen über die Weltmeere und entdeckte Menschen, die anders aussahen als sie selbst. Sie waren erschrocken, als sie einem Volk begegneten, das sie überragte, das größer war als alle Menschen, die sie je zuvor gesehen hatten. Sie wussten nicht, was sie von dieser Entdeckung halten sollten. Sie hatten sich selbst als Maßstab für die menschliche Existenz angesehen. Doch die Eingeborenen, die sie trafen, befanden sich an der äußersten Grenze eines bestimmten menschlichen Merkmals: der Körpergröße. Selbst die Frauen waren im Durchschnitt über 1,80 Meter groß, einige der Männer näherten sich 2,10 Meter. Die gut bewaffneten Entdecker waren das Gegenteil. Zwar waren ihre Waffen tödlich, doch ihre Körper waren kleiner.

In diesem Moment der Menschheitsgeschichte, als die Welt von konkurrierenden Stämmen gut bewaffneter Menschen besetzt wurde, standen sich zum ersten Mal zwei Völker gegenüber, die sich an den Extremen eines augenfälligen, aber willkürlichen menschlichen Merkmals befanden – groß oder klein zu sein. Ein Volk der kleinsten Menschen fand sich nun von Angesicht zu Angesicht mit einem Volk der größten. Diejenigen, die über die fortschrittlichsten Waffen verfügten, gingen siegreich hervor und fanden Verwendung für die größten Menschen. Sie beschlossen, sie in jene Neue Welt zu bringen, die sie im Begriff waren zu erschaffen.

Sie schlossen sich mit anderen Kleinen auf der ganzen Welt zusammen. Mit ihren überlegenen Waffen und Kriegslisten eroberten sie die Länder der Großen, nahmen sie gefangen, versklavten sie ein Vierteljahrtausend lang und bauten eine großartige Demokratie auf. Sie sagten sich, dass die Großen nichts Besseres verdient hatten, dass sie ungebildet, rückständig und minderwertig seien, dass sie ihre Stärken und Ressourcen nicht zu Genüge genutzt hätten. Sie seien eine ganz andere Spezies, geboren, um ihren Eroberern zu dienen, und sie verdienten es, von ihnen erniedrigt zu werden. Sie waren eine eigenständige und untergeordnete Rasse.

Diese Eroberungsgeschichte klingt in unseren Ohren absurd, nicht weil sie nicht stattgefunden hat, sondern wegen der Absurdität der Größe als Mittel zur Kategorisierung der Menschheit und zur Bestimmung der Ethnie. Man hätte uns auch nach beliebigen anderen Merkmalen einteilen können.

Und doch ist die Körpergröße, ebenso wie die Hautpigmentierung, in erster Linie ein vererbtes Merkmal, das bis zu einem gewissen Prozentsatz genetisch gesteuert wird und in Familien- und Stammesverbänden größtenteils einheitlich ist.[62] Wie das Hautpigment variiert auch die Körpergröße bei Erwachsenen sehr stark, wobei die meisten Menschen in der Mitte und die Extreme an den Polen liegen, von einem Maximum von etwa 2,13 Metern bis zu einem Minimum von unter 1,20 Metern bei Erwachsenen. Wäre die Körpergröße das Maß für die ethnische Bestimmung, ein so willkürliches Maß wie jedes andere und weniger willkürlich als manche, wären die Menschen der Niederlande dieselbe »Rasse« wie die Niloten im Südsudan oder die Tutsi in Ruanda, da sie alle zu den größten unserer Spezies gehören und selbst die Frauen im Durchschnitt 1,80 Meter groß sind. Das andere Extrem wären die Pygmäen und die Einwohner Sardiniens, eine eigene »Rasse«, da sie seit jeher zu den kleinsten Menschen gehören.

Wenn das derzeitige Kastenverhalten ein Anhaltspunkt wäre, würden sich alle anderen in der Mitte befinden, vielleicht die Größe der jeweils herrschenden Gruppe hochspielen, Plateauabsätze tragen, wenn die Großen regieren, damit prahlen, dass die Größe in ihrer Familie liegt, und mit den größten Menschen ausgehen und sie heiraten, um sich die Vorteile der herrschenden Kaste zu eigen zu machen. Die Stereotype würden sich verfestigen, wie sie es bereits bei extremer Körpergröße tun, doch sie würden sich noch verstärken, um die niedrige oder hohe Position der jeweiligen Gruppe zu rechtfertigen, die an der Macht ist.

In einem Kastensystem, das von kleinen Menschen beherrscht wird, würde jeder, der der untergeordneten Ethnie der großen Menschen angehört, lediglich als Muskelpaket abgetan, in niedere, unterwürfige Positionen verwiesen und nur angesehen als etwas zur Unterhaltung oder als Besitz. Kleine Menschen würden aufgrund ihres angeborenen Intellekts und ihrer Kultur als geborene Führungspersönlichkeiten betrachtet, die für ihr langes Leben bewundert würden, das Menschen von kleinerer Statur zugeschrieben wird, und sie würden als Schönheitsideale angesehen, als Maß der Menschlichkeit.

Es würde dafür gesorgt, dass sich große Menschen unsicher und gehemmt, schlaksig und unattraktiv fühlen, da sie als Gegenteil des Ideals geboren wurden. Die Gesellschaft würde davon ausgehen, dass alle Großen im Sport und in der körperlichen Arbeit leistungsfähig sind, unabhängig davon, ob er oder sie Interesse oder Begabung hat oder nicht. Wissenschaftlerinnen und Wissenschaftler könnten Tests entwickeln, um Unterschiede jenseits der Körpergröße zwischen Großen und Kleinen zu bemessen, Tests, die jedoch über Generationen ererbte Vor- und Nachteile widerspiegeln und wahrscheinlich die weit verbreiteten Annahmen über die angeborene Überlegenheit der Kleinen und das Unglück der Großen bestätigen würden. Es gäbe nur wenige große Menschen in den Vorstandsetagen und auf den Fluren der Macht und unverhältnismäßig viele von ihnen in Gefängnissen und obdachlos auf den Straßen.

So lächerlich es uns heute erscheinen mag: Wäre die Körpergröße jahrhundertelang das Mittel zur Kategorisierung von Menschen gewesen, wie es bei der Hautfarbe der Fall war, die Menschen hätten es gleichfalls wie ein Naturgesetz hingenommen. In so einer Welt würde es lächerlich erscheinen, dass in einem Paralleluniversum Menschen nach ihrer Hautfarbe eingeteilt werden könnten, schließlich wäre es offensichtlich, dass die Körpergröße über Schönheit, Intelligenz, Führungsqualitäten und Vorherrschaft entscheide.

Die Idee, unterschiedliche Gruppen auf Grundlage eines willkürlichen gemeinsamen Merkmals, nämlich extrem groß oder extrem klein zu sein, miteinander zu verknüpfen, klingt für uns absurd, allerdings nur deshalb, weil es nicht das hier angeführte Merkmal gewesen ist, aufgrund dessen wir Menschen in scheinbar unveränderliche »Rassen« unterteilt haben.

Die Idee der »Rasse« ist in der Menschheitsgeschichte ein junges Phänomen. Sie geht auf die Anfänge des transatlantischen Sklavenhandels zurück und auf das aus der Sklaverei hervorgegangene Kastensystem. Die Worte »race« und »Rasse« leiten sich vermutlich vom spanischen Wort »raza« ab; ursprünglich bezeichnete es die »›Kaste oder die Qualität der Hauspferde‹, die mit einem Eisen gebrandmarkt werden, um erkennbar zu sein«, schreiben die Anthropologin Audrey

Smedley und der Anthropologe Brian Smedley. Als die Europäer die Welt erkundeten, begannen sie, das Wort zu verwenden, um die neuen Menschen zu bezeichnen, denen sie begegneten. Letztlich »entwickelten die Engländer in Nordamerika die strikteste und am stärksten ausgrenzende Form der Rassenideologie«, schreiben die Smedleys. »Im Konzept der Rasse lag und liegt im amerikanischen Denken eine Aussage über tiefe und unüberbrückbare Unterschiede. Sie vermittelt die Bedeutung von einer sozialen Distanz, die nicht überwunden werden kann.«[63]

Genetikerinnen und Anthropologen betrachten das Konzept der »Rasse« seit Langem als ein menschengemachtes Konstrukt bar jeder wissenschaftlichen oder biologischen Grundlage. Der Anthropologe Paul Broca unternahm im 19. Jahrhundert den Versuch, »Rassen« anhand von 34 Schattierungen der Hautfarbe abzugrenzen, gelangte jedoch zu keinem Ergebnis.[64] Würden alle Menschen auf dem Planeten nach einem einzigen körperlichen Merkmal, beispielsweise der Größe oder Hautfarbe, in auf- oder absteigender Reihenfolge, etwa vom größten zum kleinsten, vom dunkelsten zum hellsten, aufgereiht werden, würden wir völlig durcheinandergebracht, wenn wir Trennlinien zwischen diesen willkürlichen Unterteilungen ausmachen sollten. Ein Mensch würde in den nächsten übergehen, und es wäre nahezu unmöglich, die Grenze zwischen beispielsweise den San in Südafrika und den Ureinwohnern am Marañón-Fluss in Peru zu ziehen, die wissenschaftlich gesehen die gleiche Hautfarbe haben, obwohl sie Tausende Kilometer voneinander entfernt leben und nicht dieselbe unmittelbare Abstammung teilen.

Die Verwendung des Begriffs »Caucasian«, »kaukasisch«, der in den USA lange Zeit zur Bezeichnung für Menschen verwendet wurde, die von Europäern abstammen, ist eine recht neue und willkürliche Praxis in der Geschichte der Menschheit, die einen weiteren Einblick in die Willkür dieser Kategorien gibt. Der Begriff wurde nicht etwa aus der Antike überliefert, sondern entsprang 1795 den Gedanken des deutschen Professors für Medizin Johann Friedrich Blumenbach.[65] Blumenbach verbrachte Jahrzehnte damit, menschliche Schädel zu studieren und zu vermessen – die Stirn, die Kieferknochen, die Augenhöhlen –, um zu versuchen, die verschiedenen Arten der Menschheit zu klassifizieren.

Er prägte den Begriff »kaukasisch«, weil einer seiner Lieblingsschädel aus dem russischen Kaukasusgebirge stammte. Unter all den Schädeln, die er besaß, war dieser eine der schönste. Deshalb gab er der Gruppe der Europäer, aus der der Schädel stammte, den Namen der Region, wo man ihn gefunden hatte. Somit kamen Menschen, die heute als weiß bezeichnet werden, zu dem wissenschaftlich anmutenden, aber arbiträren Namen »Caucasian«, »kaukasisch«. Mehr als ein Jahrhundert später drehte sich im Jahr 1914 ein Staatsbürgerschaftsprozess in den USA darum, ob ein Syrer »kaukasisch« (und damit weiß) sein könne, was einen Sachverständigen in diesem Fall dazu veranlasste, über Blumenbachs verwirrende und verhängnisvolle Entdeckung zu sagen: »Nie hat ein einziger Kopf der Wissenschaft mehr Schaden zugefügt.«[66]

Die epische Entschlüsselung des menschlichen Genoms und die einfacheren, lange erträumten Ergebnisse von DNA-Tests, die rechtzeitig für ein Familientreffen nach Hause geschickt werden, haben uns gezeigt, dass »Rasse«, wie wir sie bisher verstanden haben, nichts Reales ist. Sie ist eine Fiktion, eine Geschichte, die sich der moderne Mensch schon so lange erzählt, dass sie sich wie eine unantastbare Wahrheit anfühlt.

Vor zwei Jahrzehnten wurde durch die Analyse des menschlichen Genoms festgestellt, dass alle Menschen zu 99,9 Prozent gleich sind. »Rasse ist ein soziales Konstrukt, kein wissenschaftliches«, meinte J. Craig Venter, der Genetiker, der Celera Genomics leitete, als die Entschlüsselung 2000 abgeschlossen wurde. »Wir alle haben uns in den letzten 100.000 Jahren aus einer kleinen Zahl von Stämmen entwickelt, die aus Afrika auswanderten und die Welt kolonisierten.«[67] Das bedeutet, dass ein ganzes rassenbasiertes Kastensystem, der Antrieb für Unruhen und Bürgerkriege, auf einer, wie der Anthropologe Ashley Montagu es nannte, »willkürlichen und oberflächlichen Auswahl von Merkmalen« beruht, die von einigen wenigen der vielen Tausenden von Genen abgeleitet sind, die einen Menschen ausmachen. »Die Idee der Rasse«, schrieb Montagu, »war in Wirklichkeit der bewusste Aufbau einer Ausbeuterklasse, die ihre Privilegien gegenüber einer als minderwertig angesehenen Kaste aufrechterhalten und verteidigen wollte.«[68]

Wir akzeptieren die Unlogik der Rasse, weil man uns diese unlogische Geschichte wieder und wieder erzählt hat. Wir sehen einen Menschen mit einer Haut, die weißer ist als die der meisten »weißen« Menschen, und wir akzeptieren, dass er nicht »weiß« ist (und damit einer anderen Kategorie angehört), weil er sich durch eine winzige Falte seiner Augenlider unterscheidet und weil seine Urgroßeltern vielleicht in Japan geboren wurden. Wir sehen einen Menschen, dessen Haut braun und dunkler ist als die der meisten »Schwarzen« Menschen der USA, und wir akzeptieren, dass er in der Tat kein »Schwarzer« ist (und damit eine völlig andere Kategorie), weil sein Haar lockiger ist und er vielleicht in Madagaskar geboren wurde. Diese Unlogik muss uns erst beigebracht werden. Kleine Kinder, die die Regeln erst noch lernen müssen, beschreiben Menschen so, wie sie sie sehen, nicht mithilfe der politischen Bezeichnungen Schwarz, Weiß, Asiatisch oder Latinx, und sie tun dies so lange, bis Erwachsene sie »korrigieren«, damit sie die richtigen Kastenbezeichnungen verwenden, um das Irrationale glaubhaft zu machen. Farbe ist eine Tatsache. Rasse ist ein soziales Konstrukt.

»Wir glauben, dass wir Rassen ›sehen‹, wenn wir bestimmte physische Unterschiede zwischen Menschen, wie Hautfarbe, Augenform und Haarbeschaffenheit, ausmachen können«, schreiben die Smedleys. »Was wir in Wahrheit ›sehen‹, sind die erlernten sozialen Bedeutungen, die Stereotype, die durch die Rassenideologie und das historische Erbe, das sie uns hinterlassen hat, mit diesen körperlichen Merkmalen verknüpft wurden.«

Und doch, so die Historikerin Nell Irvin Painter, »klammern sich die Menschen der USA an die *Race* wie die Ungebildeten an den Aberglauben.«[69]

*

Das Wort *Kaste,* das zum Synonym für die indische Gesellschaft geworden ist, hat seinen Ursprung, wie sich herausstellt, nicht in Indien. Es leitet sich vom portugiesischen Wort »casta« ab, einem Begriff aus der Renaissance für »Rasse«. Die Portugiesen, die zu den ersten europäischen Händlern im südlichen Asien gehörten, verwendeten den Begriff für die Bezeichnung der Menschen in Indien, nachdem sie die Kasten-Einteilungen der Gesellschaft der Hindus beobachtet hatten. Das Wort, das wir heute Indien zuschreiben, entstand also in Wahrheit aufgrund von Interpretationen der Europäer dessen, was sie beobachteten; es entstammt der westlichen Kultur, die auch die USA gründete.

Das indische Konzept der Rangordnung hat eine jahrtausendealte Geschichte und ist somit deutlich älter als das europäische Konzept der Rasse. Was die Inderinnen und Inder in den letzten Jahrhunderten als Kasten bezeichneten, war ursprünglich als *Varnas* bekannt.

Jedoch der menschliche Impuls, Hierarchien zu schaffen, zieht sich durch alle Gesellschaften und Kulturen, er ist älter als das Konzept der Rasse und somit weitreichender, tiefgreifender und älter als der rohe Rassismus und die vergleichsweise neue Unterteilung der Menschheit in Hautfarben.

Bevor die Europäer in die Neue Welt expandierten und auf Menschen trafen, die anders aussahen als sie selbst, gab es den Begriff des Rassismus, wie wir ihn kennen, in der westlichen Kultur nicht. »Rassismus ist ein moderner Begriff«, schrieb der Historiker Dante Puzzo, »denn vor dem 16. Jahrhundert existierte im Leben und Denken des Westens praktisch nichts, was man als rassistisch bezeichnen könnte.«[70]

DAS R-WORT

Was uns heute begegnet, ist nicht der klassische Rassismus aus der Zeit unserer Vorfahren, sondern eine Mutation der Software, die sich an die aktuellen Bedürfnisse des Betriebssystems anpasst. In dem halben Jahrhundert, seit die Bürgerrechtsproteste die USA dazu zwangen, staatlich erlaubte Diskriminierung zu illegalisieren, hat sich das, was man in den Vereinigten Staaten unter Rassismus versteht, gewandelt, und heute ist das Wort eines der am meisten verbreiteten und missverstandenen in der US-amerikanischen Kultur. Für die herrschende Kaste ist das Wort radioaktiv – es wird verachtet, gefürchtet, geleugnet und es fällt auf jeden zurück, der es wagt, es in den Mund zu nehmen. Der Widerstand gegen dieses Wort lässt oftmals jede Diskussion über das zugrundeliegende Verhalten, das es beschreiben soll, entgleisen und macht den Begriff damit unpräzise.

Die Sozialwissenschaften definieren Rassismus häufig als eine Kombination aus rassistischer Voreingenommenheit und systemischer Macht, wobei sie Rassismus, wie auch Sexismus, in erster Linie als das Handeln von Personen oder Systemen mit persönlicher oder gruppenbezogener Macht über eine andere Person oder Gruppe mit weniger Macht ansehen, so wie Männer Macht über Frauen, Weiße über Schwarze und die Herrschenden über die Untergeordneten besitzen.

Im Laufe der Zeit wurde Rassismus jedoch häufig reduziert auf ein Gefühl, einen Charakterfehler, der mit Vorurteilen angereichert wird und seine Ursache darin hat, ob man ein guter Mensch ist oder nicht. Rassismus ist zu einem offenen und erklärten Hass auf eine Person oder eine Gruppe aufgrund der ihr zugeschriebenen Ethnie geworden, eine Sichtweise, zu der sich nur wenige je offen bekennen würden. Während Menschen Sexismus, Fremdenfeindlichkeit und Homophobie offen zugeben oder anprangern, wehren sie Vorwürfe des Rassismus ab, indem sie sagen, sie hätten »keinen rassistischen Knochen im Körper« oder seien »die am wenigsten rassistische Person, der man je begegnen könnte«, dass sie »Hautfarbe nicht sehen«, dass ihr »bester Freund Schwarz ist«, und vielleicht glauben sie sogar selbst, dass dies die Wahrheit ist.

Was bedeutet »rassistisch« in einer Zeit, in der sich selbst Extremisten nicht so bezeichnen wollen? Wer ist rassistisch in einer Gesellschaft, in der jemand sich weigern kann, Wohnungen an People of Color zu vermieten, Eingewanderte in Massen verhaften oder eine Flagge der Konföderation zur Schau stellen kann, aber nicht als Rassist »zertifiziert« wird, es sei denn, er oder sie bekennt sich dazu oder wird dabei erwischt, wie er oder sie abfällige Zeichen oder Beleidigungen verwendet? Die Fixierung darauf, einzelne Rassistinnen oder Sexisten zu erwischen, kann ein aussichtsloser Kampf sein, bei dem wir uns selbst vorgaukeln, dass wir Ungerechtigkeit beseitigen, indem wir ein Eingeständnis erzwingen, zu dem es (a) wahrscheinlich nicht kommt, das (b) den Fokus auf ein einzelnes Individuum und nicht auf das System als Ganzes lenkt, das dieses Individuum erst hervorgebracht hat, und das (c) denjenigen Deckung gibt, die, indem sie auf andere zielen, sich als edel und unvoreingenommen darstellen können, weil sie als Erste mit dem Finger gezeigt haben, wodurch die zugrundeliegende Hierarchie unberührt bleibt.

Seltsamerweise ist das instinktive Bedürfnis, Diskriminierung auf der Grundlage einer chemischen Verbindung in der Haut abzulehnen, ein unbewusstes Eingeständnis der Absurdität des Begriffs Rasse.

Das soll nicht heißen, dass die Folgen dieses sozialen Konstrukts nicht real sind oder dass Diskriminierung nicht mit der vollen Härte des Gesetzes verfolgt werden sollte. Es bedeutet vielmehr, dass das Wort *Rassismus* nicht der einzige oder der nützlichste Begriff ist, um die Phänomene und Spannungen zu beschreiben, die wir gegenwärtig erleben. Anstatt *Rassismus* als eine kategorische Anschuldigung nach dem Entweder-oder-Prinzip zu verwenden – entweder man ist ein Rassist oder nicht –, ist es womöglich konstruktiver, sich auf abfällige rassistische Handlungen zu konzentrieren, die einer weniger mächtigen Gruppe schaden.

Da es keine allgemeingültige Definition gibt, könnten wir Rassismus als ein Kontinuum und nicht als ein absolutes Merkmal betrachten. Wir könnten uns von einem Reinheitsdenken befreien, von der Frage loskommen, ob jemand rassistisch ist oder nicht, und stattdessen erörtern, welchem Gift von rassistischem Denken ein Mensch gesellschaftlich und in frühen Jahren ausgesetzt gewesen ist.

Kaste hingegen geht dem Begriff der Rasse voraus und hat die Ära des formellen, staatlich geförderten Rassismus überdauert, der lange Zeit offen im Mainstream ausgelebt worden ist. Die moderne Variante des leicht zu leugnenden Rassismus ist in der Lage, die unsichtbare Struktur zu verschleiern, die Hierarchie und Ungleichheit erschaffen und aufrechterhalten hat. Doch die Kaste erlaubt es uns nicht, die Struktur zu ignorieren. Die Kaste *ist* Struktur. Die Kaste ist Rangordnung. Die Kaste, das sind die Grenzen, die die festen Zuordnungen auf Grundlage des menschlichen Aussehens untermauern. Die Kaste ist ein lebendiges, atmendes Gebilde. Sie ist wie ein Konzern, der um jeden Preis versucht, sich selbst zu erhalten. Um eine wahrhaft egalitäre Welt zu erreichen, müssen wir hinter das blicken, was wir zu sehen glauben. Ein Hologramm werden wir niemals besiegen.

Unter Kaste versteht man die Gewährung oder Verweigerung von Respekt, Status, Ehre, Aufmerksamkeit, Privilegien, Ressourcen, Wohlwollen und menschlicher Zuwendung für jemanden auf der Grundlage seines wahrgenommenen Ranges oder seiner Stellung innerhalb der Hierarchie. Die Kaste sträubt sich gegen eine Schwarze Frau, die sich ohne zu zögern an den Kopf eines Tisches setzt und beispielsweise Russisch spricht. Die Kaste zieht es vor, dass ein asiatisch-amerikanischer Mann sein technologisches Fachwissen zwar in den Dienst des Unternehmens stellt, für das er arbeitet, aber nicht Geschäftsführer werden will. Die Kaste hält es für logisch, dass ein 16-jähriger weißer Teenager als Filialleiter arbeitet und nicht ein Angestellter aus der untergeordneten Kaste, der dreimal so alt und erfahren ist wie er. Die Kaste ist heimtückisch und deshalb so mächtig, weil sie nicht aus Hass besteht und es nicht persönlich meint.

Was ist der Unterschied zwischen Rassismus und Kastendenken? Da Kaste und *Race* in den USA eng miteinander verflochten sind, kann es Schwierigkeiten bereiten, eine Trennschärfe zwischen diesen beiden Begriffen herzustellen. Jede Handlung oder Institution, die aufgrund ethnischer Unterschiede Menschen verspottet, sie schädigt oder ihnen etwas unterstellt, kann als ein Beispiel von Rassismus betrachtet werden. Jede Handlung oder Struktur, die darauf abzielt, jemanden einzuschränken, zurückzuhalten oder in eine bestimmte Rangordnung zu bringen, die darauf abzielt, jemanden an seinem Platz zu halten, indem sie diese Person auf Grundlage ihrer wahrgenommenen Gruppenzugehörigkeit aufwertet oder verunglimpft, kann als Beispiel von Kastismus betrachtet werden.

Kastismus ist die aktive Bekräftigung der Hierarchie, um den eigenen Rang, den eigenen Vorteil, das eigene Privileg zu sichern und sich über andere zu erheben. Im Falle der Menschen in den Zwischenkasten kann Kastendenken dazu führen, dass sie diejenigen auf den untergeordneten Stufen daran hindern, an ihnen vorbeizuziehen. Auf diese Weise versuchen sie, sich die Gunst der übergeordneten Kaste zu sichern. Das Ergebnis ist, dass die bestehende Struktur aufrechterhalten bleibt.

In den USA treten Rassismus und Kastismus häufig zusammen auf, überschneiden sich oder sind Teil desselben Szenarios. Beim Kastismus geht es um die eigene Positionierung gegenüber den anderen. Was das Konstrukt der *Race* und ihr Vorläufer, der Rassismus, außerordentlich gut beherrschen, ist die Vernebelung und Ablenkung von dem zugrunde liegenden strukturellen und mächtigeren Sith Lord der Kaste. Das Kastensystem bindet alle Menschen an ihren festen Platz.

Daher können viele Menschen – auch diejenigen, die wir als »gute« und freundliche Menschen ansehen – kastengeprägtes Verhalten an den Tag legen, sprich, auch sie können sich dafür einsetzen, dass die Hierarchie beibehalten wird, oder sie begnügen sich damit, nichts an ihr zu ändern, auch wenn sie im klassischen Sinne keine Rassisten oder Rassistinnen sind, nicht aktiv und offen hasserfüllt gegenüber dieser oder jener Gruppe auftreten. Tatsächliche Rassistinnen, tatsächliche Hasser, wären der Definition nach auch wahre Kastisten, da ihr Hass verlangt, dass diejenigen, die sie als unterlegen wahrnehmen, ihren Platz in der Hierarchie kennen und behalten.

Im Alltag ist es nicht der Rassismus, der einen weißen Kunden in einem Bekleidungsgeschäft dazu veranlasst, auf eine zufällig anwesende Person of Color zuzugehen und sie um einen Pullover in einer anderen Größe zu bitten; es ist nicht der Rassismus, der einen weißen Gast auf einer Party dazu führt, bei einer ebenfalls anwesenden Person of Color ein Getränk zu bestellen, wie es Barack Obama als Senator seines Bundesstaats widerfahren ist;[71] und es ist nicht der Rassismus, der einen Richter dazu veranlasst, eine Person aus einer untergeordneten Kaste für ein Vergehen zu verurteilen, für das eine Person aus der dominanten Kaste vielleicht nicht einmal vor Gericht käme. Es ist die Kaste und die Anwendung ihrer Regeln. Es sind die unbewussten, reflexhaften Erwartungen, die wir von Menschen aufgrund ihres Aussehens und ihrer historischen Zugehörigkeit haben, hervorgerufen von Tausenden von bildgebenden Stimuli und neurologischen gesellschaftlichen Downloads. Keine ethnische Kategorie ist immun gegen die Botschaften, die wir alle fortwährend über die Hierarchie der Kaste aufnehmen, und deshalb entgeht niemand ihren Konsequenzen.

Was manche Menschen als Rassismus bezeichnen, beweist, in welchem Ausmaß wir das US-amerikanische Kastensystem verinnerlicht haben, wie sehr wir es anerkennen und wie oft wir es unbewusst in unserem täglichen Leben durchsetzen.

Wenn wir davon ausgehen, dass eine Frau nicht in der Lage ist, das Meeting oder den Konzern oder gar das Land zu führen, oder dass eine Person of Color oder ein Einwanderer nicht das Sagen haben, nicht in einer bestimmten Gegend wohnen oder eine bestimmte Schule besucht haben kann, wenn wir einen Stich des Schocks und des Grolls verspüren, uns persönlich verletzt oder ungerecht behandelt fühlen und uns vielleicht sogar schämen für das Unbehagen, das wir empfinden, sobald wir jemanden aus einer Randgruppe in einem Auto oder Haus oder College oder in einer Anstellung sehen, die prestigeträchtiger ist, als wir es erwartet haben, wenn wir davon ausgehen, dass dieser ältere Mann da eher Backgammon spielen sollte, anstatt beispielsweise Software zu entwickeln, dann zeigt unsere unbewusste Annahme, dass eine Person aus ihrer »rechtmäßigen« Stellung in unserer Gesellschaft herausgetreten ist, nur, wie tief die Glaubenssätze der Kaste in uns verankert sind. Wir reagieren auf unsere inneren Instruktionen, wer wo zu sein hat und wer was zu tun hat, und deren Verletzung, auf die Überschreitung jener Grenzen, die die Markenzeichen der Kaste sind.

Race und Kaste sind nicht die Ursache allen Übels und nicht für jede unangenehme Begegnung verantwortlich. Doch ganz gleich, in welch geringem Maß auch immer, die Kaste spielt eine Rolle bei Interaktionen über Geschlecht, *Race*, Einwanderungsstatus, sexuelle Orientierung, Alter oder Religion, die Konsequenzen in Alltag und Politik haben, die unser Land und die Welt beeinflussen. Vielleicht ist die Rolle, die die Kaste spielt, auch nicht ganz so allumfassend, wie ihre Adressaten sie wahrnehmen, doch sie ist auch nicht das uralte Relikt, der längst vergangene Anachronismus, den die Post-Rassisten und Post-Hasser von allem für erledigt erklären. Die Unsichtbarkeit der Kaste verleiht ihr Macht und Langlebigkeit. Zusammen mit ihrer treuen Dienerin, der *Race*, ist sie der Faktor X in fast jeder US-amerikanischen Gleichung, und jede Antwort, die man sich zur Bewältigung unserer aktuellen Herausforderungen ausdenken könnte, ist ohne die Betrachtung der Kaste mangelhaft.

7

Durch den Nebel Delhis zu den Parallelen zwischen Indien und den USA

Das Flugzeug befand sich im Landeanflug auf Delhi. Ein grauer Schleier verhüllte das Terminal und den Tower. Es war Januar 2018, mein erster Besuch des indischen Subkontinents. Der Pilot suchte im Faltenwurf des Nebels nach einer Einflugschneise. Es war zwei Uhr nachts, und es schien, als landeten wir in einem Dampfkessel, schwebten noch immer in einer Wolke, während die Nachtluft gegen die Kabinenfenster drückte und der indische Boden unter uns noch nicht sichtbar war. In der Wettervorhersage war nicht die Rede von Regen gewesen, und ich war fasziniert von diesem übernatürlichen Nebel mitten in der Nacht, bis mir klar wurde, dass es sich dabei gar nicht um Nebel handelte, sondern um Rauch – von Kohlekraftwerken, Autos und Stoppelbränden –, der im stagnierenden Wind gefangen war. Die Umweltverschmutzung verhinderte zunächst, dass ich Indien so sehen konnte, wie es wirklich war.

Bei Tagesanbruch brannte sich die Sonne durch den Dunst, und nachdem ich mit meinen Gastgeberinnen und Gastgebern Kontakt aufgenommen hatte, rauschte ich mit ihnen über eine Kreuzung, ein offenes Stück Asphalt mit Autos, die ohne Fahrbahnen oder Geschwindigkeitsbegrenzungen in alle Richtungen sausten. Wir schlängelten uns durch die Seitenstraßen, um zu unserer Konferenz zu gelangen. Ich sah die Altäre und pilzförmigen Tempel am Wegesrand mit ihren Girlanden und Seidenblumen für die Hindu-Gottheiten unter den heiligen Feigenbäumen. Es sind Plätze zum Innehalten für Menschen, die sich auf dem Weg zur Arbeit, zu einem Examen oder zu einem Arztbesuch befinden.[72] Die Schreine auf dem Bürgersteig erschienen mir exotisch, bis ich an das US-amerikanische Ritual der spontanen Blumen- und Luftballonaltäre an Orten eines ganz anderen Ereignisses dachte, an Orten eines Unfalls oder einer Tragödie, wie im Fall der jungen Frau, die nur wenige Monate zuvor bei der Kundgebung in Charlottesville, Virginia, getötet wurde. Beide spiegeln den menschlichen Wunsch wider, mit etwas oder jemandem Kontakt aufzunehmen, einen Menschen oder eine Sache zu ehren, die über uns selbst hinausgeht.

Die Vereinigten Staaten und Indien unterscheiden sich grundlegend voneinander, was Kultur, Technologie, Wirtschaft und die ethnische Zusammensetzung anbelangt. Und doch gab es vor vielen Generationen viele Parallelen zwischen diesen beiden großen Ländern. Das eine wie das andere ist von Ozeanen umgeben und befand sich eine Zeit lang unter britischer Herrschaft, beide Länder sind fruchtbar und begehrt. Beide hatten soziale Hierarchien eingeführt und eine tiefe Kluft zwischen dem Höchsten und dem Niedrigsten in ihren jeweiligen Ländern aufrechterhalten. Beide wurden von Menschen erobert, die als Arier galten und im einen Fall von jenseits des Atlantiks, im anderen vom Norden her kamen. In beiden Ländern dienten die Unterlegenen den Überlegenen. Das jüngere Land, die USA, würde die mächtigste Demokratie der Welt werden. Das ältere Land, Indien, die größte.

Die Hierarchien an sich sind grundverschieden. Und doch haben beide Länder ähnliche Methoden entwickelt, um sie zu schützen, als wären sie von derselben Gebrauchsanweisung ausgegangen und hätten diese lediglich auf ihre jeweiligen Kulturen zugeschnitten. Beide Länder verbannten ihre indigenen Völker – die Adivasi in Indien, die Native Americans in den Vereinigten Staaten – in entlegene Gebiete und an den unsichtbaren Rand der Gesellschaft. Beide Länder erließen ein Maschenwerk von Gesetzen, um die niedrigste Gruppe – die Dalits in Indien und die Schwarzen in den Vereinigten Staaten – an den unteren Rand der Gesellschaft zu ketten und sie dort mit legalisiertem Terror und Gewalt festzuhalten.

»Vielleicht litten historisch gesehen nur die Juden so lange unter Diskriminierung wie die Dalits«, schrieb der Journalist V. T. Rajshekar, selbst ein Dalit. »Betrachtet man allerdings die Art des von den Dalits erlittenen Leids, so drängt sich allein die afroamerikanische Dimension von Versklavung, Apartheid und Zwangsassimilation als Ähnlichkeit auf.«[73]

Beide Länder haben inzwischen die formellen Gesetze ersetzt oder abgeschafft, die ihre Kastensysteme stützten – die Vereinigten Staaten durch eine Reihe von Bürgerrechtsgesetzen in den 1960er-Jahren und Indien zwei Jahrzehnte zuvor, in den 1940er-Jahren –, und doch bestehen beide Kastensysteme in den Herzen und in den Gewohnheiten, den Institutionen und Infrastrukturen fort. Beide Länder leben noch immer mit den Restspuren von Kodizes, die weiter zurückreichen als ihre Gründungen.

Die folgende Beschreibung aus der indischen Veröffentlichung *Ground Down by Growth* aus dem Jahr 2017 könnte ebenso gut für das US-amerikanische Kastensystem gelten – mit nur wenigen Wortänderungen (siehe in Klammern): »*Die Kolonialmächte schafften die Sklaverei in Indien (den Vereinigten Staaten) 1843 (1865) offiziell ab, doch führte dies lediglich zu ihrer Umwandlung in eine Knechtschaft durch Schuldverhältnisse, was von der Wissenschaft als ›debt peonage‹, als Leibeigenschaft bezeichnet wurde.«*[74]

In beiden Ländern schufteten zur gleichen Zeit die untersten Kasten für ihre Herren – Schwarze auf den Tabakfeldern am Chesapeake oder auf den Baumwollfeldern von Mississippi, Dalits beim Pflücken von Tee in Kerala und von Baumwolle in Nandurbar. Beide Gruppen arbeiteten als Versklavte und später für das Recht, auf dem Land zu leben, das sie bewirtschafteten, Schwarze im System des Sharecropping, Dalits im indischen Äquivalent, das als *Saldari* bekannt ist, und sie alle waren noch immer in ihren festen Rollen am untersten Ende ihrer jeweiligen Welt gefangen.

»Beide Gruppen nehmen die untersten Ränge in der Statushierarchie ihrer Gesellschaften ein«, schreiben der Harvard-Politologe Sidney Verba und seine Kollegen in einer Studie über Dalits und Schwarze. Beide wurden sie aufgrund der ihnen zugeschriebenen Merkmale »besonders von anderen Gruppen abgegrenzt.«[75]

In den Jahrzehnten seit dem offiziellen Verbot der Diskriminierung haben sich zwar einige Türen für die untergeordneten Kasten in Indien und den USA geöffnet, und dennoch regt sich in beiden Ländern nach wie vor krampfhaft der gleiche Widerstand. Was in den USA als »affirmative action«, als gesellschaftliche Maßnahme gegen die Diskriminierung, bezeichnet wird, nennt man in Indien »reservations«. Die Maßnahmen sind bei den oberen Kasten in beiden Ländern gleichermaßen unpopulär, in USA sprechen sie von umgekehrter Diskriminierung, in Indien von einem umgekehrten Kastentum.

Es gibt zahlreiche Ähnlichkeiten zwischen den Systemen, doch unterscheiden sie sich in ihrer Struktur und ihrer Funktionsweise. Das US-amerikanische ist zweistufig, mit den

Weißen als herrschender Kaste und den Schwarzen als untergeordneter Kaste. Für außereuropäische Einwanderer, die nach Ankunft den mittleren Kasten angehören, stellt sich die ganz eigene Herausforderung dar, sich innerhalb einer bipolaren Struktur zu behaupten.

Das indische Kastensystem ist dagegen ein ausgeklügeltes Netz aus Tausenden von Unterkasten oder *Jatis,* die je nach Region und Dorf zu den vier Haupt-*Varnas* der Brahmanen, Kshatriya, Vaishya und Shudra gehören, sowie zu der ausgeschlossenen fünften Gruppe, die als Unberührbare oder Dalits bekannt sind. Das System wird verkompliziert durch Nicht-Hindus – Musliminnen, Buddhisten und Christinnen –, die außerhalb des Kastensystems stehen, sich aber in die Abläufe des Landes integriert haben und, obwohl sie eine starre Kastenzugehörigkeit meiden, informelle Rangordnungen untereinander und in Bezug auf die *Varnas* haben können.

Anders als in den Vereinigten Staaten, wo die Kasten in erster Linie anhand physischer Merkmale unterschieden werden, geben in Indien am ehesten die Nachnamen der Menschen Aufschluss über ihre Kaste. Nachnamen der Dalits haben im Allgemeinen eine »verachtenswerte« Bedeutung, die sich auf die bescheidene oder »dreckige« Arbeit bezieht, zu der sie degradiert wurden, während die Brahmanen die Namen von Gottheiten tragen. Generell muss man die Bedeutung des Namens von Menschen kennen, den Beruf ihrer Vorfahren erfahren und vielleicht ihr Dorf oder ihren Platz im Dorf herausfinden, um ihre Kaste zu bestimmen. Doch nach Jahrhunderten der erzwungenen Unterwerfung und ausschließlich kasteninternen Eheschließungen kann man sie auch an ihrem Gebaren, ihrem Akzent und ihrer Kleidung ausmachen, die alle während der verstreichenden Jahrhunderte als niedrig und niederträchtig galten, und man erkennt sie daran, dass sie tendenziell, wenn auch nicht immer, eher dunkler sind als die Menschen der oberen Kaste.

Das indische Kastensystem gilt als stabil und wird von denjenigen, die ihm angehören, nicht infrage gestellt, da es durch die Religion und den hinduistischen Glauben an die Reinkarnation gebunden ist, das heißt an den Glauben, dass dieses Leben vom Karma der vorangegangenen Leben geprägt ist, man die Strafe für seine Vergehen in einem früheren Leben erleidet oder die Belohnung erntet, und dass man im nächsten Leben umso höher steht, je strenger man die Regeln der Kaste befolgt, in die man hineingeboren wurde.

Einige Beobachterinnen meinen, dass sich das indische Kastensystem dadurch von allen anderen unterscheidet, dass die Menschen in der untersten Kaste ihr Los akzeptieren, dass sie hinnehmen, wie starr und unbeugsam es ist, dass Dalits ihr von den Göttern verordnetes Karma ausleben und ihre niedere Arbeit ohne Klagen verrichten, und dass sie es nicht wagen, von etwas anderem zu träumen. Um zu überleben, mögen manche Menschen in einer untergeordneten Kaste erlernen und sogar verinnerlichen, dass Widerstand zwecklos ist. Doch diese herablassende Sichtweise lässt Generationen des Widerstands ebenso außer Acht wie die Arbeit von Ambedkar und dem Reformer Jotiba Phule vor ihm. Dieselbe Sichtweise wurde zu Unrecht auf versklavte Afrikanerinnen und Afrikaner angewendet. Darüber hinaus missachtet sie die fundamentale Wahrheit, dass alle Menschen nach Freiheit streben.

Die Dalits waren mit ihrem Los genauso unzufrieden wie alle anderen unterdrückten Menschen auch. In einem Kastensystem kann die Gleichsetzung von Unterwürfigkeit und Zustimmung an sich schon entmenschlichend sein. Viele Dalits blickten über ihr Heimatland hinaus, betrachteten die unterdrückten Menschen auf der ganzen Welt und konzentrierten sich auf jene, deren Klagen ihren eigenen am nächsten kamen. Sie erkannten, dass sie ein Schicksal mit den Schwarzen der USA teilten, während diese kaum von ihrem Leiden gewusst haben dürften. Einige Dalits fühlten sich mit einem Flügel der US-amerikanischen Bürgerrechtsbewegung so eng verbunden und verfolgten sie so genau, dass sie in den 1970er-Jahren die Dalit Panthers gründeten, die sich an der Black Panther Party orientierten.

Vor einigen Jahren reiste eine Gruppe Schwarzer Professorinnen und Professoren in ein ländliches Dorf in Uttar Pradesh, Indien. Dort kamen Hunderte von Menschen des Dorfes aus der niedrigsten Unterkaste, den Müllsuchern, zu einer Zeremonie zusammen, um die Menschen der USA zu begrüßen. Zu diesem Anlass sangen die Dorfbewohnerinnen und Dorfbewohner Befreiungslieder der Dalits. Dann wandten sie sich an ihre US-amerikanischen Gäste und forderten sie auf, ihrerseits ein Befreiungslied anzustimmen. Der Juraprofessor Kenneth Dau Schmidt von der Indiana University sang ein Lied, das die Bürgerrechtler in Birmingham und Selma gesungen hatten, bevor sie sich den Hunden und Wasserschläuchen der Polizisten entgegenstellten. Als er zum Refrain kam, stimmten die Dalits ein. Auf der anderen Seite des Ozeans kannten sie den Text von »We Shall Overcome« nur zu gut.[76]

8

Die Nazis und die Intensivierung des Kastenwesens

Berlin, Juni 1934

In der Anfangsphase des Dritten Reiches, noch bevor die Welt sich die kommenden Schrecken ausmalen konnte, traf sich eine Kommission von Nazi-Bürokraten, um die Möglichkeiten für die Einführung einer strengen neuen Hierarchie abzuwägen, die das jüdische Volk von den Ariern isolieren sollte, nachdem die Nazis die Kontrolle übernommen hatten. Die Männer, die im späten Frühjahr des Jahres 1934 zu dem Treffen einberufen wurden, planten zu diesem Zeitpunkt weder die Vernichtung noch waren sie dafür vorgesehen, etwas Derartiges zu planen. Dazu sollte es erst Jahre später bei einem Treffen kaltblütiger Funktionäre am Wannsee kommen, wenn der Weltkrieg weiter fortgeschritten war.

Am 5. Juni 1934 hatte sich eine Kommission eingefunden, um den rechtlichen Rahmen für eine arische Nation zu erörtern, um aus Ideologien Gesetze zu machen. Ein Gegenstand der Diskussion war, Forschungsergebnisse zu diskutieren, wie andere Länder die »rassische Reinheit« vor dem Makel der Unwürdigen bewahren. An diesem Tag begannen sie die Arbeit an dem, was schließlich in den Nürnberger Gesetzen münden sollte, und das erste Thema auf der Tagesordnung waren die Vereinigten Staaten von Amerika und was sich von ihnen lernen ließe.

Der Vorsitzende der Strafrechtskommission, Reichsjustizminister Franz Gürtner, stellte zu Beginn der Sitzung eine Denkschrift vor, in der über die Art und Weise berichtet wird, wie die Vereinigten Staaten von Amerika ihre marginalisierten Gruppen verwaltete und ihre herrschende weiße Bürgerschaft schützte. Wieder und wieder diskutierten die 17 Juristen und Rechtsfunktionäre die US-amerikanische Rassengesetzgebung, die Eheschließungen und Einwanderung regelte. Als sie darüber diskutierten, »wie sich der Rassismus im neuen Dritten Reich institutionalisieren ließ«, so der Rechtshistoriker der Yale-Universität James Q. Whitman, »fragten sie zunächst danach, wie die Amerikaner das gemacht hatten.«[77]

Die Nazis brauchten keine Außenstehenden, um die Saat des Hasses in ihren Herzen zu säen. Doch in den Anfangsjahren des Regimes, als es ihnen noch um den Anschein von Legitimität und um die Möglichkeit ausländischer Investitionen ging, suchten sie nach legalen Vorbildern für das Kastensystem, das sie aufbauen wollten. Sie hatten es eilig mit ihren Plänen zur Rassentrennung und -reinheit, und sie wussten, dass die USA ihnen mit Mischeheverbot und rassenbasierten Einwanderungsverboten Jahrhunderte voraus waren. »Für uns Deutsche ist es besonders wichtig zu wissen und zu sehen, dass einer der größten Staaten der Welt mit nordischer Abstammung bereits eine Rassengesetzgebung hat, die mit der des Deutschen Reiches durchaus vergleichbar ist«, schrieb der Großdeutsche Pressedienst, als die Nazis ihren Einfluss auf das Land festigten.[78]

Die Nazis waren sich seit Langem der amerikanischen Widersprüchlichkeit bewusst, die darin bestand, die Freiheit aller Menschen zu verkünden, während Teile der Bürgerschaft nahezu vollständig unterjocht wurden. Der französische

Schriftsteller Alexis de Tocqueville reiste in den 1830er-Jahren, also vor dem Bürgerkrieg, in die USA und konstatierte: »Das Gemälde der amerikanischen Staatsgesellschaft ist, wenn ich mich so ausdrücken darf, mit einer demokratischen Grundfarbe bedeckt, durch welche man jedoch von Zeit zu Zeit die alten Farben der Aristokratie wieder schimmern sieht.«[79] Deutschland verstand die amerikanische Fixierung auf Rassenreinheit und Eugenik. Viele führende US-Amerikaner hatten sich der Eugenik-Bewegung des frühen 20. Jahrhunderts angeschlossen, darunter der Erfinder Alexander Graham Bell, der Automobilmagnat Henry Ford und Charles W. Eliot, der Präsident der Harvard-Universität. Während des Ersten Weltkriegs lobte die Deutsche Gesellschaft für Rassenhygiene »die Hingabe, mit der die Amerikaner die Forschung auf dem Gebiet der Rassenhygiene fördern und die theoretischen Erkenntnisse in die Praxis umsetzen.«[80]

Zwei weithin bekannte US-amerikanische Eugeniker faszinierten die Nazis besonders mit ihrer militanten Rassentheorie: Lothrop Stoddard und Madison Grant. Beide waren privilegierte Männer, die in den Nordstaaten geboren und aufgewachsen waren sowie eine Hochschulbildung in Ivy-League-Institutionen genossen hatten. Beide bauten ihr heute diskreditiertes Ansehen auf einer Ideologie des Hasses auf, die eine grobe Hierarchisierung der Menschen europäischer »Abstammung« vornahm, Ost- und Südeuropäer als den »Nordics«, den nordischen Menschen, unterlegen erklärte und für den Ausschluss und die Eliminierung jener »Rassen« eintrat, die sie als Bedrohung für die nordische Rassenreinheit ansahen, darunter vor allem Juden und *Negros*.

So stammt auch die rassistische Beleidigung *Untermensch*, die von den Nazis für ihre Kampagne zur Entmenschlichung der Juden und anderer Nicht-Arier übernommen wurde, von dem in Neuengland geborenen Stoddard. Ein von ihm 1922 verfasstes Buch trug den Untertitel *The Menace of the Under-Man*, der in der deutschen Ausgabe als *Die Drohung des Untermenschen* übersetzt wurde. Die Nationalsozialisten machten sich den Begriff aggressiv zu eigen und setzten Stoddards Buch über die weiße Vorherrschaft auf die Lehrpläne des Reichs, ja sie gewährten dem Autor im Dezember 1939 sogar eine Privataudienz bei Adolf Hitler im Büro der Reichskanzlei.[81] Der Zweite Weltkrieg war schon weit fortgeschritten, als Stoddard den Sterilisationsexperimenten der Nazis beiwohnte und sie dafür lobte, dass sie »die schlimmsten Stämme des germanischen Stammbaums auf wissenschaftliche und wahrhaftig humanitäre Weise ausgemerzt« hatten. Allerdings beklagte er, dass »ihre Urteile beinahe noch zu konservativ waren.«[82]

Madison Grant, seinerseits führender Eugeniker aus New York, zu dessen Bekanntenkreis die Präsidenten Theodore Roosevelt und Herbert Hoover gehörten, lenkte seinen Eifer für die arische Vorherrschaft in den 1920er-Jahren, als sich jenseits des Atlantiks die NSDAP formierte, auf die Durchsetzung einer Reihe von amerikanischen Einwanderungs- und Heiratsbeschränkungen. In seiner Menschenverachtung ging Grant weit über die Rassentrennungstheoretiker der Südstaaten hinaus. Er vertrat die Ansicht, dass »minderwertige Rassen« sterilisiert und unter Quarantäne gestellt werden sollten, in einem »strengen System der Eliminierung derjenigen, die schwach oder untauglich« oder »womöglich wertlose Rassetypen« sind. 1916 veröffentlichte Grant das Buch *The Passing of the Great Race,* dessen deutsche Ausgabe einen Ehrenplatz in der Bibliothek des Führers einnahm: ein fanatisches Manifest zur Säuberung des Genpools von Unerwünschten. Hitler bedankte sich bei Grant höchstpersönlich mit einem Brief, in dem es hieß, das sei seine Bibel.[83]

Hitler hatte Amerika aus der Ferne studiert, es bewundert und gar beneidet und seine Errungenschaften auf die arische Abstammung der USA zurückgeführt.[84] Er lobte den Völkermord an den amerikanischen Ureinwohnerinnen und Ureinwohnern und die Vertreibung der Überlebenden in Reservate. Er war erfreut darüber, dass die Vereinigten Staaten »die Millionen Rothäute bis auf ein paar Hunderttausend abgeschossen« hätten.[85] Er sah den U. S. Immigration Restriction Act von 1924 als »ein Modell für sein Programm der Rassenreinigung«, schreibt der Historiker Jonathan Spiro.[86] Die Nazis waren beeindruckt von der amerikanischen Sitte, die Schwarzen der untergeordneten Kaste zu lynchen, nachdem sie von den rituellen Folterungen und Verstümmelungen erfahren hatten, die in der Regel damit einhergingen. Hitler bewunderte vor allem die Fähigkeit der USA, sich »im Gefolge der Massentötungen eine robuste Unschuld zu bewahren.«[87]

Zu der Zeit, als Hitler an die Macht kam, waren die Vereinigten Staaten »nicht nur ein Land, in dem es Rassismus gab«, schreibt der Rechtswissenschaftler James Q. Whitman von der Yale-Universität. »Sie verfügten über *das* führende rassistische Rechtssystem – sodass selbst das Dritte Reich in Amerika nach Anregungen suchte.«[88] Die Nazis sahen die Parallelen, auch wenn viele Bürgerinnen und Bürger der USA dies nicht taten.

An jenem Tag im Juni 1934, als 17 Reichsbürokraten und Rechtsgelehrte damit beschäftigt waren, über eine für Deutschland beispiellose Gesetzgebung zu beraten, nahmen sie die USA unter die Lupe, und sie hatten ihre Hausaufgaben gemacht. Gürtner, der Vorsitzende, berief sich auf Recherchematerialien verschiedener Nazis, unter anderem von Heinrich

Krieger, der als Austauschstudent an der Universität von Arkansas im Süden der USA Jura studiert hatte. Er hatte ausführlich über die Rassenregime anderer Länder geschrieben, nachdem er zwei Jahre in Südafrika verbracht hatte, und war gerade dabei, ein Buch mit dem Titel *Das Rassenrecht in den Vereinigten Staaten* abzuschließen, das zwei Jahre darauf in Deutschland veröffentlicht werden sollte. Die Nazi-Anwälte hatten die amerikanische Rechtsprechung gut genug recherchiert, um zu wissen, der Oberste Gerichtshof der Vereinigten Staaten beschäftigte sich mit Sklavenflüchtlingsfällen, traf die Grundsatzentscheidung im Fall *Plessy v. Ferguson* zu ethnisch getrennten Eisenbahnabteilen und »bekam Berufungsschriftsätze aus den Südstaaten, deren Argumente sich keinen Deut von denen der Nazis unterschieden«, so Whitman.[89]

Auf ihrer Suche nach Vorbildern hatten sich die Nazis Länder angesehen, die von Weißen dominiert wurden, zum Beispiel Australien und Südafrika, doch »[w]as die Gesetzgebung in Sachen Mischehen anging, so fanden die Nazis schlicht keine anderen Modelle auf der ganzen Welt«, so Whitman.[90] »Ihr weit überwiegendes Interesse galt dem ›klassischen Beispiel‹, den Vereinigten Staaten von Amerika.«[91]

*

Diese 17 Männer trafen sich in einer Zeit der Intrigen und des Umbruchs in einem Land, das zu einer Diktatur zerfiel. Die Nazis befanden sich nach ihrer Machtübernahme im Jahr zuvor in den letzten Zügen der Konsolidierung ihrer Macht. Hitler war zwar als Reichskanzler vereidigt worden, aber noch nicht als Führer. Dazu würde es erst im August 1934 kommen, als der Tod des kranken Reichspräsidenten Paul von Hindenburg, des letzten Überbleibsels der Weimarer Republik, Hitler den Weg zur totalen Machtübernahme ebnete.

Hitler war durch einen ausgehandelten Deal ins Kanzleramt gelangt, dem die konservativen Eliten nur zugestimmt hatten, weil sie überzeugt waren, ihn so in Schach halten und für ihre eigenen politischen Ziele benutzen zu können. Sie unterschätzten seine Gerissenheit und überschätzten den Einfluss seiner Unterstützer, der Hitler für sie überhaupt als relevant erscheinen ließ. Selbst bei den letzten freien Wahlen zu Beginn ihrer zwölfjährigen Herrschaft und bei ihrem besten Wahlergebnis erreichten die Nazis nie die von ihnen angestrebte Mehrheit, sondern erhielten nur 38 Prozent der Stimmen.[92] Die alte Garde hatte nicht vorausgesehen – oder nicht voraussehen wollen –, dass Hitlers eigentliche Mission darin bestand, »die Methoden der Demokratie zu nutzen, um die Demokratie zu zerstören.«[93]

Als sie sich ihrer fatalen Fehleinschätzung bewusst wurden, war es zu spät. Hitler war als provozierender Außenseiter aufgestiegen und zu einer Kultfigur geworden, die von Prunk und Kundgebungen mit Fackelzügen umschwärmt wurde, von denen ein Beobachter sagte, sie sähen aus wie »Flüsse aus Feuer«. Hitler sah sich als Sprachrohr des Volkes, seiner Sorgen und Ängste – vor allem in ländlichen Gegenden –, als von Gott auserwählter Retter, der instinktiv handelt. Er hatte noch nie ein gewähltes Amt bekleidet.

Kaum war er als Reichskanzler vereidigt, entrollten die Nazis ihre Flaggen mit Hakenkreuzen, ein Sanskrit-Symbol, das sie mit ihren arischen »Wurzeln« verband, und sie begannen, über die jüdischen Menschen herzufallen. Sie schürten uralte Ressentiments, die bis ins Mittelalter zurückreichten und wieder aufkeimten, als die Juden zu Sündenböcken für Deutschlands Niederlage und Demütigung am Ende des Ersten Weltkriegs gemacht wurden. Zwar ist es in den Geschichtswissenschaften heute weithin anerkannt, dass

Deutschland auf dem Schlachtfeld verloren hat. Aber damals wurde den Juden, die im Banken- und Finanzwesen als dominant galten, die Schuld zugesprochen, weil sie für die unzureichende finanzielle Unterstützung der Kriegsanstrengungen verantwortlich gewesen seien.

Die Nazi-Propaganda hetzte die Deutschen gegen jüdische Bürgerinnen und Bürger auf. Nazi-Schergen verhöhnten und verprügelten jüdische Menschen auf offener Straße, und mit ihnen alle Arier, die Beziehungen zu Jüdinnen und Juden unterhielten. Das Regime begann damit, jüdische Menschen von der Arbeit in der Regierung oder in hochrangigen Berufen im medizinischen wie juristischen Feld auszuschließen – in Bereichen also, die den Neid der einfachen Deutschen wecken konnten, die sich die teuren Autos und Nobelvillen am See, die viele erfolgreiche Juden erworben hatten, nicht leisten konnten. Dies war mitten in der Weltwirtschaftskrise, und im Jahr 1933, als die Nazis an die Macht kamen, war mehr als ein Drittel der Deutschen arbeitslos.[94] Das Prestige und der Reichtum der Jüdinnen und Juden wurden als etwas erachtet, das Menschen, die nach Ansicht der Nazis den Ariern unterlegen waren, eigentlich nicht zustehen konnte.

Die Nationalsozialisten, die zumindest vorläufig noch daran interessiert waren, wie sie im Ausland wahrgenommen wurden, fragten sich, wie es den USA gelungen war, ihre Rassenhierarchie in ein strenges Gesetz zu gießen und dennoch einen so guten Ruf auf der Weltbühne zu genießen. Sie stellten fest, dass die Rassenverbote in den Vereinigten Staaten »in der öffentlichen Meinung als selbstverständlich hingenommen wurden«, so die Historikerin Claudia Koonz.[95]

Ein junger nationalsozialistischer Intellektueller namens Herbert Kier verfasste 1934 einen einflussreichen Artikel über die Rassengesetze in den USA und äußerte darin seine

Verblüffung, wie weit die Vereinigten Staaten gingen, um ihre Bevölkerung zu segregieren. Er stellte fest, dass in den meisten Südstaaten »weiße und farbige Kinder auf Grund gesetzlicher Bestimmungen verschiedenen Schulen zugewiesen« werden und dass die meisten Bundesstaaten außerdem verlangen, dass die Ethnie auf Geburtsurkunden, Trau- und Totenscheinen angegeben wird. »Viele amerikanische Teilstaaten gehen so weit, daß sie gesetzlich eine nach Farbigen und Weißen gesonderte Zuweisung der Abteile in Warteräumen, Eisenbahnwagen, Schlafwagen, Straßenbahnwagen, Omnibussen, Dampfschiffen, ja sogar in Gefängnissen und bei Einkerkerung festlegen.«[96] In Arkansas wurden, wie ihm auffiel, sogar getrennte Steuerregister geführt. »Bei einer derartigen politischen Ideologie, die grundsätzlich von der Gleichheit all dessen ausgeht, was Menschenantlitz trägt, ist es um so erstaunlicher, wie umfangreich die rassische Gesetzgebung in den USA ist.«[97]

Kier war nur einer von mehreren »NS-Autoren, die fanden, das amerikanische Recht gehe zu weit«, schreibt Whitman.[98]

Im Juni 1934 diskutierten die Männer der Strafrechtskommission insbesondere zwei Strategien, um ihr Ziel eines Kastensystems zu erreichen: erstens eine juristische Definition dessen, was ein »Jude« sei und was ein »Arier«, und zweitens das Verbot von Mischehen zwischen den beiden Gruppen. Deutschland hatte bereits um die Jahrhundertwende mit einem eigenen Konzept des Ehehindernisses experimentiert, als es seinen Siedlern in den Kolonien Südwestafrikas gesetzlich verwehrt hatte, sich mit der einheimischen Bevölkerung zu vermischen. Damit war Deutschland weiter gegangen als die meisten Kolonialmächte, auch wenn das Modell nicht an das US-amerikanische heranreichte. Und nun suchten die Nationalsozialisten nach Wegen, um »jedes weitere Eindringen jüdischen Blutes in den Körper des deutschen Volkes« zu verhindern.[99]

Zu Beginn der Strafrechtskommissionssitzung berief sich der Vorsitzende Gürtner auf Forschungserkenntnisse von Heinrich Krieger, dem ehemaligen Jurastudenten der University of Arkansas, dass die US-Amerikaner so weit gegangen seien, die Mischehe zu einem Verbrechen zu machen, das in vielen Gerichtsbarkeiten mit bis zu zehn Jahren Haft bestraft werde. Gürtner wies darauf hin, dass die USA ihre Bevölkerung durch »künstliche Grenzziehung« zwischen Weißen und Schwarzen in zwei Hälften geteilt hätten. Wie andere zeigte auch er sich fasziniert von der amerikanischen Angewohnheit, Menschen anhand von Bruchteilen ihrer vermeintlichen Abstammung in Kategorien einzuteilen: »Es wird in wachsendem Maße zur gerichtlichen Übung, eine Person der Farbigengruppe zuzurechnen, wenn auch nur eine Spur eines physikalischen Negermerkmals sichtbar zu erkennen ist«.[100]

Die im Juni 1934 zusammengekommenen Männer waren sich nicht einig darüber, wie viel von der US-amerikanischen Rechtsprechung übernommen werden sollte. Die Sitzungsteilnehmer, unter ihnen der Vorsitzende Franz Gürtner selbst, plädierten für weniger drastische Methoden. Er schlug vor, dass »Erziehung und Aufklärung« über die Gefahren »der sexuellen Vermischung« ausreichen könnten, um Arier von Mischehen abzuhalten.[101] Einmal versuchte er, den US-amerikanischen Prototypen herunterzuspielen. Es fiel ihm schwer, zu glauben, dass die Amerikaner die von den Nazis aufgedeckten Gesetze tatsächlich durchsetzen. »Gürtner weigerte sich schlicht anzunehmen, dass die Amerikaner tatsächlich so weit gingen und solche ›Geschlechtsverbindungen‹ strafrechtlich verfolgten«, schreibt Whitman.[102]

Einer der Hardliner am Tisch, der radikale Nationalsozialist Roland Freisler, wurde ungeduldig, da ihm das Treffen nicht schnell genug voranging. Er war in den 1920er-Jahren der NSDAP beigetreten und drängte auf ein Gesetz, das Juden und Arier wegen »Rassenverrats« bestrafte, wenn sie heirateten oder Geschlechtsverkehr hatten. Immer wieder brachten er und die anderen Extremisten im Saal die Diskussion auf die US-amerikanischen Gesetze zurück, erklärten und verteidigten sie und versuchten, die Skeptiker auf ihre Seite zu ziehen.

»Wie haben sie das nun gemacht?«, fragte Freisler einmal rhetorisch, als er seine Recherchen über die Vereinigten Staaten und ihre Gesetze zur Klassifizierung von Menschen darlegte. Ein Bundesstaat, begann er, stufte alle »Personen aus Afrika, Korea oder Malaien« als nicht-weiß ein.[103] Ein anderes Beispiel, das Freisler nannte, sei Nevada, der Bundesstaat »spricht von Äthiopiern oder von schwarzer Rasse, Malaien oder von brauner Rasse, Mongolen oder von gelber Rasse.«[104] Freisler argumentierte, dass die sich ähnelnden Widersprüche zum Vorteil der Nationalsozialisten sein könnten. Die Uneindeutigkeit öffne einen vielleicht nützlichen Interpretationsspielraum. Die USA hatten eine Definition von Rasse entwickelt, die weder logisch noch wissenschaftlich war, ein Ansatz, den Whitman die »politische Konstruktion von Rasse« nennt.[105]

Was die Nazis jedoch nicht begreifen konnten, war, warum in den Vereinigten Staaten »die Juden, die außerdem uns interessieren, nicht unter die Farbigen gerechnet«[106] werden, wo es doch für die Nazis so offensichtlich war, dass die Juden eine eigene »Rasse« waren, und wo Amerika bereits eine gewisse Abneigung gegen sie gezeigt hatte, indem es Quoten für die jüdische Einwanderung einführte. Abgesehen von diesem für die Nazis ärgerlichen Versäumnis, würde »diese

Rechtsprechung […] für uns vollkommen passen«,[107] meinte Freisler, der eines Tages die Macht haben würde, diese Rechtsprechung in seiner Karriere als Präsident des Volksgerichtshofs auf kaltblütigste Weise anzuwenden, auch wenn es die Anwesenden zu diesem Zeitpunkt noch lange nicht ahnen konnten. »Ich bin deshalb der Meinung, daß wir mit derselben Primitivität verfahren könnten, wie es diese amerikanischen Staaten tun«, sagte Freisler. »Ein solches Verfahren würde zwar roh sein, aber genügen.«[108]

Die Zweifler stellten die US-amerikanischen Statuten weiterhin infrage. Sie diskutierten, es ging hin und her, wie ein Heiratsverbot genau ausgestaltet sein könnte, sie analysierten die vorgeschlagenen Definitionen von »Jude« und »Arier« und versuchten, sich in das US-amerikanische Konzept der Rasse hineinzudenken. Die Gemäßigten störten sich an der Vorstellung, dass Menschen, die halb jüdisch und halb arisch waren, von ihrer arischen Seite abgeschnitten und ihrer Kastenprivilegien beraubt würden, die ihnen ansonsten rechtmäßig zustünden. Anstatt solche Menschen als halb jüdisch zu definieren, fragten sich die Skeptiker, ob sie nicht auch als halb arisch gelten könnten. Doch einige der Hardliner beriefen sich auf den Sachverständigen für Rassenforschung[109] Achim Gercke, der für die Klassifizierung der Juden eine Definition von einem Sechzehntel Jude vorgeschlagen hatte, »weil er nicht weniger streng sein wollte als die Amerikaner.«[110]

Die Diskussion an jenem Tag dauerte zehn Stunden lang, und doch fanden die Männer keine Einigung. »Mir scheint es, als wenn aneinander vorbeigeredet wird«, sagte Freisler am Ende, frustriert über den mangelnden Fortschritt.[111] Den Moderaten war es bis auf Weiteres gelungen, die Radikalen, die für das amerikanische Modell plädiert hatten, in Schach zu halten. Doch 15 Monate später sollten die Radikalen die Oberhand gewinnen.

Im September 1935 rief Hitler zum jährlichen Reichsparteitag in Nürnberg zusammen, um neue Gesetze zu verkünden, die seit der Machtergreifung der Nationalsozialisten im Entstehen begriffen waren. Zum damaligen Zeitpunkt hatte Hitler bereits viele seiner politischen Gegner entweder inhaftieren oder umbringen lassen, unter ihnen zwölf Reichstagsabgeordnete sowie der Führer der SA, Hitlers langjähriger Freund Ernst Röhm. Durch Einschüchterung gefügig gemacht, war der Reichstag zur Marionette der Regierung geworden. Die Nazis waren längst dabei, ihre Konzentrationslager überall im Land zu errichten.

Mit dem KZ Sachsenhausen, nördlich der Reichshauptstadt, sollte bald endlich eines der »Vorzeigeprojekte« eröffnet werden. Der Plan war, die Gesetzgebung, die schließlich als »Blutschutzgesetze« bekannt wurde, am letzten Tag des Parteitags zu enthüllen. In der Nacht zuvor wies Hitler eine kleine Gruppe von Funktionären an, eine Version zu entwerfen, die er dem Reichstag zum Absegnen vorlegen könnte. Die Rechercheure waren in einigen US-amerikanischen Rassengesetzen auf einen Passus gestoßen, mit dessen Hilfe sie definieren konnten, ob eine halbjüdische Person als arisch oder nicht-arisch gelten sollte. Wie sich herausstellte, befand sich in den Gesetzen von Texas und North Carolina eine Klausel in den Heiratsverboten, die diesen Bundesstaaten zu entscheiden half, ob eine ethnisch nicht genau bestimmbare Person Schwarz oder weiß, benachteiligt oder privilegiert sein sollte. Eine solche Person würde zur benachteiligten Gruppe gezählt, wenn sie mit einer Person aus der benachteiligten Gruppe verheiratet oder dafür bekannt war, dass sie mit ihr verkehrte und sich somit der Reinheit der Kaste widersetzte.

Das war es, was Hitler verkündete und in den folgenden Monaten ausbaute: *Das Gesetz zum Schutz des deutschen Blutes und der deutschen Ehre* definierte einen Juden als eine Person mit drei jüdischen Großeltern. Als jüdisch galt auch, wer von zwei jüdischen Großeltern abstammte, wer das Judentum praktizierte, in die jüdische Gemeinde aufgenommen wurde oder mit einem jüdischen Menschen verheiratet war, all dies in Anlehnung an die spezielle Klausel der US-amerikanischen Gesetzgebung.

Zweitens verbot das deutsche Gesetz die Ehe und den außerehelichen Geschlechtsverkehr zwischen Juden und Nichtjuden, und es untersagte deutschen Frauen unter 45 Jahren, in einem jüdischen Haushalt zu arbeiten.

Damit begann eine Kampagne immer strikterer Restriktionen. Jüdischen Menschen wurde fortan die Staatsbürgerschaft entzogen, ihre Pässe wurden entwertet und sie durften keine deutschen Flaggen zur Schau stellen. Somit wurde »Deutschland zu einem vollwertigen rassistischen Regime«, schrieb der Historiker George M. Fredrickson. Und »amerikanische Gesetze waren die wichtigsten ausländischen Präzedenzfälle für eine derartige Gesetzgebung.«[112]

Doch angesichts der eigenen Obsession der Nazis mit Rasse hatte der amerikanische Prototyp seine Grenzen. Whitman schreibt: »Wissenschaftler, die Parallelen zwischen amerikanischen und dem nationalsozialistischen Mustern der Rassenbestimmung erkennen, liegen insofern falsch – aber nur deshalb, weil sie die relative Strenge amerikanischer Gesetze übersehen.«[113]

So verheerend die Nürnberger Gesetze auch waren, die Nazis waren mit der Gesetzgebung nicht so weit gegangen, wie ihre Recherchen über die USA es ihnen möglich gemacht hätten. Ein bestimmter Aspekt des amerikanischen Rechtssystems war weder am Tag der vertraulichen Kommissionssitzung im Juni 1934 diskutiert worden noch kam er in der endgültigen Fassung der Nürnberger Gesetze zum Tragen. Wie Whitman schreibt, lobten die Nazis zwar »das amerikanische Bemühen, die Rassenreinheit zu regeln«, doch erschraken sie »ob der ›unerbittlich harten gesellschaftlichen Gepflogenheiten, wonach jeder Amerikaner oder jede Amerikanerin, die nur ein Tropfen Negerblut in ihren Adern aufweisen‹, zu den Schwarzen zählten. Die Ein-Tropfen-Regel war den Nationalsozialisten [...] zu streng.«[114]

9

Die Bösartigkeit des Schweigens

Die Asche stieg vom Krematorium in die Luft auf, getragen von Karma und vom Wind, und legte sich auf die Treppen und die Geranienbeete der Bürgerinnen und Bürger, die vor den Toren des Todes des Konzentrationslagers Sachsenhausen, nördlich von Berlin, lebten. Die Asche bedeckte die Schaukeln und Planschbecken in den Hinterhöfen der Menschen des Dorfes.

Das Gemetzel und die Torturen auf der anderen Seite des Stacheldrahtes waren nicht zu leugnen. Die Früchte des Bösen fielen auf die Dorfleute wie staubfeiner Schnee. Sie alle waren mit dem Bösen befleckt, und einige von ihnen waren gute Eltern und zuverlässige Ehepartner, und doch taten sie nichts, um das Böse zu stoppen, das nun zu groß geworden war, als dass eine Person es hätte aufhalten können, und so war keine Person schuldig, während sie alle schuldig waren. Es war größer geworden als sie, weil sie zugelassen hatten, dass es größer wurde, und nun schneite es auf ihre Lebkuchenhäuschen und ihr Leben der unbefleckten Konformität herab.

Der Widerstandskämpfer und Theologe Dietrich Bonhoeffer war einer der Millionen, die hinter den Elektrozäunen eines Konzentrationslagers litten und starben, die gefoltert und in Einzelhaft gehalten wurden. Konnten die Bewohner des Dorfes die Gebete der Unschuldigen hören? Ein Bonhoeffer zugeschriebenes Zitat lautet: »Schweigen im Angesicht des Bösen ist selbst böse: Gott wird uns nicht als schuldlos betrachten. Nicht zu sprechen, ist sprechen. Nicht zu handeln, ist handeln.«

Die Dorfbewohner waren nicht alle Nazis, viele Deutsche waren keine Nazis. Doch sie verfolgten die Nazi-Reden im Radio, warteten darauf, das Neueste von Hitler und Goebbels zu hören, denn die Nazis hatten sich die Vorzüge dieser neuen Technologie des Rundfunks zunutze gemacht, die Möglichkeit, das deutsche Volk jederzeit live und direkt in ihren Häusern zu erreichen, wie eine Infusion direkt in ihre Köpfe. Die Menschen hatten die Lüge vom Untermenschen *verinnerlicht und glaubten, dass die Inhaftierten – Juden, Sinti, Homosexuelle, Reichsfeinde – keine Menschen waren wie sie selbst, und so kehrten die Menschen des Dorfes die Asche von ihren Stufen und gingen ihrer Arbeit nach. Mütter holten ihre Kinder ins Haus, wenn der Wind auffrischte, und eilten mit ihnen die Straße entlang, damit sie nicht mit der Asche ihrer Mitmenschen bedeckt wurden.*[115]

*

Mitten auf der Main Street in einer Stadt in den Südstaaten der USA stand einst ein majestätischer alter Baum, eine Ulme oder eine Eiche oder eine Platane, die gepflanzt worden war, bevor die modernen Straßen gepflastert wurden. In den Herzen der Stadtbevölkerung hatte der Baum einen heiligen Platz, auch wenn es ein denkbar ungünstiger Standort für einen Schattenbaum war. Er blockierte den Verkehr in beide Richtungen, und die Autos waren gezwungen, ihn auf dem Weg durch die Stadt zu umfahren. Er war die potenzielle Ursache zahlreicher Unfälle, da die Autofahrer nicht immer daran vorbeifahren konnten und nicht sicher waren, wer genau Vorfahrt hatte.

Und doch durfte der Baum nicht gefällt werden. Er war der örtliche Lynchbaum, und er erfüllte seine Pflicht, die Schwarzen Stadtbewohner »für immer und ewig« daran zu erinnern, wer von ihnen zuletzt an seinen Ästen gehängt worden war und wer der nächste sein könnte.[116] Der Baum harrte seiner Stunde, und *die weißen Bürgerinnen und Bürger der Stadt waren bereit, Unannehmlichkeiten, Verletzungen und sogar den Tod zu riskieren, um den Baum und die untergeordnete Kaste an ihrem Platz zu halten. Der Baum legte den Schwarzen Bürgerinnen und Bürgern ein stummes Zeugnis über ihr ewiges Schicksal ab und flüsterte der herrschenden Kaste gleichermaßen das ihre ein.*

*

Die Einwohnerinnen und Einwohner des osttexanischen Dorfes Leesburg rammten die Achse einer Kutsche in den Boden, da sie als Pfahl dienen sollte.[117] Anschließend ketteten sie den 19-jährigen Wylie McNeely daran. Unter seinen Füßen bereiteten sie das Brennholz für das Feuer, obwohl er seine Unschuld beteuerte, das weiße Mädchen nicht angegriffen zu haben. 500 Menschen versammelten sich in jenem Herbst im Jahr 1921, um Wylie McNeely mit eigenen Augen bei lebendigem Leibe verbrennen zu sehen. Doch zuvor mussten die Anführer des Lynchmobs eine wichtige Angelegenheit regeln. Die Anführer ließen das Los entscheiden, wer welches Stück von McNeelys Leiche erhalten würde, nachdem sie ihn verbrannt hatten, und so wählten sie die Körperteile aus, »die sie für das beste Souvenir hielten.« Sie taten dies vor den Augen des jungen Mannes, der seine letzten Sekunden auf dieser Erde vor sich hatte, während er dort angekettet war und zuhören musste, wie die Männer, die ihn widerrechtlich entführt hatten, über seine Finger und Ohren feilschten. Die Anführer des Lynchmobs diskutierten darüber vor den 500 Menschen, die gekommen waren, um den jungen Mann sterben zu sehen, und die ungeduldig darauf warteten, dass die Feierlichkeiten endlich ihren Anfang nähmen. Nachdem die Männer ihre Entscheidung getroffen und alles geklärt hatten, zückten sie ein Streichholz.

*

Die kleinen Mädchen scheinen im Grundschulalter zu sein, sie tragen helle Baumwollkleider mit Matrosenkragen und ihr Haar im Pagenschnitt, ganz akkurat bis knapp über die Ohren. Auf dem Bild scheinen die beiden jüngeren Mädchen im Schatten herumzutollen, ganz in der Nähe der Frauen, bei denen es sich um ihre Mütter oder ihre Tanten handeln könnte. Das Mädchen, das einem jedoch als erstes ins Auge sticht, scheint etwa zehn Jahre alt zu sein und steht im Vordergrund der Gruppe von Erwachsenen und Kindern, seine Augen ganz wach und voller Spannung. An der Seite des Mädchens steht ein Mann in weißer Hose, weißem Hemd und mit einem weißen Panamahut, als wäre er auf dem Weg zu einer Cocktailparty eines Rudervereins. Er hat die Arme verschränkt, seine Gesichtszüge sind entspannt, er ist unbeirrt und wirkt etwas gelangweilt.

Es ist der 19. Juli 1935. Sie alle stehen am Fuße eines Baumes in den Kiefernwäldern von Fort Lauderdale im Bundesstaat Florida. Über ihnen hängt der leblose Körper von Rubin Stacy, sein Overall zerrissen und blutbesprenkelt, von Kugeln durchlöchert, die Hände sind vor seinem Körper gefesselt, der Hals vom Lynchseil gebrochen. Er wurde getötet, weil er einer weißen Frau Angst eingejagt haben soll. Das Mädchen im Vordergrund schaut eher mit Verwunderung als mit Entsetzen zu dem toten Schwarzen Mann auf, ein aufgeregtes Lächeln ziert ihr Gesicht, als wären gerade Showponys vom Zirkus an ihr vorbeigaloppiert. Die Faszination in ihrem jungen Gesicht in Anbetracht des grausamen Geschehens dieser Versammlung wurde von einem Fotografen festgehalten und gehört zu den am weitesten verbreiteten Fotografien eines Lynchmords in den Vereinigten Staaten des 20. Jahrhunderts.

Die Lynchmorde waren teils Karneval, teils Folter und zogen Tausende von Schaulustigen an, die zusammen zu Komplizen des öffentlichen Sadismus wurden. Fotografen erfuhren im Voraus von anstehenden Lynchungen und bauten an den Schauplätzen trag-

bare Druckmaschinen auf, die sie an Lynchende und Schaulustige verkauften wie die Foto-Souvenirs eines Abschlussballs.[118] Von den Silbergelatineabzügen fertigten sie Ansichtskarten an, die an Angehörige verschickt werden konnten. Die Leute schrieben sich Postkarten mit dem abgetrennten, halb verkohlten Kopf von Will James, der 1907 in Cairo, Illinois, gepfählt wurde. Sie verschickten Postkarten von verbrannten Torsi, die wie die versteinerten Opfer des Vesuvs aussahen, nur dass diese Schrecken von Menschen unserer Zeit verursacht worden waren. Einige rahmten die Lynchfotos mit Haarsträhnen des Opfers unter Glas ein, wenn sie an das Haar der Toten gelangen konnten. Ein Zuschauer schrieb auf die Rückseite seiner Postkarte aus Waco, Texas, im Jahr 1916: »Das ist unser Barbecue von gestern Abend, mich siehst Du links mit dem Kreuz drüber, Dein Sohn Joe.«

Eine amerikanische Eigenheit. »Selbst die Nazis haben sich nicht dazu herabgelassen, Souvenirs aus Auschwitz zu verkaufen«, schrieb das Time Magazine viele Jahre später. Lynchpostkarten waren um die Jahrhundertwende eine so populäre Form der Kommunikation in den USA, dass Lynchszenen »zu einer blühenden Sparte der Ansichtskartenindustrie wurden. Bis 1908 hatte der Handel so sehr floriert, und das Versenden von Postkarten, auf denen die Opfer von Lynchmorden abgebildet waren, war so abstoßend geworden, dass der U. S. Postmaster General die Karten aus dem Postverkehr zog.«[119] Doch das neue Verbot hielt die Bürgerinnen und Bürger der USA nicht davon ab, ihre Lynchmorde weiterhin zu teilen. Ab sofort steckten sie die Postkarten einfach in einen Umschlag.

*

In der Innenstadt von Omaha entfachten sie ein Lagerfeuer und bereiteten es für Will Brown vor. Die Zeitungen hatten den Lynchmord im Vorfeld angekündigt, und an diesem Tag im September

1919 versammelten sich bis zu 15.000 Menschen auf dem Platz vor dem Gerichtsgebäude. Der Platz war so überfüllt, dass man die einzelnen Gesichter in dem Menschenmeer auf einer Weitwinkelfotografie von oben nicht im Detail ausmachen kann. Diese Tausende von Punkten auf einem Silbergelatineabzug – Väter, Großväter, Geschwister, Onkel, Brüder, Teenager – waren zu einem einzigen Geist verschmolzen, zu einem einzigen Organismus, der nur ein einziges Ziel verfolgte: einen anderen Menschen nicht nur zu töten, sondern zu demütigen, zu foltern und zu verbrennen, und gemeinsam den Rauch des brennenden Fleisches einzuatmen.

Zwei Tage zuvor hatten eine weiße Frau und ihr Freund behauptet, ein Schwarzer Mann habe sie belästigt, als die beiden in der Stadt ausgegangen waren. Niemand, der noch am Leben ist, kann mit Sicherheit sagen, was genau geschehen ist, und schon damals waren viele Fragen offen. Die Ressentiments gegen den Zustrom Schwarzer Südstaatler nach Norden während der Great Migration hatten sich aufgestaut, und der Packer Will Brown war der Mann, den die Sheriffs verhafteten. Es gab keine Untersuchung, kein ordentliches Verfahren. An jenem Tag plünderte der Mob Waffen aus den Pfandhäusern der Stadt und Gemischtwarenläden und feuerte wild auf das Gerichtsgebäude, in dem Brown festgehalten worden war. Noch bevor sie ihn in die Finger bekamen, tötete der Mob zwei seiner eigenen Leute – einen Passanten und einen Mitstreiter – mit ihren Querschlägern. Sie setzten das Gerichtsgebäude in Brand, um den Sheriff zu zwingen, Brown an sie auszuliefern. Sie kappten die Wasserschläuche, um die Feuerwehrleute am Löschen des Brandes zu hindern. Und als der Bürgermeister versuchte, an den Mob zu appellieren, legten ihm die Anführer einen Strick um den Hals und fügten ihm Verletzungen zu, die ihn ins Krankenhaus brachten.

Die Anführer des Mobs zogen Brown vom Dach des Gerichtsgebäudes, wohin die Gerichtsangestellten vor dem Feuer geflohen und die Gefangenen gebracht worden waren. Dann begannen sie zu tun, wofür sie sich versammelt hatten. Zuerst zogen sie Will Brown nackt aus, und diejenigen in der ersten Reihe rangen miteinander darum, wer ihn prügeln dürfe. Den Mann, der noch halb bei Bewusstsein war, hievten sie anschließend auf einen Laternenpfahl vor dem Gerichtsgebäude. Dann feuerten sie unter dem Jubel der Anwesenden zahllose Kugeln in seinen baumelnden Körper, woran Brown laut Gerichtsmediziner starb. Sie verbrannten seine Leiche in dem Lagerfeuer, das sie auf dem Platz des Gerichtsgebäudes entfacht hatten. Dann banden sie die Leiche an ein Polizeiauto und schleiften sie durch die Straßen von Omaha.

Das Seil, mit denen sie ihr Opfer den Laternenpfahl hochgezogen hatten, schnitten sie in kleine Teile und verkauften sie als Souvenirs für die Vitrinen und Kaminsimse der Zuschauenden. Die Fotografen vor Ort hielten den Lynchmord aus verschiedenen Blickwinkeln fest und stellten Ansichtskarten her, auf denen die Männer in Geschäftsanzügen und die Teenager mit Zeitungsmützen wie bei einem Hochzeitsempfang posierten und sich über dem verkohlten Torso ins Bild drängten, während Feuerfunken aus der Asche sprangen. Es war ein Bild, das sie an ihre Cousins und Cousinen, ihre Schwiegereltern und ehemalige Nachbarinnen und Nachbarn im ganzen Land verschickten.

Während dieses Aufruhrs ging ein 14-jähriger Junge gerade seinem Vater in der Druckerei auf der anderen Straßenseite des Gerichtsgebäudes zur Hand. Der Name des Jungen war Henry Fonda, und er würde aus Omaha wegziehen und sich als Erwachsener einen großen Namen als Schauspieler in Hollywood machen.

Am selben Abend des Jahres 1919 schlossen Fonda und sein Vater die Druckerei ab und fuhren schweigend nach Hause, während um sie herum das Gebrüll des Pöbels die Luft erfüllte, der leblose Körper eines Mannes an einem Laternenpfahl hing und die Kohlen des Lagerfeuers ausglühten. »Es war der entsetzlichste Anblick, den ich je mit angesehen habe«, sagte Fonda Jahre später als alter Mann. All die Jahrzehnte hatten die Asche nicht aus seinem Gedächtnis gekehrt.

Vielleicht ist es alles andere als Zufall, dass er in vielen Filmen auftrat, in denen er die moralische Stimme war, die dazu aufrief, ein Menschenleben zu verschonen. In dem von Selbstjustiz handelnden Film Ritt zum Ox-Bow *aus dem Jahr 1943 ist es Fondas Figur, die einen blutrünstigen Mob mit diesen Worten ermahnt: »Wir können das Gesetz nicht nach eigenem Ermessen ausüben, ohne allen Menschen auf der Welt zu schaden.«*

TEIL DREI

DIE ACHT SÄULEN DER KASTE

DIE GRUNDLAGEN DER KASTE

Die Ursprünge unseres Unbehagens

Dies sind die historischen Ursprünge, die ein Glaubenssystem stützen, die unsichtbaren Säulen unter der Oberfläche einer Kastenhierarchie. Als diese Grundsätze Wurzeln schlugen, spielte es keine größere Rolle, ob ihre Annahmen der Wahrheit entsprachen; die meisten taten es nicht. Es spielte kaum eine Rolle, dass es sich um falsche Vorstellungen oder Verzerrungen aus Bequemlichkeit handelte, solange die Menschen sie akzeptierten und ein Gefühl der Ordnung verspürten sowie eine Rechtfertigung für die Grausamkeiten erhielten, die sie anderen zufügten und an die sie sich gewöhnt hatten, für Ungleichheiten, die sie als Naturgesetze ansahen.

Dies sind die Säulen der Kaste, die uralten Grundsätze, die ich erforscht und zusammengetragen habe, als ich die Gemeinsamkeiten der drei großen Kastenhierarchien untersuchte. Dies sind die Prinzipien, auf denen ein Kastensystem aufbaut, ob in den USA, in Indien oder in Nazi-Deutschland. Es sind Glaubensgrundlagen, die zu einem bestimmten Zeitpunkt tief in der Kultur und dem kollektiven Unbewussten der meisten Menschen dieser Länder verankert worden sein mussten, sodass ein Kastensystem funktionieren konnte.

1. SÄULE

Der göttliche Wille und die Naturgesetze

Vor dem Zeitalter des menschlichen Bewusstseins saß Manu, der allwissende Stammvater, den hinduistischen Gründungstexten Indiens zufolge beim Meditieren, als die weisen Männer an ihn herantraten und ihn baten: »Bitte, Herr, sage uns genau und in der richtigen Reihenfolge die Gesetze aller sozialen Klassen sowie der dazwischen Geborenen auf.«

Manu begann, von einer Zeit zu erzählen, in der sich das Universum, wie wir es kennen, in einem tiefen Schlaf befand und der Eine, »der jenseits der Reichweite der Sinne ist«, die Wasser hervorbrachte und selbst als Brahma, der »Großvater aller Welten«, geboren wurde.

Um das Land zu füllen, erschuf er vor Jahrtausenden und bis in alle Ewigkeit aus seinem Mund die Brahmanen, die höchste Kaste, aus seinen Armen die Kshatriya, aus seinen Schenkeln die Vaishya und aus seinen Füßen die Shudra, die niedrigste der vier *Varnas*, oder Gruppen, des Menschen.

Das Körperteil, aus dem jede Kaste gebildet wurde, bestimmte die Position, die jede von ihnen innerhalb des Kastensystems einnehmen würde. Von der niedrigsten zur höchsten, von unten nach oben: Der Shudra – die Füße, der Diener, der Träger von Lasten. Der Vaishya – die Oberschenkel, der Motor, der Kaufmann, der Händler. Der Kshatriya – die Arme, der Krieger, der Beschützer, der Herrscher. Und über ihnen allen der Brahmane – der Kopf, der Mund, der Philosoph, der Weise, der Priester, derjenige, der den Göttern am nächsten steht.

»Der Brahmane ist dem Gesetz nach der Herr der gesamten Schöpfung.« So lautet es im Gesetzbuch von Manu, der *Manusmriti.* »Die Freundlichkeit des Brahmanen ist es, die andere Menschen mit Nahrung beschenkt.«

Unerwähnt in den vier *Varnas* blieben diejenigen, die als so nieder galten, dass sie sogar unter den Füßen der Shudra lagen. Sie lebten das behaftete Karma der Vergangenheit aus, sie durften nicht berührt und einige von ihnen durften nicht einmal angesehen werden. Schon ihr Schatten galt als schmutzig. Sie standen außerhalb des Kastensystems und waren Ausgestoßene. Dies waren die Unberührbaren, die später als Dalits bekannt wurden, die untergeordnete Kaste Indiens.

*

In den Worten des heiligen Textes der westlichen Welt, des Alten Testaments, hatte es eine große Sintflut gegeben. Die Fenster des Himmels taten sich auf, und die Brunnen der Tiefe brachen auf, und es hieß, die gesamte Menschheit stamme von den drei Söhnen des Patriarchen Noah ab. Auf göttliche Anweisung hin überlebten sie die Fluten in einer Arche über vierzig Tage und vierzig Nächte, und anschließend wurde Noah ein Ackermann. Seine Söhne waren Sem, Ham und Japheth, die die Stammesväter der gesamten Menschheit werden sollten.

Einst pflanzte Noah einen Weinberg an und trank später vom Wein der Früchte seines Weinbergs. Der Wein machte ihn betrunken, und er lag entblößt in seinem Zelt. Ham, der Vater von Kanaan, betrat das Zelt, sah die Blöße seines Vaters Noah und berichtete seinen beiden Brüdern davon. Sem und Japheth nahmen ein Kleidungsstück und legten es sich über die Schultern. Sie gingen zurück ins Zelt und bedeckten die

Blöße ihres Vaters Noah. Ihre Gesichter waren abgewandt, damit sie die Nacktheit ihres Vaters nicht sahen. Als Noah von seinem Wein erwachte und erfuhr, was Ham getan hatte, verfluchte er Hams Sohn Kanaan und die nachfolgenden Generationen: »Verflucht sei Kanaan und sei ein Knecht aller Knechte unter seinen Brüdern!«[120]

Die Geschichte, wie Ham Noahs Nacktheit entdeckte, sollte die Jahrtausende überdauern. Die Söhne Sems, Hams und Japheths, so hieß es, verbreiteten sich über alle Kontinente, Sem im Osten, Ham im Süden, Japheth im Westen. Diejenigen, die sich selbst als Nachkommen Japheths bezeichneten, klammerten sich an diese Erzählung und adaptierten sie zu ihrem Vorteil. Als die Reichtümer durch den Sklavenhandel von Afrika in die Neue Welt an Spanien, Portugal, Holland und schließlich England flossen, wurde die biblische Geschichte bemüht, um die Kinder Hams zu verurteilen und die Entführung und Versklavung von Millionen von Menschen zu rechtfertigen.[121] Seit dem Mittelalter beschrieben einige Auslegungen des Alten Testaments Ham als Schwarzhäutigen und übersetzten Noahs Fluch gegen ihn als Fluch gegen Hams Nachkommen, gegen alle Menschen mit dunkler Hautfarbe, all jene Menschen, von denen die Europäer sagten, sie seien von Gottes Gesandtem, Noah höchstpersönlich, zur Versklavung verdammt worden.

Eine weitere Bestätigung fanden sie im 3. Buch Mose: »Willst du aber leibeigene Knechte und Mägde haben, so sollst du sie kaufen von den Heiden, die um euch her sind«.[122] Dies nahmen sie als weitere Erlaubnis, diejenigen zu versklaven, die sie als Heiden betrachteten, um ein neues Land in der Wildnis zu gründen.

Und so entstand in der von ihnen geschaffenen Neuen Welt eine Hierarchie, die hellhäutige Menschen über dunkelhäutige stellte. Diejenigen, die am dunkelsten waren sowie ihre Nachkommen sollten für Jahrhunderte der untergeordneten Kaste Amerikas zugerechnet werden.

»Der Fluch, mit dem Ham belegt wurde, wird jetzt an seinen Nachkommen vollstreckt«, schrieb Thomas R. R. Cobb, ein führender Konföderierter und Verfechter der Sklaverei, 240 Jahre nach der Ära der menschlichen Knechtschaft auf US-amerikanischem Boden. »Der große Architekt hatte sie sowohl körperlich als auch geistig so gezeugt, dass sie die Sphäre ausfüllen konnten, in die sie geworfen wurden. Durch seine Weisheit und seine Barmherzigkeit hat er sie so geschaffen, dass sie für die erniedrigte Stellung, die sie einnehmen sollten, geeignet waren.«[123]

Offiziell endete die Sklaverei im Jahr 1865; doch das Kastenwesen blieb intakt und überlebte nicht nur, nein, es verfestigte sich. »Überlasst den *Negros* die Krümel, die vom Tisch des weißen Mannes fallen«, schrieb der Autor Thomas Pearce Bailey im 20. Jahrhundert in seiner Aufstellung der Kastenkodizes des amerikanischen Südens, der die indischen Gesetze von Manu aufgriff.[124]

Die USA und Indien wurden zur ältesten beziehungsweise größten Demokratie der Welt. Beide bauten sie auf Kastensystemen auf, die durch die Auslegung der heiligen Texte ihrer jeweiligen Kultur untermauert wurden. In beiden Ländern wurden die untergeordneten Kasten auf ihren Platz verbannt, da sie aufgrund der Sünden der Vergangenheit nicht mehr als Erniedrigung verdient hatten.

In der Interpretation derjenigen, die sich selbst als überlegen ansahen, wurden diese Lehren zur göttlichen und spirituellen Grundlage für den Glauben an eine gottgewollte menschliche Pyramide, eine große Kette des Seins, die von ihren Gründern in den nachfolgenden Jahrhunderten je nach

Bedürfnis weiter ausgeformt wurden. Und hier sehen wir, was als die erste Säule der Kaste bezeichnen werden könnte: der göttliche Wille und die Naturgesetze. Es ist das erste der organisierenden Prinzipien, die jedem Kastensystem innewohnen.

2. SÄULE
Vererbbarkeit

Um zu funktionieren, stützte sich jede Kastengesellschaft auf klare Grenzlinien, innerhalb derer jedem Menschen bei seiner Geburt ein Rang und eine Rolle zugewiesen wurde, die er oder sie zu erfüllen hatte, als wäre jeder Mensch ein Molekül in einem sich selbst erhaltenden Organismus. Man wurde in eine bestimmte Kaste hineingeboren und für den Rest seines eigenen Lebens darin festgehalten, und auch die Nachkommen wurden von der hohen Stellung oder dem niederen Stigma berührt, das diese Kaste mit sich brachte. So wurde Vererbbarkeit zur zweiten Säule der Kaste.

In Indien war es in der Regel der Vater, der seine Kaste an seine Kinder vererbte. Seit der Kolonialzeit in Virginia erbten in den USA die Kinder die Kaste ihrer Mutter, sowohl per Gesetz als auch per Brauch. Und bei Streitigkeiten, die darüber hinausgingen, musste das Kind im Allgemeinen den Status des jeweils rangniedrigeren Elternteils annehmen.

Die Virginia General Assembly bestimmte den Status aller in der Kolonie geborenen Menschen und verkündete 1662: »Da Zweifel darüber aufkamen, ob Kinder, die ein Engländer mit einer Schwarzen Frau gezeugt hat, als Sklavinnen oder als Freie gelten sollen, so bestimmt diese Generalversammlung hiermit, dass alle in diesem Land geborenen Kinder nur je nach dem Status der Mutter als versklavte oder als Freie gelten sollen.«[125]

Mit diesem Erlass brachen die Kolonisten mit dem englischen Präzedenzfall, den einzigen Vorschriften, die sie je gekannt hatten; sie brachen mit der alten Ordnung, die den Kindern den Status des Vaters gab. Dieses neue Gesetz ermöglichte es den Sklavenhaltern, die Kinder Schwarzer Frauen, die mehrheitlich versklavt waren, sowie ihre Nachkommen als ihr Eigentum zu beanspruchen. Das Gesetz gewährte den Sklavenhaltern, die Frauen nach ihrem eigenen Ermessen zu schwängern, da sie so ihren Reichtum vergrößern konnten. Das Gesetz machte den Schwarzen Mutterleib zu einem Gewinnzentrum und zog engere Grenzen um die untergeordnete Kaste, denn weder Mutter noch Kind konnten einen Anspruch gegen einen Mann der oberen Kaste geltend machen, und für kein Kind, das einem Schwarzen Schoß entsprungen war, bestand irgendeine Möglichkeit, der Verurteilung zur untersten Sprosse der Kastenleiter zu entgehen. In den Kolonien führte dies zu einer bipolaren Hierarchie von Weißen und Nicht-Weißen; insbesondere entstand eine gemeinsame Kaste von Weißen am einen Ende der Gesellschaft, während sich am anderen Ende diejenigen befanden, die aufgrund jeglicher körperlicher Merkmale einer afrikanischen Abstammung als Schwarze galten.

Weil die Zugehörigkeit zur oberen oder zur untersten Kaste praktischerweise ans Aussehen gebunden war, galt die Kastenzugehörigkeit, als von der Geburt bis zum Tod festgeschrieben und somit als unausweichlich. »Es sollte niemandem möglich sein, sich nach draußen zu verdienen oder zu verheiraten«, schrieben die Wissenschaftler Allison Davis und Burleigh und Mary Gardner in *Deep South,* ihrer bahnbrechenden Studie über das Kastenwesen in den USA im Jahr 1941.[126]

Es ist das unveränderliche Wesen der *Kaste*, das sie von der *Klasse* unterscheidet, mit der sie oft verglichen wird. Die Klasse ist ein völlig eigenständiges Maß für die Stellung einer Person innerhalb einer Gesellschaft, das durch das Bildungsniveau, das Einkommen, den Beruf sowie die mit dem sozioökonomischen Status einhergehenden Merkmale wie Akzent, Geschmack und Umgangsformen gekennzeichnet ist. Diese Aspekte können durch harte Arbeit und Einfallsreichtum erworben oder durch schlechte Entscheidungen oder Unglücksfälle verloren werden. Wenn man sich durch Leistung davon befreien kann, handelt es sich um Klasse, nicht um Kaste. Im Laufe der Jahre mögen Reichtum und Klasse einige Menschen, die in die untergeordnete Kaste Amerikas hineingeboren wurden, durchaus von Demütigung ferngehalten haben, jedoch blieben sie nicht vor erniedrigenden Versuchen geschützt, sie in ihre Schranken zu weisen oder sie an ihre Kastenstellung zu erinnern.

Jahrhunderte nach der Entstehung des amerikanischen Kastensystems an der Chesapeake Bay haben die tüchtigsten Menschen aus den unteren Kasten oftmals Wege gefunden, über die Kaste hinauszuwachsen, wenngleich es ihnen nur selten gelang, ihr vollends zu entkommen.

»Wie das hinduistische Kastensystem hat die Unterscheidung zwischen Schwarz und Weiß in den USA zu einer gesellschaftlichen Hierarchie geführt, die von Geburt an bestimmt und wohl auch durch Leistung unveränderlich ist«, schrieben die Rechtswissenschaftler Raymond T. Diamond und Robert J. Cottrol. »Die Schwarzen waren wie eine Gruppe amerikanischer Unberührbarer, die rituell vom Rest der Bevölkerung getrennt wurden.«[127]

Im Winter 2013 betrat der oscarprämierte Schauspieler Forest Whitaker, ein angesehener Schwarzer Mann mittleren

Alters, ein Restaurant auf der West Side Manhattans, um eine Kleinigkeit zu essen. Als er sah, dass der Laden überfüllt war oder nichts fand, was ihm zusagte, drehte er sich um und wollte gehen, ohne etwas zu kaufen, wie es für viele Kundinnen und Kunden ganz üblich war. Ein Angestellter fand dies jedoch verdächtig und hielt Whitaker an der Tür auf. Diese Art des Eingreifens war untypisch für ein Lokal, das bei Prominenten und Studierenden beliebt war. Vor den Augen der anderen Gäste durchsuchte der Angestellte Whitaker von Kopf bis Fuß. Als er nichts fand, ließ er den sichtlich erschütterten Whitaker gehen. Die Besitzer des Restaurants entschuldigten sich später für den Vorfall und entließen den Angestellten. Die Demütigung dieses Moments blieb dem Schauspieler jedoch in Erinnerung. »Es ist eine erniedrigende Sache, wenn jemand einfach so handelt«, sagte Whitaker danach. »Es ist ein Versuch der Entmachtung.«[128]

Weder Reichtum noch Berühmtheit haben diejenigen, die in die untergeordnete Kaste hineingeboren wurden, vor der Polizeigewalt bewahrt, die unverhältnismäßig stark gegen die Menschen am unteren Ende der Hierarchie gerichtet zu sein scheint. Im Jahr 2015 brachen New Yorker Polizeibeamte einem Basketballspieler der NBA vor einem Nachtclub in Manhattan das Bein. Die Verletzung machte den Spieler, einen Point Guard der Atlanta Hawks, für den Rest der Saison arbeitsunfähig. Das Ergebnis war ein außergerichtlicher Vergleich in Höhe von 4 Millionen Dollar, dessen Erlös der Spieler umgehend an eine Stiftung für Pflichtverteidiger spendete.[129]

Im Jahr 2018 schlugen Polizeibeamte einen ehemaligen Footballspieler der NFL zu Boden, nachdem er mit einem anderen Autofahrer in Streit geraten war, der einen Kaffeebecher auf den Wagen des Footballers geworfen hatte, wie in den Medien berichtet wurde. Das in diesem Frühjahr aufgetauchte Video zeigt, wie die Beamten Desmond Marrows Arme und Beine verdrehen und ihn mit dem Gesicht nach unten zu Boden stoßen. Dann drehen sie ihn um und halten ihn an der Kehle fest. Unter ihrem Gewicht verliert er das Bewusstsein. Nachdem das Video im Internet kursierte, wurde eine interne Untersuchung der Polizei durchgeführt, und ein Beamter wurde entlassen.[130]

»Ganz egal, wie bedeutend du im Leben wirst, egal, wie reich du wirst, wie die Leute dich verehren oder was du tust«, sagte der NBA-Star LeBron James ein Jahr davor zu Reportern, »wenn du ein Schwarzer Mann oder eine Schwarze Frau bist, dann bleibst du es für immer.«[131]

3. SÄULE

Endogamie und die Reglementierung von Heirat und Geschlechtsverkehr

Die Architekten des amerikanischen Kastensystems haben schon früh Maßnahmen ergriffen, um die Kasten und die Blutlinien voneinander zu trennen. Dieser Wunsch führte zur dritten Säule des Kastensystems, der Endogamie: Man durfte nur innerhalb der eigenen Kaste heiraten. Dies ist eine unumstößliche Grundlage jedes Kastensystems, vom alten Indien über die frühen amerikanischen Kolonien bis hin zum Nazi-Regime Deutschlands. Die Endogamie wurde in den Vereinigten Staaten lange Zeit auf brutale Weise durchgesetzt und leistete die grundlegende Spatenarbeit für die aktuellen ethnischen Spaltungen.

Die Endogamie setzt die Kastengrenzen durch, indem sie die Heirat außerhalb der eigenen Gruppe verbietet und so weit geht, dass sexuelle Beziehungen oder auch nur der Anschein von romantischem Interesse über die Kastengrenzen hinweg unter Strafe gestellt sind. Endogamie errichtet eine Brandmauer zwischen den Kasten und wird zum wichtigsten Mittel, um Ressourcen und Verwandtschaften innerhalb jeder Gruppe des Kastensystems zu halten. Indem die Endogamie legale Verbindungen ausschließt, verhindert sie jegliche Möglichkeit von Empathie oder einem Gefühl der Schicksalsgemeinschaft zwischen den Kasten. Sie macht es unwahrscheinlicher, dass ein Mensch in der herrschenden Kaste ein persönliches Interesse am Glück, am Erfolg, am Wohlergehen derjenigen hegt, die als unterlegen angesehen werden, oder dass sich dieser Mensch mit der Notlage der Untergebenen identifizieren könnte. Die Endogamie macht es sogar wahrscheinlicher, dass die Angehörigen der dominanten Kaste diejenigen, die als unterlegen gelten, nicht nur als weniger menschlich, sondern gar als Feinde, als nicht zu ihrer Art gehörend und als Bedrohung ansehen, die um jeden Preis in Schach gehalten werden muss.

»Unter Kaste«, schrieb der Vater der indischen Antikastenbewegung Bhimrao Ambedkar, »versteht man die künstliche Zerstückelung der Population in unveränderliche und eindeutig gekennzeichnete Einheiten, von denen jede durch den Brauch der Endogamie daran gehindert wird, mit einer anderen zu verschmelzen.« Indem wir zeigen, »wie die Endogamie aufrechterhalten wird«, setzte er hinzu, »werden wir gewissermaßen die Entstehung wie den Mechanismus der Kaste nachweisen.«[132]

Bevor es die Vereinigten Staaten von Amerika gab, gab es die Endogamie, von der man sagte, sie sei von Gott gewollt. Eine der frühesten Erwähnungen dessen, was in den USA später als *Race* bezeichnet werden sollte, betraf die sexuellen

Beziehungen zwischen einem Europäer und einer Afrikanerin. Im Jahr 1630 verurteilte die Virginia General Assembly Hugh Davis zu einer öffentlichen Auspeitschung, da er »Schande über Gott und die Christenheit gebracht hat, indem er seinen Körper mit einer Schwarzen Frau beschmutzte.« Die Versammlung bemühte sich um die Festlegung, dass Menschen afrikanischen Ursprungs, die normalerweise der Bestrafung eines Mannes aus der herrschenden Kaste nicht beiwohnen durften, bei der Auspeitschung von Davis anwesend sein und zusehen mussten. Im entstehenden Kastensystem erfüllte dies eine Doppelfunktion. Davis wurde zusätzlich gedemütigt, indem man ihn vor einem ihm unterlegenen Publikum peinigte. Und es war eine Warnung an all diejenigen, die in diesem noch nicht existierenden Land in die unterste Kaste verbannt wurden: *Wenn dies das Schicksal eines weißen Mannes war, der sich nicht an die Kastengrenzen hielt, so wird euch ein noch viel schrecklicheres Schicksal ereilen.*

Zum Zeitpunkt von Davis' Verurteilung hatten europäische Männer während der gesamten Zeit des Sklavenhandels immer Sex mit afrikanischen Frauen gehabt, meistens ohne Zustimmung und ohne Konsequenzen, und sie hatten sich daran gewöhnt, ihre vermeintliche Überlegenheit gegenüber Afrikanerinnen offen auszuleben. Dass die Kolonialväter Hugh Davis für ein Verhalten, das viele als ihr Geburtsrecht erachteten, zu einer öffentlichen Demütigung verurteilten, bedeutete, dass er eine Grenzüberschreitung begangen hatte, die sie als Bedrohung ihrer Herrschaft empfanden, und dass die Art und Weise, wie er mit seiner Sexualpartnerin umging, ihre Aufmerksamkeit erregte und ihr Eingreifen erforderte. Das entstehende Kastensystem erlaubte die Ausbeutung der untersten Kaste, nicht jedoch die Gleichheit oder auch nur den Anschein von Gleichheit, weshalb die Endogamie, die ein

Bündnis zwischen Gleichgestellten vor dem Gesetz darstellte, streng kontrolliert und die Vergewaltigung von Frauen aus niedrigeren Kasten ignoriert wurde.[133] Der Fall Hugh Davis stellte nicht nur die erste Erwähnung von Rasse und Hierarchie in Amerika dar, sondern auch den ersten Versuch, die Grenzen von öffentlich bekannten Beziehungen über Kastengrenzen hinweg festzulegen.[134]

Zehn Jahre später wurde ein anderer Weißer, Robert Sweet, zur Buße genötigt, als bekannt wurde, dass er eine versklavte Schwarze Frau, die einem anderen Weißen gehörte, geschwängert hatte. Zu diesem Zeitpunkt hatte sich der rechtliche Fokus der Durchsetzung der Kastenzugehörigkeit jedoch verlagert. In diesem Fall war es die schwangere Frau, die ausgepeitscht wurde, ein Zeichen für ihren degradierten Kastenstatus trotz eines medizinischen Zustands, der sie in den meisten zivilisierten Nationen geschützt hätte.

Im Jahr 1691 verbot Virginia als erste Kolonie die Heirat von Schwarzen und Weißen. Es war ein Verbot, das die meisten Staaten in den folgenden drei Jahrhunderten beibehalten sollten. Einige Staaten untersagten zusätzlich die Eheschließung zwischen weißen und asiatischen Menschen sowie Native Americans, während Schwarze Menschen im ganzen Land von der Eheschließung mit Weißen ausgeschlossen wurden. Zwar existierte trotz mehrerer Versuche nie ein landesweites Verbot von Mischehen, jedoch erließen 41 der 50 Bundesstaaten Gesetze, die Mischehen zu einem Verbrechen erklärten, das mit Geldstrafen von bis zu 5.000 Dollar und bis zu zehn Jahren Gefängnis geahndet wurde.[135] Einige Staaten gingen sogar so weit, dass sie die Verabschiedung *künftiger* Gesetze, die Mischehen zulassen könnten, prophylaktisch untersagten. Außerhalb des Gesetzes, vor allem in den Südstaaten, drohte Schwarzen Menschen die Todesstrafe, wenn sie auch nur den Anschein erweckten, gegen diese Säule der Kaste zu verstoßen.

Der Oberste Gerichtshof hob diese Verbote erst 1967 auf. Dennoch haben einige Bundesstaaten ihre Endogamie-Gesetze nur sehr zögerlich offiziell aufgehoben. Alabama, der letzte Staat, der dies tat, hob sein Gesetz gegen Mischehen erst im Jahr 2000 auf. Und selbst da stimmten 40 Prozent der Wählerinnen und Wähler in einem Referendum für die Beibehaltung des Eheverbots.[136]

Das Kastensystem war durch die Praxis der Endogamie – im Wesentlichen die staatliche Regulierung der romantischen Entscheidungen der Menschen im Laufe der Jahrhunderte – dafür verantwortlich, dass das Konzept verschiedener »Rassen« geschaffen und verstärkt wurde, indem es ausschließlich Menschen mit ähnlichen körperlichen Merkmalen erlaubte, sich legal fortzupflanzen. In der amerikanischen Geschichte hatten die Endogamie-Gesetze in Kombination mit Verboten für Eingewanderte, die nicht aus Europa stammten, häufig den wesentlichen Effekt einer kontrollierten Fortpflanzung, einer Kuration der Bevölkerung der Vereinigten Staaten. Diese Form des »Social Engineering« diente dazu, die oberflächlichen Unterschiede, die die Hierarchie stützen, aufrechtzuerhalten, wobei das Konzept der »Rasse« letztlich aus den Überlegungen hervorging, wer sich offiziell mit wem fortpflanzen durfte. Die Endogamie gewährleistet genau die Unterschiede, auf die sich ein Kastensystem stützt, um Ungleichheit zu rechtfertigen.

»Wie wir aussehen«, schreibt der Rechtswissenschaftler Ian Haney López, »also die buchstäblichen und ›ethnischen‹ Merkmale, die wir in diesem Land aufweisen, sind größtenteils das Produkt rechtlicher Regeln und Entscheidungen.«[137]

Diese Säule der Kaste wurde so breit akzeptiert, dass noch

1958 eine Gallup-Umfrage ergab, dass 94 Prozent der weißen US-Amerikanerinnen und -Amerikaner Ehen über ethnische Grenzen hinweg ablehnten.[138] »Es ist bekannt, dass die *Negro Race* geistig minderwertig ist«, sagte ein Arzt aus den Südstaaten 1940 im Rahmen einer früheren Umfrage und drückte damit eine weit verbreitete Ansicht aus. »Jedem ist dies bekannt, und ich glaube nicht, dass Gott es gewollt hat, dass sich eine überlegene Rasse wie die Weißen mit einer minderwertigen Rasse vermischt.«[139]

Die bekanntesten Lynchmorde in der Geschichte der USA sind auf mutmaßliche Verstöße gegen das Verbot der Mischehe zurückzuführen. Es wurde mit aller Härte gegen Männer der unteren Kaste und Frauen der oberen Kaste durchgesetzt, während Männer der oberen Kaste, also diejenigen, die die Gesetze verfassten, uneingeschränkten Zugang zu Frauen der unteren Kaste hatten, unabhängig von deren Alter oder Familienstand. Auf diese Weise kontrollierte das dominante Geschlecht der dominanten Kaste nicht nur den Lebensunterhalt und die Lebenschancen aller Menschen der unteren Kaste, sondern sie beseitigte auch den Wettbewerb um die Frauen der Oberkaste und eigentlich um alle Frauen. Die Männer der dominanten Kaste richteten darüber, wer mit wem romantische Beziehungen eingehen und sich fortpflanzen durfte.

Dies verzerrte den natürlichen Ausdruck von Männlichkeit – totale Freiheit der einen Gruppe, während das Verhalten der anderen auf Leben und Tod reguliert wurde – und diente dazu, die Kastengrenzen sowie die Machtlosigkeit untergeordneter Männer zu verstärken, die es wagen könnten, ihre eigenen Töchter, Ehefrauen, Schwestern und Mütter zu beschützen. Zugleich wurden somit alle innerhalb der Hierarchie an die absolute Macht der Männer der dominanten Kaste erinnert.

In Grand Gulf, Mississippi, verbrannten Mitte der 1830er-Jahre weiße Männer einen Schwarzen bei lebendigem Leib und steckten seinen Kopf auf einen Pfahl am Stadtrand – als Warnung für alle Männer der untergeordneten Kaste. Der Schwarze Mann war gefoltert und enthauptet worden, nachdem er jenen Mann aus der dominanten Kaste, »dem seine Frau gehörte und der mit ihr zu schlafen pflegte«, wie es in einem damaligen Bericht heißt, zur Rede gestellt und getötet hatte. Als er dem Tod ins Auge sah, weil er einen extremen und zweifellos selbstmörderischen Schritt unternommen hatte, um seine Frau in dieser Welt zu beschützen, sagte der todgeweihte Ehemann, »er glaube, er werde im Himmel dafür belohnt werden«.[140]

Mehr als ein Jahrhundert später, im Dezember 1943, hatte ein gewissenhafter 15-jähriger Junge namens Willie James Howard einen Ferienjob in einem Supermarkt in Live Oak, Florida. Er war ein Einzelkind, hatte es bis in die zehnte Klasse geschafft, und es war davon auszugehen, dass er alles übertreffen würde, was jemals jemand in seiner Familie erreicht hatte. Doch in diesem Winter beging er einen fatalen Fehler, weil er sich einer zentralen Säule der Kaste nicht bewusst war oder sie schlicht nicht beachtete. Er war aufgeregt wegen seines neuen Ferienjobs, und er wollte unbedingt einen guten Eindruck machen, also schrieb er allen Angestellten eine Weihnachtskarte. Eine dieser Karten unterschrieb er mit den Worten »in L« (L für Liebe); sie war für eine Kollegin, ein Mädchen seines Alters namens Cynthia, in das er verliebt war. Eine zur Weihnachtszeit eigentlich vollkommen normale Geste, vielleicht sogar rührend oder niedlich, doch dies war der Jim-Crow-Süden; der Junge war Schwarz und das Mädchen war weiß. Cynthia zeigte die Karte ihrem Vater.

Willie James erfuhr, dass seine Karte Cynthia beunruhigt

hatte. Also hinterließ er am Neujahrstag 1944 eine Nachricht der Entschuldigung für das Mädchen, in der er versuchte, sich zu erklären: »Ich weiß, dass du nicht viel von uns hältst, aber wir hassen euch nicht, wir wollen nur eure Freunde sein, aber ihr lasst uns nicht, bitte zeig meinen Brief niemandem, ich hoffe, ich habe dich nicht wütend gemacht.« Er fügte noch einen Reim hinzu: *«I love your name, I love your voice, for a S. H. (sweetheart) you are my choice.«*

Am nächsten Tag verschleppten Cynthias Vater und zwei weitere weiße Männer Willie James und seinen Vater an das Ufer des Suwannee River. Sie fesselten Willie James an Händen und Füßen und zwangen ihn, ins Wasser zu springen. Seinem Vater hielten sie eine Pistole an den Kopf, er musste mitansehen, wie sein einziges Kind vor seinen Augen ertrank.[141]

Gegenüber den Behörden gaben die Männer zu, den Jungen entführt und gefesselt zu haben. Sie sagten, er sei einfach gesprungen und ohne ihr Zutun ertrunken. Aus Angst um ihr Leben flohen Willie James' Eltern aus der Stadt. Ein junger Thurgood Marshall von der NAACP, der National Association for the Advancement of Colored People, alarmierte den Gouverneur von Florida, allerdings erfolglos. Dem NAACP-Bereichssekretär Harry T. Moore gelang es, die Eltern des Jungen zu überzeugen, ihren Schrecken zu überwinden und eidesstattliche Erklärungen über die Geschehnisse abzugeben, die zum Tod ihres Sohnes geführt hatten. Ein örtliches Geschworenengericht weigerte sich schließlich dennoch, die Entführer des Jungen anzuklagen, und die Staatsanwaltschaft von Florida wollte nicht eingreifen.

Niemand wurde jemals für den Tod von Willie James zur Rechenschaft gezogen oder verbrachte auch nur einen Tag im Gefängnis. Seine Entführung und sein Tod wurden als Aufrechterhaltung der Kastenordnung betrachtet. Die Schrecken des südlichen Kastensystems dauerten somit ungestraft an. Da es von der US-Regierung nicht unterbunden wurde, wirkte das Kastensystem nicht mehr nur in den Südstaaten, sondern in den gesamten Vereinigten Staaten von Amerika.

4. SÄULE

Reinheit versus Verunreinigung

Die vierte Säule des Kastenwesens beruht auf dem grundlegenden Glauben an die Reinheit der herrschenden Kaste und der Furcht vor Verunreinigung durch diejenigen, die als unterlegen angesehen werden. Im Laufe der Jahrhunderte hat die herrschende Kaste zu extremen Maßnahmen gegriffen, um ihre »Heiligkeit« zu bewahren.

In einigen Teilen Indiens mussten die Angehörigen der niedrigsten Kaste in der Öffentlichkeit eine bestimmte Anzahl von Schritten von den Angehörigen der dominanten Kaste entfernt bleiben – je nach Kaste waren es zwischen zwölf und 95 Schritten.[142] Sie mussten Kuhglocken tragen, um diejenigen, die als über ihnen stehend galten, zu warnen, damit sie nicht mit der Anwesenheit der Niederen beschmutzt wurden. In der Maratha-Region musste ein Angehöriger der niedrigsten Unterkaste »einen dornigen Zweig mit sich führen, um seine Fußspuren zu verwischen« und sich auf dem Boden niederwerfen, wenn ein Brahmane vorbeiging, damit sein »übler Schatten den heiligen Brahmanen nicht verunreinigt.«[143]

Etwas zu berühren oder sich etwas anzunähern, das zuvor von einem Unberührbaren berührt worden war, wurde von den höheren Kasten als Verunreinigung betrachtet und erforderte Reinigungsrituale für die Person der höheren Kaste, der dieses Unglück widerfuhr. Dies konnten ein sofortiges Bad in fließendem Wasser oder Pranayama-Atemübungen und die Einnahme von Medikamenten sein, um sich von den Schadstoffen zu befreien.[144]

In Deutschland verboten die Nazis den jüdischen Menschen das Betreten der Strände in ihren eigenen Sommerhäusern, wie etwa am Wannsee bei Berlin, und in den öffentlichen Schwimmbädern des Dritten Reichs. »[S]ie meinten, wenn der Körper eines Juden in dieses alles aufnehmende Wasser eintauchte, wäre es ganz und gar beschmutzt«, schrieb Jean-Paul Sartre einmal.[145]

In den Vereinigten Staaten wurde die untergeordnete Kaste bis weit ins 20. Jahrhundert hinein unberührbar gemacht. In den Südstaaten, wohin die meisten Angehörigen der untergeordneten Kaste lange Zeit verbannt waren, wurden Schwarze Kinder und weiße Kinder mit unterschiedlichen Schulbüchern unterrichtet. In Florida durften die Schulbücher für Schwarze und weiße Kinder nicht einmal zusammen aufbewahrt werden.[146] Schwarze Menschen durften keine öffentlichen Wasserbrunnen benutzen und mussten in der glühenden Südstaatenhitze aus Pferdetränken trinken, bevor es später getrennte Brunnen gab.[147] In den Gefängnissen der Südstaaten wurde die Bettwäsche der Schwarzen Häftlinge getrennt von der Bettwäsche der weißen Häftlinge gelagert.[148] Alle privaten und öffentlichen Aktivitäten waren von der Wiege bis zur Bahre getrennt, von Krankenhausstationen über Bahnsteige bis hin zu Rettungswagen, Leichenwagen und Friedhöfen. Sofern sie überhaupt Geschäfte betreten durften, war es Schwarzen verboten, Kleidung, Schuhe, Hüte oder Handschuhe anzuprobieren. Wenn ein Schwarzer Mensch in einem öffentlichen Krankenhaus verstarb, »wurde die Leiche in eine Ecke des ›Totenhauses‹ gelegt, fernab von den weißen Leichen«, schrieb der Historiker Bertram Doyle 1937.[149]

Diese Säule der Kaste wurde 1896 in den Vereinigten Staaten gesetzlich verankert, nachdem ein Mann aus New Orleans ein Gesetz aus Louisiana aus dem Jahr 1890 angefochten hatte, das die Trennung der »weißen und Schwarzen Rassen« in Eisenbahnwaggons vorsah. Louisiana hatte das Gesetz erlassen, als die Ziele der Reconstruction nach dem Ende des Bürgerkriegs gescheitert und die ehemaligen Konföderierten erneut an der Macht waren. Ein Komitee aus besorgten Schwarzen Bürgern schloss sich zusammen und sammelte Spenden, um das Gesetz vor Gericht anzufechten. An dem dafür vorgesehenen Tag, dem 7. Juni 1892, kaufte der Schuhmacher Homer A. Plessy, der weiß aussah, aber nach der amerikanischen Rassendefinition als Schwarz eingestuft wurde, ein Erste-Klasse-Ticket für die East Louisiana Railroad von New Orleans nach Covington und setzte sich in den Waggon, der den Weißen vorbehalten war. Damals galt eine Person mit unklarer ethnischer Zugehörigkeit als nicht-weiß, weshalb der Schaffner ihn in den Wagen für Schwarze verwies. Plessy weigerte sich und wurde verhaftet, wie es das Komitee bereits erwartet hatte. Sein Fall kam vor den Obersten Gerichtshof, der mit sieben zu eins zugunsten des Gesetzes »separate but equal« (getrennt aber gleich) von Louisiana entschied. Damit begann in den USA eine fast sieben Jahrzehnte währende formale, staatliche Isolierung und Abgrenzung der obersten Kaste von der untersten.

In den Gerichtssälen der Südstaaten war sogar das Wort Gottes segregiert. Schwarze und Weiße mussten auf verschiedene Bibelexemplare schwören. Ein und dasselbe heilige Objekt durfte nicht von verschiedenen Ethnien berührt werden.

Wie die anderen brachte die Säule der Reinheit das Leben

der Menschen in der untergeordneten Kaste in Gefahr. In den 1930er-Jahren geriet ein Schwarzer Weichensteller in Memphis bei der Arbeit unter eine Rangierlok. Er drohte zu verbluten, da sein rechter Arm und sein rechtes Bein abgetrennt waren. »Sanitäter eilten dem Mann zu Hilfe«, heißt es in Berichten über den Vorfall. »Sie warfen einen Blick auf ihn, sahen, dass er ein *Negro* war, und zogen sich zurück.«[150]

DIE HEILIGKEIT DES WASSERS

Das Betreten der Gewässer und Küsten war für untergeordnete Kasten verboten, wenn die herrschende Kaste dies wünschte. Bis weit ins 20. Jahrhundert hinein wurden Schwarze Menschen von Stränden, Seen und Schwimmbädern in den nördlichen und südlichen Bundesstaaten verbannt, um nicht das Wasser zu verunreinigen, so wie Dalits von den Gewässern der Brahmanen und Juden von den arischen Gewässern im Dritten Reich ferngehalten wurden.

Die herrschende Kaste unternahm alles, um diesen Grundsatz durchzusetzen. Als die Stadt Cincinnati Anfang der 1950er-Jahre Schwarzen Schwimmerinnen und Schwimmern den Eintritt in einige der öffentlichen Schwimmbäder gewährte, warfen weiße Menschen Nägel und Glasscherben ins Wasser, um sie davon abzuhalten.[151] In den 1960er-Jahren versuchte ein Schwarzer Bürgerrechtsaktivist ein öffentliches Schwimmbad zu integrieren, indem er eine Runde schwamm und dann aus dem Wasser stieg, um sich abzutrocknen. »Als Reaktion«, schreibt der Rechtshistoriker Mark S. Weiner, »entleerte man das gesamte Schwimmbecken und füllte es mit frischem Wasser.«[152]

Jahrzehnte zuvor, im Jahr 1919, bezahlte ein Schwarzer Junge mit seinem Leben und löste einen Aufstand in Chicago aus, weil er versehentlich diese Säule der Kaste missachtet hatte. Der 17-jährige Eugene Williams schwamm im Michigansee an einem öffentlichen Strand auf der South Side der Stadt und trieb zufällig über die imaginäre Trennlinie zwischen den Ethnien. Ohne sich etwas dabei zu denken, ging er in das weiße Wasser, das in das Schwarze Wasser mündete und sich nicht von diesem unterschied. Für dieses Vergehen wurde er gesteinigt und ertränkt. Die Spannungen aufgrund dieser Grenzüberschreitung jenes Sommers stachelten die herrschende Kaste an und lösten eine der schlimmsten Unruhen zwischen Schwarzen und Weißen in der Geschichte der USA aus.

In den darauffolgenden Jahrzehnten wurden die Menschen in Orten wie Newton, Kansas und Marion, Indiana, in Pittsburgh und St. Louis, geradezu hysterisch, wenn sie sahen, wie sich eine Person aus der unteren Kaste »ihrem« Wasser näherte. Im August 1931 wurde in Pittsburgh ein neuer öffentlicher Park eröffnet, dessen Schwimmbecken die Größe eines Fußballfeldes hatte und Platz für zehntausend Schwimmende bot. Doch tags darauf, so berichtete die *Pittsburgh Post-Gazette*, »wurden alle *Negros*, die gestern das Becken betraten, sofort von Weißen umzingelt, geschlagen oder unter Wasser gedrückt, bis sie ihre Schwimmversuche aufgaben und das Becken wieder verließen.«[153]

Im Sommer 1949 verfügte die Stadt St. Louis in ihrem Fairground Park über das angeblich größte städtische Schwimmbad des Landes. Als die Stadt unter dem Druck Schwarzer Bürgerinnen und Bürger die Frage aufgriff, ob Schwarze das Schwimmbad frequentieren dürften, regte sich heftiger Widerstand. Ein Mann, der zufällig denselben Namen wie der für die Integration des Schwimmbads zuständige Beamte trug, benötigte aufgrund der irrtümlichen Drohungen gegen ihn Polizeischutz. Die Bademeister überlegten, aus Protest zu kündigen.

An jenem Tag, an dem die ersten Schwarzen zum Schwimmen kamen, versammelte sich eine weiße Menschenmenge, bewaffnet mit Messern, Ziegelsteinen und Baseballschlägern. Sie stürzten sich auf die Schwarzen Kinder, die zum Schwimmen gekommen waren, zwangen sie, Spießruten zu laufen; sie schlugen und verhöhnten die Kinder. Der Mob wuchs auf 5.000 Menschen an und verfolgte und prügelte jede Schwarze Person, die dem Park zu nahe kam – Kinder auf Fahrrädern, einen Mann, der aus einer Straßenbahn stieg, einen anderen, der mit seinem Lastwagen im Verkehr feststeckte, einen Schwarzen Mann auf der Veranda eines Hauses neben dem Park. Als er schwach und blutend am Boden lag, traten sie auf ihn ein.[154]

Die Stadt Newton, Kansas, zog vor den Obersten Gerichtshof des Bundesstaates, um Schwarze vom 1935 errichteten Schwimmbad fernzuhalten. Die Stadt und ihr Bauunternehmer argumentierten, dass Schwarze aufgrund der Beschaffenheit des Schwimmbeckens niemals in das Becken gelassen werden könnten, nicht an bloß jedem zweiten Tag, nicht zu gesonderten Zeiten, niemals. Sie erklärten dem Gericht, dass »das Wasser des Schwimmbads nur einmal während der Badesaison ausgetauscht wird.« Weiße Menschen, so ihr Argument, würden kein Becken betreten, dessen Wasser bereits mit Schwarzer Haut in Berührung gekommen ist. Der Historiker Jeff Wiltse schrieb: »Die einzige Möglichkeit für Weiße, in einem Pool zu schwimmen, in dem zuvor Schwarze geschwommen sind, war, das Wasser abzulassen und das Becken zu schrubben.« Den Betreibern war es unmöglich, dies jedes Mal zu tun, wenn ein Schwarzer das Becken betrat, also sprachen sie einfach gegen alle Schwarze ein Badeverbot aus.

Das Gericht gab der Stadt recht, und so blieb das einzige öffentliche Schwimmbad der Stadt noch jahrzehntelang ausschließlich der herrschenden Kaste vorbehalten.[155]

Ein öffentliches Schwimmbad in der Nähe von Pittsburgh löste dieses Problem, indem es Schwarze bis zum Ende der Saison im September fernhielt, was bedeutete, dass es für Schwarze Schwimmende genau dann geschlossen war, wenn sie oder andere es hätten benutzen wollen. Der Verantwortliche sagte, dies sei die einzige Möglichkeit für das Wartungsteam gewesen, »genügend Zeit zu haben, um das Schwimmbad ordnungsgemäß zu reinigen und zu desinfizieren, nachdem es von den *Negros* benutzt worden war.«

Eine weiße Frau in Marion im Bundesstaat Indiana schien für viele Angehörige der dominanten Kaste in ganz Amerika zu sprechen, als sie sagte, dass Weiße nicht gemeinsam mit Schwarzen schwammen, weil sie »nicht durch ihr Schwarzsein verunreinigt werden wollten.« Weit entfernt, in Elizabeth im Staat New Jersey, hielten Weiße einige Schwarze Menschen in der Woche, in der die Stadt zum ersten Mal Schwarzen Schwimmenden den Zutritt zu ihrem öffentlichen Schwimmbad gestattete, an den Treppenhäusern und Eingängen davon ab, das Bad zu betreten. Dort und anderswo »riskierte jeder Schwarze Schwimmende, der das Wasser betrat, buchstäblich sein Leben«, schreibt Wiltse.

In dieser Stimmung gewann 1951 ein Baseballteam der Little League in Youngstown, Ohio, die Stadtmeisterschaft. Unbedacht beschlossen die Trainer, dies mit einem Mannschaftspicknick in einem der städtischen Schwimmbäder zu feiern. Als die Mannschaft am Tor ankam, hielt ein Bademeister einen der Little Leaguer davon ab, das Schwimmbad zu betreten. Der Junge namens Al Bright war der einzige Schwarze Spieler in der Mannschaft. Seine Eltern konnten nicht zu dem Picknick kommen, und die Trainer und einige der anderen Eltern versuchten vergeblich, die Badeaufsicht davon zu überzeugen, dem Jungen Zutritt zu gewähren. Das Einzige, wozu die Bademeister bereit waren, war, dem Jungen eine Decke außerhalb des Zauns bereitzustellen, wo er sitzen und wohin man ihm Essen bringen konnte. Dem Jungen blieb keine andere Wahl, als draußen zu bleiben und zuzusehen, wie seine Mannschaftskameraden im Wasser planschten und sich gegenseitig um das Schwimmbecken jagten, während er allein draußen saß.

»Hin und wieder kam der eine oder andere Mannschaftskamerad oder Erwachsene heraus und setzte sich zu ihm, bevor er zu den anderen zurückging«, schrieb sein Jugendfreund, der Schriftsteller Mel Watkins, Jahre später. Es dauerte etwa eine Stunde, bis einer der Trainer die Betreiber des Schwimmbads davon überzeugen konnte, »das Kind wenigstens für ein paar Minuten ins Wasser zu lassen.« Der Bademeister stimmte zu, allerdings nur, wenn alle anderen das Wasser verließen, und nur, wenn Al die Regeln befolgte, die sie ihm auftrugen.

Zuerst mussten alle, das heißt seine Mannschaftskameraden, die Eltern und alle Weißen, aus dem Wasser kommen. Als alle aus dem Wasser waren, »wurde Al zum Schwimmbecken geführt und in ein kleines Schlauchboot gesetzt«, schreibt Watkins. Einer der Bademeister stieg ins Wasser und schob das Boot mit Al darin für eine einzige Runde um das Becken, während etwa 100 Mannschaftskameraden, Trainer und Eltern wie Schaulustige um das Becken herumstanden.

Nach den »qualvollen Minuten«, die es dauerte, die Rundfahrt durchs Schwimmbad zu vollenden, wurde Al dann zurück zu seinem zugewiesenen Platz auf der anderen Seite des Zauns »eskortiert«. Während der kurzen Zeit, die das

Schlauchboot mit Al übers Wasser glitt, warnte ihn der Bademeister immer wieder vor einer wichtigen Sache. »Berühre bloß nicht das Wasser«, sagte er zu dem Jungen, während er das Gummiboot entlangschob. »Was auch immer du tust, nur nicht das Wasser berühren.«

Der Bademeister schaffte es an diesem Tag, das Wasser sauber zu halten, doch an jenem Nachmittag starb ein Teil des kleinen Jungen. Als einer der Trainer ihm anbot, ihn nach Hause zu fahren, lehnte er ab. »Mit seinem Siegerpokal in der Hand«, schreibt Watkins, ging Al die knappe Meile nach Hause, ganz allein. Danach war er nicht mehr derselbe.[156]

DIE HIERARCHIE DER SPURENMENGEN: Griffes, Marabons und Sangmelees

Während alle Länder des amerikanischen Kontinents künstliche Hierarchien mit aus Europa stammenden Menschen an der Spitze aufbauten, schufen allein die Vereinigten Staaten ein System, das auf einem Rassenabsolutismus beruhte, also auf der Vorstellung, dass ein einziger Tropfen afrikanischen Blutes oder ein unterschiedlicher Prozentsatz asiatischen oder Indigenen Blutes eine Person verunreinigen könnte, die sonst als Europäerin oder Europäer gelten würde. Eine derartig befleckte Person wäre von der Aufnahme in die herrschende Kaste ausgeschlossen. Im Gegensatz zum südafrikanischen Modell, das diejenigen belohnte, die allem Weißen nahestanden, und eine offizielle mittlere Kaste von Farbigen als Puffer zwischen Schwarz und Weiß schuf, war dies ein rigoroses Modell der ethnischen Überlegenheit. Südafrika gewährte Privilegien auf einer Skala, je nachdem, wie viel europäisches Blut durch die Adern einer Person floss, und betrachtete »weißes« Blut als reinigendes Gegenmittel zu dem

Blut der niedrigeren Gruppen. Beides waren Formen der weißen Vorherrschaft, die auf die demografischen Gegebenheiten des jeweiligen Landes zugeschnitten waren. Der weißen Minderheit Südafrikas war daran gelegen, ihre Macht und ihre Zahl zu vergrößern, also erkannte sie denjenigen, die ihr nahe genug standen, den Status von Weißen zu. Die weiße Mehrheit in den Vereinigten Staaten hatte daran kein Interesse. Vielmehr profitierte sie davon, sich die untergeordneten Kasten als Untergebene zu halten.[157]

»Die Erniedrigung, die aus dem Makel des Blutes resultiert, haftet in diesem Land an den Nachkommen Hams wie das vergiftete Gewand des Nessos«, schrieb Joseph Henry Lumpkin, der Oberste Richter des Obersten Gerichtshofs von Georgia, vor dem Bürgerkrieg, und er schaffte es, die griechische Mythologie und zwei Säulen der Kaste – göttlicher Wille und Verunreinigung – miteinander zu einem einzigen unheiligen Urteil zu verflechten. (Das mythische Gewand war das blutgetränkte Hemd des gefallenen Kentauren Nessos, das für diejenigen, die es trugen, unentrinnbares Unglück und Verderben bedeutete.)[158]

Für die Gründerväter der USA stellte es von Beginn an ein Problem dar, zu entscheiden, wer in die herrschende Kaste aufgenommen werden sollte. Die überwiegende Mehrheit der Menschen, darunter auch viele, die heute als weiß gelten, hätte nicht zu ihrer Definition gepasst. 25 Jahre vor der Amerikanischen Revolution befürchtete Benjamin Franklin, dass Pennsylvania mit seiner wachsenden deutschen Bevölkerung »zu einer Kolonie von Fremden werden könnte, die bald so zahlreich sein werden, dass sie uns germanisieren, anstatt dass wir sie anglisieren, und die niemals unsere Sprache oder Sitten annehmen werden, genauso wenig wie sie unser Aussehen annehmen können.«[159]

Letztlich waren es die Einwanderungs- und Heiratsrechte, mit denen die herrschende Kaste kontrollierte, wer in ihre Reihen aufgenommen und wer ausgeschlossen wurde. Daraus ergaben sich ständig Neudefinitionen. »Das Gesetz konnte nicht trennen, was es nicht einordnen konnte«, schrieben die Rechtswissenschaftler Raymond T. Diamond und Robert J. Cottrol. »Ein gesetzlich vorgeschriebenes Kastensystem musste zumindest die Zugehörigkeit zu einer Kaste definieren.«[160]

Zunächst beschränkte der Kongress 1790 die amerikanische Staatsbürgerschaft auf weiße Eingewanderte, auf »freie weiße Personen«, wie es in der Satzung lautete. Doch was es bedeutete, »weiß« zu sein, musste erst noch definiert werden, und so sorgten sich Rassisten auf beiden Seiten des Atlantiks Mitte des 19. Jahrhunderts, als Millionen von Menschen aus Deutschland einwanderten und andere vor der Hungersnot in Irland flüchteten, darum, was aus einem Land werden sollte, das von »den degeneriertesten Rassen des alten Europas« überschwemmt wurde, wie es Arthur de Gobineau, ein vielgelesener Verfechter der arischen Vorherrschaft im 19. Jahrhundert, ausdrückte. »Sie sind das menschliche Treibgut aller Zeiten: Iren, gekreuzte Deutsche und Franzosen und Italiener von noch zweifelhafterer Abstammung.«[161]

In der US-amerikanischen Geschichte wurden die, die nicht angelsächsisch waren, häufig auf einer Skala der menschlichen »Verunreinigung« eingeordnet. Wie ein Feldmarschall, der seine Flanken auf mehreren Kriegsschauplätzen verteidigt, bekämpfte die herrschende Kaste den »verunreinigten« Zustrom neuer Einwandernder kurz vor und kurz nach der Jahrhundertwende mit zwei der strengsten Einwanderungsverbote, die je erlassen wurden.

Die USA versuchten, den Zustrom chinesischer Einwandernder nach den westlichen Bundesstaaten durch den Chinese Exclusion Act von 1882 zu stoppen. Dann wandte man sich den Einwandernden aus Süd- und Osteuropa zu, dem »Dreck und Abschaum«, wie sich ein ehemaliger Gouverneur von Virginia ausdrückte, den Neuankömmlingen, die angeblich Kriminalität und Krankheiten mit sich brachten und die Blutlinie der weißgeborenen Bevölkerung der USA verunreinigten.[162] Der Kongress gab eine Untersuchung der Krise in Auftrag, ein einflussreiches Dokument, das als Dillingham-Bericht bekannt wurde. Darüber hinaus lud das House Committee on Immigration and Naturalization, der Ausschuss für Einwanderung und Einbürgerung des Repräsentantenhauses, zu Anhörungen vor, als die Vereinigten Staaten versuchten, ihre Bevölkerung weiter zu regulieren.

»Die moralische Faser der Nation ist dünner geworden, und ihr Lebenselixier wurde geschwächt durch den Zustrom dieses orientalischen Abschaums«, meinte Reverend M. D. Lichliter, ein Pfarrer aus Harrisburg, Pennsylvania, in seiner Aussage vor dem Ausschuss im Jahr 1910. »Unser nobles angelsächsisches Wesen muss bewahrt werden, und das reine, unvermischte Blut, das von unseren arischen Vorfahren stammt, darf nicht mit der ›mittelländischen Rasse‹ vermischt werden« – ein Begriff, der in der Ära der Eugenik auch auf Süditaliener angewendet wurde.[163]

Die Ergebnisse der Anhörung lieferten die Grundlage für das Einwanderungsgesetz von 1924, das die Einwanderung auf Quoten beschränkte, die auf der Demografie von 1890 basierten – also bevor Polen, Jüdinnen, Griechen, Italienerinnen und andere Westeuropäer in großer Zahl ins Land gekommen waren.

Da ihr Status umstritten war, wurde diesen Gruppen nicht derselbe Schutz zuteil, der eindeutig »Weißen« gewährt wurde, jedenfalls nicht zur damaligen Zeit. In Louisiana wurde 1903 versucht, italienische Wähler von den »weißen« Vorwahlen auszuschließen. Zwölf Jahre zuvor waren elf italienische Einwanderer in New Orleans bei einer der größten Massen-Lynchmorde in der amerikanischen Geschichte getötet worden, nachdem man sie des Mordes am Polizeichef der Stadt bezichtigt hatte. Nach dem Lynchmord wurden weitere Hunderte von Menschen zusammengetrieben und verhaftet. Einer der Organisatoren des Lynchmobs, John M. Parker, beschrieb die Italiener später als »noch ein wenig schlimmer als die *Negros*, denn sie sind allenfalls schmutziger in ihren Gewohnheiten, gesetzlos und verräterisch.«[164] Später wurde er zum Gouverneur von Louisiana gewählt.

Im Jahr 1922 wurde ein Schwarzer Mann namens Jim Rollins in Alabama wegen Rassenmischung verurteilt, weil er mit einer weißen Frau namens Edith Labue verheiratet war. Als das Gericht jedoch erfuhr, dass die Frau Sizilianerin war und »keine stichhaltigen Beweise« dafür sah, dass sie weiß war, hob der Richter die Verurteilung auf. Die Ungewissheit darüber, ob sie »eindeutig« weiß war, veranlasste das Gericht zu dem außergewöhnlichen Schritt, einen Schwarzen freizulassen, dem ein Lynchmord gedroht hätte, wenn man seine Ehepartnerin als weiße Frau definiert hätte.[165]

Zu diesem Zeitpunkt war die Mehrheit der Bundesstaaten längst dabei, immer haarsträubendere Definitionen von »weiß« und »Schwarz« zu entwickeln.

Arkansas definierte einen *Negro* zunächst als »jemanden, der eine sichtbare und deutliche Beimischung von afrikanischem Blut aufweist.« Im Jahr 1911 änderte der Bundesstaat die Definition noch einmal, fortan galt jeder als *Negro*, »der [...] *Negro*-Blut in sich trägt«, da Geschlechtsverkehr zwischen den Ethnien inzwischen kriminalisiert worden war.[166]

Alabama sprach gar von »einem Tropfen *Negro*-Blut«. Der Bundesstaat Oregon definierte als nicht-weiß jede Person, »die zu einem Viertel *Negro*-Blut oder chinesisches Blut sowie zu einem Viertel *Negro*-Blut, chinesisches oder Kanaka-Blut in sich trägt, und Personen, die mehr als eine Hälfte Indianer-Blut in sich haben.« North Carolina verbot die Ehe zwischen Weißen und Personen »mit *Negro*- oder Indianer-Blut bis in die dritte Generation.« Der Bundesstaat Georgia definierte Menschen als »weiß«, wenn sie keine »nachweislichen Spuren von *Negro*-, afrikanischem, west-indischem oder asiatischem Blut« in sich trugen.

In Louisiana existierte noch bis 1983 ein Gesetz, das eine Grenze von »einem Zweiunddreißigstel *Negro*-Blut« zog, um Menschen als weiß zu bezeichnen. Der Staat ging mit beachtlicher Gründlichkeit vor, ganz ähnlich den indischen Gesetzen von Manu.

In den USA gab es *griffe* (drei Viertel Schwarz), *marabon* (fünf Achtel Schwarz), *mulatto* (eine Hälfte), *quadroon* (ein Viertel), *octaroon* (ein Achtel), *sextaroon* (ein Sechzehntel), *demi-mealamouc* (ein Zweiunddreißigstel) und *sangmelee* (ein Vierundsechzigstel). Wie heutige Gentests zeigen, würden Millionen von weißen US-Amerikanerinnen und -Amerikanern unter eine dieser Kategorien fallen.

Virginia ging damals aufs Ganze und verabschiedete den sogenannten Racial Integrity Act von 1924, ein Gesetz, das nicht nur die Heirat zwischen Ethnien verbot, sondern auch einen weißen Menschen als eine Person definierte, »die keinerlei Spuren von anderem als kaukasischem Blut aufweist.«[167]

»Die ›nachweisliche Menge‹ von *Negro*-Blut sollte sicherstellen, dass auch Schwarze, die nicht Schwarz aussahen, an ihrem gesellschaftlichen Platz gehalten wurden«, schreiben Diamond und Cottrol. »Die Rückverfolgung Schwarzer

Vorfahren so weit zurück wie möglich wurde zu einer Voraussetzung für das reibungslose Funktionieren des Kastensystems.«[168]

DIE PRÜFUNGEN DER MITTLEREN KASTEN
Das Rennen um den Platz im weißen Zelt

Wer als weiß galt, herrschte über das Land und seine Einwohner, weshalb alle versuchten, als weiß durchzugehen. Als Ybor City in Florida 1905 in seinen Straßenbahnen die Rassentrennung einführte, waren kubanische Eingewanderte, die sich nicht sicher waren, wie sie eingestuft werden würden, erleichtert und überglücklich, »dass es ihnen gestattet wurde, in den Bereichen für Weiße zu sitzen.«[169]

Diejenigen, denen Eintritt ins Zelt der Weißen gewährt wurde, konnten die Früchte der vollen Staatsbürgerschaft ernten, sie konnten in hohe Positionen aufsteigen und im Alltag damit rechnen, dass ihnen die untergeordneten Gruppen mit Respekt begegneten, denn mit jedem Fehltritt riskierten sie eine Bestrafung. Ein zweigliedriges Kastensystem verlieh dem Weißsein größere Bedeutung, und so waren die Gerichtssäle voll mit Menschen, die versuchten, sich vom Rande der Gesellschaft aus in die Oberkaste hochzukämpfen.

Ein japanischer Einwanderer namens Takao Ozawa lebte seit mehr als 20 Jahren in den USA. Vor dem Gericht versuchte er sich als weiß und der Staatsbürgerschaft würdig zu zeigen, indem er auf seine Haut verweis, die heller war als die vieler anderer »Weißer«. Er fragte, wo der Unterschied liege? Wie konnte er kein Weißer sein, wenn seine Haut doch weiß war? Was bedeutete es, weiß zu sein, wenn jemand mit tatsächlich weißer Haut nicht als weißer Mensch galt?

Sein Fall wurde schließlich 1922 vor dem Obersten Gerichtshof der USA verhandelt. Der Supreme Court entschied einstimmig, dass »weiß« nicht die Hautfarbe bezeichne, sondern »kaukasisch« bedeute, und dass Menschen japanischer Abstammung keine Kaukasier seien. Dies war insofern bemerkenswert, als dass nur wenige weiße US-Amerikanerinnen und -Amerikaner tatsächlich aus dem Kaukasusgebirge in Russland stammten und diejenigen, auf die es zutraf, vom Gesetz nicht etwa bevorteilt, sondern benachteiligt wurden.

Nach dem Urteil spottete eine Zeitung in japanischer Sprache über die Entscheidung: »Da diese Zeitung nicht davon überzeugt ist, dass die Weißen die ›überlegene Rasse‹ sind, ist sie ›erfreut‹, dass das hohe Gericht ›die Japaner nicht für freie Weiße befunden hat.‹«[170]

Wenige Monate später versuchte ein Einwanderer aus der herrschenden Kaste Indiens, sich mit Menschen aus der oberen Kaste der USA zusammenzuschließen, als sein Antrag auf Staatsbürgerschaft vor den Obersten Gerichtshof gelangte. Bhagat Singh Thind beteuerte, dass er ein Kaukasier, ja sogar ein Arier sei, der von derselben Linie wie die Europäer abstammte, denn es wurde allgemein angenommen, dass die Arier in den Süden Indiens eingewandert waren und dort die obere Kaste gebildet hatten. Man könnte sagen, dass er einen berechtigteren Anspruch darauf hatte, als Kaukasier betrachtet zu werden, als die Leute, die über ihn urteilten. Schließlich lag das Kaukasusgebirge neben dem Iran und näher am benachbarten Indien als an Westeuropa.

Der Oberste Gerichtshof war anderer Meinung und lehnte Thinds Einbürgerungsantrag 1923 ab. »Es mag der Wahrheit entsprechen, dass der blonde Skandinavier und der braune Hindu einen gemeinsamen Vorfahren in den düsteren Gefilden der Antike haben«, schrieb das Gericht, »doch der Durchschnittsmensch weiß sehr wohl, dass heute unverkennbare und profunde Unterschiede zwischen ihnen existieren.«[171]

Diese Entscheidungen waren für Menschen asiatischer Abstammung, die die amerikanische Staatsbürgerschaft anstrebten, eine regelrechte Katastrophe. Da die prowesteuropäische Stimmung Konjunktur hatte, begann die Regierung, die Staatsbürgerschaft von Menschen asiatischer Abstammung, die bereits hier waren, wieder aufzuheben. Somit wurden Menschen, die die meiste Zeit ihres Lebens völlig legal in den USA gelebt hatten, im Stich gelassen, was sich ein Jahrhundert später unter Eingewanderten aus Mexiko nach den USA wiederholen sollte. Dies konnte immer tragische Folgen haben. Vaishno Das Bagai, ein indischer Einwanderer, lebte seit acht Jahren in den USA, als der Oberste Gerichtshof entschied, dass Inderinnen und Inder keine Weißen seien und daher keinen Anspruch auf Staatsbürgerschaft hätten. Der Mann hatte eine Frau und drei Kinder und einen eigenen Gemischtwarenladen in der Fillmore Street in San Francisco. Er führte sein Geschäft in Dreiteilern und trug sein Haar kurz mit Seitenscheitel. Im Zuge des harten Vorgehens gegen nichtweiße Eingewanderte verlor Bagai seine Staatsbürgerschaft. Daraufhin wurde das Geschäft, das er aufgebaut hatte, kurzerhand enteignet. Weil er keinen Pass mehr besaß, wurde sein Versuch, nach Indien zurückzukehren, vereitelt. Er war plötzlich ein Mann ohne Land.

Weit weg von seiner ursprünglichen Heimat und aus seiner neuen Heimat verstoßen, mietete er ein Zimmer in San Jose, drehte den Gashahn auf und nahm sich das Leben. Er hinterließ einen Abschiedsbrief, in dem er die Vergeblichkeit all dessen beklagte, was er geopfert hatte, um in die USA zu kommen: »Hindernisse hier, Blockaden dort und Brücken, die hinter mir abgebrannt sind.«[172]

Ganz gleich, welchen Weg ein Grenzgänger einschlug, um offiziell anerkannt zu werden, das Kastensystem mutierte immer wieder, um die obere Kaste nach ihren eigenen Bedingungen reinzuhalten. Welch ein dünner, ausgefranster Faden es doch war, der diese Illusionen zusammenhielt. Ein japanischer Schriftsteller meinte einmal, dass auf dem Papier nur ein einziger Apostroph zwischen der Ablehnung und der Staatsbürgerschaft eines japanischen Ohara und eines irischen O'Hara stand.[173] Fälle wie diese enthüllten nicht nur die Absurdität, sondern auch die Ungenauigkeit dieser künstlichen Bezeichnungen und die damit verbundene Wahrnehmung von Reinheit oder Verunreinigung. Gleichzeitig enthüllten sie die Unnachgiebigkeit eines Kastensystems, das trotz zahlreicher schlagender Beweise gegen seine Annahmen jedem Angriff standhielt.

DIE DEFINITION DER REINHEIT UND DIE BESTÄNDIGKEIT DER UNTERSTEN STUFE

Während die mittleren Kasten darauf drängten, aufzusteigen und in die Kaste der Weißen integriert zu werden, war der Ausschluss der »polarisierenden« untersten Kaste absolut. Schwarze waren nicht nur *keine* Bürgerinnen und Bürger, sondern wurden, wie die Dalits in Indien, aus dem Gesellschaftsvertrag ausgeschlossen.

Schwarze und Dalits trugen die tägliche Last des Makels, der ihrer Natur anhaftete. Den Dalits war es nicht gestattet, in den Dörfern der oberen Kasten zu leben oder ihre Häuser durch die Vordertür zu betreten, das Gleiche galt für Schwarze in weiten Teilen der Vereinigten Staaten. Es gab sogenannte *Sundown Laws*, Gesetze, die es Schwarzen Menschen untersagten, sich nach Sonnenuntergang in weißen

Städten und Wohnvierteln aufzuhalten; wer sich nicht daran hielt, lief Gefahr, angegriffen oder gelyncht zu werden. In den Nordstaaten durften Schwarze Menschen zwar in Bars und Restaurants sitzen und essen, doch war es üblich, dass der Barkeeper das Glas, aus dem ein Schwarzer Gast gerade getrunken hatte, anschließend demonstrativ zerschlug. Die Restaurantgäste drehten sich um, um zu sehen, woher der Krach kam und wer gegen die Empfindlichkeiten der Kaste verstoßen hatte.

Unberührbare durften keine Hindu-Tempel betreten; in den USA war es Schwarzen Mormoninnen und Mormonen ebenfalls untersagt, einen Fuß in die Tempel ihrer Religion zu setzen; bis 1978 war es ihnen verboten, Priester werden.[174] Versklavte Schwarze durften weder die Bibel noch andere Bücher lesen; den Unberührbaren Indiens war es untersagt, Sanskrit zu erlernen und die heiligen Texte zu studieren. In den Kirchen der Südstaaten saßen die Schwarzen Gottesdienstbesucher auf den Galerien oder in den hinteren Reihen, und wenn der herrschenden Kaste selbst das nicht passte, »mussten die *Negros* das Evangelium von draußen aufschnappen, wenn es durch die Fenster und Türen entwich.«[175] Bis zum heutigen Tag wird der Sonntagmorgen als die am stärksten segregierte Stunde in den USA bezeichnet.

Bis weit in die Zeit der Bürgerrechtsbewegung hinein schloss das Kastensystem die Schwarzen in den Südstaaten vom öffentlichen Leben aus. Sie durften nicht in den Zirkus oder an einer politischen Kundgebung teilnehmen. »Sie wurden von den Paraden zum Unabhängigkeitstag vertrieben«, schreibt der Historiker David Roediger, »als ›Beschmutzer‹ des Staatswesens.«[176]

Was der Sozialreformer der Dalit Bhimrao Ambedkar über die untersten Kasten in Indien feststellte, hätte genauso gut über Schwarze Menschen in den USA gesagt werden können: »Sie durften weder bei den großen nationalen Opferzeremonien noch bei den darauffolgenden Festen anwesend sein«, schrieb Ambedkar. »Sie konnten sich unmöglich aus ihrem unterlegenen Zustand erheben, und ihnen wurde die schwerste Ackerarbeit auferlegt.«[177]

Ihre Ausgrenzung wurde als Rechtfertigung für ihre Ausgrenzung benutzt. Ihre degradierte Stellung rechtfertigte ihre Degradierung. Sie wurden für die niedrigsten, schmutzigsten Arbeiten bestimmt und galten daher als niedrig und schmutzig, und alle Mitglieder des Kastensystems verstanden die Botschaft ihrer Degradierung.

Die Angehörigen der untersten Kaste waren bei jedem Kontakt mit Weißen gezwungen, sich so anzupassen, dass das Wohlbefinden der herrschenden Kaste nicht eingeschränkt wurde. Ein Schwarzer, dem es im 19. Jahrhundert gelang, Architekt zu werden, musste sich antrainieren, »architektonische Entwürfe kopfüber zu lesen«, schrieb der Wissenschaftler Charles W. Mills, »weil er wusste, dass weiße Kunden sich unwohl fühlen würden, wenn sie ihn auf ihrer Seite des Schreibtisches neben sich haben müssten.«[178]

Bis weit ins 20. Jahrhundert konnten Menschen der herrschenden Kaste regelrecht in Panik geraten, wenn es zu einer Berührung mit Schwarzen kam. Zur Zeit der Bürgerrechtsbewegung zerrte eine verzweifelte weiße Mutter aus Mississippi ihre kleine Tochter ins Haus und hielt sie über die Spüle in der Küche, um ihre kleine Hand mit einem Brillo-Schwamm abzuschrubben, als ginge es um Leben und Tod. Das Mädchen hatte die Hand eines Schwarzen Mädchens berührt, das auf dem Grundstück der Familie arbeitete. Die Mutter drang auf ihre Tochter ein, sie dürfe die Hand dieses Mädchens nie wieder anfassen.

»Sie sind ansteckend«, sagte die Mutter. »Sie sind eklig.« Die Wut der Mutter erschreckte das kleine Mädchen, und es fing an zu weinen, während die beiden über das Waschbecken gebeugt waren. Und die Tränen der Tochter brachten die Mutter zum Weinen über den künstlichen Schrecken, dem sie erlaubt hatte, sie zu verzehren, und über die Form, die für sie geschaffen und in der sie, wie sie nun verstand, ihr ganzes Leben lang gefangen gewesen war.[179]

Ein heiliges Verbot, es hieß, dass bis in die 1970er-Jahre die Mehrheit der Weißen in den Südstaaten keinem Schwarzen je auch nur die Hand geschüttelt hatten. Ein junger Mann aus der dominanten Kaste, der während der Großen Depression aufgewachsen war, hatte die Regeln des Kastensystems verinnerlicht und sich erwartungsgemäß darangehalten. Als er Mitte des 20. Jahrhunderts in den Norden ging und dem Militär beitrat, musste er sich mit den Mythen seiner Erziehung auseinandersetzen. »Seltsame Dinge tauchen auf wie Monster«, sagte er, »wenn wir von unseren Wahnvorstellungen befreit werden.«

Im Norden fand er sich gelegentlich in Situationen wieder, in denen Schwarze mit Weißen den Arbeitsplatz teilten. »Ich dachte, ich wäre emotional und intellektuell gut darauf vorbereitet«, erinnerte sich der Redakteur der Zeitschrift *Look* Jahre später.

Doch er begriff, dass er ein Gefangener seiner eigenen Konditionierung gewesen war. Jedes Mal, wenn er einem Schwarzen die Hand geben musste, verspürte er einen automatischen Ekel, der ihm anerzogen worden war. Er schreckte zurück, obwohl es Schwarze Frauen gewesen waren, die ihn als Kind gebadet hatten, die den Teig für seine Kekse geknetet und deren Berührungen ihn nicht abgestoßen hatten, solange diese Frauen Bedienstete waren. Doch unter vermeintlich Gleichgestellten, so sagte er, »verspürte ich jedes Mal, wenn ich einem *Negro* die Hand gab, den Drang, mir die Hände zu waschen. Jeder rationale Impuls, alles, was ich für das Beste in mir hielt, rebellierte gegen diesen Drang. Doch die Hand, die die dunkle Haut berührt hatte, hatte einen eigenen Willen und ließ sich nicht davon abbringen, mir zu signalisieren, dass sie unrein war. Das ist es, was ich mit Wahnsinn meine.«[180]

5. SÄULE

Berufliche Hierarchie: Die Jatis und die Schlammschwelle

Beim Hausbau wird der erste Holzbalken zur Verankerung des Fundaments eingefasst. Man nennt ihn Schlammschwelle, die Grundschwelle, die entlang der Basis eines Hauses verläuft und das Gewicht der gesamten Struktur darüber trägt. Pfeiler und Kellerböden, Decken und Fenster, Türen und Dach werden über der Schwammschwelle aufgebaut. In einem Kastensystem ist die unterste Kaste die Schlammschwelle, auf der alles andere lastet.

Senator James Henry Hammond aus South Carolina beschrieb es seinen Senatskollegen im März 1858 so: »In allen sozialen Systemen muss es eine Klasse geben, die die niederen Aufgaben und die Plackerei des Lebens erledigt. Eine Klasse, die nur über ein geringes Maß an Intelligenz und Geschicklichkeit verfügt. Ihre Voraussetzungen sind Vitalität, Fügsamkeit und Treue. Eine solche Klasse braucht es. [...] Sie ist die eigentliche Schlammschwelle der Gesellschaft.«[181]

Er schäumte förmlich über vor Freude über die Gerissenheit des Südens, der, wie er sagte, »eine für diesen Zweck geeignete Rasse gefunden hatte. [...] Unsere Sklaven sind

Schwarz, sie gehören einer anderen und minderwertigen Rasse an. Der gesellschaftliche Status, denen wir ihnen verliehen haben, ist eine Erhöhung. Indem wir sie zu unseren Versklavten gemacht haben, wurden sie aus dem Zustand herausgehoben, dem Gott ihnen ursprünglich zugedacht hatte.« Hammond besaß mehrere Plantagen und über 300 Sklaven, ein Vermögen, an das er durch die Heirat mit der unbedarften jungen Tochter eines wohlhabenden Landbesitzers gelangt war. Er stieg zum Gouverneur des Bundesstaates auf und wurde vor dem Bürgerkrieg zu einer führenden Persönlichkeit in den Südstaaten. Schon lange vor seiner Rede hatte er sich als einer der abstoßendsten Männer offenbart, die je in den Senat aufgenommen wurden.[182] Er hat zwei der von ihm versklavten Frauen wiederholt vergewaltigt; die eine war vermulich die Tochter der anderen. Als bekannt wurde, dass er seine vier jungen Nichten sexuell missbraucht hatte, wäre seine politische Karriere beinahe beendet gewesen. Er hatte ihr Leben derart ruiniert, dass keine von ihnen nach Erreichen des Erwachsenenalters heiratete. In seinem Tagebuch gab er seinen Nichten die Schuld an den »Intimitäten«. Seine Frau verließ ihn nicht nur deshalb und nahm die gemeinsamen Kinder mit, kehrte jedoch sie später wieder zu ihm zurück.[183]

Am bekanntesten ist Hammond aber für die Rede, in der er die Hierarchie des Südens, dessen Geist sich über den gesamten Rest des Landes ausbreitete, als eine Struktur darlegte, die auf einer Schlammschwelle errichtet ist. In seiner Rede definierte er die fünfte Säule der Kaste, als eine sich aus der Hierarchie der Kaste ergebende Arbeitsteilung. Somit sprach er der Hierarchie einen ökonomischen Zweck zu, nämlich den, sicherzustellen, dass die Aufgaben, die für eine funktionierende Gesellschaft notwendig sind, erledigt werden, und zwar unabhängig davon, ob die Menschen sie erledigen wollen oder nicht.

Im indischen Kastensystem, einem unendlich komplizierteren Hierarchiegeäst, bestimmte die Untergruppe des Kastensystems, die *Jati,* in die eine Person hineingeboren wurde, darüber, welchen Beruf ihre Familie ausübte, von der Latrinenreinigerin bis hin zum Priester in einem Tempel. Jene Familien, die Abfälle sammelten, Tierhäute gerbten oder sich um Leichen kümmerten, galten als die am stärksten Verunreinigten und als die niedrigsten innerhalb der Hierarchie, unberührbar aufgrund der gefürchteten und undankbaren, wenngleich notwendigen Aufgabe, zu deren Erfüllung sie mutmaßlich geboren worden waren.

In ähnlicher Weise wurden Schwarze Menschen zu den schmutzigsten, würdelosesten und am wenigsten wünschenswerten Tätigkeiten verurteilt. Bis weit ins 20. Jahrhundert hinein durften sie fast ausschließlich als Sharecropper und Diener arbeiten – als Hausangestellte, Gärtner, Chauffeure und Hausmeister. Diejenigen, die es schafften, eine Ausbildung zu erhalten, konnten allenfalls darauf hoffen, andere Menschen aus der untergeordneten Kaste zu unterrichten, zu betreuen, zu pflegen oder zu beerdigen.

»In beiden Ländern herrscht eine starke berufliche Benachteiligung«, schrieben die Wissenschaftler Sidney Verba, Bashiruddin Ahmed und Anil Bhatt 1971 in einer vergleichenden Studie über Indien und die Vereinigten Staaten. »Eine Benachteiligung – zumindest qualitativ – von ähnlichen Ausmaßen.«[184]

Unmittelbar nach Ende des Bürgerkriegs erließ der Bundesstaat South Carolina per Gesetz, dass »keine Schwarze Person die Tätigkeit, Kunst, den Handel oder das Geschäft eines Handwerkers, Mechanikers oder Ladenbesitzers wie auch irgendein anderes Gewerbe, eine Beschäftigung oder ein Geschäft (außer dem der Landwirtschaft oder dem eines vertraglich angestellten Bediensteten) auf eigene Rechnung und zu seinem eigenen Nutzen ausüben darf, bis die Person eine Lizenz vom Richter des Bezirksgerichts erhalten hat, die jeweils nur ein Jahr Gültigkeit behält.«[185] Die Kosten für diese Lizenz wurden absichtlich hoch angesetzt und betrugen 100 Dollar pro Jahr, was 2018 1.500 Dollar entsprochen hätte. Von Mitgliedern der herrschenden Kaste wurde diese Gebühr nicht verlangt. Da sie nicht seit einem Vierteljahrtausend versklavt waren, wären sie viel eher in der Lage gewesen, diese Lizenzgebühr aufzubringen.

Das Gesetz wurde während der Reconstruction kurzfristig ausgesetzt, als die Nordstaaten die Kontrolle über die ehemalige Konföderation übernahmen, doch es kehrte im Geiste und als Brauch zurück, nachdem der Norden seinen Einfluss aus den Südstaaten zurückzog und die Sklavenhalter von einst wieder die Macht übernahmen, allzeit bereit, ihre Niederlage im Bürgerkrieg zu rächen. In North Carolina war es den Angehörigen der untersten Kaste während der Sklaverei und bis in die Zeit des Sharecropping verboten, Waren jeglicher Art zu verkaufen oder mit ihnen zu handeln; ein Verstoß gegen dieses Gesetz wurde mit 39 Peitschenhieben bestraft. Dieses Verbot war das Haupthindernis auf dem Weg, mit ihrer eigenen landwirtschaftlichen Arbeit Geld zu verdienen, und zwang sie in die wirtschaftliche Abhängigkeit von der herrschenden Kaste.[186]

»Die Kastenordnung, die auf die Sklaverei folgte, definierte *Negros* als Arbeiter und als Bedienstete der Weißen«, schrieb der Wissenschaftler Edward Reuter. »Das Spektrum der Berufe war eng, und viele der Tätigkeiten, die über einfache Arbeit hinausgingen, waren ihnen untersagt.«[187]

Der Süden versperrte ihnen jede Möglichkeit, aufzusteigen. »Alles, was den *Negro* dazu veranlasst, über den Pflugstiel, den Kochtopf, mit einem Wort, die Funktionen eines Dieners, hinauszuwachsen«, meinte der Gouverneur von Mississippi James K. Vardaman, »ist das Schlimmste, was dem *Negro* passieren kann. Gott, der Allmächtige, hat ihn als Knecht geschaffen. Er ist für nichts anderes zu gebrauchen.«[188]

Diejenigen, die es während der Great Migration schafften, in den Norden zu gelangen, konnten zwar den Südstaaten entkommen, nicht aber ihrer Kaste. Den Norden betraten sie von ganz unten: sie waren niedriger gestellt als Eingewanderte aus Süd- und Osteuropa, die zwar noch kein Englisch gelernt hatten, aber Gewerkschaften beitreten und jene besser situierte Viertel bewohnen durften, die für Schwarze Bürgerinnen und Bürger tabu waren, und das obwohl sie es gewesen waren, die die Wildnis gerodet und den Reichtum des Landes geschaffen hatten. Zwar gab es kein Bundesgesetz, das Menschen aufgrund ihrer Ethnie auf bestimmte Berufe beschränkte, doch die Gesetze in den Südstaaten wie die Bräuche in den Nordstaaten hielten die Schwarzen Menschen an ihren unteren Plätzen. In der Industrie des Nordens wurden Schwarze häufig nur als Streikbrecher eingestellt, und die Gewerkschaften versperrten ihnen den Zugang zu zahlreichen Berufen, die für Weiße vorgesehen waren, wie Rohrschlosser oder Klempner. Städtische Inspektoren weigerten sich, die Arbeit von Schwarzen Elektrikern abzusegnen. Eine Fabrik in Milwaukee wies Schwarze Arbeitssuchende schon am Eingangstor ab. In New York und Philadelphia wurde Schwarzen lange Zeit die Erlaubnis verweigert, Kutschen zu fahren.[189]

William A. Sinclair, der Autor einer Geschichte der Sklaverei und ihrer Folgen, schrieb über das Schicksal der Menschen aus der untergeordneten Kaste: »Jeder Pfad zur Verbesserung war ihnen versperrt.«[190]

Doch es gab Ausnahmen: jene ausgewählten Versklavten, oft die Kinder von Sklavenhaltern, die als Tischler, Schmiede oder in anderen Berufen arbeiten durften, die auf großen Plantagen wie Thomas Jeffersons Monticello benötigt wurden.

Selbst in Indien, wo es Tausende von Unterkasten innerhalb der vier *Hauptvarnas* gibt, »besteht keine direkte Gleichsetzung von Beruf und Kaste«, schrieben der Anthropologe W. Lloyd Warner und die Anthropologin Allison Davis. »Während die Kaste in der Theorie eine berufliche Spezialisierung vorsieht, weist in der Praxis selbst die am besten organisierte der sieben Kasten, die der Brahmanen, eine große Vielfalt an Berufen auf.«[191] Der französische Anthropologe und Philosoph Célestin Bouglé schrieb, dass man im indischen Kastensystem »sechs Kaufmannskasten, drei von Schreibern, vierzig von Bauern, vierundzwanzig von Gesellen, neun von Hirten und Jägern, vierzehn von Fischern und Seeleuten, zwölf von verschiedensten Handwerkern, Zimmerleuten, Schmieden, Goldschmieden und Töpfern, dreizehn von Webern, dreizehn von Schnapsbrennern und elf von Hausangestellten unterscheiden kann.«[192]

So konnten die Kastengrenzen der USA einst sogar noch als deutlicher angesehen werden als jene in Indien. Im Jahr 1890 waren »85 Prozent der Schwarzen Männer und 96 Prozent der Schwarzen Frauen nur in zwei Berufsgruppen beschäftigt«, schreibt der Soziologe Stephen Steinberg, »in der Landwirtschaft sowie als häusliche oder persönliche Bedienstete.« 40 Jahre später, als die Depression begann und Schwarze in die Städte des Nordens umsiedelten, blieb der Anteil der Schwarzen am unteren Ende der Arbeitshierarchie konstant, obwohl zu diesem Zeitpunkt fast die Hälfte der

Schwarzen Männer körperliche Arbeit verrichtete, die lediglich einen kräftigen Rücken erforderte. Nur 5 Prozent übten eine nicht körperliche Arbeit aus – viele von ihnen waren Geistliche, Lehrer und Kleinunternehmer, denen es gestattet war, anderen Schwarzen Produkte und Dienstleistungen anzubieten.[193]

Im Norden wie im Süden war der Status Schwarzer Menschen so offenkundig, dass die Angehörigen der herrschenden Kaste nur äußerst ungern Aufgaben übernahmen, die sie als unwürdig ansahen. Ein britischer Tourist stellte in den 1810er-Jahren fest, dass die Weißen in den USA ganz genau wussten, welche Aufgaben nur für Schwarze infrage kamen. Weiße Bettler in Ohio »weigerten sich, ihr eigenes Trinkwasser zu tragen«, schrieb der Historiker David R. Roediger, »aus Angst, sie könnten ›als Sklaven‹ betrachtet werden.«[194]

Niedere Arbeit wurde historisch mit Schwarzsein assoziiert, was dazu beitrug, dass Schwarze in der US-amerikanischen Gesellschaft in einem Teufelskreis der Unterwerfung gefangen gehalten wurden. Sie wurden für die Situation bestraft, in der sie sich befanden. Und das Bild der Knechtschaft warf seinen langen Schatten auch dann noch über sie, wenn sie frei waren.

Als sich das Kastensystem im 20. Jahrhundert wandelte, fand die herrschende Kaste immer ausgefeiltere Wege, um die berufliche Hierarchie durchzusetzen. »Wenn Weiße und Schwarze zusammen beschäftigt werden«, schrieb der Historiker Bertram Doyle in den 1930er-Jahren, »dann verrichten sie im Allgemeinen nicht die gleichen Aufgaben und schon gar nicht als Gleichgestellte. [...] *Negros* sind nur selten, wenn überhaupt, Vorgesetzte von weißen Personen. Außerdem erwartet der *Negro*, dass er in den unteren Rängen verbleibt und, wenn überhaupt, nur über andere *Negros* aufsteigt.« Ganz gleich, wie gut er seine Arbeit macht, schrieb Doyle, »er kann nur selten auf eine Beförderung hoffen.«[195]

Die Rollen waren unveränderlich, der soziale Platz war einem Menschen angewiesen, noch bevor er geboren wurde. »Ein *Negro* kann ein Eisenbahnfeuerwehrmann werden«, schrieb Doyle, »aber niemals Lokführer.«

Kaste bedeutete also nicht nur, eine bestimmte Art von Arbeit zu verrichten, sondern auch, eine dominante oder untergeordnete Rolle zu spielen. »Es muss also eine Arbeitsteilung geben, der gemäß die beiden Ethnien beschäftigt sind; man geht allgemein davon aus, dass der *Negro* niedere Tätigkeiten übernimmt«, schrieb Doyle, »und er hat sich demgemäß zu verhalten und demgemäß zu leben.«

In den 1930er-Jahren war ein Schwarzer auf dem Weg zu einer jungen Frau, die er mochte. Er musste dafür den Marktplatz der Stadt überqueren. Dort sprachen ihn einige weiße Männer an und »zwangen ihn, sich einen Overall zu besorgen, da er ›für einen Wochentag zu fein angezogen‹ sei.«[196]

Die Sklaverei legte die Bedingungen fest, die jede Kaste zu erfüllen hatte, und die einzige Arbeit jenseits des Pflugs oder der Küche, die das Kastensystem ganz bewusst für die unterste Kaste förderte, war die des Entertainments, das in dieser Welt eine eigene Form der Knechtschaft darstellte. Es entsprach den Vorstellungen des Kastensystems, dass die niedrige Kaste zur Unterhaltung der oberen gereichen solle. Die Unterhaltungsbranche reproduzierte die Stereotype von primitiver Schwarzer Körperlichkeit, von einer Erdverbundenheit, die eher auf animalischen Instinkten als auf menschlicher Kreativität beruhte, vor allem aber bedrohte sie nicht die weiße Vorherrschaft.

Indem man versklavte Menschen auf Kommando etwas vorführen ließ, verstärkte man ihre Unterwerfung. Sie wurden gezwungen zu singen, obwohl sie körperlich erschöpft waren oder an den Qualen einer kürzlichen Auspeitschung litten. Erzwungene gute Laune wurde zu einer Waffe, um die Schuld der herrschenden Kaste zu lindern und die Versklavten weiter zu demütigen. Wenn sie in Ketten lagen und trotzdem glücklich waren, wie konnte da jemand behaupten, sie würden misshandelt? Fröhlichkeit, selbst wenn sie durch eine Peitsche herausgekitzelt wurde, galt als unerlässlich zur Bestätigung, dass die Struktur des Kastensystems intakt war, dass alles in Ordnung war, dass jeder seinen Platz in der Hierarchie bereitwillig hinnahm. So wurden die Versklavten gezwungen, ihre eigene Degradierung mitzutragen, zu singen und zu tanzen, auch wenn sie gewaltsam von geliebten Menschen, Kindern oder Eltern getrennt wurden. »Sie sollten fröhlich und glücklich erscheinen«, schrieb William Wells Brown, der Assistent eines Spekulanten, dessen Aufgabe es war, die menschliche Ware in einen verkaufsfähigen Zustand zu bringen, vor dem Bürgerkrieg. »Ich habe sie vielfach zum Tanzen gebracht«, sagte er, »wenn ihre Wangen von Tränen benetzt waren.«[197]

Über die Jahrzehnte sollten Schwarze Menschen eine Bedeutung innerhalb der Unterhaltungsindustrie und in der US-amerikanischen Kultur allgemein einnehmen, die in keinem Verhältnis zu ihrem Anteil an der Gesamtbevölkerung stand. Von Louis Armstrong bis Muhammad Ali waren die reichsten Schwarzen im Entertainment und im Sport zu finden. Sie wurden gefeiert, solange sie nicht im direkten Wettbewerb mit einer Person aus der oberen Kaste standen, wie der Schwarze Boxer Jack Johnson, der 1910 unerwartet den weißen James Jeffries k. o. schlug. Der Schriftsteller Jack London hatte Jeffries aus dem Ruhestand zurückgeholt, um gegen Johnson zu kämpfen, es war eine Zeit brennenden Rassenhasses und einer Presse, die die Emotionen weiter hochkochte, indem sie Jeffries »*the Great White Hope*« nannte, »die große weiße Hoffnung«. Jeffries' Niederlage an jenem 4. Juli war ein Affront gegen die weiße Dominanz und löste im ganzen Land, vom Norden bis in den Süden, Unruhen aus, darunter allein elf verschiedene in New York City, wo Weiße die Häuser Schwarzer in Brand setzten und versuchten, zwei Schwarze Männer wegen dieser Niederlage zu lynchen. Die Botschaft lautete, dass die unterste Kaste ihre niedere Stellung kennen und behalten sollte, selbst an einem Ort, den sie betreten durfte.

Jahrhundertelang waren versklavte Menschen dazu verurteilt worden, nach Lust und Laune ihres Herrn auf Bühnen aller Art aufzutreten, sei es, um bei dessen Gesellschaftsspielen verspottet zu werden, sei es, um auf seinen Bällen zu musizieren, und all das zusätzlich zu ihrer harten Arbeit auf dem Acker. »Den *Negroes* wurden in Filmen größtenteils unbedeutende und klamaukige Rollen gegeben«, schrieben die Anthropologen W. Lloyd Warner und Allison Davis über die auf der Sklaverei basierenden Kastenbeziehungen, die sich in der amerikanischen Kultur durchsetzten.[198]

Das Kastensystem fand Trost in Karikaturen Schwarzer, da sie den Mythos einer einfachen Hofnarrenrasse am Leben hielt, deren fröhliche Natur sie vor wahrem Leid bewahrte. Die Bilder beruhigten das schlechte Gewissen und rechtfertigten Gräueltaten aller Art. Als sich das Jim-Crow-Regime nach dem Ende der Sklaverei verfestigte, entwickelte sich die »Minstrelsy«, bei der sich weiße Schauspieler mit gerußten Korken das Gesicht schwärzten und die untergeordnete Kaste verspotteten, zu einer beliebten Unterhaltungsform. Eine Praxis, die sich bis ins 21. Jahrhundert auf Partys von Studentenverbindungen, bei Talentshows und Halloween-Feierlichkeiten fortsetzte.

Gleichzeitig erhielten Schwarze Entertainerinnen und Entertainer einige Anerkennung für die überzeugende Darstellung jener Rollen, die dem Stereotyp entsprachen und die das System für sie vorgesehen hatte. Hattie McDaniel wurde für ihre Rolle der Mammy, des fürsorglichen, fettleibigen, sexlosen Gegenentwurfs zum weiblichen Ideal der Scarlett O'Hara in der Verfilmung *Vom Winde verweht* (1939), als erste Schwarze Frau mit einem Oscar ausgezeichnet. Im Film fühlt sich Mammy ihrer weißen Familie näher als ihrer eigenen und ist sogar bereit, gegen Schwarze Soldaten zu kämpfen, um ihren weißen Sklavenhalter zu schützen.

Ein Irrglaube und Hirngespinst mehr noch als ein Stereotyp, denn während der Sklaverei waren die meisten Schwarzen Frauen dünn, ja, geradezu hager, was auf die mageren Essensrationen zurückging, die sie erhielten, und nur wenige von ihnen verrichteten ihre Arbeit im Haus ihrer Herren, da sie auf dem Feld schlichtweg profitabler waren. Es tat nichts zur Sache, denn das, was die herrschende Kaste sehen wollte, war die rundliche und heitere Sklavin oder Hausangestellte, und so wurden McDaniel und ihren Schwarzen Kolleginnen ausschließlich derartige Rollen angeboten. Da viele der Frauen im Norden oder Westen aufgewachsen waren, kannten sie die in den Drehbüchern geforderte Sprache der *Negros* in den Südstaaten kaum bis gar nicht und mussten lernen, in der überzogenen, bisweilen absurden Art und Weise zu sprechen, die sich Hollywood-Regisseure als die Sprache der Schwarzen ausgemalt hatten.[199]

Diese Verhöhnung durch die Allgemeinheit täuscht über die schwerwiegende Geschichte der willkürlichen Misshandlung von Schwarzen Menschen während der Sklaverei hinweg, also zu einer Zeit, als die Erniedrigung von Schwarzen zur Unterhaltung der herrschenden Kaste diente. In einem dieser Fälle aßen zwei Plantagenbesitzer in South Carolina gemeinsam auf einer ihrer Plantagen zu Abend. Die beiden unterhielten sich über ihre Sklavinnen und Sklaven und diskutierten darüber, ob die Versklavten zu wahrem Glauben fähig seien. Der Plantagenbesitzer, der zu Besuch war, sagte, er glaube nicht, dass sie diese Fähigkeit besäßen.

Der Gastgeber war anderer Meinung.

»Ich habe einen Sklaven, der, glaube ich, lieber sterben würde, als seinen Erlöser zu verleugnen«, sagte er.

Der Gast machte sich über seinen Gastgeber lustig und forderte ihn auf, dies zu beweisen. Daraufhin ließ der Gastgeber einen seiner Sklaven rufen und befahl ihm, seinen Glauben an den Herrn Jesus Christus zu verleugnen. Der Sklave bekräftigte seinen Glauben an Jesus und bat um Vergebung. Der Sklavenhalter wollte dem anderen Sklavenhalter seinen Standpunkt verdeutlichen und forderte den Mann ohne Unterlass auf, Jesus zu verleugnen, und der Sklave bekräftigte erwartungsgemäß ohne Unterlass seinen Glauben. Daraufhin peitschte der Hausherr den Sklaven aus, weil er ungehorsam war, weiter und weiter, so lange, bis der Peitschenstrang auf bloße Knochen traf. Der versklavte gläubige Mann »starb an den Folgen dieser schweren Pein.«[200]

In ähnlicher Weise missbrauchten Soldaten des Dritten Reiches geschwächte und unterernährte jüdische Gefangene zu Unterhaltungszwecken. Ein SS-Mannschaftsführer, der den Bau des Schießplatzes im KZ Sachsenhausen beaufsichtigte, zwang Häftlinge, zu seiner Belustigung wie Tanzbären um eine Schaufel herum zu springen und sich im Kreis zu drehen. Einer von ihnen weigerte sich zu tanzen, woraufhin der SS-Mannschaftsführer die Schaufel nahm und ihn damit zu Tode prügelte.[201]

Jede dieser Handlungen diente dem Zweck, der untergeordneten Kaste ihre vollständige Unterwerfung vor Augen zu führen. Die obere Kaste, so schrieb der Schriftsteller William Goodell im 19. Jahrhundert, erhebt »den Anspruch auf das absolute Eigentumsrecht an der menschlichen Seele selbst.«[202]

6. SÄULE

Entmenschlichung und Stigma

Die Entmenschlichung war eines der wichtigsten Werkzeuge, um eine Gruppe von Menschen auszugrenzen, und die Aufgabe war monumental. Sie kam einem Krieg gegen die Wahrheit gleich, gegen das, was fürs bloße Auge sichtbar und fürs Herz spürbar gewesen wäre, hätte man ihm nur gestattet, eigenständig zu empfinden.

Einen anderen Menschen zu entmenschlichen bedeutet weit mehr, als ihn für unmenschlich zu erklären, und es geschieht niemals zufällig. Es ist ein Prozess, eine Programmierung. Es braucht viel Energie und tatkräftige Unterstützung, um etwas zu leugnen, das für ein anderes Mitglied der eigenen Spezies selbstverständlich ist.

Es ist schwieriger, eine einzelne Person zu entmenschlichen, die vor einem steht und sich die Tränen über den Verlust eines geliebten Menschen aus den Augen wischt, so wie man es selbst tun würde. Es ist schwieriger, eine einzelne Person zu entmenschlichen, die sich nach einem Sturz vor Schmerzen krümmt, so wie man es selbst tun würde. Schwieriger, eine einzelne Person zu entmenschlichen, die man persönlich kennengelernt hat. Deshalb machen sich Menschen und Gruppen, die nach Macht und Spaltung streben, nicht die Mühe, einzelne Personen zu entmenschlichen. Es ist einfacher, eine ganze Gruppe zu stigmatisieren.

Entmenschlicht man eine ganze Gruppe, entmenschlicht man jeden, der zu ihr gehört. Man schafft es sogar, dass einige dieser Gruppe zugehörige Menschen nach einer Zeit selbst nicht mehr glauben, was mit bloßem Auge zu sehen ist, und anfangen, ihren eigenen Gedanken zu misstrauen. Jedoch werden nicht nur sie entmenschlicht, sondern jene, die sie stigmatisieren, rauben auch sich selbst ihre Menschlichkeit. Alle innerhalb der Hierarchie werden zu Versklavten eines Gruppendenkens. Ein Kastensystem ist auf das Werkzeug der Entmenschlichung angewiesen, um die Ausgegrenzten auch außerhalb der Norm des Menschlichen zu verorten, denn so wirkt jede Gewaltmaßnahme gegen sie legitim.

Sowohl das nationalsozialistische Deutschland als auch die Vereinigten Staaten reduzierten die von ihnen stigmatisierten Gruppen, also jüdische beziehungsweise Schwarze Menschen, auf eine undifferenzierte Masse namenloser, gesichtsloser Sündenböcke für die kollektiven Ängste und Rückschläge ihrer Bevölkerungen. Deutschland gab den Jüdinnen und Juden die Schuld an der Niederlage im Ersten Weltkrieg, an der Schande und der wirtschaftlichen Misere, die das Land ereilten, und die Vereinigten Staaten machten die Schwarzen für beinahe jeden sozialen Missstand verantwortlich. In beiden Fällen wurden Menschen auf Grundlage eines einzigen stigmatisierenden Merkmals in einen Topf geworfen, um ihre Ausbeutung und Unterdrückung vorzubereiten. Individuen waren nicht länger Individuen. Individualität war ein Luxus und als solche der herrschenden Kaste vorbehalten.

Wir sind uns der ungeheuerlich schnellen Ermordung von sechs Millionen jüdischen und fünf Millionen weiteren Menschen im Holocaust schmerzlich bewusst. Aber wir wissen nur vergleichsweise wenig über die einzelnen Geschichten dieser Millionen von Menschen, die in den Konzentrationslagern des Dritten Reiches den Tod fanden.

Bei ihrer Ankunft in den Konzentrationslagern wurden die Jüdinnen und Juden ihrer Kleidung und der Gegenstände ihres früheren Lebens, ihres gesamten Besitzes beraubt. Ihre Köpfe wurden kahlgeschoren, ihre charakteristischen Merkmale wie Seitenbärte, Schnurrbärte oder üppige Haarkränze wurden ausgelöscht. Sie waren keine Individuen mehr, ohne Persönlichkeit, auf die man Rücksicht nehmen oder die man auch nur beachten musste.

Bei den Morgen- und Abendappellen mussten sie manchmal stundenlang bis in die Nacht stehen bleiben, während die SS-Offiziere die Tausenden von ihnen zählten, um zu prüfen, ob jemand geflohen war. Sie standen in Eiseskälte oder Sommerhitze in denselben gestreiften Uniformen, mit denselben geschorenen Köpfen, denselben eingefallenen Wangen. Sie wurden zu einer einzigen Masse gleicher Körper gemacht, von der sich die SS-Offiziere einfach distanzieren konnten, um keine Gefühle menschlicher Verbindung zu empfinden. Liebevolle Väter, eigensinnige Neffen, geliebte Ärzte, engagierte Uhrmacher, Rabbiner und Klavierstimmer, sie alle verschmolzen zu einer einzigen undifferenzierten Körpermasse, die nicht mehr als Menschen betrachtet wurden, die Empathie verdienten, sondern als Objekte, über die man die totale Kontrolle ausüben und mit denen man tun konnte, was man wollte. Sie waren keine Menschen mehr, sie waren Nummern in einer Statistik, sie waren Mittel zum Zweck.

Die Menschen aus Afrika wurden bei ihrer Ankunft am »auction block«, dem Stand zum Verkauf versklavter Menschen, oder in den Arbeitslagern des amerikanischen Südens ihrer Vornamen beraubt und gezwungen, auf neue Namen zu hören, wie ein Hund auf seinen neuen Besitzer. Häufig gab man ihnen Spottnamen wie Caesar, Samson oder Dred und beraubte sie so ihres früheren Lebens und ihrer Identität als Yoruba oder Asante oder Igbo, als Sohn eines Fischers, als Neffe des Dorfpriesters oder Tochter einer Hebamme. Auf dem indischen Subkontinent waren es die Nachnamen, die man den Unberührbaren aufzwang, die ihre Erniedrigung ausdrückten, wann immer sie sich jemandem vorstellten. Ihre Nachnamen leiteten sich aus den niederen Arbeiten her, die sie verrichten mussten, während die Brahmanen die Namen der Götter trugen.

In den Arbeitslagern in Mittel- und Osteuropa und in den Südstaaten der USA zwangen wohlgenährte Sklavenhalter ihre Geiseln zu Schwerstarbeit, während sie ihnen die Nahrung rationierten, bis sie kaum mehr in der Lage waren, ihren Stoffwechsel aufrechtzuerhalten – das absolute Minimum zum Überleben. Die Nazis machten eine Wissenschaft aus diesem Nährstoffentzug. Sie berechneten die für eine Arbeit benötigten Kalorien, wie z. B. das Fällen von Bäumen und oder das Ausgraben von Baumstümpfen, und versorgten diejenigen, die sie verrichteten, dann mit ein- oder zweihundert Kalorien weniger, um Kosten zu sparen und Widerstände unmöglich zù machen, all das, während die Arbeiter langsam verhungerten.

Die afrikanischen Gefangenen auf den Plantagen des US-amerikanischen Südens lebten von Maismehl und Speck, völlig unzureichend für 18 Stunden Arbeit am Tag. Sowohl die Gefangenen in den Konzentrationslagern als auch die Versklavten bekamen nur selten Eiweiß, sie wurden schlechter ernährt als das Vieh, und ihre Peiniger machten sich einen Spaß daraus, ihnen vorzuhalten, welch Festmahl sie selbst zu sich nahmen.

Ihre Entwürdigung drückte sich auch in der Kleidung aus. Die Gefängnisuniformen der Jüdinnen und Juden in den Konzentrationslagern waren aus grobem Stoff und absichtlich zu groß oder zu klein. Die versklavten Afrikanerinnen und Afrikanern zwang man, eine Kreuzung aus einem »Unterkleid und einem gewöhnlichen Kartoffelsack« zu tragen, ebenfalls »ohne Rücksicht auf die Größe der Person, die sie tragen sollte.«[203]

Die Entmenschlichung war ein karmischer Diebstahl sondergleichen. Man zwang die Menschen, ihre Menschlichkeit aufzugeben. Und jede natürliche Reaktion darauf war der untergeordneten Kaste unter Strafandrohung untersagt. Den Versklavten der USA war es verboten zu weinen, wenn ihre Kinder verschleppt wurden, man zwang sie zu singen, während man ihre Ehefrau oder ihren Ehemann verkaufte, wohl wissend, dass sie einander nie wiedersehen würden.

Man bestrafte sie für ein Verhalten, das man von einem Menschen in derartigen Situationen erwartete. Jede menschliche Regung von ihnen sanktionierte die herrschende Kaste als Affront. Man bestrafte sie für etwas, das sie nicht ändern konnten: dass sie Menschen waren.

In Indien wurden Dalits, die unter den Entbehrungen ihres niederen Status litten, zu Tode geprügelt, wenn sie Lebensmittel stahlen, um zu überleben. Wie den versklavten Menschen in den USA war es ihnen verboten, Lesen und Schreiben zu lernen – verstießen sie gegen dieses Verbot, »schnitt man den Straffälligen die Zunge heraus oder goss ihnen geschmolzenes Blei ins Ohr«, so V. T. Rajshekar, der Herausgeber von *The Dalit Voice*.[204]

Bei den Sklavenauktionen in den USA, diesen öffentlichen Spektakeln der Entmenschlichung, mussten diejenigen, die wie Waren feilgeboten wurden, ein fröhliches Gesicht aufsetzen, um denen, die sie verkauften und damit ihre Familien zerstörten, einen höheren Gewinn einzubringen. Frauen wurden gezwungen, sich vor der zuschauenden Menge zu entkleiden und sich stundenlangen körperlichen Untersuchungen durch potenzielle Käufer zu unterziehen, schroffe Männer, die die Zähne, Hände oder andere Körperteile der versklavten Menschen inspizierten. Ihre Körper gehörten nicht ihnen, sondern der herrschenden Kaste, die mit ihnen machen konnte, was sie wollte und wie sie es wollte. Bei der Versteigerung mussten sie jede Frage, die ihnen gestellt wurde, mit einer »lächelnden, fröhlichen Miene« beantworten, und wenn sie sich nicht zur vollsten Zufriedenheit ihrer Besitzer verhielten, wurden sie mit 30 Peitschenhieben bestraft.

»Spricht man sie an, so müssen sie schnell und mit einem Lächeln auf den Lippen antworten«, erinnerte sich John Brown, ein Überlebender der Sklaverei, der seiner Mutter durch einen solchen Verkauf entrissen wurde und ähnliche Szenen danach noch viele weitere Male miterleben musste. »Ehemänner werden währenddessen von ihren Frauen ferngehalten, Kinder von ihren Eltern, während sie mit ansehen, wie der Handel abgeschlossen wird, der sie für immer einander entreißen wird, ohne dass ein Wort der Klage ihre Lippen verlassen darf; danach dürfen sie sich nicht einmal voneinander verabschieden oder sich ein letztes Mal in die Arme nehmen.«[205]

*

In den Vereinigten Staaten entwickelte sich eine eklatante Doppelmoral zur Untermauerung des Kastensystems, die noch für die Masseninhaftierungen von Schwarzen im 20. Jahrhundert verantwortlich war. Der Pfarrer und Abolitionist William Goodell beschrieb sie 1853 wie folgt: »Ein Schwarzer wird für Taten, die bei anderen als harmlos erachtet werden, als Verbrecher angesehen. Er wird mit einer Strenge bestraft, von der alle anderen ausgenommen sind. Er steht unter dem Gesetz, obschon er nicht den Schutz des Gesetzes genießt, und für ihn kann das Gesetz nichts anderes als ein Feind sein.«[206]

In Virginia stand auf 71 Straftaten wie den Diebstahl eines Pferdes die Todesstrafe für versklavte Menschen, während Weiße, die sich derselben Vergehen schuldig gemacht hatten, nur mit einer Gefängnisstrafe rechnen mussten.[207] Etwas völlig Alltägliches, wie wenn ein Vater seinem Sohn beim Schulunterricht hilft, war untersagt. Ein Schwarzer Vater in Georgia konnte »ausgepeitscht werden, wenn er seinem eigenen Kind das Lesen beibrachte.«[208] Freien Schwarzen war es verboten, Schusswaffen zu tragen, gegen eine weiße Person auszusagen oder sich gegen sie zu verteidigen, selbst wenn man sie angriff.

»In Richmond wurde verlangt, dass *Negros* und *Mulattos* beiseitetreten, wenn Weiße vorbeikommen, und es war ihnen untersagt, in Kutschen mitzufahren, es sei denn, sie waren als Diener tätig«, schrieb der Historiker Kenneth Stampp. »Sklaven in Charleston durften nicht fluchen, nicht rauchen, keinen Gehstock mit sich führen, sich nicht bei Militärparaden versammeln und keine Freudenkundgebungen veranstalten.«[209]

So wie die versklavten und unterernährten Afrikanerinnen und Afrikaner Sümpfe trockenlegen, Bäume fällen und Land roden mussten, um die Plantagen und die Infrastruktur des Südens zu schaffen, so mussten die hungernden Gefangenen des Dritten Reichs Sümpfe trockenlegen, Bäume fällen und Land roden, Baumwurzeln ausgraben und Baumstämme tragen, um die Infrastruktur für ihre eigenen Qualen aufzubauen. Sie bearbeiteten die Tongruben und Steinbrüche, um Ziegel fürs Reich herzustellen. Unter beiden Regimen bauten die Geiseln die Mauern, hinter denen sie gefangen gehalten wurden, und oftmals verloren sie dabei ihr Leben.

In den ersten Jahren der nationalsozialistischen Expansion wurden jeden Tag etwa 2.000 Häftlinge durch das Dorf Oranienburg nördlich von Berlin über die Kanalbrücke vom Konzentrationslager zu den Tongruben getrieben, und oft kehrten sie erst am Abend zusammen mit einem Wagen zurück, der gefüllt war mit den an Erschöpfung gestorbenen oder getöteten Menschen.[210]

*

Wir alle würden nur zu gerne glauben, dass wir dem Impuls widerstehen würden, unseren eigenen Artgenossen solches Grauen zuzufügen, und einige von uns würden auch sicherlich widerstehen. Jedoch nicht so viele, wie wir vielleicht glauben wollen. In einer berühmten, wenn auch umstrittenen Studie aus dem Jahr 1963 zur menschlichen Gewaltbereitschaft wurden Studierende dazu aufgefordert, einer Person im Nebenraum Elektroschocks zu verabreichen. Zwar blieben die »Empfänger« der Schocks im Geheimen unverletzt. Doch sie schrien und schlugen gegen die Wände, als spürten sie den Strom in ihren Körpern.

Im Rahmen des Experiments durften die Teilnehmenden Kommentare über die Person, der die Schocks verabreicht werden sollten, »mit anhören«. Einige Teilnehmende hörten humanisierende Kommentare (darüber, wie einfühlsam oder verständnisvoll die »Opfer« waren), während andere dehumanisierende Kommentare hörten (darüber, dass sie schlechte Menschen seien). Die Teilnehmenden verabreichten den dehumanisierten Personen doppelt so viele Strafen wie den humanisierten und deutlich mehr als denjenigen, über die sie überhaupt nichts wussten. Die Teilnehmenden der Studie waren bereit, bei der entmenschlichten Gruppe bis zur maximalen Intensität zu gehen.[211]

»Entmenschlichung ist eine gemeinsame Schöpfung von Biologie, Kultur und der Beschaffenheit des menschlichen Geistes«, schreibt der Philosoph David Livingstone Smith, ein Spezialist auf diesem Gebiet. »Die Geschichte des Menschen steckt voller Schmerz und Tragödien, doch unter den Gräueltaten, die wir einander zugefügt haben, sind die Verfolgung und versuchte Ausrottung des jüdischen Volkes, die brutale Versklavung von Menschen aus Afrika sowie die Zerstörung der Zivilisationen der Native Americans in vielerlei Hinsicht beispiellos.«[212]

7. SÄULE

Terror als Vollstreckung, Grausamkeit als Mittel der Kontrolle

Die einzige Möglichkeit, eine ganze Gruppe empfindungsfähiger Wesen langfristig auf einen gesellschaftlichen Rang unter allen anderen zu verbannen, besteht darin, mit Gewalt, physisch und psychisch, jeglichen Widerstand zu verhindern, bevor er überhaupt vorstellbar wird. Das Böse verlangt von der dominanten Kaste kaum mehr, als sich zurückzulehnen und nichts zu tun. Alles, was es von Zuschauenden bedarf, ist ihre stille Komplizenschaft bei den Gräueln, die in ihrem Namen begangen werden. Sollten sie entscheiden, sich dem Terror aktiv anzuschließen, wären sie von dem Kastensystem geschützt – und vielleicht würden sie sogar belohnt.

Jüdische Menschen im nationalsozialistisch beherrschten Europa, die Schwarzen in den Südstaaten der USA vor dem Bürgerkrieg und während Jim Crow sowie die Dalits in Indien waren allesamt der Gnade von Menschen ausgeliefert, in deren Herzen zuvor Verachtung und Hass geschürt worden war. Sie waren der Gnade von Menschen ausgeliefert, die einen Anreiz hatten, sich überlegen zu fühlen, indem sie Gräueltaten gegen ihre Mitmenschen begingen oder duldeten.

Vor allem sollten sich die Menschen in der untergeordneten Kaste der absoluten Macht bewusst werden, die die dominante Kaste über sie ausübte. In den USA »war die Peitsche das am weitesten verbreitete Instrument der Bestrafung«, schrieb der Historiker Kenneth Stampp. »Nahezu jeder Sklavenhalter setzte sie ein, und nur wenige erwachsene Versklavte konnten ihr vollständig entgehen.«[213]

In Deutschland wurden jüdische Menschen und politische Gefangene für banale Vergehen wie das Drehen von Zigaretten aus gesammeltem Laub von den Nazis auf ein Holzbrett geschnürt und ausgepeitscht. Die Gefangenen mussten jeden auf sich niedergehenden Peitschenhieb mitzählen. Zwar hatten die Nazis eine offizielle Obergrenze von 25 Peitschenhieben verhängt. Jedoch spielten sie in zahlreichen Fällen mit dem Verstand ihrer Gefangenen, indem sie behaupteten, das Opfer habe nicht richtig gezählt, nur um die Folter um weitere Peitschenhiebe auszudehnen. Die Sklavenhalter der USA brachten es auf bis zu 400 Peitschenhiebe, eine Tortur, die einem Mord gleichkam. Die Arbeit war für die Folterer derart anstrengend, dass sich mehrere Männer an der Peitsche abwechselten.

In der Neuen Welt waren die wenigsten Lebewesen so viele Jahrhunderte lang so brutalen körperlichen Übergriffen ausgesetzt wie die Menschen innerhalb des Systems der amerikanischen Sklaverei. Die Gewalt war so alltäglich, dass einige Aufseher beschlossen, »alle Neuankömmlinge auszupeitschen, um ihnen gleich zu zeigen, wer das Sagen hatte«, schrieb Stampp. »Sie peitschten morgens den letzten Schwarzen aus der Hütte. Viele nutzten die Peitsche, um einen jungen Sklaven ›anzulernen‹ oder den Willen einer ungehorsamen älteren Sklavin zu brechen.«[214]

*

Die Geschichte der Menschheit kennt viele Beispiele unvorstellbarer Gewalt, und als US-Amerikanerinnen und -Amerikaner wollen wir gerne glauben, dass unser Land weit von den Guillotinen des mittelalterlichen Europas oder der Hunnenherrschaft entfernt ist. Jedoch war es in diesem unseren Land, wo »die Native Americans gelegentlich gehäutet und ihre Haut zu Zügeln verarbeitet wurden«, schrieb der Wissenschaftler Charles Mills. Andrew Jackson, der US-Präsident, der die gewaltsame Vertreibung der Indigenen Bevölkerung aus ihrer angestammten Heimat während des »Trail of Tears« überwachte, benutzte Zügel aus dem Fleisch der Native Americans, wenn er reiten ging. Und es war ebenfalls in diesem Land, wo bis ins 20. Jahrhundert Menschen mit Schwarzer Hautfarbe bei lebendigem Leib auf Scheiterhaufen verbrannt wurden, wie etwa der 17-jährige Jesse Washington in Waco, Texas, im Jahr 1916, vor den Augen Tausender Menschen.[215]

Mord und Vergewaltigung waren damals ebenso strafbar wie heute. Sie galten damals als falsch und verwerflich und wurden teilweise aufs Härteste bestraft. Und doch ließ der Staat Milde walten, wenn sich die begangene Gewalttat gegen einen Schwarzen gerichtet hatte. Zwölf Generationen Schwarzer Menschen waren jeden Tag ihres Lebens einer tödlichen Gefahr ausgeliefert.

Anzeigen für entlaufene Sklavinnen und Sklaven verzeichnen einen ganzen Katalog von Übergriffen auf die versklavten Menschen. Ein Sklavenhalter aus North Carolina gab eine Anzeige für die Sklavin Betty auf und berichtete, er habe »ihre linke Gesichtshälfte mit einem heißen Eisen verbrannt; ich habe versucht, den Buchstaben M einzubrennen.« In Louisiana berichtete ein Aufseher, er habe einen entlaufenen Sklaven in Gewahrsam genommen, der »kürzlich kastriert wurde und dessen Wunden noch nicht verheilt sind.«

Auf der Suche nach einem entlaufenen Sklaven namens London erging in New Hanover County, North Carolina, ein Gerichtsbeschluss, der besagte: »Jede Person darf den besagten Sklaven nach eigenem Ermessen TÖTEN und VERNICHTEN.«[216] Diese leichtfertige Missachtung des Lebens von Schwarzen und die Ermächtigung der Bürgerinnen und Bürger, ihnen dieses Leben nach eigenem Ermessen zu nehmen, wurde zum Vorboten der Polizistenmorde unserer Gegenwart an unbewaffneten Schwarzen Menschen.

Rückblickend argumentieren manche, dass versklavte Menschen als zu wertvoll angesehen wurden, um verletzt oder getötet zu werden. Dieses Argument lässt jedoch die vielen Fälle von Menschen außer Acht, die ihr Eigentum zerstören, etwa unverantwortliche Menschen, die ohne zu zögern ihre Autos kaputtfahren; oder Wohneigentümer in Slums, die mit der allergeringsten Instandhaltung ihrer Gebäude auskommen und dabei häufig katastrophale Folgen in Kauf nehmen. Weit wichtiger aber ist, dass bei dieser Argumentation Gewalt als bloße Beschädigung des Eigentums missverstanden wird, als etwas vermeintlich Seltenes, das gegen die Interessen des »Besitzers« gerichtet ist, während diese Gewalt in Wahrheit ein Terrormechanismus war, ein zentraler Aspekt zur Aufrechterhaltung einer unnatürlichen Institution, ein Teil des

Kalküls der amerikanischen Sklaverei. Ein Plantagenbesitzer in Louisiana ging einmal auf Reisen und überließ seine Plantage für ein Jahr einem Aufseher und seinem Personal. Als er zurückkehrte, stellte er fest, dass der Aufseher und seine Männer die Sklaven während seiner Abwesenheit geschlagen und ausgehungert hatten und dass sein Besitz dezimiert war. »Mindestens zwölf versklavte Menschen waren durch die Hand des Aufsehers gestorben«,[217] schrieb Stampp. Der Plantagenbesitzer musste diesen »Verlust« in seine Geschäftskosten mit einrechnen.

*

Nazi-Deutschland und die amerikanischen Südstaaten entwickelten frappierend ähnliche Bestrafungsmaßnahmen, um ihre untergeordnete Kaste in Angst und Schrecken zu versetzen. Die Geiseln in den Arbeitslagern der Nazis wurden vor allen Lagerinsassen öffentlich gehängt, sei es wegen eines geringfügigen Vergehens oder nur, um den Überlebenden die Macht ihrer Geiselnehmer zu demonstrieren. Zur selben Zeit auf der anderen Seite des Ozeans waren Lynchmorde, denen stundenlange Verstümmelungen vorausgingen, eine Alltäglichkeit des Südstaatenlebens.

Es war während der Zeit der Sklavenhaltung, als die USA im Süden eine Reihe von Grausamkeiten ersannen, um die Menschen im unnatürlichen Zustand der ewigen, generationenlangen Gefangenschaft zu halten. Vierzehn Pfund schwere Ketten und Metallkragen, die bis zu einem Meter über den Körper hinausragten, wurden auf die Köpfe von Menschen geschnallt, die zu fliehen versuchten.[218] Auf den Dachböden der Behausungen der Versklavten befanden sich Auspeitschungsräume, in denen Reihen von Holzklampen für Seile in den Boden geschraubt wurden, um die Menschen für ihre

Auspeitschungen festzubinden, wenn sie »nicht den Mund aufgemacht hatten und potenziellen Käufern gegenüber nicht wach und klug erschienen waren.« John Brown, der die Sklaverei überlebte, schrieb: »Tag um Tag gab es Auspeitschungen.«[219]

Die Folterungen waren so ausgeklügelt, dass man ihnen spezielle Namen gab. Eine davon nannte man »Bucking«, bei der eine Person nackt ausgezogen, an Händen und Füßen gefesselt, in eine sitzende Position um einen Pfahl gebunden und drei Stunden lang mit einer Kuhhaut ausgepeitscht wurde, während das Blut sich um die Person sammelte und andere Versklavte gezwungen waren, dabei zuzusehen. Anschließend wurde die Person mit Salz und rotem Pfeffer abgespült. Ein versklavter Mann namens John Glasgow wurde auf diese Weise bestraft, weil er sich zu seiner Frau auf eine andere Plantage weggeschlichen hatte. Eine andere Foltermethode nannte man »Picket«. Aus eisernen Klammern, Rollen von Flaschenzügen und Seilen bildete man einen Galgen am Querbalken eines Peitschenpfahls. Daran wurde eine Person an ihren Armen aufgehängt und während der Auspeitschung um ihre eigene Achse gedreht, wobei sich unter ihrem Fuß ein weiterer Pflock befand, der sich mit Blut rötete, während die Folter vollzogen wurde. So geschah es auch mit John Glasgow, nachdem er erneut versucht hatte, seine Frau wiederzusehen. Seine Mitgefangenen mussten ihn abwechselnd auspeitschen oder selbst die gleiche Strafe erleiden. »Man ließ ihn liegen, ganz gleich, ob er sterben oder sich erholen würde«, schrieb Brown. »Es dauerte einen Monat, bis er sich von seiner Pritsche erhob, und weitere fünf Monate vergingen, bis er wieder gehen konnte. Doch er hinkte für immer.«[220]

Nach dem Ende der Sklaverei übernahmen die ehemaligen

Konföderierten wieder die Macht im Süden, nun jedoch ohne das geringste materielle Interesse am Leben der Menschen, die ihnen einst gehört hatten. Sie gingen noch vehementer vor, um die unterste Kaste am Boden zu halten. Schwarze Menschen wurden verstümmelt, an Pappeln und Platanen aufgehängt und auf dem Gerichtsplatz verbrannt. In den ersten vier Jahrzehnten des 20. Jahrhunderts fand alle drei oder vier Tage ein Lynchmord statt.

Eine Sklavenhalterin aus North Carolina schien für die Verfechter der Kaste in der ganzen Welt zu sprechen, als sie sagte: »Lasst sie in Furcht erstarren.«[221]

*

Die herrschende Kaste demonstrierte ihre Macht noch auf eine andere Weise. Nazis und Plantagenbesitzer säten Zwietracht innerhalb der unteren Kasten, indem sie diejenigen Gefangenen belohnten, die sich eher mit den Unterdrückern als mit den Unterdrückten solidarisierten und die ihnen als Spione von Fluchtplänen und ähnlichem berichteten. Sie wählten immer einen Gefangenen aus, von dem sie glaubten, ihn kontrollieren zu können, und stellten ihn über die anderen.

In den Arbeitslagern der Nazis war es die Aufgabe des *Kapos,* des obersten Juden in jeder Gefangenenbaracke, um fünf Uhr morgens alle Gefangenen zu wecken und unter ihnen für Disziplin zu sorgen. Im Gegenzug erhielt er eine eigene Koje oder andere geringfügige Privilegien. Im US-amerikanischen Süden war es der Sklaventreiber, der oberste *Negro,* der diese Funktion ausübte. Er gab das Tempo für die anstehende Arbeit vor und hatte die Aufgabe, über die anderen zu wachen und sie zu disziplinieren, wenn man ihn dazu aufforderte.

Die dominante Kaste zwang die Gefangenen häufig, sich

gegenseitig zu bestrafen oder die Opfer unter den Augen ihrer Peiniger zu entsorgen. In Nazi-Deutschland waren es nicht die SS-Wachen, die die Leichen der Gefangenen in die Öfen schoben. Es waren die Gefangenen selbst, die zu dieser grausamen Aufgabe gezwungen wurden. Es war nicht die SS, die die Leichen der Menschen einsammelte, die in der Nacht gestorben waren. Das wurde den Gefangenen überlassen. In den US-amerikanischen Südstaaten mussten Schwarze Männer ihre Mitsklaven auspeitschen oder während der Folter die Beine und Arme des ausgepeitschten Mannes, der Frau oder des Kindes festhalten. Später, als Lynchmorde zum Hauptwerkzeug des Terrors wurden, waren es die Täter, die den Lynchmord begangen hatten, die der Familie des Opfers oder dem Schwarzen Bestatter sagten, wann es ihnen erlaubt wäre, die Überreste der Leiche vom Lynchbaum herunterzunehmen.

*

An einem Tag Mitte des 18. Jahrhunderts durchquerte ein Ältester der Presbyterianischen Kirche ein Waldstück in einer Sklavenhalterprovinz, als er etwas hörte, das er beschrieb als »ein Geräusch wie ein Mord«. Er ritt in die Richtung, aus der das Geräusch gekommen war, und entdeckte »einen nackten Schwarzen Mann, der an den Händen an einem Baum aufgehängt war und dessen Füße aneinandergekettet waren, während ein Stock die Kette zwischen seinen Beinen am Boden befestigte.« Ein Aufseher hatte dem Mann 400 Peitschenhiebe versetzt. »Der elendig zerfetzte Sklave wurde dann heruntergeholt und in die Obhut eines Arztes gegeben«, so der Presbyter.

Dieser Älteste fragte den Aufseher, »für welches Vergehen all dies vollzogen wurde.« So erfuhr er, dass der Sklave eine

Bemerkung gemacht hatte, die über seinen Stand hinausging. Sein Besitzer hatte beklagt, er habe den Mais in einer ungleichmäßigen Reihe gepflanzt. Worauf der Sklave antwortete: »Massa, in einer krummen Reihe wächst ebenso viel wie Mais in einer geraden.« Dafür wurde er bis an den Rand des Todes ausgepeitscht.

»Dies war alles, dies allein reichte aus«, sagte der presbyterianische Älteste. Der Aufseher brüstete sich mit seinem Geschick bei der Verwaltung des Eigentums seines Herrn. Der Sklave »war ihm Untertan, wurde aber wie ein Überlegener behandelt.«[222] Ein Jahrhundert später war die Sklaverei beendet, doch die Regeln und die Sanktionen, wenn sie verletzt wurden, hatten sich kaum verändert. Ein junger weißer Anthropologe von der Yale University mit Namen John Dollard reiste 1935 für seine Forschungen über das Jim-Crow-Kastensystem ins Mississippi-Delta. Ihm fiel auf, wie unterwürfig die Schwarzen waren: Sie traten für ihn zur Seite, zogen ihre Hüte ab und nannten ihn sogar »Sir«, obwohl sie viele Jahre älter waren als er.

Eines Tages war er mit anderen weißen Männern unterwegs, die einige Schwarze Sharecropper treffen wollten. Die Schwarzen kamen nur widerwillig aus ihren Hütten, als das Auto mit den weißen Männern vorfuhr. Der Fahrer machte sich einen Spaß daraus und sagte den Sharecroppern, dass er sie nicht hängen würde. Später erwähnte Dollard gegenüber dem Mann, dass »die *Negros* hier sehr höflich zu sein scheinen.«

Dem Mann entfuhr ein Lachen: »Das müssen sie ja auch sein.«[223]

8. SÄULE

Angeborene Überlegenheit versus angeborene Unterlegenheit

Das Standbild stammt aus einem Hollywood-Film aus den 1930er-Jahren. Darauf ist eine Schwarze Frau zu sehen, von kräftiger Statur und mit schlichtem Gesicht, sie trägt ein Kopftuch und eine Bedienstetenuniform. Ihre Arme sind um eine weiße Frau geschlungen, schlank, kindlich, mit goldenem Haar und porzellanfarbener Haut. Wenn das Bild sich wieder bewegt und sie wieder zu sprechen beginnen, werden Überbleibsel der Unterwürfigkeit und Ignoranz aus dem Mund der Schwarzen Frau kommen. Die Porzellanfrau spricht indes mit der manierierten Kultiviertheit der oberen Kaste. Die fragile Gestalt von Mary Pickford steht in direktem Kontrast zur wuchtigen Statur von Louise Beavers in dieser Standardsituation der Kaste, die sich in den USA in tausenden Filmen und Bildern wiederholte und uns die natürliche Überlegenheit einer Gruppe gegenüber einer anderen einprägen sollte.

In Wahrheit glich die Schwarze Schauspielerin Louise Beavers ganz und gar nicht dem Rollenbild, das man ihr auferlegt hatte. Sie war in Kalifornien aufgewachsen und musste den gebrochenen Dialekt der Feldarbeiter und Bediensteten aus den Südstaaten erst lernen. Die enge Schublade, in die sie gezwängt wurde, löste einen derart großen Stress in Beavers aus, dass sie am Filmset häufig Gewicht verlor. Die Filmemacher zwangen sie dazu, ihre ohnehin schon kräftige Statur noch weiter aufzupolstern, damit sie sich noch direkter von den schmächtigen unschuldigen weißen Mädchen abhob, die in jedem Film mit Beavers die Hauptrolle spielten.[224]

Hinter jeder Säule der Kaste verbarg sich die Annahme und ständige Erinnerung an die angeborene Überlegenheit der Oberkaste sowie die angeborene Unterlegenheit der Unterkaste. Es genügte nicht, dass die Kasten aus Gründen der »Verunreinigung« getrennt wurden oder dass sie einander nicht heirateten durften, nein, es musste aus jeder Interaktion eindeutig hervorgehen, dass die eine Gruppe überlegen war und von Natur aus das Beste verdiente, während die andere zu Recht gar nichts verdient hatte.[225]

Dies erforderte Zeichen, Symbole und Bräuche. Im 19. Jahrhundert schrieb der Abolitionist William Goodell: »[Der Schwarze Mensch] muss wie andere Haustiere der überlegenen Rasse unterworfen werden, die seine Herrschaft über ihn ausübt.«[226]

Schwarzen Menschen zur Zeit von Jim Crow und jüdischen Menschen im Dritten Reich war es häufig nicht gestattet, die Gehwege zu nutzen, womit ihre eigene degradierte Stellung demonstriert werden sollte.

»Wenn ein *Negro*, ob Mann oder Frau, in Richmond, Virginia, einem Weißen auf der Straße begegnete«, schrieb der Historiker Bertram Doyle, »mussten sie ihm mit Respekt begegnen und, wenn nötig, vom Bürgersteig auf die Straße treten, da sie sonst mit Hieben auf dem nackten Rücken bestraft wurden.«[227]

Auf dem Höhepunkt der Kastensysteme in den USA, in Indien und im Dritten Reich war es der untersten Kaste nicht gestattet, die Symbole des Erfolgs und des Status zu tragen, die der oberen Kaste vorbehalten waren. Sie sollten nicht besser gekleidet sein als die Menschen der Oberkaste, keine schöneren Autos fahren und – sofern sie überhaupt genug verdienten – keine extravaganteren Häuser besitzen.

In Indien schrieb das Kastensystem die Länge und die Falten des Saris einer Dalit vor. Als Zeichen ihrer Minderwertigkeit sollte sie raue, zerfledderte Stoffe tragen. In den USA ging ein Gesetz von 1735, der South Carolina Negro Code, so weit, sogar die Stoffe vorzuschreiben, die versklavte Schwarze tragen durften. Ihnen war alles verboten, was über den Stand Schwarzer Menschen hinausging. Es war ihnen untersagt, »jede Art von Kleidungsstück zu tragen, das feiner, anders oder wertvoller ist als *Negro*-Stoffe, als Düffel, grober Jersey, Osnabrücker Leinen, blaues Leinen, kariertes Leinen, grobes beiges Leinen oder Kaliko« – sprich die billigsten und rauesten Stoffe, die es in der Kolonie gab.[228] 200 Jahre später herrschte noch immer der Geist dieses Gesetzes, als Schwarze Soldaten angegriffen und getötet wurden, bloß weil sie ihre Armeeuniformen trugen.

In Deutschland waren es insbesondere der mutmaßliche Reichtum und der Erfolg der deutschen Jüdinnen und Juden, die die Nazis erzürnten. Gegen Ende des Zweiten Weltkriegs trug eine junge Jüdin in Berlin einen Pelzmantel, als die Gestapo sie und andere zusammentrieb und in Viehwaggons schob, die zu den Konzentrationslagern fuhren. Bei der Ankunft waren die SS-Leute erbost, eine Jüdin in einem Pelzmantel zu sehen, da sich die Frauen der SS-Männer wahrscheinlich kein solches Kleidungsstück leisten konnten, und aus Hass zwangen sie die Frau in den Schweinestall des Lagers, wo sie sich in ihrem Pelzmantel immer wieder im eisigen Schlamm wälzen musste. Man nahm ihr den Mantel, und sicher wäre sie in der bitteren Kälte gestorben, wenn nicht wenige Tage später die Alliierten das Lager befreit hätten. Bis dahin kauerte sich die Frau neben die Schweine und hielt sich so bis zur Befreiung warm.[229]

*

Die Macht der Kaste trat nie deutlicher zutage als dann, wenn die Person, die aufgrund ihrer Kaste als überlegen galt, dies ohne irgendeinen Zweifel *nicht* war. Der Historiker Kenneth Stampp beschrieb das Schicksal einiger Schwarzer so: »Sie waren der Besitz einer Frau, die weder lesen noch schreiben konnte, die kaum in der Lage war, bis zehn zu zählen.« Dennoch mussten sie sich der Herrschaft dieser Frau unterwerfen, und jeder Atemzug, den sie taten, war von ihr abhängig. Sie waren der Besitz von »Trinkern wie Lilburne Lewis aus Livingston County in Kentucky, der einmal einen Sklaven mit einer Axt in Stücke hackte, und von Sadisten wie Madame Lalaurie aus New Orleans, die ihre Versklavten zu ihrem eigenen Vergnügen folterte.«

Wie Stampp mit Bezug auf das *Farmers' Register* von 1834 schreibt, mussten sie sich zum Überleben »noch dem erbärmlichsten weißen Mann unterwerfen.«[230]

Sie mussten Mittel und Wege finden, um in einem System zu überleben, das totale Unterwerfung, eine genaue Beobachtung und Deutung ihrer Besitzerinnen und Besitzer und die Erfüllung dieser Unterwerfung erforderte, um grausamen Strafen zu entgehen. Sie hatten sich an die wechselhaften und willkürlichen Forderungen der jeweils herrschenden Person, der sie gerade begegneten, anzupassen.

»Sie müssen jederzeit und unter allen Umständen fröhlich und bereitwillig gehorchen«, sagte ein Sklavenhalter aus Virginia.[231] Eine schier unmögliche Aufgabe, weil »jede beliebige Handlung« als »Unverschämtheit« gedeutet werden konnte, sei es auch nur »ein Blick, das Zeigen mit einem Finger, die Weigerung oder die Nachlässigkeit, zur Seite zu treten, sobald sich eine weiße Person nähert.«[232]

Der Redner Frederick Douglass fügte im 19. Jahrhundert

noch die folgenden Gesten hinzu, die die Wut der Weißen sowie ihre Gewalttätigkeit hervorrufen konnten. »Im Tone einer Antwort«, schrieb Douglass, »in der Beantwortung einer Frage; in der Nichtbeantwortung einer Frage; im Ausdruck der Miene; in der Bewegung des Kopfes; im Gang, im Auftreten und im Gebaren.« Jede dieser Verhaltensweisen würden, »wenn sie toleriert würde, die Unterordnung zerstören, auf der unser soziales System beruht«, meinte der Richter aus North Carolina.[233]

Dieser Code galt ganze Generationen lang. Noch Jahre, nachdem die Nazis besiegt worden waren, wurden Schwarze Menschen brutal behandelt, wenn sie auch nur den Anschein erweckten, sich über ihre gesellschaftliche Stellung zu erheben. Plantagenbesitzer peitschten ihre Sharecropper routinemäßig für »triviale Vergehen«, schrieben Allison Davis, Burleigh und Mary Gardner bereits im Jahr 1941. Ein Plantagenbesitzer in Mississippi sagte, wenn sein Sharecropper »nicht aufhöre, sich so aufzuspielen, wäre es das nächste Mal nicht die Peitsche, sondern eine Kugel oder der Strick. So muss man mit ihnen umgehen, wenn sie übermütig werden.«[234] 1948 wurde ein Schwarzer Sharecropper in Louise im Staat Mississippi von zwei Weißen auf Schwerste verprügelt, schreibt der Historiker James C. Cobb, »weil er nach dem Bezahlen seiner Wasserrechnung eine Quittung verlangte.«[235]

Noch die trivialste zwischenmenschliche Interaktion musste mit Blick auf die Rangordnung ablaufen. Bis weit in die 1960er-Jahre hinein war im amerikanischen Süden das bloße Einsteigen in einen öffentlichen Bus eine streng choreografierte Angelegenheit, die auf maximale Demütigung und Stigmatisierung der untersten Kaste ausgerichtet war. Im Gegensatz zu den Fahrgästen der herrschenden Kaste, die einstiegen, ihren Fahrpreis beglichen und einen Sitzplatz einnahmen, mussten Schwarze Fahrgäste einsteigen, den Fahrpreis bezahlen und dann erneut aussteigen, um den weißen Teil des Busses nicht zu verunreinigen oder die weißen Fahrgäste zu stören, wenn sie in den hinteren Teil des Busses gelangen wollten. Danach mussten sie zur Hintertür laufen, um im für Schwarze abgegrenzten Teil des Busses wieder einzusteigen. Es war nicht ungewöhnlich, dass der Bus losfuhr, bevor sie die Hintertür erreichen konnten.

»Dem *Negro* ist eine Position der Minderwertigkeit und Unterwürfigkeit angestammt, an die er durch seine weißen Nachbarinnen und Nachbarn erinnert wird«, schrieb der Historiker Bertram Doyle.[236]

Je größer die Kluft zwischen Menschen, desto leichter für die einen, sich von den anderen zu distanzieren und sie zu erniedrigen.

»Für die Menschen, die in einem Kastensystem leben, besteht die Kaste aus Macht und Verwundbarkeit, Privileg und Unterdrückung, Ehre und Verunglimpfung, Überfluss und Mangel, Belohnung und Entbehrung, Sicherheit und Angst«, schrieb einer der herausragendsten Kastenforscher der USA, Gerald Berreman. »Eine Beschreibung der Kaste, die dies nicht wiedergibt, verdient diesen Namen nicht.«[237]

Einige Angehörige der herrschenden Kaste gewöhnten sich so sehr an ihre Überlegenheit, dass sie sich fragten, wie sie im Jenseits allein zurechtkommen würden. »Ist es möglich, dass einer meiner Sklaven mit mir in den Himmel kommt«, fragte eine Frau aus der Oberkaste einen Pfarrer in South Carolina, »und muss ich meine Sklaven dort wiedersehen?«[238]

TEIL VIER

DIE TENTAKEL DER KASTE

Braune Augen versus blaue Augen

Die Kinder der dritten Klasse rutschten auf ihren Sitzen herum, während ihre Lehrerin Mrs Elliott ihnen die Regeln eines Experiments erklärte, das sie mit ihnen durchführen wollte. Martin Luther King jr. war unlängst ermordet worden, es war in den späten 1960er-Jahren in der ländlichen Stadt Riceville, Iowa, und Jane Elliott hatte sich zu einem ungewöhnlichen Schritt entschieden. Alle Kinder – Nachkommen von Eingewanderten aus Deutschland, Schottland, Irland und Skandinavien – hatten ungefähr die gleiche Hautfarbe wie ihre Lehrerin und waren auf Anhieb kaum voneinander zu unterscheiden. Doch Jane Elliott würde ihren Schülerinnen und Schülern aus der dominanten Kaste beibringen, wie es sich anfühlt, aufgrund eines willkürlichen körperlichen Merkmals beurteilt zu werden: ihrer Augenfarbe.[239]

Sie kündigte an, dass sie an diesem Schultag einmal etwas anderes machen würden. Sie erzählte den Kindern, dass die Braunäugigen unter ihnen nicht so gute Menschen seien wie die Blauäugigen, dass sie langsamer seien und nicht so klug wie die Blauäugigen, dass die Braunäugigen erst dann vom Wasserspender trinken dürften, wenn sie es ihnen erlaubte, und dass sie stattdessen Pappbecher benutzen müssten. Sie sagte den Kindern, dass die Braunäugigen nicht mit den Blauäugigen auf dem Spielplatz spielen dürften und nach der Pause früher zurück ins Schulgebäude kommen müssten, während die blauäugigen Schülerinnen und Schüler länger auf dem Pausenhof bleiben dürften.

Die Schüler wirkten zunächst verwirrt. Aber nach wenigen Mi-

nuten fingen sie bereits an, die neuen Regeln anzuwenden, nämlich als Mrs Elliot die Kinder aufforderte, ihre Bücher auf einer bestimmten Seite aufzuschlagen, um mit dem Unterricht zu beginnen.

»Sind alle bereit?«, fragte Mrs Elliott ihre Klasse. Ein kleines Mädchen blätterte noch immer in ihrem Buch, um die richtige Seite zu finden. Die Lehrerin blickte das Mädchen mit einem urteilenden und ungeduldigen Blick an. »Alle außer Laurie«, sagte Mrs Elliott verärgert. »Bist du so weit, Laurie?«

Ein blauäugiger Junge meldete sich zu Wort. »Sie ist ein Braunauge«, sagte er.

Als die Mittagspause nahte, sagte die Lehrerin den blauäugigen Kindern, dass sie zuerst essen dürften und einen Nachschlag bekämen, die braunäugigen Kinder jedoch nicht.

»Sie könnten sich zu viel nehmen«, sagte die Lehrerin.

Die braunäugigen Kinder waren niedergeschlagen und traurig.

Ein Junge geriet in der Pause in eine Schlägerei, weil einer der blauäugigen Jungen ihn beschimpft hatte.

»Wie hat er dich genannt?«, fragte ihn der Lehrer.

»Braunauge«, sagte der Junge unter Tränen.

Eine bislang vollkommen neutrale Eigenschaft war plötzlich in einen Nachteil verwandelt worden. Am nächsten Tag drehte die Lehrerin den Spieß um und die blauäugigen Kinder wurden zur Kaste der Sündenböcke.

»Es war irgendwie so, als würde uns alles mögliche Schlechte passieren«, sagte ein Mädchen. »So wie wir behandelt wurden, hatte man das Gefühl, gar nicht erst was versuchen zu wollen«, sagte ein anderes.

Die schulischen Leistungen sanken bei beiden Gruppen in den wenigen Stunden, in denen sie in die minderwertige Kaste verbannt wurden. Die braunäugigen Kinder brauchten an dem Tag, an dem sie sich minderwertig fühlten, doppelt so lange wie gewöhnlich für eine einfache Übung.

»Ich habe mitangesehen, wie meine Schülerinnen und Schüler zu dem wurden, was ich ihnen vorschrieb«, sagte die Lehrerin Jahrzehnte später in einem Interview mit NBC News.

Als die braunäugigen Kinder auf ein Podest gestellt und als dominant dargestellt wurden, so meinte Elliott in dem Interview, sah sie, wie »kleine, wundervolle, braunäugige Weiße innerhalb von 15 Minuten zu diskriminierenden, herrschsüchtigen Menschen wurden.«

Als die blauäugigen Kinder zu Sündenböcken und Unterworfenen gemacht wurden, so sagte Elliott, »habe ich mit angesehen, wie brillante, blauäugige, weiße, christliche Kinder innerhalb von einer Viertelstunde unsicher, ängstlich, wütend und lernunfähig wurden.«

»Wenn man das mit einer ganzen Gruppe von Menschen ein Leben lang macht«, sagte sie, »verändert man ihre Psyche. Man überzeugt diejenigen, die den braunäugigen Menschen entsprechen, dass sie überlegen sind, dass sie perfekt sind, dass sie das Recht haben zu herrschen, und man überzeugt diejenigen, die den Platz der blauäugigen Kinder einnehmen, dass sie weniger wert sind. Wenn man das ein Leben lang tut, was glauben Sie, was das mit ihnen macht?«[240]

10

Zentrale Fehlbesetzung

Ich kam an einem schiefergrauen Dezembermorgen 2017 in London an, um an einer internationalen Konferenz über das Thema teilzunehmen, das mich schon seit Längerem beschäftigte: die Kaste. Im Gegensatz zu vielen anderen Veranstaltungen, an denen ich teilnehme, ging ich als Zuhörerin dorthin, ich hielt selbst keinen Vortrag, sondern wollte Neues lernen. Ich würde von Menschen umgeben sein, die nach wissenschaftlichen Erklärungen für die tiefen Gräben in unserer Gesellschaft suchten. Das Thema der Kaste war in meinen Augen die Grundlage jedes anderen *Ismus*. Diese Forscherinnen und Forscher waren inzwischen meine intellektuellen Peers. Sie waren Menschen, die über die Hierarchien hinwegsehen konnten, durch die unsere Spezies belastet war.

Der Hörsaal war gefüllt mit Soziologinnen, Politikwissenschaftlern und Anthropologinnen, und ich war voller Vorfreude, als ich mir einen Platz in der ersten Reihe suchte. Eine Frau, die offenbar ostasiatischer Abstammung war, zog ihre Jacke aus und nickte. Es gab keine unangenehmen oder fragenden Blicke, wie es in den USA in einer ähnlichen Situation der Fall sein könnte. Ich fühlte mich wohl.

Ich sah mich im Publikum um und stellte fest, dass es hier, am Schnittpunkt der Welt, niemanden gab, der so aussah wie ich. Die meisten schienen aus Südasien, also Indien, oder aus Europa, vor allem aus England, zu stammen. Keine einzige Person afrikanischer Abstammung und, soweit ich das beurteilen konnte, nur zwei oder drei Menschen aus den USA, alle weiß und vermutlich in Europa oder Indien lebend. Ich allein hatte den Atlantik für diesen einen Tag überquert, um zu versuchen, die Kräfte zu verstehen, die den Verlauf meines Lebens und das meiner Vorfahren wie vieler anderer Menschen vor mir geprägt hatten.

Ich hatte mich zwar mit der unausgesprochenen Kastenstruktur in den USA beschäftigt, aber noch nicht mit dem ältesten, indischen Kastensystem. Wie bei vielen Gesprächen über Ungerechtigkeit drehten sich auch die Vorträge hier fast ausschließlich um die Opfer und die Folgen gesellschaftlicher Missstände, nicht aber um deren Ursachen. Ein Podium nach dem anderen beleuchtete das Leiden der untersten Kasten, die in Indien als »scheduled castes« oder – für amerikanische Ohren schockierend – als »backward castes«, also zurückgebliebene Kasten, bezeichnet werden, aus einer anderen Perspektive. Ich begann, Parallelen zu den USA zu sehen, hörte Geschichten, die aus den Schlagzeilen über Schwarze und Native Americans hätten stammen können.

Beide Länder hatten die gesetzliche Diskriminierung abgeschafft, und dennoch, so hieß es bei den Podiumsdiskussionen und in den Vorträgen, wurden Dalits von den indischen Behörden brutal behandelt, so wie People of Color in den USA von der Polizei brutal behandelt wurden. Eine Bevölkerungsgruppe, die in Indien als Adivasi bekannt ist, kämpfte für den Erhalt ihres Landes und ihrer Kultur, so wie es die Native Americans in ihrem Land tun. Zwei verschiedene Länder, von einem Ozean getrennt, hatten vergleichbare Wege gefunden, um die untergeordneten Gruppen kleinzuhalten. Ich konnte meine Augen schließen und die Namen austauschen, während ich diese Berichte hörte, und mich wieder in den USA wähnen. »Noch ein Dalit, der von der Polizei ermordet wurde, noch eine Adivasi, die von der Polizei ermordet wurde«, sagte eine Frau. »Warum wehren wir uns nicht gegen die staatlich sanktionierte Gewalt?«

In der ersten Pause wollte ich unbedingt an Exemplare der gehaltenen Vorträge kommen. Ich hatte schon früh beschlossen, weder mein erstes Buch zu erwähnen noch die Aufmerksamkeit auf mein neues Projekt zu lenken, das damals ohnehin erst begann, sich in meinen Gedanken zu formen. Ich war dort, um als das akzeptiert zu werden, was die Anwesenden sehen konnten – eine gut gekleidete Frau, eine Amerikanerin, eine Schwarze, rhetorisch geschickt und konzentriert.

Ich sprach eine Professorin an, eine Inderin und, wie ich später feststellen sollte, eine Frau aus einer höheren Kaste, die anscheinend die Konferenz leitete. Ich fragte, ob ich Druckexemplare der Vorträge erhalten könne. Sie sagte nein.

»Sie müssen sich gedulden. Warum brauchen Sie die Vorträge?«

»Ich bin Autorin und extra aus den USA angereist«, antwortete ich. Ich dachte, dieses Maß an Hingabe beeindrucke sie vielleicht. Tat es nicht. Sie verwies mich an einen Engländer, der älter war als sie, und es schien, dass selbst hier unter den Leuten, die sich wissenschaftlich mit Kaste beschäftigten, eine traditionelle Hierarchie am Werk war. Die Frau wurde von der Menschenmenge verschluckt, und auch der Engländer wurde von anderen Menschen umringt. Wie überall gab es Cliquen und Bruderschaften von Menschen, die sich kannten oder zusammengearbeitet hatten, und statt einer offenen Konferenz fühlte es sich langsam wie ein Familientreffen an, zu dem ich versehentlich eingeladen worden war.

In der Mittagspause entdeckte ich einen Mann, der allein einer anderen Gruppe von Männern gegenüber saß, die sich miteinander unterhielten. Wie drei Viertel der Anwesenden war auch er Inder, doch irgendetwas setzte ihn ab. Er trug eine schwarze Aktentasche, die inmitten der Rucksäcke, die uns umgaben, einen geschäftlichen und ernsten Eindruck machte. Wie ich schien auch er ein Außenseiter unter den Insidern zu sein. Ich fühlte mich ihm sofort verbunden.

Als ich neben ihm Platz nahm, stellte er sich vor als Tushar. Er wurde in Bengalen geboren, war Geologe und lebte heute in London. Er war förmlicher gekleidet als alle anderen, der Kragen seines blauen Oxford-Hemdes lugte unter seinem grauen Tweed-Sakko hervor, ein Seitenscheitel in seinem dichten grauen Haar, sein Lächeln spielte in seine Augen und sein Gesicht war warm und freundlich, während er sprach.

»Unserem Kastensystem zufolge«, sagte er, »gehöre ich zur zweithöchsten Kaste. Die Krieger- und Soldaten-Kaste.«

Ich betrachtete diesen Mann, der nicht viel größer war als ich, mit einem sanften Gesicht und einer bescheidenen Haltung, und ich fragte mich, auf welchem Planeten man diesen Mann wohl als geborenen Krieger ansehen würde. Er war der lebende Beweis für die Fehlbesetzung der Kaste. Ihm selbst war dies längst aufgefallen, und er nahm die Kastenzuschreibung so wenig ernst, dass er zunächst nicht einmal in der Lage war, mir die genaue Schreibweise der Kaste oder, in Sanskrit, der *Varna,* zu nennen, in die er hineingeboren worden war. Damals kannte ich die vier *Varnas* noch nicht; ich wusste noch nicht einmal, dass die Kasten überhaupt *Varnas* genannt wurden, also bat ich ihn, es für mich aufzuschreiben. Er schrieb die Worte *Khatriya* und dann *Kayastras* auf meinen Notizblock.

»Ich glaube, es heißt *Kshatriya*«, sagte er. »Das ist alles schwer zu verstehen. Ich bin sozial privilegiert aufgewachsen. Man bekommt gesagt, dass man die zweithöchste Kaste ist, die herrschende Kaste, und dass man froh sein soll, dass es viele gibt, die unter einem stehen.«

Als kleiner Junge sei er auf dem Weg zur Schule an Bettlern vorbeigekommen, die auf der Straße um Geld baten, manche von ihnen schrien, dass sie nichts zu essen hätten. Seine eigene Familie aß vier- oder fünfgängige Menüs – Dal und Amaranth, Hammelfleisch und Chutney –, während sich weniger wohlhabende Familien mit Reis und Kartoffeln begnügen mussten, und die unter ihnen liegenden mit noch sehr viel weniger.

Es war schwer, sein Privileg zu genießen, wenn so wenige Menschen in den Genuss derselben Privilegien kamen. Als er elf oder zwölf war, begann er sich zu fragen, warum seine Familie so viel und andere so wenig hatten. »Denk nicht über solche Dinge nach«, sagten ihm die Ältesten. »Kümmere dich um deine Schulaufgeben. Die Kaste ist von Gott geschaffen.«

Die Nachmittagssitzungen begannen mit Diskussionen über die Proteste der Dalits und das Eindringen von Unternehmen in das Land der Adivasi. Tushar und ich machten uns auf den Weg zurück in den Hörsaal. Wir beide waren auf unserer je eigenen Mission.

Da wir uns in England befanden, gab es eine Teepause, und in der Menge zog es mich wieder zu Tushar. Er wirkte ungeduldig. »Die haben meine Fragen nicht beantwortet«, sagte er. »Mein ganzes Leben suche ich nach Antworten, wie es zu alldem kommen konnte.«

Er fragte mich, was mich von so weit her zu dieser Konferenz geführt habe. Ich sagte ihm, dass ich das Konzept der Kaste verstehen wollte, weil auch ich unter ihren Auswirkungen lebte. Ich erzählte ihm, dass die meisten Menschen nicht der Meinung seien, die USA hätten ein Kastensystem, auch wenn alles darauf hinweise. Er hörte mir zu, ohne sich ein Urteil zu bilden.

»Die Kaste bestimmt alles in Indien«, sagte er. »Es ist der Hinduismus, der das Kastensystem aufrechterhält. Deshalb wurde Ambedkar auch Buddhist. Für ihn war das keine Flucht, sondern eine Befreiung. Das Kastensystem ist eine andere Form von Rassismus. Gott weiß, wie lange es dauern wird, bis die Menschen davon loskommen.«

»Sind Sie immer noch Hinduist?«, fragte ich ihn.

»Ich bin Atheist«, sagte er. »Keine Religion. Seit ich 13 bin.«

»Und was hält Ihre Familie davon?«

»Sie glauben, dass man als Hindu geboren wird und als Hindu stirbt. Der Kaste entkommt man nicht. Aber ich glaube, was ich glaube. Wen interessiert es, was meine Familie denkt?«

Er schien darüber nachgedacht zu haben, was ich ihm über die Hierarchie in den USA erzählt hatte.

»Wenn es in den USA ein Kastensystem gibt«, fragte er mich, »zu welcher Kaste gehören Sie dann?«

Das ist die Frage, die viele Inderinnen und Inder auf die eine oder andere Weise stellen, wenn sie Landsleuten begegnen. Es ist eine Frage, von der die Angehörigen der untersten Kaste wissen, dass sie kommen wird und vor der sie sich fürchten. Inder und Inderinnen fragen nach dem Nachnamen, dem Beruf des Vaters, dem Dorf, aus dem man kommt, dem Stadtteil, aus dem man stammt, um die Kaste des Gegenübers zu ergründen. Sie geben nicht eher Ruhe, bis sie den Rang der Person in der sozialen Ordnung entschlüsselt haben.

Tushar hatte schon lange darauf gewartet, mir diese Frage zu stellen, und er hätte es wahrscheinlich nicht getan oder überhaupt nicht daran gedacht, wenn ich nicht die Kaste in den USA ins Spiel gebracht hätte. Die Vorstellung schien ihn zu verwundern. Er schien wissen zu wollen, wie die Kaste in den USA ausgestaltet war und wo ich mich einordnete.

Allerdings hatte ich mit dieser Frage nicht gerechnet. Niemand hatte mich jemals zuvor danach gefragt. Weshalb wusste er das nicht? War er bloß höflich? Hollywood und die Nachrichtenmedien haben über Generationen hinweg erniedrigende Bilder von Schwarzen in alle Welt exportiert, unser Ruf eilt uns voraus, und zwar nicht zu unserm Vorteil. Ich war ihm auf eine seltsame Weise dankbar für die Möglichkeit, diese Frage zu beantworten. Denn zu Hause bekäme ich nicht die Gelegenheit, etwas dazu zu sagen, da meine gesellschaftliche Stellung in meinem Land durch meinen Körper bereits offensichtlich wäre: Auch ohne die Sprache der Kaste wussten alle Menschen in den USA genau, in welchen Rang oder welche Gruppe ich hineingeboren wurde.

Doch Tushar war ein Mann, der in Indien in einer oberen Kaste geboren wurde und ein Skeptiker des ererbten Status war, ein Mann, der mich als ein Individuum ansah, das jedem Rang angehören könnte. Er steckte mich nicht in eine Schublade und hatte keines der Vorurteile, mit denen ich mich jeden Tag abmühte. In ihrer unschuldigen urteilslosen Art war seine Frage befreiend.

»Na ja«, sagte ich zu Tushar, »in den USA werde ich der untersten Kaste zugeordnet. Ich bin eine US-amerikanische Unberührbare. Ich bin eine US-amerikanische Dalit. Und ich bin der lebende Beweis dafür, dass das Konzept der Kaste etwas Künstliches ist.«

Er sah mich verständnisvoll an. Meine Antwort war eine weitere Bestätigung dessen, was er für eine Krankheit hielt. In den folgenden Monaten führten wir unser Gespräch fort, wann immer ich in London war, und er erzählte mir mehr von den Absurditäten, die er im Kastensystem seiner Heimat erlebt hatte.

Er erinnerte sich an die Dalit-Schüler, deren Examen nicht benotet wurden. »Die Prüfungen wurden einfach nicht korrigiert«, sagte er, »weil der Lehrer einer höheren Kaste angehörte und das Papier, das ein Dalit angefasst hatte, nicht berühren wollte. Man weiß nicht, ob man lachen oder weinen soll.«

Er erzählte mir von einer Frau aus einer höheren Kaste in einem Büro, in dem er einmal gearbeitet hatte. Wenn sie Durst hatte, stand sie von ihrem Schreibtisch und lief durchs ganze Büro, den Flur entlang und noch um die letzte Ecke, nur um einen Dalit zu bitten, ihr Wasser zu holen.

»Dabei stand das Wasser direkt neben ihrem Schreibtisch«, sagte er. »Aber sie fand, es war unter ihrer Würde, sich das Wasser selbst von dem Tisch zu nehmen, der neben ihr stand. Das ist die Krankheit der Kaste.«

Er erinnerte sich, wie besessen Inderinnen und Inder vom Merkmal der Hautfarbe seien, einer Kaste innerhalb der Kaste, an den Hass auf jene mit dunklerer Hautfarbe, die tendenziell eher einer niedrigeren Kaste angehören, wenn auch nicht immer, und wie sie unter diesem Unfall des Schicksals leiden, ganz ähnlich wie die Schwarzen Menschen und anderen People of Color in den USA und anderen Teilen der Welt.

Seine ältere Schwester hatte eine dunklere Hautfarbe als die meisten seiner Geschwister, und als sie das heiratsfähige Alter erreichte, musste sie in den Nächten vor dem Besuch eines potenziellen Heiratskandidaten die Haut von gekochter Milch abschöpfen, um sie sich aufs Gesicht zu legen. »Stellen Sie sich das nur vor«, sagte er. »Woche für Woche. Nacht für Nacht. Sie wusste, dass sie abgewiesen werden würde, schloss die Tür zu ihrem Zimmer und weinte. Ich war zwölf.

Ich erinnere mich bis heute daran. Am Ende hat sie doch jemand geheiratet, aber darum geht es nicht. Sie hätte das alles nicht durchmachen müssen. Diese Grausamkeiten.«

Wir waren beide fehlbesetzt worden, jeweils auf unsere ganz eigene Weise, und beide waren wir in der Lage, die Täuschung zu durchschauen, die uns geformt und unterdrückt hatte. Wir waren aus der Matrix ausgebrochen und waren überzeugt, zu sehen, was andere nicht sahen, und dass sie es aber sehen könnten, wenn sie nur aus ihrem Schlummer erwachen würden.

Wir hatten uns den Vorschriften unserer Kasten widersetzt: Er war weder ein Krieger noch ein Herrscher. Er war Geologe. Ich war keine Hausangestellte. Ich war Autorin. Er hatte seiner Kaste von oben getrotzt und ich meiner von unten, und wir trafen uns in diesem Moment in London in der Mitte, an unserer ganz speziellen Maginot-Linie der Gleichheit, auf verschiedenen Seiten desselben Strebens: die Kräfte zu verstehen, die uns zu definieren versucht hatten, aber gescheitert waren.

11

Bedrohung des Status der dominanten Gruppe und die Prekarität der höchsten Stufe

Ende 2015 verkündeten ein Wirtschaftswissenschaftler und eine Wirtschaftswissenschaftlerin der Princeton University die verblüffende Neuigkeit, dass die Sterblichkeitsrate weißer Menschen mittleren Alters in den USA, insbesondere weniger gebildeter weißer Menschen mittleren Alters, seit 1950 erstmals gestiegen ist. Die Medien des Landes schlugen Alarm.

Die Nachricht stand im Gegensatz zu den Trends bei allen anderen ethnischen Gruppen. Selbst bei den historisch marginalisierten Schwarzen wie auch bei den Latinx war die Sterblichkeitsrate im Untersuchungszeitraum von 1998 bis 2013 gesunken. Die ansteigende Sterberate der Weißen in den USA stand im Widerspruch zu den vorherrschenden Trends in der ganzen übrigen westlichen Welt.[241]

Im 20. Jahrhundert hatte die US-amerikanische Bevölkerung dank eines gesünderen Lebensstils und medizinischer Fortschritte mit jeder nachfolgenden Generation eine immer höhere Lebenserwartung genossen. Das änderte sich schlagartig mit Beginn des 21. Jahrhunderts. Die Sterblichkeitsrate der Weißen zwischen 45 und 54 Jahren stieg, während besonders die Menschen mit der geringsten Bildung durch Selbstmord, Drogenüberdosen und Lebererkrankungen infolge von Alkoholmissbrauch starben, so die Autoren jener bahnbrechenden Studie, Anne Case und der Nobelpreisträger Angus

Deaton. Die Zahl dieser »Verzweiflungstode«, wie die beiden sie nannten, belief sich auf etwa eine halbe Million – das waren mehr US-Amerikaner als im Zweiten Weltkrieg gefallen waren.[242] Es handelte sich um Menschen, die noch am Leben sein könnten, wenn sich innerhalb dieser Gruppe die früheren demografischen Trends fortgesetzt hätten.

»Das sind unnötige Todesfälle«, sagte Case auf einer Konferenz über Ungleichheit. »Es sind Menschen, die sich selbst das Leben nehmen – ob plötzlich oder über eine lange Zeit.«[243]

Ihre Zahl und ihr Anteil an der Gesamtbevölkerung waren »groß genug«, um die Sterblichkeitsrate der Weißen insgesamt in die Höhe zu treiben und die diesbezüglichen Fortschritte bei der Behandlung von Krebs oder Herzkrankheiten aufzuwiegen. Diese Kehrtwende machte »jahrzehntelange medizinische Fortschritte zunichte und war in der Geschichte der Vereinigten Staaten einzigartig«, schrieben Case und Deaton. »Kein anderes reiches Land erlebte etwas Vergleichbares.«

Tatsächlich gingen die Sterblichkeitsraten in anderen westlichen Ländern sogar stark zurück. Die Todesfälle unter weißen Amerikanerinnen und Amerikanern mittleren Alters stiegen von etwa 375 pro 100.000 Menschen in den späten 1990er-Jahren auf etwa 415 im Jahr 2013, während sie beispielsweise im Vereinigten Königreich im gleichen Zeitraum von etwa 330 pro 100.000 auf 260 sank. Eine Grafik der Sterblichkeitsraten führender westlicher Länder zeigt eine ansteigende Linie der Sterblichkeitsraten weißer US-Amerikanerinnen und -Amerikaner mittleren Alters, während die Linien für ihre Altersgenossen in anderen westlichen Ländern sinken.[244]

Was könnte der Grund dafür gewesen sein?

Die Studie wies nach, dass die Reallöhne für Angestellte

seit den 1970er-Jahren stagnierten, was zu wirtschaftlicher Unsicherheit führte und eine Generation herausbildete, der es weniger gut ging als der vorherigen. Die Studie räumte jedoch ein, dass in anderen westlichen Ländern eine ähnliche Stagnation eingetreten sei. Allerdings verfügten sie über ein großzügigeres Sicherheitsnetz. Die weißen Amerikanerinnen und Amerikaner, so die Studie, wären allerdings nicht die einzige Gruppe, die unter Lohnstagnation und mangelhaften sozialen Sicherheiten litten. Angestellte anderer Herkunft seien von den Unwägbarkeiten der Wirtschaft ebenso gefährdet, wenn nicht sogar noch stärker. Die Sterblichkeitsrate unter Schwarzen Menschen war in den USA historisch immer höher als die anderer Gruppen, doch nun sank selbst sie von Jahr zu Jahr. Es waren die weißen Menschen mittleren Alters, die in steigender Zahl aus Verzweiflung starben.

Durch die Linse der Kaste betrachtet, sind sie die am wenigsten wohlhabenden Mitglieder der dominierenden Kaste in den USA. Über Generationen hinweg konnten sie ihren ererbten Rang in der Hierarchie und die daraus erwachsenden Vorteile als selbstverständlich ansehen.

Vielleicht unterschätzen wir aber auch die Nachwehen des demografischen Wandels, der Erosion der Gewerkschaften, des gefühlten Statusverlusts, der Ängste um ihren Platz in der Welt und des Unmuts darüber, dass die Sicherheiten, auf die sich ihre Väter verlassen konnten, nun in den vermeintlich besten Jahren ihres Lebens schwinden könnten. Die zunehmende Einwanderung von jenseits des Pazifiks und des Rio Grandes sowie der Aufstieg eines Schwarzen zum Präsidenten stellten die Welt, wie viele sie kannten, auf den Kopf, und einige von ihnen waren nach 2008 vielleicht empfänglicher für die Aufrufe, »unser Land zurückzuholen«, und vielleicht waren sie deshalb im Jahr 2016 empfänglicher für die Forderung, »Amerika wieder groß zu machen« – »make America great again«.

In den USA hat die Politikwissenschaft diesem Unbehagen einen Namen gegeben: »dominant group status threat«, die Bedrohung des Status der dominanten Gruppe. Bei diesem Phänomen »handelt es sich nicht um die übliche Form von Vorurteilen oder Stereotypen, bei der man auf eine als minderwertig empfundene Gruppe herabschaut«, schreibt Diana Mutz, Politikwissenschaftlerin an der University of Pennsylvania. »Stattdessen erwächst es dem Gefühl, dass die untergeordnete Gruppe gesellschaftlich zu gut abschneidet und somit eine ernsthafte Bedrohung für den eigenen Status darstellt.«[245]

Die Opfer der Verzweiflungstode sind Teil der gleichen Gruppe von Menschen, die vor Jahrhunderten von den kolonialen Eliten in die oberen Kasten gehoben wurden. Damals verliehen die Plantagenbesitzer den europäischen Kleinbauern und Bauern der unteren Klassen einen höheren Status, um so eine neue Bevölkerungsgruppe zu schaffen, die als »weiß« bezeichnet wurde. Wie der Südstaatenautor W. J. Cash schrieb, hielten damals selbst diejenigen, die keine versklavten Menschen besaßen, an dem »teuren Schatz der Überlegenheit als Weiße fest, die ihnen durch die Sklaverei verliehen worden war.«[246]

Seit Mitte des 20. Jahrhunderts sei die weiße Arbeiterklasse der USA, so die weiße Südstaatenautorin Lillian Smith, »nicht nur vernachlässigt und ausgebeutet worden, nein, ihr Geist wurde gefüttert mit einer Ideologie von ›Hautfarbe‹ und ›weißer Vorherrschaft‹.«[247]

Einer der führenden Sozialökonomen Gunnar Myrdal schreibt, weiße Menschen der Arbeiterklasse »brauchen die Abgrenzungen der Kaste weit mehr als Weiße aus der Oberschicht. Sie sind diejenigen, die aggressiv darauf hinweisen, dass kein *Negro* jemals in der Lage sein werde, den Status des unterlegensten Weißen zu erlangen.«[248]

In psychologischer Hinsicht könnte man sagen, dass die Menschen, die einen Verzweiflungstod starben, ihr Leben verloren, weil eine Illusion an ihr Ende gekommen war. Sie starben, weil sie plötzlich die Fehler in ihrem Glaubensgrundsatz erkannten, dass eine ererbte, unausgesprochene Überlegenheit einen natürlichen Vorteil gegenüber den untergeordneten Kasten und somit den eigenen Platz in der Hierarchie sichern könnte. Sie hatten sich auf diese Illusion verlassen, vielleicht sogar über ihre bewusste Wahrnehmung hinaus, und vielleicht brauchten sie diese Illusion weit mehr als jede andere Gruppe in einer furchteinflößenden Wettbewerbsgesellschaft, »in der die soziale Mobilität nach unten eine ständige Angst darstellte«, wie der Historiker David Roediger schreibt. »Alles durfte man verlieren, nur nicht das Weißsein.«[249]

Mitten in der Großen Depression stellte der Historiker und Soziologe W. E. B. Du Bois fest, dass sich die weißen US-Amerikanerinnen und -Amerikaner der Arbeiterklasse in die Kompensation eines »öffentlichen und psychologischen Lohns« eingekauft hatten, wie er es ausdrückte. »Aufgrund ihrer weißen Hautfarbe wurden ihnen öffentliche Ehrerbietung und Höflichkeitstitel zuteil.« Sie hatten die schweren Unwägbarkeiten des Lebens in der Arbeiterklasse hingenommen und im Gegenzug dankend die Garantie des Kastensystems angenommen, dass sie, ganz gleich, was ihnen auch zustoßen würde, niemals am untersten Ende der Kaste stehen würden.[250]

Das US-amerikanische Kastensystem, das diese weiße Arbeiterklasse beinahe von Anfang an vereinnahmte, »trieb einen solchen Keil zwischen Schwarze und weiße Arbeiter, dass es heute auf der Welt wahrscheinlich keine zwei Gruppen von Arbeitern mit nahezu identischen Interessen gibt«, die »so sehr voneinander getrennt gehalten werden, dass für beide Gruppen mögliche gemeinsame Interessen unsichtbar bleiben«, schrieb Du Bois.

Das reicht Jahrhunderte zurück. Ein Sklavenhalter aus Virginia sagte 1832, dass mittellose Weiße »gerade einmal ihre Hautfarbe als Beweis haben, dass sie in eine höhere Kaste geboren wurden.«[251] Wenn eine Hierarchie um die Bedürfnisse jener Gruppe herum errichtet ist, in die man zufällig hineingeboren wurde, so ergibt sich leicht eine verzerrte Wahrnehmung der eigenen Stellung in der Welt. Es entsteht leicht die Illusion, dass man den anderen in jeder Hinsicht überlegen ist, und sei es bloß, weil es derart häufig bekräftigt wurde, dass man es irgendwann als unbedachte Wahrheit hinnahm.

»Niemand konnte dir das Weißsein nehmen, das dich und deine Lebensweise ›überlegen‹ machte«, schreibt Lillian Smith. »Sie konnten dir dein Haus, deinen Beruf, deine Lebensfreude nehmen; sie konnten deinen Lohn stehlen, dir verwehren, dir Wissen anzueignen; sie konnten dich durch die Kopfsteuer davon abhalten zu wählen oder dich durch Betrug um dein Wahlrecht bringen: sie konnten deine Ängste schüren und dich machtlos machen, aber sie konnten dir nicht deine weiße Haut abziehen. Sie wurde zum wertvollsten Besitz des armen Weißen, ein ›Talisman‹, der Schutz bot vor dem völligen Zusammenbruch.«[252]

Da die Hierarchie zum Vorteil der Kaste, die sie geschaffen hatte, entworfen wurde, »spalten die grundlegenden Beschränkungen in Bezug auf Heirat, Beruf und öffentliche Versammlungen die beiden Gruppen in zwei sich selbst erhaltende Kasten, und zwar so, dass der weißen Gruppe die höheren Privilegien und umfassenderen Möglichkeiten zugesichert werden«, schrieben der Anthropologe W. Lloyd Warner und die Anthropologin Allison Davis über das bipolare Kastensystem, das im Jim-Crow-Süden beispielhaft war. Dies verschafft der herrschenden Kaste »einen enormen Gewinn an psychologischer Sicherheit.«[253]

Änderung stellte sich in den 1960er-Jahren ein, als die Bürgerrechtsgesetze die Arbeitsmärkte für Frauen aller Ethnien, für Eingewanderte aus dem außereuropäischen Ausland und für Schwarze öffneten. Dies geschah in ebenjenem Moment, als die Industrie im Niedergang begriffen war und sich die Konkurrenzsituation ohnehin schon verschärft hatte.

»Innerhalb weniger grausamer Jahre«, schrieb der *New-York-Times*-Kolumnist Russell Baker zu jener Zeit über den weißen angelsächsischen Protestanten, »wurde seine bequeme Position als der Zenit der amerikanischen Gesellschaft zu einer sozialen Belastung.«[254]

Einige Menschen aus den Gruppen, die als natürlich minderwertig galten, schafften den Sprung in den Mainstream, einige stiegen auf das Niveau der Menschen in der herrschenden Kaste auf, und einer von ihnen schaffte es 2008 bis ins höchste Amt des Landes. Und so sahen sich einige weiße Menschen aus der Arbeiterklasse, die am wenigsten Bildung und die damit verbundene materielle Sicherheit hatten, mit der Frage konfrontiert, ob jenes letzte Kapital, das sie als selbstverständlich betrachten konnten – ihre Haut und die ihnen zugeschriebene Ethnie –, womöglich auch noch an Wert verlor.

Es hatte immer eine untergeordnete Kaste gegeben, alle wussten, wer sie ausmachte, und alle hatten sich entsprechend verhalten. »Immer war [der *Negro*] jemand gewesen, dem man beweisen musste, dass man besser war als er«, schreibt Lillian Smith über das Dilemma der weißen Arbeiterklasse, »doch man konnte es nicht beweisen, nein, man konnte es nicht beweisen.« Die Überzeugungen und Annahmen hatten alle zu einem »kollektiven Wahnsinn beigetragen – denn nichts Geringeres ist es –, der sich von Halblügen, Viertelwahrheiten und von Furcht ernährt.«[255]

Diejenigen Weißen, die sich hinter Schwarzen zurückgesetzt sahen, steuerten geradewegs auf eine existenzielle Krise epischen Ausmaßes zu. Auf der gleichen Stufe zu stehen wie diejenigen, die als Angehörige einer Unterkaste wahrgenommen werden, wird als Herabsetzung des eigenen Status angesehen. Im Nullsummenspiel eines Kastensystems, das durch wahrgenommene Ressourcen-Knappheit aufrechterhalten wird, steigt eine Person nur aus einer niedrigeren Kaste eine Stufe auf, wenn eine Person aus einer höheren Kaste absteigt. Der Aufstieg anderer kommt einer Herabstufung der eigenen Person gleich, sodass sich auch Gleichberechtigung wie eine Herabstufung anfühlt.

Ein Mensch, dessen Kaste ihm das Gefühl seiner selbstverständlichen Überlegenheit beigebracht hat, fühlt sich in so einer Situation in seiner Existenz bedroht, er verspürt ein Unbehagen, er fürchtet um sein Überleben. *»Wenn die Dinge, an die ich geglaubt habe, nicht wahr sind, ist es dann nicht auch möglich, dass ich nicht der Mensch bin, für den ich mich gehalten habe?«* Das Unbehagen ist nicht allein wirtschaftlicher Natur. Das Unbehagen ist geistiger, psychologischer und emotionaler Natur. Wer ist man, wenn es niemanden gibt, über den man sich erheben kann?

»Ihre Identität wurde auf einer einzigen großen Lüge aufgebaut«, sagt Dr. Sushrut Jadhav, ein bekannter indischer Psychiater mit Sitz in London, der sich auf die Auswirkungen der Kastenzugehörigkeit auf die psychische Gesundheit spezialisiert hat.[256]

So macht ein Kastensystem alle, die ihm angehören, zu Gefangenen. So wie das Gefühl der eigenen Minderwertigkeit diejenigen niederdrückt, die auf die unterste Stufe verbannt wurden, so kann die angenommene Überlegenheit diejenigen an der Spitze ebenfalls mit unhaltbaren Erwartungen belasten: jederzeit das Sagen haben zu müssen, das Zentrum der Welt und aller Dinge einzunehmen, diejenigen zu überwachen, die sie überholen könnten, und mit Groll auf all jene blicken zu müssen, denen es gelingt, den geborenen Anführern den Rang abzulaufen.

»Ihr ganzes Leben ist ein einziges ängstliches Bemühen um den Erhalt ihrer Kaste«, schrieb Bhimrao Ambedkar. »Die Kaste ist ihr kostbarster Besitz, den es um jeden Preis zu bewahren gilt.«[257]

Wenn Annahmen von Generation zu Generation als unumstößliche Tatsachen weitergegeben wurden, akzeptieren die Menschen sie irgendwann wie physikalische Gesetze. Sie sind so alltäglich wie das Wasser, das durch die Flüsse fließt, wie die Luft, die wir atmen. In Indien wurde der Gedanke des angeborenen Privilegs in den Köpfen der oberen Kaste verankert, und dort »hängt er bis zum heutigen Tag ohne jede Unterstützung«, schrieb Ambedkar, »denn heute braucht es keine Stütze, sondern nur den Glauben daran – wie eine Pflanze auf der Oberfläche eines Teiches.«[258]

Die Sorgen der unsichersten Mitglieder der herrschenden Kaste sind denen eines Erstgeborenen, von dem erwartet wird, dass er einmal das Familienunternehmen übernimmt, nicht unähnlich. Er hat vielleicht weder das Interesse noch die fachliche Eignung dafür, doch er fühlt sich verpflichtet und bedrängt, die Zügel in die Hand zu nehmen, obwohl ein jüngeres Geschwisterkind, zum Beispiel eine Schwester, diejenige ist, die immer gut mit Zahlen umgehen konnte und ein

Führungstalent besitzt, und die aber aufgrund der Familienhierarchie nicht berücksichtigt wird. Dies schürt unerfüllbare Erwartungen in einer Kultur, die Gleichberechtigung vorgaukelt, jedoch darauf ausgelegt ist, dass bestimmte Menschen von Geburt an dominieren.

Gewohnheit und Gesetz haben die weiße Arbeiter- und Mittelschicht so lange von Schwarzen getrennt, dass die meisten Weißen nicht in der Lage waren, den Gegenwind, mit dem benachteiligte US-Amerikanerinnen und -Amerikaner konfrontiert sind, aus nächster Nähe zu erkennen. Auch auf das Leben der weißen Bürgerinnen und Bürger übte die Regierung einen Einfluss aus, doch verbarg er sich oft hinter ihren zahlreichen Privilegien und führte so zu einer verzerrten Wahrnehmung darüber, wie die einzelnen Gruppen dorthin gelangten, wo sie nun stehen, mit der Folge, dass sich Ressentiments und Rivalitäten festsetzen konnten. Vielen ist vielleicht nicht bewusst, dass die New-Deal-Reformen der 1930er-Jahre, wie der Social Security Act von 1935 (zur Altersversicherung) und der Wagner Act (zum Arbeitnehmerschutz), auf Drängen weißer Südstaatenpolitiker die große Mehrheit der Schwarzen Arbeitnehmer – Landarbeiter und Hausangestellte – ausschlossen.

Die Ungleichheit wurde noch verstärkt, als die Federal Housing Administration gegründet wurde, um weißen Familien den Erwerb von Wohneigentum zu erleichtern. Kredite zum Kauf von Häusern in Vierteln, in denen Schwarze lebten, wurden verwehrt – eine Praxis, die als »Redlining« bekannt ist –, und gleichzeitig machte man es Schwarzen Menschen unmöglich, eine Immobilie in weißen Vierteln zu erwerben.

Zusammengenommen boten diese und andere staatliche Programme den Eltern, Großeltern und Urgroßeltern der heutigen weißen amerikanischen Gesellschaft ein Sicherheitsnetz und einen Aufschwung, während die Vorfahren Schwarzer US-Amerikanerinnen und -Amerikaner von denselben Arbeitsplatzgarantien und denselben Chancen, an Wohlstand zu gelangen, kategorisch ausgeschlossen wurden.

Die staatlichen Programme für die herrschende Kaste kennt der Großteil der US-Bevölkerung schon sein ganzes Leben. Für Schwarze wurden diese Programme erst im Zuge der Bürgerrechtsbewegung in den späten 1960er-Jahren geöffnet. Die neueren Formen der staatlich geduldeten Diskriminierung und die Tatsache, dass versklavte Menschen für ihre Arbeit keinen Lohn erhielten, haben zu einem Wohlstandsgefälle geführt, infolgedessen weiße Familien heute über das Zehnfache des Reichtums ihrer Schwarzen Mitbürgerinnen und Mitbürger verfügen. Wenn Sie nicht Schwarz sind und »wenn Sie oder Ihre Eltern in den 1960er-Jahren einen Kredit bekamen«, schreibt Ben Mathis-Lilley in *Slate*, »dann haben Sie unmittelbar von Diskriminierung profitiert.«[259]

Anstatt ein besseres Verständnis dafür zu fördern, wie diese Klüfte das Mitgefühl unter den US-Amerikanerinnen und -Amerikanern oder vielmehr den Mangel daran beeinflussen, verstärkte der politische Diskurs in der Regel die vorherrschenden Stereotype einer faulen, minderwertigen Gruppe, die unverdiente Almosen erhält – ein System falscher Schuldzuweisungen, das die formalen Barrieren umso ungerechter und die Ressentiments der weißen Arbeiterschaft umso tragischer macht. Die unterste Kaste wurde von »den Billionen von Dollars ferngehalten, die durch Wertsteigerungen von Immobilien angehäuft werden konnten, die der Staat zwischen 1932 und 1962 durch Kredite gesichert hatte«, schreibt der Soziologe George Lipsitz. »Dennoch wird die Unterkaste von den Profiteuren ihrer Ausbeutung und Unterdrückung als privilegierte Nutznießer von Sonderpräferenzen dargestellt.«[260]

Als sich der Arbeits- und Wohnungsmarkt sowie die öffentlichen Schulen endlich für die untergeordnete Kaste öffneten, empfanden sich viele Weiße aus der Arbeiter- und Mittelschicht im direkten Vergleich als schlechter gestellt und berichteten, dass sie mehr Rassismus erlebten als Schwarze.[261]

Gegen Ende des 20. Jahrhunderts fanden die Sozialwissenschaften neue Wege, um zu untersuchen, wie sich offener Rassismus langsam in das verwandelt, was sie als unbewusste Vorurteile bezeichnen. Es handelt sich dabei nicht um den kruzifixverbrennenden, schimpfwortspuckenden biologischen Rassismus aus der Zeit vor der Bürgerrechtsbewegung, sondern um diskriminierende Verhaltensweisen, die auf unbewussten Vorurteilen von Menschen beruhen, die eigentlich an Gleichheit glauben. Diese tragen dazu bei, dass Menschen aus der untersten Kaste bei Einstellungsgesprächen, bei der Wohnungssuche, im Bildungswesen und bei der medizinischen Behandlung ungleicher behandelt werden als Menschen aus der dominanten Kaste. Eine bahnbrechende Studie der Soziologin Devah Pager ergab zum Beispiel, dass weiße Ex-Sträflinge, die sich um eine Stelle bewarben, mit größerer Wahrscheinlichkeit eingestellt wurden als Schwarze, die nicht vorbestraft waren.[262]

Einem weiteren unbewussten Vorurteil nach hätten Schwarze eine größere Schmerztoleranz als Weiße. Empirische Studien haben ergeben, dass Ärztinnen und Ärzte die Leiden Schwarzer deshalb häufig ignorieren oder unterschätzen. Sie unterbehandeln Schwarze Patientinnen und Patienten – auch solche mit metastasierenden Krebskrankheiten – oder verweigern ihnen die Schmerzmittel, während sie weißen Patientinnen und Patienten bereitwillig Medikamente verschreiben. Die Ungleichheit ist so groß, dass Schwarze Menschen als Gruppe weniger Schmerzmedikation erhalten, als die Weltgesundheitsorganisation durchschnittlich für notwendig hält.[263]

Genauso wie sich Schadstoffe nicht auf die Luft in der unmittelbaren Umgebung einer Fabrik beschränken, so hat dieses Ungleichgewicht unter den Kasten niemanden verschont. Die Untertherapie der untergeordneten Kaste lässt sie unnötig leiden, und die Übertherapie der dominanten Kaste hat möglicherweise zur steigenden Sterblichkeitsrate bei weißen US-Amerikanerinnen und -Amerikanern beigetragen, die von Opioiden abhängig wurden.

Vielleicht wäre die US-Gesellschaft besser auf die Opioid-Epidemie vorbereitet gewesen, wenn sie die untergeordnete Kaste in den 1990er-Jahren nicht im Stich gelassen hätte, als es darum ging, einen verantwortlichen Umgang mit dem Drogenmissbrauch einer ganzen Bevölkerungsgruppe zu finden. Die damalige Crack-Epidemie wurde als urbanes Kriminalitätsproblem abgetan, anstatt sie als gesellschaftliche und gesundheitliche Krise anzugehen. Sie wurde eher als Schwarzes Problem denn als menschliches Problem betrachtet. Abhängigkeit wurde kriminalisiert, sofern die Abhängigen einer niedrigeren Kaste angehörten, was unzählige Familien zerrüttete und die Zahl der Masseninhaftierungen in die Höhe schnellen ließ. Unbewusste Vorurteile haben zu Verheerungen auf beiden Seiten des Kastengefälles geführt und insgesamt eine weniger großzügige Gesellschaft hervorgebracht.

Dabei kostet Ausgrenzung Menschenleben auf allen Ebenen der Hierarchie. Der Arzt Jonathan M. Metzl, der die Gesundheit benachteiligter Weißer in Mittelamerika erforscht, hat untersucht, welche existenziellen Folgen sich ergeben, wenn der Staat Gesundheitsleistungen ablehnt, weil die Minderheiten, denen sie zugutekämen, diese angeblich weniger verdient hätten. Metzl fand zum Beispiel heraus, dass im Bundesstaat Tennessee restriktive gesundheitspolitische Maßnahmen zwischen 2011 und 2014 bis zu 4.599 Schwarze sowie bis zu 12.013 Weiße das Leben kosteten.

In seinem Buch *Dying of Whiteness* erzählt Metzl vom Fall eines 41-jährigen weißen Taxifahrers, der an einer lebensgefährlichen Leberentzündung litt. Da die Regierung von Tennessee weder das Gesetz des Affordable Care Act angenommen noch die Gesundheitsversorgung durch Medicaid ausgeweitet hatte, konnte der Mann nicht die umfassende, lebensrettende Behandlung erhalten, die ihm zur Verfügung gestanden hätte, wenn er im benachbarten Kentucky gelebt hätte. Noch als sein Leben zu Ende ging, hielt der Mann an seiner Überzeugung fest, dass der Staat die Finger von der Gesundheit der Bürgerinnen und Bürger lassen sollte. »Auf keinen Fall will ich, dass meine Steuergelder für Mexikaner oder *welfare queens*, die Sozialhilfe schnorren, ausgegeben werden«, sagte der Mann zu Metzl. »Auf keinen Fall würde ich Obamacare unterstützen oder mich dafür anmelden. Lieber würde ich sterben.«

Traurigerweise ist genau das geschehen.[264]

12

Ein Sündenbock für die Vergehen der Welt

Am jährlichen großen Versöhnungstag wählte ein Hohepriester des Volks Israel zwei Ziegenböcke aus und brachte sie vor den Herrn am Eingang zur Stiftshütte. Anschließend warf der Hohepriester ein Los, um das Schicksal der beiden Ziegenböcke zu besiegeln.

Einen der beiden ließen sie als Opfer für den Herrn schlachten, um das Allerheiligste im Zelt der Begegnung zu reinigen und zu heiligen. Das andere Tier, den Sündenbock, wurde dem Herrn lebendig dargebracht.

Der Hohepriester legte beide Hände auf den Kopf des lebendigen Ziegenbocks und bekannte über ihm alle Schuld und Übertretungen der Israeliten. Auf diese Weise übertrug er die Sünden des gesamten Volks auf das Tier, das anschließend in die Wüste verbannt wurde, mit all der Sündenlast des Volks Israel auf seinem Rücken, wodurch der Bock die Israeliten befreite, auf dass ihr Volk in Frieden florieren konnte.

Das Tier wurde in die Wüste gebracht und erlitt die Strafe für die Sünden anderer, weshalb man ihm den Namen Sündenbock gab.[265]

Dies war das Ritual nach Levitikus, dem Dritten Buch Mose, das über die Jahrhunderte weitergegeben und von den Griechen der Antike übernommen wurde. Das Ritual ist nicht nur in individuellen Interaktionen bis zum heutigen Tag sichtbar, nein, es wirkt auch in Nationen und Kasten fort. Einst diente der Sündenbock als Heilmittel für das große Ganze. In der Neuzeit hat sich das Konzept des Sündenbocks von einem bloßen Unglücksträger zu einer Person oder Gruppe gewandelt, der die Schuld an einem Unglück gegeben wird.

»Das Ziel«, schrieb die Jungianerin Sylvia Brinton Perera, »war es, die Sündenböcke von ihrer eigenen Verantwortung zu befreien und ihr Gefühl von Macht und Rechtschaffenheit zu stärken.«[266]

In einem Kastensystem, sei es in den USA, in Indien oder in Deutschland während des Zweiten Weltkriegs, war es an der untersten Kaste, alle Aufmerksamkeit der Gesellschaft von ihren strukturellen Missständen abzulenken und die Schuld für das kollektive Unglück auf sich zu laden. Schließlich wurde sie zum Synonym dieses Unglücks.

So trägt der Sündenbock ungewollt dazu bei, die bevorzugten Kasten zu vereinen. »Heutzutage sucht man Sündenböcke«, schreibt Perera, »denen allein man etwas Böses oder ein Fehlverhalten auferlegen kann, wofür man sie dann aus der Gemeinschaft ausstößt, um den verbleibenden Mitgliedern ein Gefühl von Schuldlosigkeit zu geben und sie zu sühnen.«

Eine Sündenbockkaste ist für das kollektive Wohlergehen der höher angesehenen Kasten und für das reibungslose Funktionieren des Kastensystems als Ganzem notwendig geworden. Die dominierenden Gruppen haben die Möglichkeit, die Ausgestoßenen als Ursache für jedes Schicksal oder Unglück anzusehen, da sie die schlechtesten Aspekte der Gesellschaft repräsentieren. »Derjenige, der einen Sündenbock auswählt, verspürt Erleichterung«, schreibt Perera, »ohne den Hauch einer Last auf sich laden zu müssen, die für sein Ich-Ideal unannehmbar wäre.« Diejenigen, die über dem Sündenbock stehen, »gehen geläutert und miteinander vereint aus der Praxis hervor und können sich von ihrem Gott gesegnet fühlen.«[267]

In den Südstaaten der USA wurden die designierten Sündenböcke nicht in die Wüste, sondern an den Rand der Gesellschaft geschickt, was einer Verbannung aus der menschlichen Spezies ähnelte. Viele Männer und Frauen der herrschenden Kaste gaben den Menschen, die sie versklavten, die Schuld an Missernten oder mageren Erträgen, nannten die Menschen, die bis zu 18 Stunden am Tag für die Bereicherung anderer arbeiteten, Faulenzer und ließen ihre Frustration an den Körpern ihrer Gefangenen aus. In der Kaste der Sündenböcke wurde niemand verschont. Wenn schwangere Frauen ausgepeitscht werden sollten, »wird vor dem Anbinden an die Pfähle ein Loch in den Boden gegraben, um den gewölbten Körper des Opfers aufzunehmen«, bezeugte ein Mr C. Robin aus Louisiana.[268]

»Der *Negro* wird gleichzeitig zum Sündenbock und zum Lehrstück für seine Gruppe«, schrieb die Anthropologin Allison Davis. »Er leidet für all die kleinen Verstöße gegen die Kaste, die die Weißen erregt haben, und er wird zur Warnung vor künftigen Übertretungen.«[269]

Nach dem verlorenen Bürgerkrieg machten die Konföderierten jene Menschen, die sie einst besessen hatten, für ihre Niederlage verantwortlich. Bis weit ins 20. Jahrhundert hinein, bis in die Lebenswirklichkeit unserer Zeitgenossen, dienten Lynchmorde als eine Form ritueller Menschenopfer vor manchmal Tausenden von Zuschauenden. Die Menschen kamen aus den Nachbarstaaten angereist, die Schulen wurden früher geschlossen, damit weiße Kinder zusammen mit ihren Eltern zuschauen konnten, wie Männer der herrschenden Kaste sadistische Handlungen an Menschen aus der untergeordneten Kaste vornahmen, bevor sie sie an den Ästen einer Platane aufhängten. Die Lynchmorde wurden fast immer »von unbekannten Tätern« begangen, die »kollektiv vorgingen, damit keine Einzelperson beschuldigt werden konnte.«[270]

»Die Weißen waren sich einig, dass der *Negro* ein Sündenbock und ein geeignetes Objekt für Ausbeutung und Hass darstellte«, schrieb Gunnar Myrdal, ein führender Sozialökonom in den 1940er-Jahren. »Die weiße Solidarität wird hochgehalten und die Kastenordnung gewahrt.«[271]

In den Sündenböcken wird der Grund für gesellschaftliche Missstände gesehen. Die Sündenböcke werden für eine Kriminalitätsrate verantwortlich gemacht, die sie allein nicht verursachen können, und für Drogen, die sie nicht häufiger konsumieren als die herrschende Kaste, für die sie aber sechsmal so häufig inhaftiert werden. Tausende von Schwarzen sitzen hinter Gittern, weil sie Marihuana und CBD besessen haben, Substanzen also, mit denen Geschäftsleute der herrschenden Kaste in der entsprechenden Industrie heute ganz legal ihr Geld verdienen.

In den Vereinigten Staaten und in Indien haben Angehörige der dominanten Kaste die Schuld für ihre stagnierenden Karrieren oder abgelehnten Studienbewerbungen auf Menschen der unteren Kaste geschoben, obwohl Schwarze in den USA sowie Dalits in Indien nur selten überhaupt darüber entscheiden können, wer in Unternehmen eingestellt oder zum Studium zugelassen wird. In den Vereinigten Staaten ist es für Schwarze Menschen eine statistische Unmöglichkeit, in Berufszweigen und an Hochschulen derartige Wellen zu schlagen: Es gibt schlicht und ergreifend nicht genügend Schwarze Menschen, als dass sie den Mitgliedern der dominanten Kaste die Beschäftigungen oder Studienplätze wegnehmen könnten, von denen diese träumen.

Obwohl die gesellschaftspolitischen Maßnahmen gegen Diskriminierung von *affirmative action* aus der Bürgerrechtsbewegung hervorgegangen sind, zeigen jahrzehntelange Analysen, dass nicht die Schwarzen, sondern die weißen Frauen und damit die weißen Familien die Hauptnutznießer eines Programms sind, das die jahrhundertelange Ungerechtigkeit gegenüber den Menschen der untersten Kaste wiedergutmachen soll.[272] Die Praxis der Sündenbocksuche verschleiert geschickt die strukturellen Kräfte, die vielen US-Amerikanerinnen und -Amerikanern das Leben schwerer machen, als es sein müsste, nur um einigen wenigen, vor allem der Oberkaste, zu dienen. Sie schiebt die Schuld für gesellschaftliche Missstände auf jene Gruppen, die am wenigsten Macht besitzen und am wenigsten Einfluss auf die Gestaltung des Landes nehmen können, und lässt gleichzeitig zu, dass diejenigen, die diese Spaltungen steuern und von ihnen profitieren, ungehindert vorgehen können. In Zeiten ökologischer Spannungen verschlimmert sich die Suche nach Sündenböcken, wenn die am wenigsten abgesicherten Mitglieder der dominanten Gruppe die Mitglieder einer Minderheit attackieren und »für strukturelle wirtschaftliche Probleme verantwortlich machen, die eigentlich beiden schaden und die keines der Mitglieder beider Gruppen verursacht hat«, so die Sozialwissenschaftlerin Nicki Lisa Cole.[273]

*

Der menschliche Impuls, eine missliebige Außenseitergruppe zu beschuldigen, bringt das Leben sowohl der Begünstigten als auch der Benachteiligten in Gefahr.

An einem Herbstabend im Oktober 1989 fuhr ein Pärchen aus einem Bostoner Vorort, das im Dezember sein erstes Kind erwartete, von einem Geburtsvorbereitungskurs in einem

Krankenhaus nach Hause. Der Ehemann, der 29-jährige Charles Stuart, war ein zurückhaltender, wenn auch ehrgeiziger Filialleiter eines Luxus-Pelzgeschäfts in der Innenstadt. Seine Frau, die 30-jährige Carol DiMaiti Stuart, war eine zierliche, gesellige Anwältin. Sie hatten ein Haus mit zwei Etagen in einem Vorort gekauft und bereits beschlossen, dass sie ihr Baby, falls es ein Junge wäre, Christopher nennen würden. Sie waren beide Kinder der herrschenden Kaste und hatten sich aus der Arbeiterklasse hochgearbeitet. Kürzlich erst hatten sie ihren vierten Hochzeitstag gefeiert.

An diesem Abend fuhren sie auf ihrem Weg nach Hause durch Roxbury, ein Viertel, in dem einst sehr viele europäische Eingewanderte gelandet waren und das nach dem Zweiten Weltkrieg vor allem von Schwarzen und Arbeitern bewohnt wurde. Es war ein Viertel, das heftig vom *War on Drugs*, dem Krieg gegen Drogen, gezeichnet war. Charles Stuart saß am Steuer des Toyotas und hatte einen etwas umständlichen Heimweg eingeschlagen. An einer Ampel im benachbarten Stadtteil Mission Hill wurde aus nächster Nähe auf ihn und seine Frau geschossen. Carol Stuart wurde in den Kopf und Charles selbst in den Bauch getroffen. Er wurde leichter verletzt als seine Frau, und von seinem Autotelefon rief er die Polizei. Carol starb im Krankenhaus an ihren schweren Verletzungen. Das Baby wurde in den letzten Lebensstunden seiner Mutter geboren, zwei Monate zu früh, und es wurde getauft auf den Namen Christopher. Das Baby lebte nur 17 Tage.

In der Nacht der Schießerei erzählte Charles Stuart der Polizei, dass ein Schwarzer Mann mit dunkler Stimme und in einem Jogginganzug in das Auto eingedrungen sei, sie überfallen und auf sie geschossen habe. Die Tragödie ließ in Boston wie im ganzen Land tiefsitzende Ängste aufleben und löste Entsetzen aus. Der verzweifelte Notruf des Mannes bei der Polizei wurde wiederholt im Fernsehen gespielt, ebenso wie Videoaufnahmen von Sanitätern, die die tödlich verletzte Frau aus dem Toyota befreiten. Empört über diese unfassbare Tragödie leitete die Stadt eine Großfahndung ein. Bürgermeister Raymond Flynn schwor, »die verantwortlichen Bestien zu fassen«, und ordnete an, dass jeder verfügbare Detective auf den Fall angesetzt werden sollte. Die Beamten durchkämmten Roxbury und hielten jeden Mann an, der auf die Beschreibung passte, also fast jeden Schwarzen auf der Straße – es wurden Hunderte von Männern gefilzt. Die Jagd nach einem Verdächtigen wurde wochenlang zu einer beinahe einzigartigen Angelegenheit. Die Rasterfahndung führte zu einem 39-jährigen arbeitslosen Schwarzen mit Vorstrafen, den Charles bei einer polizeilichen Gegenüberstellung identifizierte. Die Rufe nach der Todesstrafe wurden laut.

Monatelang hatten die Beamten den Ungereimtheiten im Verhalten des Ehemannes geringe Beachtung geschenkt, da sie von einer Geschichte abgelenkt waren, die ihren Erwartungen entsprach. In der Nacht der Schießerei war Charles 13 Minuten lang ziellos umhergefahren, während er am Telefon mit dem Notruf sprach, anstatt ins Krankenhaus zurückzukehren, aus dem das Ehepaar gerade gekommen war. Er behauptete, keines der Wahrzeichen jener Stadt zu erkennen, in der er sein ganzes bisheriges Leben verbracht hatte. »Er versuchte nicht, seine Frau zu trösten, sagte nicht ein einziges Mal ihren Namen«, schrieb das *Time* Magazine. »Im Rettungswagen zum Krankenhaus erkundigte er sich nur nach der Schwere seiner eigenen Schusswunde, nicht aber nach dem Zustand seiner Frau.«[274]

Kurz zuvor hatte er mehrere Versicherungspolicen auf seine junge und gesunde Frau abgeschlossen. Nach seiner Entlassung aus dem Krankenhaus ließ er sich eine der Versicherungssummen auszahlen und kaufte prompt ein neues Auto, einen Nissan Maxima, und ein 1.000 Dollar teures Paar Damen-Diamantohrringe. Wie sich herausstellte, war er zum Leidwesen seiner Frau in den Monaten vor ihrem Tod freitagabends bis in die frühen Morgenstunden von zu Hause weggeblieben. Er war mit einer jungen blonden Frau gesehen worden, die über den Sommer in dem Pelzgeschäft arbeitete und die er veranlasst hatte, ihn im Krankenhaus anzurufen. Als die Geschichte bekanntwurde, bestritt die Frau vehement, eine Beziehung zu dem Mann gehabt zu haben. Bekannten hatte er gesagt, dass er das Baby nicht wolle, da es ihn am gesellschaftlichen Aufstieg hindern könnte.

All diese widersprüchlichen Details waren nicht stark genug, um die festgefahrenen Annahmen über den Fall ins Wanken zu bringen. Allerdings war in der Nacht der Schießerei noch eine dritte Person beteiligt gewesen, und als es auf Weihnachten zuging, begann diese Person mürbe zu werden. Es war Charles' Bruder Matthew. Charles hatte geplant, dass Matthew das Auto am Abend der Schießerei an einem vereinbarten Treffpunkt abholen solle. Bevor der Bruder eintraf, hatte Charles das Auto angehalten und seiner Frau in den Kopf geschossen. Danach richtete Charles die Waffe auf sich selbst, wollte sich in den Fuß schießen, traf stattdessen aber seinen Oberkörper. Charles wies seinen Bruder an, Carols Schmuck und Handtasche sowie die Waffe, mit der Charles sie erschossen hatte, an sich zu nehmen und sie loszuwerden. Auf diese Weise sähe es wie ein Raubüberfall aus, den er später bei der Polizei melden würde.

Doch dann wurde der Bruder von seinem Gewissen geplagt, und er erzählte anderen Familienmitgliedern von dem Verbrechen. Er sagte, er habe gedacht, dass er seinem Bruder bei einem Versicherungsbetrug geholfen habe, als er die

Geldbörse und die Waffe an sich nahm, und nicht bei einem Mordkomplott. Charles Stuart erfuhr, dass sein Bruder vorhatte, zur Polizei zu gehen und gegen ihn auszusagen, um im Gegenzug Immunität zu erhalten. Da man ihm auf die Schliche gekommen war, stürzte sich Charles Stuart im Januar des Folgejahres von der Tobin Bridge in den Mystic River in den Tod. Sein Bruder Matthew bekannte sich später unter anderem der Beteiligung an einem Mord und des Besitzes einer Schusswaffe schuldig und verbüßte eine dreijährige Gefängnisstrafe.

Letztendlich war der Ehemann allein für den Tod seiner Frau verantwortlich. Das Kastensystem aber war sein unwissender Komplize. Stuart wusste um die Wirkungen des Systems, es hatte die Menschen darauf programmiert, Stuarts Geschichte bereitwillig zu akzeptieren, denn der Täter war Schwarz. Stuart wusste, dass man einem Mann aus der dominanten Kaste mehr Glauben schenken würde als den Menschen aus der unteren Kaste, dass man eher dort nach Schuldigen suchen würde, als ihn zu vernehmen, dass man die Sündenbockkaste als die einzige sehen würde, die zu einer derartigen Verderbtheit fähig wäre, und dass sie jeden Verdacht von ihm ablenken würde. Die Geschichte musste nicht einmal hieb- und stichfest sein, um glaubhaft zu wirken. Sie musste lediglich plausibel klingen. Jegliche Sympathie würde ihm zufallen, nicht der Sündenbockkaste, die die Last der Sünden eines anderen trägt, und zwar ganz gleich, wie die Beweislage aussieht.

Das Kastensystem hatte Charles Stuart Schutz geboten und das Leben von Carol DiMaiti Stuart beendet, so wie es auch für weiße Frauen im Süden zur Zeit der Jim-Crow-Gesetze galt, wo Ehemänner und Liebhaber sicher waren, dass ein Schwarzer Mann für alles verantwortlich gemacht werden könnte, was einer weißen Frau angetan wurde, sofern ihn nur jemand aus der herrschenden Kaste beschuldigte. Das soll nicht heißen, dass irgendeine Gruppe eher zu Kriminalität oder Listigkeit neigt als jede andere. Einer der verstörendsten Aspeke des Kastensystem besteht darin, dass es die Gesellschaft wenig sicher macht, weil es den Schuldigen in der herrschenden Kaste erlaubt, ihre Schuld jemand anderem aufzuerlegen und auf freiem Fuß zu bleiben. Es gibt uns das Gefühl, die Welt sei in Ordnung und dass wir ganz selbstverständlich die Guten und die Bösen auseinanderhalten können.

Dabei ist es gut möglich, dass nichts das Leben von Carol Stuart hätte retten können, da sie mit ihrem Mörder verheiratet war. Wir werden es nie erfahren. Aber hätte ihr Ehemann sich nicht auf den universellen Lockvogel der Schwarzen Kriminalität, auf die instinktive Verachtung gegenüber der untersten Kaste und die entsprechende Unrechtsvermutung der herrschenden Kaste verlassen können, hätte er nicht davon ausgehen können, dass das Kastensystem zu seinen Gunsten handeln würde, dann wäre er vielleicht niemals so schamlos vorgegangen, sondern hätte sich schlichtweg scheiden lassen. Vielleicht hätte er sich nicht so frei gefühlt, etwas derartig Abscheuliches zu tun. Vielleicht wäre die Frau nicht getötet worden, der Sohn nicht gestorben, zumindest nicht in jener Nacht und nicht auf diese Weise, wenn der Mann hätte befürchten müssen, dass der Verdacht von Anfang an auf den eigentlichen Täter fallen könnte.

*

Jahrzehnte später, in den angstvollen Jahren nach der Wahl von 2016, machte sich Anthony Stephan House, ein 39-jähriger Projektmanager aus Austin, Texas, fertig, um seine achtjährige Tochter bald zur Schule zu bringen. Es war kurz vor sieben Uhr morgens am 2. März 2018. Irgendetwas veranlasste ihn, zur Haustür zu gehen, und als er über die Schwelle trat, bemerkte er auf seiner Veranda ein Paket. Als er es in die Hand nahm, explodierte es. Er starb kurz nach seiner Ankunft im Krankenhaus.

Zunächst wurde sein Tod aus offensichtlichen Gründen als Mord eingestuft, allerdings wendeten sich die Ermittlungen schnell ins Gegenteil. House war Schwarz und lebte in der von Schwarzen und lateinamerikanischen Arbeitern geprägten East Side von Austin. Die Polizei ging davon aus, dass der Bombenanschlag in Verbindung mit dem Drogenmilieu stand. Vielleicht war der Anschlag als Vergeltung gegen einen Drogendealer gedacht und nur am falschen Haus deponiert worden. Sie zogen aber auch eine weitere Möglichkeit in Betracht: Vielleicht hatte House die Bombe selbst gezündet, eine Theorie, die das Opfer für seinen eigenen Tod verantwortlich machte.[275]

»Wir können nicht ausschließen, dass Mr House die Bombe selbst gebaut und versehentlich gezündet hat. In diesem Fall würde es sich um einen Unfalltod handeln«, sagte der stellvertretende Polizeichef Joseph Chacon.[276]

»Nach unserem derzeitigen Kenntnisstand«, sagte Chacons Chef Brian Manley am Tag von House' Tod der Presse, »haben wir keinen Grund zu glauben, dass es sich um etwas anderes als einen Einzelfall handelt, der sich in diesem Haus ereignet hat, und dass dies in keiner Weise mit einem terroristischen Angriff zusammenhängt.«[277]

Diese Annahmen erwiesen sich als tragische Fehleinschätzung. Zehn Tage darauf entdeckte der 17-jährige Draylen Mason, ein Highschool Senior und ein beliebter Bassgeiger im Jugendorchester von Austin, vor der Haustür ein ähnliches Paket. Es explodierte in der Küche, tötete ihn und verletzte seine

Mutter schwer. Auch sie waren Schwarze. Später am selben Morgen und nur einige Meilen entfernt wurde eine 75-jährige Latina namens Esperanza Herrera lebensgefährlich verletzt, als ein Paket detonierte, das am Haus ihrer Mutter hinterlassen und von ihr in die Hand genommen worden war.

Dann erst – zehn Tage nach dem ersten Bombenanschlag – warnte die Polizei von Austin die Bürgerinnen und Bürger der Stadt vor unbekannten Paketen. Ein Serienbomber trieb in Austin ungehindert sein Unwesen. Die Anschläge wurden nun als mögliche Hassverbrechen eingestuft. Die Tatsache, dass die Opfer Schwarz respektive lateinamerikanischer Herkunft waren, bedeutete, dass einige Menschen sich von den Anschlägen hatten distanzieren können, wenn sie es für richtig hielten. Bis der Bombenleger seine Reichweite ausdehnte. Weniger als eine Woche später, auf der anderen Seite der Stadt, gingen zwei weiße Männer um die 20 Jahre in einem wohlhabenden weißen Viertel spazieren, als eine durch einen Stolperdraht ausgelöste Bombe auf der Straße explodierte und die beiden schwer verletzte.

Zwei Tage später detonierte eine Bombe auf einem Förderband eines FedEx-Lagerhauses, und eine weitere Bombe wurde in einem FedEx-Lager entdeckt, bevor sie explodieren konnte. Jetzt handelte die Polizei mit Lichtgeschwindigkeit. Überwachungskameras erwischten den Mann, wie er die letzten Paketbomben deponierte, und machten Bilder des Nummernschildes seines Wagens. Der Polizei war es möglich, ihn über den Standort seines Mobiltelefons zu orten. Sie fand heraus, dass es sich bei dem Verdächtigen um einen 23-jährigen arbeitslosen Weißen namens Mark Conditt handelte, der aus einer konservativen christlichen Familie stammte. Am Tag nach der Explosion im FedEx-Lagerhaus kam ihm ein SWAT-Team auf die Spur. Von den Beamten in die Enge getrieben, zündete Conditt eine Bombe in seinem Auto und sprengte sich selbst in die Luft.

Die spektakuläre Arbeit der Polizei hatte dem Bombenleger innerhalb von nur 24 Stunden das Handwerk gelegt, was nicht zuletzt darauf zurückzuführen war, dass der Verdächtige seine Taktik geändert hatte, aber auch darauf, dass die Polizei schnell handelte, nachdem sie die Scheuklappen abgelegt hatte. Der Polizeichef entschuldigte sich bei den Schwarzen Bürgerinnen und Bürgern sowie bei der Familie des ersten Opfers, das als Verdächtiger für seinen eigenen Tod dargestellt worden war. Doch für die Schwarze Bevölkerung – die Sündenbockkaste – blieben viele Fragen offen, Fragen, mit deren Antworten sie jeden Tag leben musste: Warum hatte die Polizei den Anschlägen so wenig Beachtung geschenkt, als Schwarze durch sie getötet oder verletzt wurden? Warum hatte sie die potenzielle Bedrohung nicht beachtet? Warum haben die Behörden zehn Tage gewartet, bis die Öffentlichkeit gewarnt wurde? Warum ließ man so viel Zeit verstreichen und gab dem ersten Opfer die Schuld an seinem eigenen Tod?

»Wie niederträchtig ist es, dass die Polizei es so aussehen lassen kann, dass das Opfer selbst an seinem Tod schuld war?«, fragte Fatima Mann, eine Anwältin für finanziell schwache Familien in Austin, gegenüber der *Washington Post.* »Es ist beleidigend und anstößig und ermüdend.«

Ein Sündenbock, wie der Mann, der als Erster in Austin ums Leben kam, wird der Definition nach als entbehrlich angesehen. Die Menschen neigen dazu, die Notlage vermeintlicher Unterlegener zu ignorieren, weil sie meinen, sie selbst seien davon nicht betroffen. Auf diese Weise gefährden sie jedoch unwissentlich alle Menschen.

*

Ende 2013 brach in den westafrikanischen Küstenstaaten eine gefährliche Seuche aus. In einem Dorf in Guinea starb ein 18 Monate alter Junge. Seine Mutter, seine Großmutter und seine Schwester starben kurz darauf an denselben hämorrhagischen Symptomen von Ebola, einer der gefürchtetsten Krankheiten der Menschheit.

Die Trauernden, die zur Beerdigung der Großmutter kamen, trugen das Virus in ihre eigenen Dörfer zurück, und von dort aus begann es, Familien und Dörfer in Liberia, Guinea und Sierra Leone zu dezimieren und die Ärztinnen und Ärzte zu töten, die die Erkrankten behandelten. Alle, die auch nur der geringsten Viruslast ausgesetzt waren, mussten sich an ein ausgeklügeltes Gefahrenstoffprogramm halten, das aus einem Science-Fiction-Film hätte stammen können. Und dennoch mussten sie weiterhin befürchten, dass die kleinste freiliegende Stelle einer Wunde im Finger sie zu einer Viruserkrankung verurteilen könnte, die einen qualvollen Tod bedeutete und gegen die es damals noch keinen allgemein anerkannten Impfstoff gab.

Das Virus wütete in Westafrika, während die westliche Welt meist mitleidig und distanziert zusah. Was für ein Kontinent des Leids – in den Augen des Westens. Es waren Länder, denen während des transatlantischen Sklavenhandels die Bevölkerung abgesaugt worden waren, die anschließend erobert und kolonisiert wurden und immer noch erst im Begriff waren, sich von der Destabilisierung und den Kriegen zu erholen, die diese Umwälzungen mit sich gebracht hatten.

Aus der Ferne betrachtet, hatte die traurige Wirklichkeit dieser Länder, von den uralten Gesundheitssystemen bis hin zu den archaischen Bestattungsriten, diese Seuche verursacht. Das Virus verbreitete sich durch den Kontakt mit den Körperflüssigkeiten einer infizierten Person, die Symptome zeigte, und die Infizierten mussten in Isolierstationen unter Quarantäne gestellt werden. Einige Bewohnerinnen und Bewohner der Dörfer verzweifelten jedoch daran, ihre Angehörigen in ihren letzten Tagen allein zu lassen, und entschieden sich, bei ihnen zu bleiben, oder – da sie nicht in der Lage waren, sie von den Dörfern aus in ein Krankenhaus zu bringen – sie versuchten, ihre kranken Angehörigen selbst zu Hause zu pflegen. Es herrschte eine beeindruckende familiäre Verbundenheit, die über die Krankheit hinausging. Auch das wurde ihnen vorgeworfen.

Weit entfernt von den Dörfern waren entmenschlichende Fotos sterbender Patientinnen und Patienten über die Titelseiten westlicher Zeitungen ausgebreitet, Bilder, die den erkrankten Menschen in ihren letzten Stunden mitunter auch noch die letzte Würde raubten. Viele Menschen im Westen empfanden eine ferne Traurigkeit, falls sie in der sicheren Komfortzone, abgeschirmt durch Meer und Ozean, überhaupt irgendeine Emotion spürten. Tausende von Menschen verloren ihr Leben, und mutige Menschen aus dem Westen wie Mitarbeitende von Ärzte ohne Grenzen wurden eingeflogen, um zu helfen. Doch die gesamte westliche Wissenschaft hatte bislang nichts unternommen. Dies war ein Problem Afrikas, das als ein Ort des Unglücks und voller Menschen der untersten Kaste angesehen wurde. Das Problem hatte für die westlichen Mächte somit keine Priorität.

Allein, das Virus kannte weder Rasse noch Geografie, und im Spätsommer 2014 infizierten sich mehrere amerikanische Entwicklungshelferinnen und -helfer in der betroffenen Region mit Ebola. Angesichts der existenziellen Bedrohung entsandten die USA Millionen an Hilfsgeldern und 3.000 Soldatinnen und Soldaten, um die Infrastruktur und die Sicherheit zu unterstützen.

Im September 2014 stieg ein Mann in Liberia in ein Flugzeug nach Brüssel. Er wollte nach Dallas weiterfliegen, um seine Partnerin und seinen Sohn wiederzusehen. Ohne dass er es wusste, trug er das Virus in sich. Es war der erste Ebola-Fall in den Vereinigten Staaten.

Der Mann ging in ein Krankenhaus in Dallas und klagte über Symptome, doch das Krankenhaus, das nicht auf ein Virus vorbereitet war, das man mit einer anderen Hemisphäre verband, schickte den Mann mit Antibiotika nach Hause. Später kehrte er in verschlechtertem Zustand zurück und starb innerhalb von zehn Tagen nach seiner Diagnose. Kurz darauf infizierten sich zwei der Krankenschwestern, die ihn gepflegt hatten, mit dem Virus. Panik machte sich breit, als die Nachrichten den Aufenthaltsort einer der Krankenschwestern in den Tagen vor ihrer Diagnose zurückverfolgten, nachdem sich herausgestellt hatte, dass sie mit einem Passagierflugzeug von und nach Cleveland gereist war. Einige Tage später unterbrachen die Nachrichtensender ihr reguläres Programm, um live zu zeigen, wie die Frau zu einem Flug von Dallas nach Atlanta zur Spezialbehandlung gebracht wurde. Das Problem, das von einem anderen Planeten gewesen zu sein schien, war in den Vereinigten Staaten angekommen.

Im Oktober desselben Jahres, kurz nach der ersten Diagnose auf US-amerikanischem Boden und fast ein Jahr, nachdem man Westafrika bedeutet hatte, es sei bis auf die Hilfe einiger freiwilliger Gesundheitshelferinnen und -helfer weitgehend auf sich allein gestellt, beauftragte die Food and Drug Administration ein US-amerikanisches Pharmaunternehmen, mit der Notfallforschung nach einem antiviralen Mittel gegen Ebola zu beginnen. Acht weitere Menschen wurden innerhalb weniger Monate in den USA mit einer Ebolainfektion diagnostiziert, und ihre Behandlung sowie ihr Gesundheitszustand wurden in den Nachrichten aufmerksam verfolgt.

Während der Epidemie von 2014 wurden 28.000 Menschen infiziert, mehr als 11.000 Menschen starben an der Krankheit – der größte Ebola-Ausbruch, den die Welt je gesehen hatte. Das Virus führte uns auf erschreckende Weise die enge Vernetzung des Planeten vor Augen. Entfernungen und geografische Gegebenheiten konnten Ebola eine Zeit lang eindämmen, doch das Virus kannte keine Rasse, keine Hautfarbe, keine Kaste und keine nationale Herkunft. Ein Mensch war ein Mensch, und somit war er oder sie ein potenzieller neuer Wirt für ein beängstigend effizientes Virus. Die Ansteckung wurde zunächst nicht als die globale menschliche Krise angesehen, die sie war. Die Leidtragenden waren Menschen aus Westafrika mit schlecht ausgestatteten Gesundheitssystemen auf der anderen Seite des Planeten. Doch Ebola und potenziell weltumspannende Katastrophen wie dieses Virus, so erfuhr die Welt nur sechs Jahre später, erinnern die Menschheit daran, dass wir alle in Wahrheit eine einzige Spezies, dass wir alle miteinander verbunden, mehr gleich als verschieden und viel stärker voneinander abhängig sind, als wir vielleicht glauben wollen.

13

Das unsichere Alphatier und der Zweck eines Underdogs

Der West-Highland-Terrier hatte sich seit der Scheidung merkwürdig benommen. Etwas über ein Jahr alt, hatte er plötzlich begonnen, zu schnappen und zu knurren, als der mutmaßliche Rudelführer, mein erster Ehemann, nicht mehr anwesend war. Der Westie hatte die Störung der sozialen Ordnung im Haushalt nicht gut verkraftet, er fürchtete, seine Welt sei zusammengebrochen, sein Überleben in Gefahr, und er hatte dem alten Alpha, meinem ersten Ehemann, seinen Unmut kundgetan, indem er ihm einmal bei einem kurzen Besuch in die Nase biss. Ich musste mir etwas einfallen lassen, wenn ich den Westie behalten wollte, was für mich alternativlos war.

Ich beschloss, dass ich nichts zu verlieren hätte, wenn ich eine Hundeverhaltensexpertin konsultierte, und fand eine Westie-Spezialistin in Kalifornien. Ich erwartete von ihr eine Liste mit Anweisungen, wie ich meinen Terrier besser erziehen könnte. Was ich bekam, war eine kurze Lektion darüber, wie Hunde miteinander interagieren, Dominanz ausüben oder sich unterordnen, um das Überleben und das Wohlergehen des Rudels zu sichern.

Zahlreiche Ausdrücke zur Beschreibung der sozialen Hierarchien von Wölfen und Hunden wenden wir auch auf menschliche Konstellationen an: Alphamännchen, Außenseiter, einsamer Wolf, Rudelmentalität. Diese Entlehnung geht teilweise auf unsere Beobachtungen von Hunden zurück, die wir vielleicht selbst besessen haben, und teilweise auf scheinbare Parallelen zwischen uns und diesen sozialen Vierbeinern. Heutige Hundespezialistinnen haben versucht, die Denkverzerrungen des Begriffs Alphamännchen – der König der Welt mit geschwollener Brust, der sich in unsere Psyche eingebrannt hat – zu korrigieren.

Wahre Alphas, so sagte mir die Verhaltensforscherin, sind furchtlose Beschützer gegen äußere Übergriffe, doch müssen sie sich nur äußerst selten innerhalb des Rudels durchsetzen, sie müssen nicht sehr häufig aggressiv werden, Befehle bellen oder körperliche Mittel zur Kontrolle einsetzen. Ich würde zwar nie einen Hund schlagen oder an einer Würgekette zerren, wie ich es von anderen Möchtegern-Alphamenschen gesehen habe, doch meine Nachsicht allein funktionierte nicht, ebenso wenig wie das Ausrufen von »Nein! Nein! Nein!«, wenn ich den Westie dabei sah, wie er wieder einmal auf einem Paar Stöckelschuhen herumkaute.

»Schauen Sie, das ist es, was Menschen tun«, sagte die Verhaltensforscherin. »Wir behandeln sie wie Kinder, aber als Rudeltiere reagieren sie auf die Signale eines Alphatiers innerhalb einer Rudelstruktur. Ein menschliches Alphatier sollte niemals seine Stimme erheben müssen. Hunde verstehen das nicht«, sagte sie. »Wenn Sie Ihre Stimme erheben müssen, um die Aufmerksamkeit des Hundes zu erlangen, wird der Hund Sie nicht als Anführerin sehen. Dann haben Sie schon verloren. Ein wahres Alphatier verhält sich nicht so, weil es das auch nicht muss. Wenn ein sogenanntes Alphatier zu diesem Mittel greift, signalisiert es, dass es nicht die Kontrolle besitzt.«

Wahre Alphas beherrschen die Autorität durch ihre ruhige Beaufsichtigung derer, die von ihnen abhängig sind. Sie legen ihren Rang schon früh im Leben fest, und durch älteste Signale kommunizieren sie ihre innere Kraft und Führungsstärke, wobei sie ihre Macht nur dann geltend machen, wenn es nötig ist. In der Regel frisst ein Alphatier zuerst, entscheidet, wann und wer danach frisst, und schafft Vertrauen, indem es für die Sicherheit und das Wohlergehen des Rudels sorgt. Ein Alphatier ist nicht unbedingt das größte oder schnellste, sondern in der Regel das Tier, das von Natur aus selbstbewusst ist und ein Rudelmitglied mit einem Blick oder einer leisen Stimme zurechtweisen kann. Ein wahres Alphatier übt seine Macht in aller Stille aus und verteilt sie mit Bedacht.

Sie wissen, dass Sie kein echtes Alphatier vor sich haben, oder, anders ausgedrückt, dass Sie einem unsicheren Alphatier begegnet sind, wenn es die Untergebenen anschreien, erniedrigen, tyrannisieren oder angreifen muss, damit sie sich unterordnen. Dieses Individuum hat nicht die Loyalität und das Vertrauen des Rudels und gefährdet die gesamte Gruppe durch seine Unsicherheit, durch das Zeigen seiner Angst und durch fehlenden Mut.

Die Verhaltenstherapeutin gab mir eine Reihe von Aufgaben, um meine Rolle zu etablieren, und versicherte mir, dass, sobald mein Westie mich als das Alphatier ansähe, die Beziehung einen Neustart erfahren würde, wahrscheinlich ein für alle Mal. Das Hauptziel war es, meinem Mitgefühl Ordnung, Beständigkeit und Festigkeit beizumischen.

Die erste Übung bestand darin, den Hund wissen zu lassen, in wessen Hand sein Überleben lag, sprich sein Futter. Bei der nächsten Fütterung sollte ich den Futternapf abstellen, ihn festhalten und dann den Napf wegnehmen, um ihm meine Rolle zu demonstrieren, bevor ich den Napf wieder zum Fressen hinstellte. Zunächst war das Tier verunsichert durch diese neue Dynamik, gewöhnte sich jedoch daran. Als nächste Übung sollte ich meine Hand die ganze Zeit über auf dem Futternapf lassen, während er fraß. Auch daran hat er sich gewöhnt. Als letzte Übung sollte ich den Futternapf abstellen, den Napf halten und dann meine Hände in das Futter stecken, während er fraß, um ihm zu zeigen, dass ich weder Angst vor ihm noch vor seiner möglichen Reaktion hatte. Direkt gefreut habe ich mich nicht darauf.

»Sie haben gesehen, wie groß die Zähne eines Westies sind, oder?«, fragte ich, als sie mir diese Anweisung gab.

»Ja, ich weiß«, sagte sie. »Aber er wird nicht die Hand beißen, die ihn füttert.« Als die Zeit für die letzte Übung gekommen war, stellte ich den Napf ab und steckte meine Hände in den Napf, während er fraß. Ich stellte fest, dass es einen Grund gibt, warum das Verhalten von Hunden in unsere Sprache eingesickert ist. Wenn sie klug sind, beißen Hunde – und vermutlich auch Menschen – nicht die Hand, die sie füttert.

Die Verhaltensforscherin riet mir auch, einen weiteren Hund anzuschaffen. Westies sind eine besonders gesellige Rasse, und mit einem Gefährten würde er besser zurechtkommen. So sehr ich Westies auch liebe, war ich der Meinung, dass ein temperamentvoller Terrier genug war, und suchte nach einer sanften, unkomplizierten Rasse. Das rief Sophie auf den Plan, eine Havaneserin. Sie war ein Fellknäuel von etwas mehr als einem Kilo, das als Welpe in meine Handtasche passte.

Ich nahm den Westie mit, als ich Sophie abholte, und zu Beginn vertrug er sich mit ihr. Bis wir nach Hause kamen. Unsicher, was dieser Eindringling für die Haushaltsstruktur bedeutete, begann er, sich aufzuspielen. Sobald ich wegsah, scheuchte er sie unter Kommoden und Schränke. Zur Fütterungszeit vertrieb er sie von ihrem Futternapf.

Als er sie eines Tages von ihrem Futternapf wegschubsen

wollte, versteifte sie sich und starrte ihn alarmiert an, während er über ihr auftauchte, und sie stieß ein metallisches, kaum hörbares Knurren aus, die ersten Geräusche, die sie jemals gemacht hatte, seit sie bei uns war. Der Westie zuckte zusammen, so erschrocken war er über diese Verwandlung. Er legte die Ohren an und schlich sich mit eingezogenem Schwanz zu seinem eigenen Futternapf zurück. Von diesem Tag an war Sophie die Chefin. Von da an war sie es, die als Erste fraß, als Erste durch Türen ging und ihm auf Spaziergängen immer einen Schritt voraus war. Obwohl sie selbst als ausgewachsenes Tier nur halb so groß war wie er, konnte sie ihn zusammenkauern lassen, wenn sie ihn in Schach halten wollte, und wann immer sie ihn zurechtwies, wich er zurück und fügte sich und stupste sie anschließend sanft zum Spielen an. Der Westie war ein unbequemer und ungeeigneter Alphahund gewesen, allerdings war er ein entspanntes und zufriedenes Betatier. Bald liebte er Sophie und passte auf sie auf. Nun, da die Hierarchie zwischen ihnen geklärt war und jeder die Position einnahm, die den eigenen Stärken entsprach, herrschte Ordnung und Frieden im Haushalt.

*

Unsere falschen Vorstellungen vom Alphaverhalten verdanken wir Studien großer Wolfsrudel, die in Gefangenschaft gehalten und gezwungen wurden, um Dominanz zu kämpfen oder sich zu unterwerfen. In freier Wildbahn bestehen Wolfsrudel eher aus erweiterten Familiensystemen, Rudeln von fünf bis 15 Wölfen, die von einem Alphamännchen und einem Alphaweibchen angeführt werden, denen das Rudel vertraut, um das Überleben der gesamten Gruppe zu sichern.

»Das Hauptmerkmal eines Alphamännchens ist eine ruhige Zuversicht, ein ruhiges Selbstvertrauen«, sagte Richard

McIntyre, ein Wolfsforscher im Yellowstone-Nationalpark, in einem Gespräch mit dem Ökologen Carl Safina. »Sie wissen, was das Beste für ihr Rudel ist. Sie gehen mit gutem Beispiel voran. Sie fühlen sich sehr wohl dabei. Sie haben eine beruhigende Wirkung.«[278]

Die anderen Mitglieder des Rudels, die verschiedenen Beta- und Gamma-Wölfe, können durch das Vertrauen in die Weisheit des Alphatiers ihre Aufgaben mit größerer Sicherheit verrichten. Am unteren Ende der Hierarchie steht das Omega-Tier, der Underdog, der rangniedrigste Wolf, dessen Stand sich aus natürlichen Persönlichkeitsmerkmalen im Verhältnis zu den anderen innerhalb des Rudels ergibt. Das Omega-Tier frisst im Allgemeinen als Letztes und dient als eine Art Hofnarr, eine Art Ventil, und nicht selten wird das Tier von den anderen Wölfen angegriffen. Es trägt die Hauptlast der Spannungen, mit denen das Rudel in der Wildnis konfrontiert wird, während der Jagd auf Beute oder bei Angriffen durch Raubtiere oder rivalisierende Rudel.

Das Omega-Tier fungiert als »eine Art sozialer Kitt, der es ermöglicht, Frustrationen abzubauen, ohne dass es zu Kriegshandlungen kommt«, schrieb ein Wolfsschützer. Das Omega-Tier ist für die Rudelstruktur so wichtig, dass ein Rudel, wenn es sein rangniedrigstes Tier verliert, »in eine lange Trauerphase eintritt«, so der Naturschützer, »in der das gesamte Rudel aufhört zu jagen und einfach nur herumliegt und unglücklich wirkt«, so als gäbe es keinen Grund mehr weiterzuleben.[279]

Der Verlust eines Omegas kann den sozialen Zusammenhalt destabilisieren und das gesamte Rudel in Gefahr bringen. Je nach Zusammensetzung des Rudels kann es sein, dass ein Omega nicht einfach ersetzbar ist. Das neue Omega-Tier würde eine Degradierung für eines der Rudelmitglieder der unteren bis mittleren Stufe bedeuten. In jedem Fall wird das Rudel ins Schwanken gebracht. Schließlich werden diese Rollen nicht künstlich auf der Grundlage des Aussehens eines einzelnen Wolfs zugewiesen, wie es bei einigen anderen Arten der Fall ist, sondern sie ergeben sich aus inneren Persönlichkeitsmerkmalen, die bei der Bildung eines Rudels auf natürliche Weise zutage treten.

Wir Menschen könnten viel von der Gattung *Canis,* den Wolfs- und Schakalartigen, zu denen auch die Hunde gehören, lernen. Die große Tragödie der Menschheit besteht darin, dass Menschen häufig Alphapositionen zugewiesen werden, oder dass man sie als Personen ansieht, die sich als Alphatier qualifizieren – als CEOs, Quarterbacks, Trainerinnen, Filmregisseure, Präsidentinnen von Hochschulen oder Staaten –, und zwar nicht unbedingt aufgrund angeborener Führungseigenschaften, sondern historisch gesehen aufgrund der Tatsache, dass sie in die dominante Kaste oder das dominante Geschlecht oder in die richtige Familie innerhalb der Oberkaste hineingeboren wurden, wobei davon ausgegangen wird, dass nur diejenigen, die einer bestimmten Kaste oder einem bestimmten Geschlecht oder einer bestimmten Religion oder einer bestimmten nationalen Herkunft angehören, die angeborene Fähigkeit oder das Verdienst besitzen, die Führung zu übernehmen.

Dies ist nicht nur eine Tragödie für die vielen übersehenen Alphas aus Randgruppen, deren Talente ungenutzt oder unerkannt geblieben sind, die mit ansehen mussten, wie Organisationen unter unsicheren oder schlecht geeigneten Alphas zugrunde gerichtet wurden. Es ist nicht nur eine Tragödie für die fehlplatzierten Alphas, die vielleicht überfordert sind und sich schwer damit tun, eine Organisation zu führen, oder die mit verärgerten Angestellten hadern, die sie möglicherweise nicht respektieren. Es ist eine Tragödie für die Menschheit, die um den Nutzen natürlicher Alphas gebracht wird, die die Welt mit dem Mitgefühl und dem Mut führen könnten, die die Kennzeichen geborener Führungspersönlichkeiten sind, ganz gleich welchen Geschlechts, ganz egal welcher Religion, Herkunft oder Kaste sie angehören, die die eigentlich vorgesehenen Alphas der Spezies sind.

14

Wie Kaste ins Alltagsleben eindringt

Ein Vater und sein kleiner Sohn waren – jetzt, wo die Mutter und der Vater sich getrennt hatten – an einem ihrer kostbaren gemeinsamen Tage in einem Restaurant in Oakland. Der kleine Junge bestellte, was er zu wollen glaubte, doch als das Essen gebracht wurde, sagte er, er wolle nur seinen Saft trinken. Der Vater war besorgt über die Auswirkungen, die die Unruhe in der Familie auf seinen Sohn haben könnte, und er wollte die altbewährte Stabilität und Ordnung im Leben seines kleinen Jungen beibehalten.

Er wollte sich an die gleichen Normen halten, die immer für sie gegolten hatten, nämlich Dankbarkeit für das Essen zu zeigen, das das Universum für sie bereithielt; er wollte die Manieren aufrechterhalten, die sie ihm beigebracht hatten, als sie noch eine Familie waren. Vor allem wollte er, dass sein Sohn sich gesund und ausreichend ernährte; er wollte ihn nicht hungrig zu seiner Mutter zurückbringen, denn hungrig wäre er ganz sicher, wenn er seinen kleinen Magen nur mit süßem Saft und Knabbereien füllte. Der Vater erinnerte sich an die Zeiten, in denen sich der Junge mit Süßigkeiten vollgestopft und keinen Platz mehr hatte für die Hauptmahlzeiten.

Was er seinem Sohn in diesem Moment nicht sagen konnte, ihm aber später, wenn er groß genug war, sagen müsste, war, dass er Autoritätspersonen respektieren müsste. Eines Tages wäre er kein reizendes Kleinkind mehr, sondern ein Schwarzer Teenager oder ein erwachsener Mann, und der Respekt vor Autoritäten, das Befolgen von Regeln, könnte sein Leben retten. Er war sein einziges Kind, der wertvollste Mensch auf der Welt. Der Junge hatte ein so süßes Gesicht, war unschuldig und frei. Wie konnte er ihm sagen, dass die Welt, sein Land, ihn als Bedrohung ansah? Wann genau ist der beste Zeitpunkt, um einem Kind das Herz zu brechen?

Sollten die Eltern das Kind nur häppchenweise verletzen, um es vor dem Schmerz eines einzigen Schlages zu bewahren? Sollten die Eltern sich mit dem Kind zusammensetzen und es hinter sich bringen? Man könnte argumentieren, dass ein Kind umso sicherer und besser vorbereitet ist, je früher es die Wahrheit erfährt. Vielleicht sollten Eltern aber auch so lange wie möglich warten, um ihrem Kind die größtmögliche Chance zu geben, ein Kind zu sein. Es wird den Rest seines Lebens, jahrzehntelang, Zeit haben, sich mit der Wahrheit abzufinden.

Vielleicht ist der liebevollste Weg, zu warten, bis etwas passiert, bis jemand auf dem Spielplatz das N-Wort zu ihm sagt oder ein Lehrer ihn ermahnt, weil er den Flur entlanggerannt ist, während seine weißen Mitschülerinnen und Mitschüler nicht ermahnt werden, und wenn das Kind weiß, dass es etwas falsch gemacht hat, und wissen will, warum.

Tamir Rice war zwölf Jahre alt, als die Beamten ihn innerhalb von Sekunden nach ihrer Ankunft niederschossen, während er in einem Park in Cleveland mit einem Luftgewehr spielte, obwohl der Bundesstaat Ohio freien Waffenbesitz erlaubt und es für Jungen ganz normal ist, Spielzeugwaffen zu besitzen – eine typisch US-amerikanische Angelegenheit. Das war 2014, und Tamir Rice war zufällig im gleichen Alter wie Jem im Roman *Wer die Nachtigall stört*, dessen geliebter Vater Atticus Finch dem Jungen ein Luftgewehr schenkt, in genau jener Szene, nach der das Buch benannt ist. Viele amerikanische Jungen spielen mit Waffen, bekommen Waffen geschenkt und werden dafür nicht getötet. Tamir Rice starb, bevor er fragen konnte, warum.

Der Vater in Oakland, der mit seinem Sohn im Restaurant saß, glaubte nicht an Waffen, und auch war dies nicht das Problem. Es ging um das Leben seines Sohnes und darum, was der Vater tun könnte, um dieses Leben zu schützen. Die Herausforderung für einen Elternteil in der untergeordneten Kaste besteht darin, den optimalen Zeitpunkt abzupassen, um einem Kind die Wahrheit zu sagen, bevor das Kastensystem es tut; die Herausforderung besteht darin, herauszufinden, wie lange ein Kind unschuldig und ein Kind sein darf, und wann es zu spät ist.

Ein anderer Vater, ein Einwanderer aus Westafrika, musste sich dazu zwingen, seine Sorge zu überwinden, um seinem kleinen Jungen zu sagen, dass er kein Kind mehr sein dürfte, dass er nicht mehr herumspringen und herumtollen und herumschreien dürfte wie all die anderen Kinder. Er würde seinem Sohn sagen müssen, dass dies zu gefährlich wäre. Denn jetzt waren sie in den USA.

Der Vater in Oakland war ein angesehener Professor an einem örtlichen College. Sein Fachgebiet war afroamerikanische Geschichte. Es würde ihm schon etwas einfallen, wenn die Zeit gekommen wäre. Die Sache lastete auf ihm, doch heute war nicht der richtige Tag dafür. Der Vater sah seinen Sohn an und sagte ihm, er solle erst sein Gemüse essen, so wie Daddy es gesagt habe, anschließend könne er dann seinen Saft trinken. Der kleine Junge verzog das Gesicht, schüttelte den Kopf und begann zu weinen.

Eine Frau an einem Tisch in der Nähe hatte ihr Gespräch offenbar belauscht. Sie war eine ältere, graublonde Frau aus der dominanten Kaste. Sie stand von ihrem Tisch auf und kam zu ihnen beiden herüber. Der Vater bemerkte, wie sich der Schatten ihrer Gestalt auf sie zubewegte. Die Frau blieb stehen und schaute auf sie herab. Sie beugte sich zu dem kleinen Jungen und sagte zu ihm: »Trink du nur deinen Saft, wenn du willst. Du kannst ruhig deinen Saft trinken.«

Die Frau sprach den Vater nicht an, würdigte ihn keines Blickes. Sie richtete ihre Aufmerksamkeit ganz auf den kleinen Jungen, während sie am Tisch stand. Der Vater war außer sich. Eine völlig fremde Frau war aufgestanden, hatte ein Elternteil missachtet und einem Kind direkt ins Gesicht gesagt, es solle dem Vater nicht gehorchen. Es war kaum vorstellbar, wie viele Grenzen die Frau überschritten hatte. Irgendetwas hatte sie dazu gebracht, sich berechtigt zu fühlen, in die Privatsphäre von Menschen, die sie nicht kannte, einzudringen, und sich über die Erziehung des Vaters hinwegzusetzen. Dies war Oakland, die demokratenblaue Heimat von Huey und Tupac, wo Begriffe wie *Gender nonconforming* und *Mikroaggressionen* zum alltäglichen Sprachgebrauch gehören. Die Frau wäre nicht aufgestanden, wenn sie nicht der Meinung gewesen wäre, dass dies ihr Recht sei. Hätte sie dies auch bei anderen Eltern gewagt? Hätte sie sich über einen weißen Vater hinweggesetzt, hätte ihn ignoriert und seinem Sohn gesagt, er solle ruhig exakt das tun, was sein Vater ihm gerade verboten hatte?

Der Vater hob die Hand wie ein Verkehrsposten der Polizei, der einem Auto ein Zeichen zum Anhalten gibt.

»Ma'am, Sie müssen sich wieder hinsetzen«, sagte der Vater. »Kommen Sie nicht hier an meinen Tisch. Ich kenne Sie nicht.«

Die Frau sah fassungslos über diese Zurückweisung aus, drehte sich aber um und ging an ihren Tisch zurück. Dem

Vater fiel es anschließend schwer, sein Essen zu genießen. Er würde sich noch sehr lange an diesen Moment zurückerinnern.

Die USA haben eine jahrhundertealte Geschichte, in der Angehörige der oberen Kaste die rechtmäßige Rolle der Eltern aus der unteren Kaste und ihrer Kinder überwachten und sich darüber hinwegsetzten. Die extremste Form davon war der Verkauf versklavter Kinder, während ihre Eltern zusehen mussten, sogar der Verkauf von Säuglingen, die noch nicht von ihren Müttern entwöhnt worden waren. »Einer von ihnen«, sagte einst ein Sklavenhändler, »war 200 Dollar wert, sobald er das erste Mal Luft holte.«[280] Diese alltägliche Facette der Sklaverei herrschte in unserem Land ein Vierteljahrtausend lang: Kindern und Eltern wurde die elementarste aller menschlichen Bindungen verwehrt. Selbst wenn es den Kindern erlaubt war, bei ihren Eltern zu bleiben, untergruben die Regeln der Kaste deren Autorität und bestraften sie, wenn sie versuchten, ihre eigenen Kinder zu beschützen. Wenn die »Frau oder das Kind [eines Schwarzen] von einem Sklavenhalter oder Aufseher ausgepeitscht oder ausgezogen wurde«, so schrieb der Historiker Kenneth M. Stampp, dann konnte der Mann bloß dabeistehen und »in hilfloser Erniedrigung zuschauen.«[281] Eine Mutter in Louisiana erhielt fünfundzwanzig Peitschenhiebe, weil sie sich einem Befehl der weißen Herrin, der sie gehörte, widersetzte.[282] Viele der grausamsten Auspeitschungen und Torturen wurden an versklavten Männern vollzogen, die in Fällen von Gewalt gegen ihre Kinder durch einen Sklavenhalter oder Aufseher rebellierten.

Den versklavten Eltern war es unmöglich, ihren Kindern »Schutz oder Sicherheit vor den furchterregenden Kreaturen« zu bieten, die über sie herrschten, so Stampp.[283] Auch waren sie nicht in der Lage, sich selbst zu schützen. Doch selbst wenn die obere Kaste das Böse darin nicht sah – den Kindern der untersten Kaste entging es nicht. Als einmal ein Aufseher eine Frau fesselte und sie vor den Augen ihrer Kinder auspeitschte, »bewarfen die verängstigten Kinder den Aufseher mit Steinen«, schrieb Stampp, »und eines von ihnen rannte auf ihn zu und biss ihn ins Bein«, während die Kinder riefen, er solle die Mutter in Frieden lassen. Das Kastensystem mag sie wie Vieh oder Maschinen behandelt haben, doch die Kinder reagierten sofort so, wie Menschen reagierten, die die herrschende Kaste nicht in ihnen erkennen wollte.

Erst Mitte des 20. Jahrhunderts, nachdem sich infolge der Bürgerrechtsbewegung Gesetze geändert hatten, verfügten Schwarze Eltern über rechtliche und politische Mittel, um ihre Kinder vor Misshandlungen zu bewahren oder um den Schaden, der ihren Kindern durch den Staat zugefügt wurde, geltend zu machen. Die wesentlichen Konturen der Hierarchie blieben jedoch erhalten – im Laufe der Zeit veränderten sich lediglich ihre Ausdrucksformen.

Moderne ungeschriebene Gesetze der Kaste zeigen sich seltener in offenen Angriffen oder bewussten Feindseligkeiten, und so kann der Kampf gegen sie ernüchternd und schwer sein. Sie sind wie der Wind, stark genug, um einen umzuwerfen, aber unsichtbar, während sie ihre Wirkung entfalten. Sie werden durch das Muskelgedächtnis einer bestimmten Kaste und durch die Erwartungen an den Umgang mit anderen auf der Grundlage der hierarchischen Stellung aufrechterhalten. Es handelt sich um eine Form von Hypersensibilität in Sachen Status: das Recht der dominanten Kaste, einzugreifen und sich durchzusetzen, wann immer sie es für richtig hält, und diejenigen zu überwachen oder abzutun, die als unterlegen betrachtet werden. Es geht nicht um Luxusautos und -uhren, Country Clubs und Privatbanken, sondern um das unbewusste Wissen, dass man auf der Grundlage von Regeln, die nicht auf dem Papier stehen, sondern in beinahe jedem Werbespot, jeder Fernsehsendung, auf jeder Werbetafel, in jedem Film, Song, Videoclip sowie in allen Variationen von Vorstandsetagen über Nachrichtenredaktionen und geschlossene Wohnanlagen auftauchen und bis in die Frage, wer in der ersten halben Stunde eines Films als Erster getötet wird, hineinwirken, einen höheren Status besitzt als andere. Darin liegt die überwältigende Banalität der Kaste.

*

Jeden Tag, wo auch immer in Amerika zwei oder mehr Menschen zusammenkommen, kann die Kaste die gewöhnlichsten Begegnungen vergiften, uns unvorbereitet treffen, uns stören und verwirren und potenziell für jeden in der Hierarchie Chaos verursachen.

Dies sind Szenen der Kaste in Aktion:

In einem wohlhabenden Vorort einer Stadt im Mittleren Westen klingelte es an der Tür eines Buchhalters. Er war mit seiner Familie erst kürzlich in die Nachbarschaft gezogen. Durch ein Fenster sah er, dass eine Frau, eine Schwarze, auf seinem Treppenabsatz stand.

Der Buchhalter hatte gehört, die nahegelegene Reinigung bot ihren Kunden an, die Wäsche abzuholen und wieder nach Hause zu bringen; und so holte er die schmutzige Wäsche, um sie der Frau, die draußen wartete, zu überreichen.

Als er die Tür öffnete, machte die Frau einen Schritt zurück. »Oh, ich komme nicht von der Reinigung«, sagte sie. »Ich bin Ihre Nachbarin von nebenan. Ich wollte mich nur vorstellen und Sie in der Nachbarschaft willkommen heißen.«

Sie war die Ehefrau eines prominenten Kardiologen; das Ehe-

paar gehörte zur Oberschicht, und trotzdem wurden die beiden von jemandem, der gerade nebenan eingezogen war, als Mitglieder der untergeordneten Kaste abgestempelt. Davon würden sie sich beide erst einmal erholen müssen.

*

Ein College-Professor in Chicago war gerade von einer Fahrradtour zurückgekehrt und holte seine Post in der Lobby seines Wohnhauses an der Michigan Avenue ab. Der Mann war Schwarz, Mitte Dreißig, hatte ein markantes Gesicht und trug immer noch seinen Helm und seine Fahrradkleidung. Er betrat den Aufzug und fuhr in sein Stockwerk rauf, während er begann, seine Post durchzusehen. Den anderen Mann im Aufzug bemerkte er dabei kaum. Unter seinen Briefen entdeckte der Mann etwas Interessantes und öffnete einen der Umschläge.

Der andere Mann war entsetzt.

»Sie sollen die Post doch zustellen und nicht öffnen.«

Der College-Professor blickte auf und sah, dass der andere Mann weiß war; allerdings ging er nicht auf die Anschuldigung ein, konzentrierte sich stattdessen lediglich auf seine Post und gab eine ehrliche Antwort.

»Na ja, ich möchte eben sehn, was drinsteht«, sagte der Professor.

Der andere Mann sah jetzt noch entsetzter aus, schüttelte angewidert den Kopf und glaubte fälschlicherweise, er sei Zeuge eines Vergehens geworden.

Der Professor stieg in seinem Stockwerk aus, und erst später ging ihm auf, dass er in seinem eigenen Wohngebäude für einen Kurierfahrer gehalten worden war. Es war eine Verwechslung, die so abwegig war, dass er sie in dem Moment nicht einmal in Betracht gezogen hatte. Der Mann aus der dominanten Kaste musste davon überzeugt gewesen sein, er sehe dabei zu, wie ein Schwarzer Bote einfach die Post eines »echten« Bewohners des Gebäudes öffnete, noch dazu vor den Augen eines Mitbewohners. Das ist der unheilvolle, sich selbst erhaltende Mechanismus der Kaste.

*

Auf dem Schreibtisch eines Bauingenieurs klingelte ständig das Telefon. Er hatte Fristen einzuhalten und wurde von Projekten überflutet. Doch das Klingeln störte immer wieder seine Konzentration. Der Ingenieur gehörte der dominanten Kaste an, und so auch der Mann, der ihn belästigte. Auf den ersten Blick sollte diese Belästigung das Thema der Kaste überhaupt nicht berühren. Hier rief ein weißer Bauunternehmer einen weißen Ingenieur an, um Antworten zu einem laufenden Projekt zu erhalten.

Der Ingenieur besaß eine allgemeine Vorstellung von dem Projekt, doch er war für das Projekt nicht selbst verantwortlich. Es war das Projekt einer Kollegin in der Firma, und wie der Bauunternehmer wusste, war die Kollegin zufällig Schwarz.

Der weiße Bauunternehmer war angewiesen worden, sich mit seinen Fragen an sie zu wenden. Doch der Bauunternehmer hatte sie ignoriert, sich über die Regeln hinweggesetzt und sich stattdessen an den Ingenieur seiner eigenen Kaste gewandt. Aus Höflichkeit und aus Gründen der Zeitersparnis beantwortete der weiße Ingenieur anfänglich die Fragen des Bauunternehmers. Doch das Telefon klingelte unentwegt und behinderte seine Arbeit sowie das besagte Projekt.

Von ihrem Arbeitsplatz neben dem weißen Ingenieur konnte die Schwarze Kollegin mit anhören, wie sich all dies entwickelte. Sie hörte jedes Mal das Telefon läuten, während ihr eigener Apparat stumm blieb. Sie hörte die ungeduldigen Antworten des weißen Ingenieurs auf Fragen, von denen beide wussten, dass sie an die Frau hätten gerichtet werden müssen.

Der weiße Ingenieur wurde missmutig; er konnte nicht glauben, was geschah. Als der Bauunternehmer das nächste Mal anrief, sagte der weiße Ingenieur dem Anrufer die Meinung. »Ich habe Ihnen von Anfang an gesagt, dass Sie mit der Kollegin über Dinge des Tagesgeschäfts sprechen müssen. Wenn Sie damit ein Problem haben, müssen wir bei diesem Projekt mit einer anderen Firma zusammenarbeiten.«

Kaum hatte der weiße Ingenieur aufgelegt, klingelte das Telefon der Schwarzen Ingenieurin.

An einem normalen Arbeitstag hatte das Kastensystem einem Mann aus der dominanten Kaste die Zeit geraubt und den Betrieb gestört. Der Mann fand sich in einem unerwarteten Kampf gegen einen unsichtbaren Feind wieder und war gezwungen, für seine Kollegin und gegen das Kastensystem selbst einzutreten, was ihm vielleicht nicht einmal bewusst war.

*

Gibt es aber etwas, das die Kaste einzigartig macht, dann ist es erstens die Kontrolle der Rollen, die von den Menschen aufgrund ihres Aussehens erwartet werden, und zweitens die Überwachung von Grenzen – die Missachtung der Grenzen untergeordneter Kasten oder die leidenschaftliche Konstruktion dieser Grenzen durch die Angehörigen der dominanten Kaste, um die Hierarchie aufrechtzuerhalten.

Nach der Wahl von 2016 wurde die Überwachung Schwarzer Bürgerinnen und Bürger durch weiße Fremde zu einer derartigen Alltäglichkeit des amerikanischen Lebens, dass diese Vorfälle eigene Memes und Videos inspirierten, auf die Entschuldigungen von Geschäftsleitungen oder die Ankündigung eines unternehmensweiten Diversity-Trainings folgten. Menschen aus der herrschenden Kaste wurden dabei gefilmt, wie sie sich in den Alltag von Schwarzen einmischten, die sie nicht einmal kannten, und sie anpöbelten, während sie in einem Starbucks in Philadelphia auf einen

Freund warteten oder in St. Louis versuchten, das Mehrfamilienhaus zu betreten, in dem sie lebten. Es ist ein entferntes Echo einer früheren Epoche, in der alle Angehörigen der dominanten Kaste während der Zeit der Sklaverei befugt, ja sogar verpflichtet waren, jeden Schwarzen Menschen zurechtzuweisen.

Mit dem Wiederaufleben der Kaste nach der Wahl von 2016 wurden Menschen der Oberkaste dabei beobachtet, wie sie unter einer Vielzahl von gewöhnlichen Umständen die Polizei auf gewöhnliche Schwarze Bürgerinnen und Bürger ansetzten, wobei zeitweise fast täglich Videos auftauchten:

In New Haven, Connecticut, rief eine Frau die Campus-Polizei wegen einer Studentin der Yale University, die während ihrer Recherchearbeit im Gemeinschaftsraum ihres Wohnheims eingeschlafen war. Die Beamten verlangten ihren Ausweis, auch nachdem sie die Tür zu ihrem Wohnheim aufgeschlossen hatte. »Sie befinden sich in einem Gebäude der Yale-University«, sagte einer der Beamten, »wir müssen sicherstellen, dass Sie das Recht haben, hier zu sein.«[284]

In Milwaukee rief eine Frau die Polizei wegen eines Justizvollzugsbeamten, dessen Transponder nicht mehr funktionierte, als er versuchte, damit die Tür zu seinem eigenen Auto zu öffnen.[285] Ein Mann rief die Polizei wegen eines Softwareingenieurs, der vor einem Wohnhaus in San Francisco auf einen Freund wartete. Während der Weiße über sein Smartphone die Behörden informierte, flehte der kleine Sohn des Mannes, dem das Verhalten seines Vaters nicht passte, aufzulegen und die Sache auf sich beruhen zu lassen.[286]

Eine Frau, die mit ihrem Hund spazieren ging, versperrte einem Marketingberater den Zugang zu seinem eigenen Wohnhaus in St. Louis. Sie verlangte von ihm den Nachweis, dass er dort wohne, ehe sie beiseiteträte. Als er an ihr vorbeiging, folgte sie ihm in den Aufzug und bis zu seinem Stockwerk, um zu sehen, ob er tatsächlich dort wohnte. Auf dem Video, das der Mann vorsichtshalber aufgenommen hat, ist zu sehen, wie sie ihm bis zu seiner Wohnung folgt und selbst dann noch prüft, ob er ein Bewohner ist, nachdem er seine Tür aufgeschlossen hat, um hineinzugehen.[287]

Und eine Frau verfolgte einen Schwarzen Mann in Georgia, als sie ihn in Begleitung von zwei weißen Kindern sah. Die Frau verfolgte Corey Lewis, den Babysitter der Kinder, mit ihrem Wagen, als er von einem Walmart zu einer Tankstelle und zu seinem Haus fuhr, nachdem er der Frau, einer völlig Fremden, nicht erlaubt hatte, allein mit den Kindern zu sprechen, um zu sehen, ob es ihnen gut gehe. Lewis, ein Jugendpastor, der eine Abendschule leitet, zeichnete die Sache mit seinem Smartphone auf. Auf dem Video sind die Kinder ruhig und unbeeindruckt, während sie angeschnallt auf dem Rücksitz seines Autos sitzen.

Seine Stimme klingt angespannt und fassungslos. »Diese Frau hier verfolgt mich«, sagt er in dem Video, »nur weil ich zwei Kinder auf dem Rücksitz habe, die nicht so aussehen wie ich.«

Die Frau verständigte die Polizei und fragte am Telefon, ob sie den Mann weiterverfolgen solle. Sie verfolgte ihn weiter, obwohl man sie bat, dies nicht zu tun. Als Lewis nach Hause kam, hielt ein Streifenwagen hinter ihm an, und ein Beamter ging auf ihn zu.

»Jesus, erbarme dich, was ist nur los mit diesem Land?«, rief eine Frau, die nicht zu sehen war, in dem Video. Der Beamte bat die Kinder, einen sechsjährigen Junge und ein zehnjähriges Mädchen, aus dem Auto auszusteigen. Der Ausgang dieser Begegnung mit der Polizei und Lewis' Sicherheit hingen davon ab, was die Kinder sagten, und er bat sie, dem Beamten mitzuteilen, wer er sei. »Bitte«, sagte er zu den Kindern.

Nachdem sich der Beamte vergewissert hatte, dass Lewis tatsächlich der Babysitter der Kinder war und dass es ihnen gut ging, rief er sicherheitshalber die Eltern an, die gerade beim Abendessen saßen.

»Es hat uns einfach umgehauen«, sagte der Vater der Kinder, David Parker, gegenüber der *New York Times*.

Danach fragte ein Reporter die zehnjährige Addison, was sie der Frau sagen würde, die ihnen an diesem Tag gefolgt war. Ihr Vater teilte der *Times* die Antwort seiner Tochter mit: »Ich würde sie einfach bitten, uns das nächste Mal doch als drei Menschen zu sehen und nicht als drei Hautfarben. Wir hätten ja auch die Adoptivkinder von Mr Lewis sein können.«

*

Dieses Eindringen der Kaste ins Alltagsleben scheint die Opfer am heftigsten zu treffen. Angesichts der weithin bekanntgewordenen Angriffe und Erschießungen Schwarzer Bürgerinnen und Bürger durch die Polizei wissen die meisten US-Amerikanerinnen und -Amerikaner inzwischen, dass ein Anruf bei der Polizei für einen Schwarzen Menschen lebensgefährlich sein kann. Leichtfertige Anrufe vergeuden öffentliche Ressourcen und lenken die Polizei zum Schaden aller Menschen von wirklichen, schweren Verbrechen ab.

Die Betroffenen sind Teil der Wirtschaft, und wenn sie bei ihren Tätigkeiten gestört werden, erleiden Schulen und andere Institutionen und Unternehmen einen unsichtbaren Produktionsverlust, da ihre Angestellten von ihren eigentlichen Aufgaben abgelenkt werden. Diese Fälle des Eindringens in die Privatsphäre dienen dazu, das Kastensystem zu stärken, indem sie das Arbeitsleben der Menschen in den unteren Kasten in einer ohnehin schon wettbewerbsorientierten Gesellschaft untergraben und ihnen zusätzliche Belastungen auferlegen, die ihre Kolleginnen und Kollegen der herrschenden Kaste nicht haben, so wie ich es vor einigen Jahren selbst in Michigan erleben musste.

Ich hörte Schritte hinter mir, schenkte ihnen aber keine besondere Beachtung. Ich befand mich an einem Flughafen, und überall waren Schritte und Rollkoffer zu hören. Ich war an diesem frühen Morgen mit einem Flugzeug aus Chicago hier in Detroit gelandet, um in meiner Tätigkeit als Korrespondentin für die *New York Times* Interviews zu führen.

Ich hatte bereits eine Stunde verloren, weil ich mich in einer anderen Zeitzone befand, und ich ging im Kopf noch einmal alles durch, was ich in den nächsten acht Stunden zu tun hätte. Wenn das erste Interview um 10:30 Uhr stattfand und ich vierzig Minuten bräuchte, um in die Innenstadt zu kommen, oder vielleicht noch länger, weil inzwischen die Hauptverkehrszeit angebrochen war, dann müsste ich jetzt sofort zu meinem Mietwagen gehen, um alles zu schaffen.

Wenn sich irgendeines der Interviews verzögerte, würde ich am Abend meinem Rückflug nach Chicago verpassen. Doch ich dachte mir, darüber sorge ich mich später und gehe einfach so schnell wie möglich zum Shuttle, das mich zu meinem Mietwagen bringt. Mir ging der Gedanke durch den Kopf, dass das Shuttle, das man braucht, immer als letztes kommt oder einem gerade vor der Nase weggefahren ist.

Ich ging schnell, weil ich immer schnell gehe, und war auf dem Weg zu den Glasschiebetüren in Richtung der Shuttlehaltestelle, als ich die beiden hörte. Die Schritte kamen rasch näher. Warum könnte hier jemand etwas von mir wollen? Es waren ein Mann und eine Frau. Beide waren weiß, und das rehbraune Haar der Frau schwang beim Gehen bis knapp über ihre Schultern. Sie trugen Parkas und Kordkleidung, und beide waren außer Atem, als sie mich schließlich erreichten.

»Wir müssen mit Ihnen reden«, sagten sie und gingen neben mir her.

Durch die Schiebetüren konnte ich die Shuttlebusspur und die anfahrenden Busse sehen, doch ich bekam nicht recht mit, was die beiden zu mir sagten.

»Warum sind Sie in Detroit? Was machen Sie hier?«

»Geschäftlich. Ich bin aus beruflichen Gründen hier.«

Ich dachte, ich hätte keine Zeit für eine Umfrage. Und jetzt sah ich, dass das Avis-Shuttle pünktlich war. Es hielt am Straßenrand. Die Leute standen Schlange, um einzusteigen.

»Ich muss meinen Shuttlebus erwischen«, sagte ich, als ich aus dem Terminal ging.

»Woher kommen Sie?«, fragten sie.

»Ich bin gerade aus Chicago angekommen«, sagte ich und näherte mich der Ansammlung von Menschen in Anzügen und Mänteln, die in dem Shuttle verschwanden.

»Wohnen Sie da?«

»Warum fragen Sie mich das? Ich muss in das Shuttle einsteigen.«

»Wir müssen wissen, ob Sie in Chicago leben und was Sie in Detroit machen.«

Die letzten Fahrgäste stiegen in den Bus. Die Türen des Shuttles standen weit offen. Der Fahrer schaute auf mich und auf die beiden hinunter. Der Mann und die Frau standen reglos da und hielten den Bus auf, hielten die Fahrgäste auf, hielten mich auf.

»Was wollen Sie von mir?«

»Wir sind von der DEA. Wir müssen wissen, wo Sie wohnen, wie lange Sie in Detroit bleiben werden und was genau Sie hier machen.«

Das war zu absurd, um es zu begreifen. Die Drug Enforcement Administration, die Drogenbehörde? Warum in aller Welt hielten sie ausgerechnet mich am Flughafen fest? Da es sich um einen Tagesausflug handelte, hatte ich kein Gepäck dabei, wie die meisten Geschäftsreisenden, die zwischen beieinanderliegenden Städten unterwegs sind. Ich trug einen Anzug wie alle anderen, meine Reisetasche über die Schulter gehängt. Da ich damals als Korrespondentin für den Mittleren Westen tätig war, sagte ich immer, ich nähme das Flugzeug wie andere Leute die U-Bahn. Flughäfen waren für mich wie ein zweites Zuhause. Wie konnten sie nicht erkennen, dass ich wie jede andere Geschäftsreisende aussah, die in das Shuttle stieg?

Die Leute im Bus schauten auf ihre Uhren und starrten durch die Fenster auf mich herab, als ich auf der Treppe stand. Der Fahrer rutschte auf seinem Sitz herum, und ich konnte das Rütteln des Motors hören, das Schnauben der Bremsen, das Getriebe vor dem Schalten, und ich sah die ungeduldige Hand des Fahrers am Türgriff.

Ich habe ihnen einfach gesagt, was sie wissen wollten, damit sie mich in Ruhe lassen.

»Ich lebe in Chicago. Ich bin nur für einen Tag hier. Ich bin Reporterin für die *New York Times*. Ich muss in diesen Bus einsteigen.«

»Sie können einsteigen, in Ordnung, aber wir müssen mit Ihnen fahren.«

Ich zitterte, als ich das Shuttle bestieg, dessen Luft von der Verachtung der Mitreisenden erfüllt war. Ich suchte nach einem freien Sitzplatz, und die Leute wichen zurück, als ich mich hinsetzte. Dieser gesamte Austausch hatte alle im Bus aufgehalten, und allem Anschein nach war der Grund eine Frau, eine Schwarze Frau, die wahrscheinlich nicht einmal eine echte Geschäftsreisende war und obendrein noch kriminell. Die beiden von der Drogenbehörde setzten sich direkt vor mich, starrten mich an, musterten mich, ohne ihre Augen von mir zu nehmen. Twitter gab es nicht und auch noch keine Handykamera, mit der ich die Beamten hätte filmen können. Der Bus war voller Geschäftsleute, oder besser: voller weißer Geschäftsleute. Ich war die einzige Schwarze im Bus und eine der wenigen Frauen, und da waren ein Agent und eine Agentin, die mich ununterbrochen beobachteten.

Die Augen der anderen Passagiere wanderten zwischen den beiden und mir hin und her. Ich war völlig fassungslos und zu schockiert, um Angst zu empfinden. Es war ein psychischer Angriff, dort sitzen zu müssen, beschuldigt und verurteilt zu werden, nicht nur von dem Agenten und der Agentin, sondern von allen im Shuttlebus, die mich mit Verachtung und Geringschätzung ansahen, als wäre ich keine von ihnen, auch wenn ich exakt so war wie sie – eine Vielfliegerin auf Geschäftsreise an einem Morgen unter der Woche, die gerade in eine große amerikanische Stadt geflogen war und sich auf die Arbeit konzentrieren musste, die ich, wie all die anderen auch, hier zu erledigen hatte. Am liebsten hätte ich meine Unschuld verkündet, meine Unschuld an allem, was gerade durch ihre Köpfe ging.

Wenn man als Schwarze in der Mittelschicht aufgewachsen ist, ist man sich der Last, die man trägt, äußerst bewusst, und man weiß, dass es selbstverständlich ist, doppelt so hart arbeiten zu müssen wie andere. Doch noch wichtiger ist, dass man sehr genau weiß, es gibt keinerlei Spielraum für Fehltritte, sodass man versuchen muss, praktisch immer perfekt zu sein, auch wenn man damit nicht vorankommt. Man lebt mit dieser Doppelmoral, auch wenn man sie nicht leiden kann. Man weiß von klein auf, dass man nicht mit den Dingen durchkommt, die den weißen Freundinnen und Freunden verziehen werden, mit pubertären Streichen, Ladendiebstählen bei einer Mutprobe oder dem Beschimpfen einer Lehrerin. Man wusste es besser, sogar dann, wenn man zu derartigen Dingen geneigt war, was auf mich nicht zutrifft und nie zugetroffen hat.

Ich musste meine Fassung zurückgewinnen und mich von dem Vorwurf ihrer Anwesenheit befreien. Sie hatten nicht geglaubt, dass ich Reporterin war, also beschloss ich, ganz auffällig das zu tun, was meinem Beruf entsprach. Ich fischte meinen Stift und mein Notizbuch aus der Tasche. Ich dachte mir, dass mich niemand davon abhalten könnte, Notizen zu machen. Das war für mich ein natürlicher und schützender Reflex wie zu atmen. Ich hatte ein gefesseltes Publikum, das Zeuge meines Rettungsjournalismus war.

Schweigend schaute ich zu der Agentin und dem Agenten hinüber und machte mir mit meiner zitternden rechten Hand Notizen darüber, was sie trugen, wie sie aussahen und wie sie mich ansahen. Damit hatten sie nicht gerechnet, und sie drehten sich weg, um aus dem Fenster oder auf den Boden zu schauen.

Es war eine lange Fahrt zum Parkplatz der Autovermietung. Jetzt spürten sie den Stachel der Beobachtung, während ich alles, was ich konnte, über sie aufschrieb, und in diesem Moment erkämpfte ich mir wieder einen Bruchteil der Macht, die sie mir genommen hatten, und ich bewies jedem, der zusah, wer und was ich war – zumindest fühlte es sich in diesem Moment für mich so an.

Bald hielt der Bus auf dem Avis-Parkplatz, und ich atmete tief durch. Sie waren den ganzen Weg vom Flughafen mit mir gefahren, und ich hatte keine Ahnung, wie es weitergehen würde. Als der Bus zum Stehen kam, stand ich wie die anderen Fahrgäste auf. Die beiden von der Drogenbehörde sahen von ihren Sitzen zu mir auf.

»Schönen Tag noch«, sagten sie. Und damit war es vorbei.

Allerdings war es das nicht. Irgendwie habe ich es bis zum Schalter der Autovermietung geschafft und die Schlüssel für einen Wagen bekommen, aber ich kann mich an nichts davon erinnern. Mir ist nur noch im Gedächtnis geblieben, dass ich auf einem Parkplatz, auf dem ich schon dutzende Male gewesen war, im Kreis gefahren bin, nicht aussteigen konnte, die Schilder zur Ausfahrt nicht erkannte und nicht wusste, wie ich auf die Interstate 94 kommen sollte, obwohl ich ganz genau wusste, wie ich auf den Highway gelangen würde, weil ich ihn schon so oft genommen hatte.

Jetzt, im Auto, weit weg von den beiden, begann ich den Ernst dieser Begegnung zu begreifen und konnte mir erst jetzt meinen Schrecken eingestehen. Die anderen Geschäftsreisenden waren wahrscheinlich schon auf dem Weg zu ihren Terminen, vielleicht verärgert über die Verspätung, aber doch in der Lage, sich gedanklich auf ihre Verabredungen vorzubereiten und vielleicht unterwegs noch einen Kaffee zu trinken. Dies war der Diebstahl der Kaste – den Ausgegrenzten raubte sie die Zeit und die psychische Kraft und entzog ihnen in einem ohnehin schon schwierigen Wettbewerb die Energie. Die anderen waren nicht wie ich erstarrt und desorientiert und versuchten, sich einen Reim auf eine öffentliche Verletzung zu machen, die mir jetzt, da ich sie in vollem Umfang erkennen konnte, nur noch bedrohlicher vorkam. Die stille Alltäglichkeit dieses Schreckens hat mich nie wieder verlassen. Die Narben blieben länger als der Schnitt.

In unserer Gesellschaft wird uns immer wieder gesagt, dass wir ein Buch nicht nach seinem Cover beurteilen sollen, dass wir uns keine Mutmaßungen über seinen Inhalt erlauben sollen, bevor wir es gelesen haben. Aber dennoch urteilen Menschen täglich über andere Menschen und stellen Vermutungen über sie auf der Grundlage ihres Aussehens an. Wir urteilen über komplexe, atmende Wesen auf eine Art und Weise, von der uns gesagt wird, dass wir so nicht einmal unbelebte Gegenstände beurteilen sollten.

15

Die dringende Notwendigkeit einer unteren Stufe

Wie sich herausstellt, ist die größte Bedrohung für ein Kastensystem nicht das Versagen der unteren Kaste, mit dem fest gerechnet wird und auf das man vielleicht sogar zählt, nein, die größte Bedrohung ist der Erfolg der unteren Kaste, den niemand erwartet hat. Der Erfolg der untersten Kaste verstößt gegen das allgegenwärtige Drehbuch. Dieser Erfolg untergräbt die Grundannahmen, auf denen ein Kastensystem errichtet ist und mit denen die Identitäten der Menschen auf allen Hierarchiestufen verbunden sind. Der Erfolg von Menschen am Rande der Gesellschaft, die aus den von ihnen erwarteten Rollen heraustreten, bringt die Ordnung ins Wanken und löst primitive und häufig gewalttätige Gegenreaktionen aus.

Der Gelehrte W. E. B. Du Bois erkannte dieses Phänomen bereits in seinen Forschungen über die gesellschaftliche Situation nach dem Ende des Bürgerkriegs: »Die Herren fürchteten den Erfolg ihrer ehemaligen Versklavten weit mehr als ihr Scheitern.«[288]

Jahrzehnte nach dem Bürgerkrieg befand sich die gesamte Welt im Kriegszustand, und Europa wurde im vierten Jahr der Grabenkämpfe auseinandergerissen. Es war das Jahr 1918, und die USA hatten endlich ihre Truppen entsandt. Frankreich begrüßte die Verstärkung im Ersten Weltkrieg, denn sie war dringend notwendig. Frankreich übernahm das Kommando über einen Teil der US-amerikanischen Truppen, und so begannen die Probleme. Die Franzosen behandelten die Soldaten nach ihrem militärischen Rang und nicht nach ihrem Rang innerhalb des amerikanischen Kastensystems.

Sie behandelten Schwarze Soldaten wie weiße Soldaten, so wie sie alle anderen Menschen behandelten, tranken mit ihnen und klopften ihnen auf die Schulter, wenn sie ihre Arbeit gut gemacht hatten. Da sie in der Heimat eine vollkommene Rassentrennung gewohnt waren, ärgerten sich die Weißen über dieses Verhalten, und diesem Bruch musste unbedingt ein Riegel vorgeschoben werden.

Die US-amerikanische Militärführung teilte den Franzosen mit, wie sie die Schwarzen Soldaten zu behandeln hätten, und machte ihnen klar, dass diese Männer »minderwertige Kreaturen« seien, ganz gleich, wie gut sie sich an der Front schlugen, und dass es »von größter Bedeutung« sei, sie als minderwertig zu behandeln.

Die Tatsache, dass sich eine militärische Führung inmitten eines der grausamsten Kriege der Menschheitsgeschichte die Zeit nahm, die Soldaten eines anderen Landes über die Notwendigkeit der Erniedrigung ihrer eigenen Landsleute zu belehren, deutet darauf hin, dass sie die Einhaltung der Kastenregeln für ebenso wichtig hielt wie den Krieg selbst. Die weißen Soldaten weigerten sich, in denselben Schützengräben wie ihre Schwarzen Kameraden zu kämpfen und vor den Schwarzen Vorgesetzten zu salutieren.

Das US-amerikanische Militär teilte seine Position mit, und die französischen Kommandeure mussten ihrerseits die Regeln an ihre Soldaten und Offiziere weitergeben, für die die Schwarzen Soldaten Kameraden wie alle anderen auch waren. »Diese Nachsicht und diese Vertrautheit«, heißt es in einem Memorandum, »sind für die Amerikaner ein Grund zur Sorge. Sie sehen darin einen Affront gegen ihre nationale Politik.«[289]

Während der Unterrichtung ihrer Offiziere über die neuen Regeln wies das französische Kommando auf die darin liegenden Widersprüche hin, da »die (Schwarzen US-amerikanischen) Soldaten, die uns geschickt wurden, über den stärksten Körperbau und die beste Moral verfügten.« Bei dem Versuch, die Regeln des US-amerikanischen Kastensystems auf den neuen Kontext zu übertragen, gab das französische Kommando allerdings folgende Direktive aus: »Wir können mit ihnen nicht auf der gleichen Ebene wie mit den weißen amerikanischen Offizieren umgehen, ohne letztere tief zu verletzen. Wir dürfen nicht mit ihnen essen, dürfen ihnen nicht die Hand geben und dürfen nicht versuchen, mit ihnen zu sprechen oder sie außerhalb der Anforderungen des Militärdienstes zu treffen.«

Auch wurde den französischen Offizieren noch deutlicher zu verstehen gegeben: »Wir dürfen die Schwarzen US-amerikanischen Truppen nicht zu sehr zu loben, besonders nicht in Gegenwart von (weißen) US-Amerikanern. Es ist gestattet, ihre guten Eigenschaften und ihre Dienste anzuerkennen, allerdings nur in Maßen.«

Später, während eines der letzten Kriegsmonate im September 1918, wurde der Schwarze Soldat Private Burton Holmes im Hagel von Maschinengewehrfeuer schwer verwundet, als seine Einheit aus einem Hinterhalt von schwerer deutscher Artillerie angegriffen wurde. Er schaffte es zum Kommandoposten zurück, um das ihm zugeteilte Gewehr gegen ein anderes auszutauschen, da es nicht funktionierte.

Die Kommandeure wollten ihn zur Behandlung ins Lazarett bringen, doch er weigerte sich und nahm wieder am Kampf teil. Bis zu seinem letzten Atemzug feuerte er unablässig auf den Feind. Freddie Stowers, ein anderer Schwarzer in der Kompanie C, kroch unter feindlichem Beschuss übers Schlachtfeld und führte den Angriff auf die deutschen Schützengräben an. Auch er starb an der Front bei der Verteidigung Frankreichs und den USA.[290]

Weiße Offiziere, die die Tapferkeit der beiden miterlebt hatten, brachen mit den Regeln der Kaste und nominierten beide Männer für die Medal of Honor. Doch dies war der Höhepunkt der Ära der Eugenik, als die Minderwertigkeit Schwarzer Menschen innerhalb der amerikanischen Kultur nahezu unhinterfragt hingenommen wurde. Die Regierung lehnte die Verleihung der Medaille an die beiden Soldaten ab. Die für Holmes vorgesehene Auszeichnung wurde zu einer geringeren Ehrung herabgestuft, während die Nominierung von Stowers ein halbes Jahrhundert lang vergessen war.

Diese Handlungen entsprachen den gesellschaftlichen Normen, wonach Menschen aus der untersten Kaste nicht einmal nach ihrem Tod geehrt werden durften, damit die lebenden Mitglieder der Unterkaste nicht auf die Idee kamen, sich für gleichwertig zu halten, hochmütig zu werden, ihren Platz in der Gesellschaft zu verlassen und die Mythen zu bedrohen, die die Oberkaste sich selbst und der Welt erzählte.

»Stellen Sie sich das nur einmal vor«, sagte Dr. Jeff Gusky, ein Arzt, der sich Jahrzehnte später für den Fall interessierte, gegenüber der *Army Times* im Jahr 2018. »Wie durchschlagend dies in der amerikanischen Presse gewesen wäre, wenn sich herumgesprochen hätte, dass zwei Schwarze Soldaten in diesem Hinterhalt starben und beide für die Medal of Honor nominiert wurden.«[291]

Eine Generation später regte sich auch während des Zweiten Weltkriegs weiterhin Widerstand gegen den Aufstieg der untersten Kaste aus der ihr zugewiesenen Position, und zwar selbst bei den alltäglichsten Dingen. Eines Tages im Frühjahr 1942 beauftragten weiße Army-Offiziere Schwarze Soldaten damit, den Verkehr in Lincolnton, Georgia, zu regeln, als ein Armeekonvoi durch den Ort fuhr. Die Folge war ein Aufruhr in der Stadt. Der Anblick Schwarzer Männer in Uniform, die an einer Kreuzung standen und »weiße Autos anhielten, brachte offenbar einige Bürgerinnen und Bürger aus der Fassung«, schreibt der Historiker Jason Morgan Ward.[292]

Im Februar 1946 fuhr Sergeant Isaac Woodard jr. mit einem Greyhound-Bus von Augusta, Georgia, wo er nach seinem Einsatz im Pazifik ehrenhaft entlassen worden war, nach North Carolina zurück. An einer Haltestelle fragte Woodard den Busfahrer, ob er aus dem Bus aussteigen dürfe, um sich zu erleichtern. Der Fahrer entgegnete, der Mann solle sich hinsetzen, er habe keine Zeit zum Warten. Woodard sagte zum Fahrer: »Ich bin ein Mann genau wie Sie.« Woodard war drei Jahre lang außer Landes und somit weit weg von Jim Crow gewesen. Er hatte seinem Land gedient und war zu »einem Maß an Durchsetzungsvermögen und Selbstvertrauen gelangt, das die meisten Weißen im Süden weder gewohnt noch bereit zu akzeptieren waren«, wie der Südstaatenautor und Richter Richard Gergel meint.[293]

Der Fahrer hielt sich vorerst zurück und sagte dem Sergeant, er solle sich beeilen und schnell wieder in der Bus kommen. Doch an der nächsten Haltestelle, außerhalb von Aiken, South Carolina, verständigte er die Polizei.

Dort wurde Sergeant Woodard vom Polizeichef wegen ungebührlichen Verhaltens verhaftet. An der Bushaltestelle und später im Gefängnis prügelte der Polizeichef auf ihn ein und rammte ihm einen Knüppel in die Augen, wodurch Woodard sein Augenlicht verlor. Am darauffolgenden Tag befand ihn ein örtlicher Richter für schuldig im Sinne der Anklage, und obwohl er um einen Arzt bat, ließen ihn die Behörden erst nach mehreren Tagen medizinisch untersuchen. Als er schließlich in ein Armeekrankenhaus verlegt wurde, war es zu spät, um sein Augenlicht zu retten. Für den Rest seines Lebens war er blind.

Die NAACP machte Präsident Harry S. Truman, einen gemäßigten Mann aus dem Mittleren Westen, auf den Fall aufmerksam. Truman war empört, dass die Behörden in South Carolina nichts gegen die Verstümmelung eines US-Soldaten unternommen hatten. Er leitete eine Untersuchung durch das Justizministerium ein, da sich Woodard zum Zeitpunkt seiner Misshandlung in Uniform befand und sich der erste Angriff an einer Bushaltestelle auf Bundesgelände ereignet hatte.

Doch der Bundesprozess wurde in South Carolina durch die Regeln der Kaste behindert. Der örtliche Staatsanwalt stützte sich ausschließlich auf die Aussage des Busfahrers, der die Polizei verständigt hatte, der Verteidiger beschimpfte den erblindeten Sergeant in einer öffentlichen Gerichtsverhandlung mit rassistischen Ausdrücken, und als die ausschließlich weißen Geschworenen den Polizeichef für nicht schuldig erklärten, brach der Gerichtssaal in Jubel aus. Während des Prozesses hatte sich herausgestellt, dass Woodard bei der Verhaftung zum Polizeichef offenbar »Ja« anstatt »Ja, Sir« gesagt hatte. Der Polizeichef, der zugegeben hatte, Woodard die Augen verletzt zu haben, wurde auf freien Fuß gesetzt. Woodard ging im Zuge der Great Migration ins nördliche New York. Der mit dem Fall betraute weiße Richter aus dem Norden beklagte: »Ich war schockiert über die Heuchelei meiner Regierung.«[294]

Die Botschaft an diejenigen, deren Leben davon abhing, nichts an ihrer gesellschaftlichen Stellung zu ändern oder auch nur so zu wirken, als hätten sie etwas Derartiges vor, war klar. »Wenn ein *Negro* gesellschaftlich aufsteigt, wird er sich hüten, aufzufallen, um nicht beschuldigt zu werden, sich aufzuspielen und damit Ressentiments zu wecken«, schrieb der Ethnograf Bertram Schrieke. »Durch andere Beispiele wie auch durch seine eigene Erfahrung hat er gelernt, dass die Eifersucht der unteren Klassen der Weißen oft ein fast unüberwindliches Hindernis für sein Vorankommen darstellten.«[295]

*

Es waren vor allem die Versuche Schwarzer Menschen, über ihren Stand hinauszuwachsen, die nach der Zeit der Reconstruction neue Lynchmorde und Massaker auslösten und die zur Gründung des Ku-Klux-Klans sowie zur Verhängung der Jim-Crow-Gesetze führten. Am Wahltag des Jahres 1920 verübte ein weißer Mob in Ocoee, Florida, ein Massaker an etwa sechzig Schwarzen, er brannte ihre Häuser und Geschäfte nieder, er lynchte und kastrierte, und er vertrieb die verbliebene Schwarze Bevölkerung aus der Stadt, bloß weil ein Schwarzer Mann versucht hatte, seine Stimme an der Wahlurne abzugeben. Der Historiker Paul Ortiz bezeichnete den Aufstand von Ocoee als den »blutigsten Wahltag in der modernen Geschichte der USA.«[296]

Er ereignete sich inmitten einer Welle von antischwarzen Pogromen in mehr als einem Dutzend Städte der USA, von East St. Louis über Chicago bis nach Baltimore, als Schwarze Südstaatler im Zuge der Great Migration nach Norden kamen und viele von ihnen versuchten, ihre Ansprüche auf Staatsbürgerschaft geltend zu machen, nachdem sie im Ersten Weltkrieg ihr Leben für die USA riskiert hatten. Der Mob hatte es in der Regel auf die Wohlhabendsten der untersten Kaste abgesehen, auf diejenigen, die es vielleicht gar geschafft hatten, einige Leute der herrschenden Kaste zu überholen. Bei den Unruhen des Jahres 1921 in Tulsa, Oklahoma, verwüstete ein Mob den Stadtteil, der als Black Wall Street bezeichnet wurde, weil sich dort Schwarze Banken, Versicherungsfirmen und andere Unternehmen niedergelassen hatten und von gepflegten Backsteinhäusern umgeben waren, die auf Wohlstand hindeuteten. Die Häuser wurden vollständig niedergebrannt und nie wieder aufgebaut.

Jahrzehnte zuvor, in den frühen 1890er-Jahren, befanden sich an einer Kreuzung außerhalb von Memphis im Bundesstaat Tennessee, ein Schwarzer und ein weißer Lebensmittelladen unmittelbar gegenüber voneinander. Das Schwarze Geschäft, bekannt als People's Grocery, war eine Genossenschaft, die selbst dann noch florierte, als die Mauern der Rassentrennung immer höher wurden. Sein Besitzer, Thomas H. Moss, war ein stattlicher Mann in einem Dreiteiler mit Fliege und einem Seitenscheitel in seinem kurzgeschnittenen Haar. Er hatte zwei Anstellungen, zum einen als Briefträger und zum anderen als Betreiber des Lebensmittelladens. Sowohl er selbst als auch sein Lebensmittelgeschäft zogen den Unmut der weißen Konkurrenz auf sich.

Eines Tages spielten zwei Jungen, ein Schwarzer und ein weißer, vor dem Gebäude der People's Grocery und begannen, sich zu streiten. Der Vater des weißen Jungen verprügelte den Schwarzen Jungen, woraufhin zwei Angestellte des Schwarzen Lebensmittelladens dem Jungen zu Hilfe kamen. Eine Menschenmenge versammelte sich vor dem Geschäft, und die Spannungen kochten hoch.

Der weiße Lebensmittelhändler William Barrett, der über die Konkurrenz durch den Schwarzen Laden verärgert war, nutzte die Unstimmigkeiten zwischen den Kindern aus. Er tauchte bei People's Grocery auf und suchte nach einem der Verkäufer, die in den Streit eingegriffen hatten. Doch der diensthabende Angestellte, Calvin McDowell, verweigerte ihm jegliche Auskunft. Der weiße Lebensmittelhändler schlug wegen McDowells vermeintlicher Unverschämtheit mit einer Pistole auf den Mann ein. McDowell gelang es, dem weißen Lebensmittelhändler die Waffe zu entreißen, und er schoss, wobei er ihn nur knapp verfehlte. Gemäß dem Protokoll des Kastensystems wurde der Schwarze Verkäufer verhaftet. Zwar wurde er wieder freigelassen, doch das Kastensystem hatte gerade erst begonnen, sich zu regen. Der Schwarze Besitzer, Thomas Moss, versuchte, sich darauf vorzubereiten. Er stellte mehrere Schwarze Männer zur Bewachung des Ladens ab.

Am 5. März des Jahres 1892 stürmten sechs weiße Männer den Laden. Der Schwarze Lebensmittelhändler und seine Unterstützer schossen auf die Eindringlinge, wodurch zwei von ihnen verwundet wurden. Bei den Weißen handelte es sich zufällig um den Sheriff und fünf Männer, die er kurz davor zu Hilfssheriffs ernannt hatte. Nach der Schießerei wurden hundert weitere Weiße zu Hilfssheriffs ernannt, um den Schwarzen Ladenbesitzer und andere Schwarze Männer, die er kannte, zu jagen. Die drei Schwarzen Männer des Ladens – der Besitzer Moss und die beiden Angestellten McDowell und Will Stewart – wurden festgenommen. In den frühen Morgenstunden des 9. März 1892 stürmte ein Mob das Gefängnis, folterte und lynchte alle drei Männer. Am nächsten Tag plünderte ein weißer Mob das Lebensmittelgeschäft People's Grocery, und innerhalb weniger Monate kaufte Moss' weißer Konkurrent das Geschäft zum Spottpreis auf.

Eine von Moss' guten Freundinnen war die Journalistin Ida B. Wells, und dieser Lynchmord war der Auslöser für ihre lebenslange Mission, dem Land die Augen für den Terror des Lynchens zu öffnen. »Nie ist ein Mann über die Straßen von Memphis gegangen, der feiner oder sauberer war als er«, schrieb Wells. »Er wurde ermordet wie ein Hund. [...] Die Schwarzen Menschen sind der Meinung, dass jeder Weiße in Memphis, der in seinen Tod eingewilligt hat, gerade so große Schuld trägt wie diejenigen an den Gewehren, die ihm das Leben nahmen.«[297]

Die Ironie des Strebens der untersten Kaste liegt darin, dass gerade die Aufrichtigkeit, die von Moss verkörpert und von Wells bescheinigt wurde und die im Falle der meisten anderen Gruppen gefeiert wird, im Falle Schwarzer Menschen die heftigsten Gegenreaktionen hervorruft. Das Bemühen, der Stigmatisierung zu entgehen, führt zu Vergeltung.

»Moss wurde ermordet, weil er ein erfolgreicheres Geschäft führte als sein weißer Konkurrent«, schreibt Nathaniel C. Ball, Historiker am Hooks Institute der Universität von Memphis. »McDowell wurde ermordet, weil er in der Welt der Weißen, in der er lebte, seinen Platz in der Hierarchie vergaß, und Stewart wurde ermordet, weil er zur falschen Zeit am falschen Ort war.«[298]

*

Die unterste Kaste sollte an ihrem Platz bleiben wie ein schlechtsitzender Anzug, der ständig umgearbeitet werden muss, dessen Nähte und Abnäher unablässig geändert werden müssen, um den Anforderungen der oberen Kaste zu genügen, was auf die Sklavenhalter zurückgeht, die es ablehnten, wenn die Menschen, die sie als ihr Eigentum betrachteten, Fleiß und Intelligenz zeigten. »Wenn Sklaven Geld verdienten, wurden sie ›eitel und arrogant‹«, schrieb der Historiker Kenneth Stampp, »und sie fühlten sich ›unabhängiger‹.«[299]

Ihre Ideen und Innovationen wurden nicht gewürdigt, auch wenn dies den Fortschritt für alle gefährdete. Sie anzuerkennen würde den Grund für ihre Versklavung als Vorwand entlarven. Im Sommer 1721 wurde die Stadt Boston von einer Pockenepidemie heimgesucht, einer der tödlichsten Seuchen der damaligen Zeit. Die Erkrankten wurden unter Quarantäne gestellt, und rote Fahnen signalisierten allen, die vorbeikamen: »Gott sei diesem Haus gnädig.«[300]

Cotton Mather war ein puritanischer Geistlicher und Laienwissenschaftler und er war in den Besitz eines Afrikaners namens Onesimus gekommen. Der versklavte Afrikaner erzählte von einem Verfahren, dem er sich in seinem Heimatland unterzogen hatte und das ihn vor dieser Krankheit schützte. Die Menschen in Westafrika hatten entdeckt, dass sie sich vor Ansteckungen schützen konnten, indem sie sich mit einer kleinen Menge Flüssigkeit von einem erkrankten Menschen gegen die Krankheit impften. Mather war von der Idee, die Onesimus beschrieb, fasziniert. Er machte sich daran, sie zu erforschen, und beschloss, sie »Variolation« zu nennen. Sie wurde zum Vorläufer der Immunisierung und »der Heilige Gral der Pockenprävention für die westliche Medizin und Wissenschaft«, schreibt die Medizinethikerin und Autorin Harriet A. Washington.[301]

Während des Ausbruchs von 1721 versuchte Mather, die Bevölkerung Bostons davon zu überzeugen, sich mithilfe dieser revolutionären Methode zu schützen, doch er ahnte nicht, welcher Widerstand und welche Wut, welch »schreckliches Gekreisch« sich in der Bostoner Bevölkerung regen würden. Die Idee klang für sie befremdlich. Sie fürchteten, dass sich dadurch die Pocken noch weiter ausbreiten könnten, und sie wollten auch nichts mit einer Praxis zu tun haben, die aus Afrika stammte und von einem afrikanischen Sklaven vorgeschlagen worden war. Die Ärzte lehnten das Verfahren ab und »nahmen es übel, von einer Schar von Ministern gesagt zu bekommen, dass Afrikaner das Allheilmittel erfunden hätten, nach dem sie schon so lange gesucht hatten«, schreibt Washington. Aus Zorn wurde Gewalt, als jemand eine brennende Granate auf Mathers Haus warf. Mather wurde nicht ernsthaft verletzt, schrieb aber, dass er keinen Unterschied zwischen der afrikanischen Lösung für Pocken und dem Gegenmittel der US-amerikanischen Ureinwohner gegen Schlangengift sah, das die Kolonisten bereitwillig angenommen hatten.

Nur ein einziger Arzt namens Zabdiel Boylston war bereit, die neue Methode auszuprobieren. Er impfte seinen Sohn und die versklavten Menschen, die er besaß. Am Ende sollte die Epidemie mehr als 14 Prozent der Bevölkerung Bostons auslöschen. Doch von den 240 Menschen, die Boylston geimpft hatte, starben nur sechs – einer von 40, im Gegensatz zu einem von sieben Menschen unter denen, die auf die Impfung verzichtet hatten.

Bis 1750 wurden Impfungen, die auf Onesimus' Methode basierten, in Massachusetts und schließlich im ganzen Land zum Standard. »Es steht fest, dass das von ihm weitergegebene Wissen Hunderte von Menschenleben rettete und schließlich zur Ausrottung der Pocken führte«, schreibt die Autorin Erin Blakemore. »Es ist nach wie vor die einzige Infektionskrankheit, die vollständig ausgerottet wurde.«

Für seinen Beitrag zur Wissenschaft scheint Onesimus nicht einmal seine volle Freiheit erlangt zu haben. Das Wenige, was über ihn bekannt ist, ist, dass sich das Verhältnis zwischen Mather und ihm verschlechterte und Onesimus sich teilweise freikaufen konnte, indem er Mather Geld zahlte, damit er sich einen anderen Sklaven kaufen konnte. Onesimus hatte weit mehr geleistet als das, was man von einem Mann der untersten Kaste erwartet hätte, und wie allzu häufig scheint er dafür keine Anerkennung oder Belohnung erhalten zu haben.

*

Belohnungen und Privilegien erntete man stattdessen, wenn man die Kastenordnung aufrechterhielt. Es konnte die eigenen Aussichten verbessern, wenn man an seinem zugewiesenen Platz in der Gesellschaft blieb, je sichtbarer, desto besser. Zwei Jahrhunderte nach Onesimus machte das Jim-Crow-Regime bei seiner Rassentrennung zwischen Schwarz und Weiß nur eine einzige Ausnahme. Sie galt Schwarzen Dienstmädchen, die sich als hinreichend loyal erwiesen hatten, um mit der Betreuung weißer Kinder betraut zu werden. Nur diese Frauen durften in einem Zug oder Bus, der ausschließlich für Weiße bestimmt war, mitfahren, sofern sie sich um ein weißes Kind kümmerten. Diese Ausnahme verfolgte mehrere Zwecke: Für eine Schwarze Person verankerte sie das weiße Kind als Eintrittskarte in die erste Klasse und zu einem Sitzplatz. Sie stärkte die unterwürfige Rolle, den natürlichen Platz der untergeordneten Kaste. Sie erhob das Schwarze Kindermädchen auf Geheiß der herrschenden Kaste. Sie machte Hausangestellte sogar über Menschen wie den großen Redner Frederick Douglass erhaben, der einst auf einer Zugfahrt auf der Ladefläche sitzen musste. Sie bewahrte die Kinder der herrschenden Kaste davor, auch nur eine einzige Fahrt lang den Makel und die Unannehmlichkeiten des Schwarzen Wagens zu ertragen. Und sie hielt allen Angehörigen der untergeordneten Kaste vor Augen, dass sie nur mit der Erlaubnis der herrschenden Kaste und zu deren Bedingungen aufsteigen könnten, und auch nur so lange, wie sie sich an die ihnen zugewiesenen Rollen hielten.

Man gab ihnen keinen Spielraum, keine Möglichkeit, irgendeinen anderen Platz als den auf der untersten Stufe zu imaginieren. Von der Zeit der Reconstruction nach dem Bürgerkrieg bis zur Ära der Bürgerrechtsbewegung gaben die

Schulbehörden der Südstaaten für Schwarze Schulen nur ein Zehntel dessen aus, was für weiße Schulen zur Verfügung stand, und verweigerten ihnen ganz offen die Mittel, die ihnen eine Chance gegeben hätten, unter gleichen Bedingungen zu konkurrieren. Das Schuljahr Schwarzer Schülerinnen und Schüler wurde um Monate verkürzt, sodass sie weniger Zeit im Unterricht und mehr Zeit auf dem Feld verbringen mussten, um der Bereicherung der herrschenden Kaste zu dienen.

Bei der Einstellung Schwarzer Lehrkräfte für segregierte Schulen während der Jim-Crow-Ära traf der führende Südstaatenbeamte Hoke Smith eine bewusste Entscheidung: »Wenn sich zwei Schwarze Lehrkräfte an einer Schule bewarben, sollte man die weniger fähige Lehrkraft einstellen.«[302] Dies war eine verrucht kreative Methode, um die Erfolgsaussichten von Schwarzen zu schmälern. Die Schwarzen Kinder wurden von den am wenigsten qualifizierten Lehrkräften unterrichtet. Die klügsten und fähigsten Bewerber wurden übergangen – tatsächlich wurden hervorragende Leistungen bestraft –, während die Mittelmäßigen in einer absichtlichen Verzerrung der Meritokratie gefördert wurden. All dies schuf Uneinigkeit innerhalb der untersten Kaste über die offensichtliche Ungerechtigkeit und bewirkte, dass die Ambitionen derjenigen unterdrückt wurden, die über das meiste Talent verfügten. Auf diese und andere Art brachte das Kastensystem den Menschen in der untersten Kaste bei, der einzige Weg zu überleben bestünde darin, die tröstliche Rolle der unterworfenen Inkompetenten zu spielen. Das Kastensystem stellte sicher, dass Schwarze Menschen scheiterten, indem es ihnen jede Aussicht auf Erfolg verwehrte.

In einem Kastensystem besteht keine Möglichkeit, dass die benachteiligte Kaste gleichwertig, geschweige denn in irgendeiner menschlichen Leistung überlegen erscheint.

In den ersten Jahren des Dritten Reiches bemühten sich die Nazis, jüdische Menschen von jeder Position oder Situation auszuschließen, in der sie Arier übertreffen könnten. Dies dehnte sich auf die Klassenzimmer aus, wo sich die Berliner Gestapo die Mühe machte, anzuordnen, dass »alles getan werden muss, um nicht den Anschein zu erwecken, dass arische Schülerinnen und Schüler bei der Vorbereitung ihrer Prüfungen von Jüdinnen und Juden Unterstützung bekommen.«[303] Auf diese Weise wurden die Angehörigen der herrschenden Kaste, ungeachtet des natürlichen Spektrums an Intelligenz und Begabung, das in jeder menschlichen Untergruppe vorkommt, auf künstliche Weise als allgemein überlegen dargestellt – eine Vorbereitung auf eine Enttäuschung, die nicht von ihnen selbst verursacht wurde.

Wenn eine der Voraussetzungen für eine Hierarchie darin besteht, dass die Mitglieder der untersten Kaste die Sündenböcke bleiben müssen, dann arbeitet die Kultur dafür, dass sich daran nichts ändert, indem sie die Stereotype, die ihre Unwürdigkeit unterstreichen, hoch- und Hinweise auf das Gegenteil herunterspielt. Die US-amerikanischen Nachrichtensender füttern ihr Publikum mit einer Nahrung aus innerstädtischer Kriminalität und Armut, die in keinem Verhältnis zur statistischen Wahrheit steht – mit dem Ergebnis, dass die Wahrnehmung Schwarzer Menschen und der gesellschaftlichen Probleme insgesamt vollkommen verzerrt werden. Etwas mehr als jeder fünfte Schwarze Mensch der USA lebt in Armut, was sich auf 22 Prozent beläuft, während Schwarze Menschen mit 27 Prozent nur etwas mehr als ein Viertel aller Menschen des Landes ausmachen, die in Armut leben. Eine Studie aus dem Jahr 2017 von Travis Dixon von der University of Illinois ergab jedoch, dass Schwarze 59 Prozent der in den Nachrichten dargestellten

Armen ausmachen. Weiße Familien machen mit 66 Prozent zwei Drittel der Armen der USA aus, während Weiße in den Nachrichten nur als 17 Prozent der armen Bevölkerung dargestellt werden.[304]

Diese seit Generationen bestehenden Verzerrungen prägen die allgemeine Stimmung in der Bevölkerung. Der Politologe von der Yale-Universität Martin Gilens fand in einer Studie von 1994 heraus, dass 55 Prozent der US-amerikanischen Bevölkerung der Meinung waren, alle armen Menschen des Landes seien Schwarz. Mittlerweile betrachtet die Mehrheit *Schwarz* als ein Synonym für *arm* – eine stigmatisierende Verzerrung in einem Land, das den Wohlstand verherrlicht. Wie die Armut, so wird auch über die Kriminalität in einem Missverhältnis zur statistischen Wahrheit berichtet. Verbrechen, an denen ein Schwarzer Verdächtiger und ein weißes Opfer beteiligt sind, belaufen sich auf 42 Prozent aller Fälle, über die in den Fernsehnachrichten berichtet wird, und das obwohl Verbrechen mit weißen Opfern und Schwarzen Verdächtigen nur einen kleinen Teil aller Straftaten ausmacht, nämlich 10 Prozent, wie das Sentencing Project, ein Forschungszentrum für Strafjustizreform, berichtet.[305]

Seit Generationen hat die US-amerikanische Kultur die alarmierende Schwangerschaftsrate unter Schwarzen Teenagern beklagt, und die Berichte darüber wurden meist begleitet von Darstellungen der Sozialhilfeabhängigkeit, wenngleich die Mehrheit der jungen Mütter aller Ethnien unverheiratet ist und wahrscheinlich Sozialhilfe in Anspruch nehmen muss. Allein, durch die bloße Berichterstattung in den Nachrichten entgeht einem sehr leicht, dass die Schwangerschaftsrate unter Schwarzen Teenagern in den letzten Jahrzehnten drastisch gesunken ist, und zwar von 118 aus 1.000 Teenagern im Jahr 1991 auf 28 aus 1.000 Teenagern im

Jahr 2019, wie eine Analyse des Non-Profit-Forschungsinstituts Child Trends 2019 zeigte.[306]

Für die Gesellschaft sollte dies als eine gute Nachricht angesehen werden. Die Trendwende bei den Schwangerschaftsraten Schwarzer Teenager und von Teenagern mit lateinamerikanischem Hintergrund hat dazu beigetragen, dass die Gesamtschwangerschaftsrate bei Teenagern auf den niedrigsten Stand seit Anfang der Aufzeichnungen gesunken ist. Doch die wenigen Medienberichte, die es dazu gab, neigten dazu, auf die vertrauten Kasten-Stereotype über Arbeitslosigkeit und Armut – die Sprache der 1990er-Jahre – abzuheben, anstatt die Gründe für den historischen Rückgang zu betrachten.

Diese Zahlen sprechen eine klare Sprache, und sie passen nicht zu den Annahmen der Kaste. »Die langfristigen Abwärtstrends«, so die Forschenden, »könnten darauf hindeuten, dass Teenager den Geschlechtsverkehr heutzutage zunehmend aufschieben und, wenn sie sexuell aktiv sind, sorgfältiger verhüten.«[307] Das heißt, dass Schwarze und lateinamerikanischstämmige Teenager in einem Maße verhüten, das sie näher an den Mainstream heranführt und den Beweis für jahrzehntelange Verbesserungen bedeutet – ein Ergebnis, das den gesellschaftlichen Erwartungen zuwiderläuft und daher größtenteils unbeachtet bleibt.

*

Die Angehörigen der herrschenden Kaste waren in der Vergangenheit immer wieder bereit, auf Annehmlichkeiten für sich selbst zu verzichten, wenn sie dafür sicherstellten, dass die Früchte der Staatsbürgerschaft ausschließlich innerhalb der eigenen Kaste geerntet werden konnten.

Nachdem der Oberste Gerichtshof 1954 in dem Fall *Brown v. Board of Education* die Rassentrennung in öffentlichen Schulen verboten hatte, zögerte die von Weißen geführte Schulbehörde im Prince Edward County von Virginia die Integration so lange wie möglich hinaus und schloss letztlich das Schulsystem lieber ganz, anstatt Schwarzen Schülerinnen und Schülern die Möglichkeit zu geben, gemeinsam mit weißen Kindern eine Klasse zu besuchen. Fünf Jahre lang gab es in dem Bezirk keine öffentlichen Schulen, sodass Eltern beider Rassen zwischen 1959 und 1964 gezwungen waren, nach Alternativen für ihre Kinder zu suchen. Die Weißen vor Ort leiteten staatliche Mittel in Privatschulen für weiße Schülerinnen und Schüler um, während Schwarze Eltern, deren Steuergelder nun an die weißen Schülerinnen und Schüler gingen, auf sich allein gestellt waren.

Etwa zur gleichen Zeit verboten die Gesetze, die durch die Bürgerrechtsbewegung errungen wurden, die Rassentrennung in öffentlichen Einrichtungen, und als Reaktion darauf schlossen die Städte im Süden ihre nur für Weiße bestimmten Schwimmbäder, versteigerten sie oder betonierten sie ein, sodass überhaupt kein Mensch mehr darin schwimmen konnte, anstatt das Wasser mit Schwarzen Menschen zu teilen.[308] Doch die Menschen in der herrschenden Kaste verfügten über die Mittel und Ressourcen, die sie im Laufe von Generationen kollektiver Einkommens- und Vermögensunterschiede angesammelt hatten, um für sich und ihre Kinder private Schwimmbäder in Gated Communities zu errichten und die unterste Kaste erneut auszusperren.

Auf diese Weise verwandelt sich ein Kastensystem und es schützt seine Nutznießer, es entstehen Umgehungslösungen und die Hierarchie bleibt stabil, selbst wenn sie von der höchsten Autorität des Landes infrage gestellt wird. Auf diese Weise gelingt es einem Kastensystem, wie es scheint, auf ewig fortzubestehen.

Spannungen zwischen dominanten und marginalisierten Gruppen sind nach wie vor ein Merkmal des amerikanischen Lebens. Als Schwarze Jugendliche 2015 eine Poolparty in einer mehrheitlich weißen Wohnsiedlung in McKinney, Texas, besuchten, riefen weiße Anwohner die Polizei wegen Hausfriedensbruchs.

Wie später in einem international viel beachteten Video zu sehen ist, zerrte ein Officer, der dem Notruf nachging, ein 15-jähriges Mädchen vom Bürgersteig, warf es mit dem Gesicht nach unten zu Boden und drückte sich mit seinem ganzen Gewicht auf sie. Hier war ein erwachsener Mann, der seine Knie in den Rücken ihres schlanken, in einen Bikini gekleideten Körpers presste, während sie hilflos unter ihm schluchzte. Als Schwarze Jungen ihr instinktiv zu Hilfe eilten, richtete der Beamte seine Waffe auf sie, und sie wichen zurück, da die ganze Macht des Staates sie nicht als Kinder, sondern als Gefahr für die Gesellschaft ansah.[309]

Eine Szene, die schwer vorstellbar wäre, wenn es sich um ein junges Mädchen aus der herrschenden Kaste gehandelt hätte, also aus derselben Kaste, der auch der Polizist entstammte. Nach Veröffentlichung des Videos kündigte der Polizist innerhalb weniger Tage, doch der Vorfall zeigt, wie tief die Annahmen darüber reichen, wer wo in einer Kastengesellschaft hingehört, und wie schnell Mauern hochgezogen und diese verteidigt werden, wenn die Grenzen der Kaste überschritten werden – selbst heute noch.[310]

16

Die Angst vor dem letzten Platz: eingekerkert in einem überfluteten Keller

Ein Kastensystem setzt die Reichsten und Mächtigsten der herrschenden Kaste ins Penthouse eines mythischen Hochhauses und alle anderen, in absteigender Reihenfolge, in die Etagen darunter. Die Menschen der untergeordneten Kaste werden in den Keller verbannt, und halten sie sich in den Stockwerken darüber auf, sind sie ständiger Überwachung ausgeliefert. Wenn die Kellermenschen damit beginnen, in die darüberliegenden Stockwerke aufzusteigen, ist die Statik des gesamten Gebäudes bedroht. So ist es dem Kastensystem möglich, Kellermenschen in einem Untergeschoss, das gerade überschwemmt wird, gegeneinander aufzubringen und Panik aufgrund der Illusion zu erzeugen, dass die einzige Konkurrenz, die sie haben, die anderen Kellermenschen sind.

Die Folge kann sein, dass die Menschen unter der Erde die Bedingungen ihrer Gefangenschaft völlig verinnerlichen und alles dafür tun, um sich von den anderen in ihrer Gruppe abzuheben in der Hoffnung, die Ersten unter den Niedersten zu sein.

»Die Stigmatisierten stratifizieren sich selbst«, schreibt der Anthropologe J. Lorand Matory, »weil niemand auf dem letzten Platz stehen will.«[311]

Im Laufe der Generationen lernen sie, ihren individuellen

Selbstwert aus jenen willkürlichen Merkmalen zu schöpfen, die sie mit der dominanten Kaste verbinden. Historisch gesehen hat das Kastensystem einigen Mitgliedern der untergeordneten Gruppe Privilegien eingeräumt, wobei ein giftiges Werkzeug der Kaste, der sogenannte Kolorismus, zum Einsatz kam.

Je mehr die Menschen der untersten Kaste in Hautfarbe, Haar und Gesichtszügen jenen der obersten ähneln, desto höher stehen sie in der Hierarchie; das gilt insbesondere für Frauen. Und je höher ihr Stand, desto höher der Wert, der ihnen beigemessen wird, und zwar selbst von ihren Mitmenschen in der untersten Kaste, die keine äußeren Ähnlichkeiten mit der obersten Kaste vorweisen.

Diese Verzerrung des menschlichen Wertes ist in den USA besonders heimtückisch, da die unterschiedlichen Hauttöne und Gesichtszüge der meisten Schwarzen auf die Vergewaltigung ihrer versklavten afrikanischen Vorfahren durch deren Herren und andere Männer zurückzuführen sind.

Da es für sie nur wenige andere Möglichkeiten gibt, Kontrolle und Macht auszuüben, kann es vorkommen, dass Menschen auf der untersten Stufe andere aus ihrer eigenen Kaste herabsetzen, um sich in den Augen der Herrschenden zu erheben. Es ist möglich, dass sie sich persönlich tiefer verletzt und beraubt fühlen, wenn jemand aus ihrer gemeinsamen unteren Kaste aufsteigt oder sie überholt, als wenn die bereits Auserwählten voranrücken.

Wenn jemand aus der bereits begünstigten Gruppe aufsteigt, so mag dies als Vorbestimmung erscheinen, den Erwartungen entsprechen und leichter hingenommen werden, weil es schon immer so gewesen ist. Die Angehörigen der herrschenden Kaste waren ohnehin schon oben. Der Aufstieg einer begünstigten Person hat weniger mit einem selbst und den mutmaßlichen eigenen Defiziten zu tun, sondern spiegelt vielmehr die Welt, wie sie ist.

»Wenn jemand aus der eigenen Gruppe aufsteigt, wird dies gelegentlich abschätzig betrachtet, da es Menschen, die sich ohnehin schon minderwertig fühlen, das Gefühl gibt, noch minderwertiger zu sein«, schrieb Matory. »Ehre ist ein Nullsummenspiel, mit besonders intensiven Auswirkungen für die Diskreditierten, denn es gibt ohnehin zu wenig Ehre für alle.«[312]

Das Kastensystem lebt von Dissens und Ungleichheit, Neid und falschen Rivalitäten, die sich in einer Welt des gefühlten Mangels ergeben. Da die Menschen um ihre Position ringen, entstehen die größten Spannungen zwischen denjenigen, die sich in unmittelbarer Nähe zueinander befinden, sowohl auf den oberen als auch auf den unteren Stufen. In Indien sind die obersten Kasten historisch gesehen zuweilen aneinandergeraten. »Sie stritten sich sogar über so lässliche Fragen wie jene, wer wen zuerst grüßen sollte«, schrieb Bhimrao Ambedkar, »wer zuerst aus dem Weg gehen sollte, wenn sich die beiden auf der Straße begegneten, die Brahmanen oder die Kshatriyas.«[313]

Wenn es an der Spitze irgendwelche Ängste gibt, dann gibt es sie umso mehr am Boden. In der Vergangenheit hat das Kastensystem Spitzel und Verräter aus der untersten Kaste belohnt, wie etwa die Vollstrecker in den Konzentrationslagern des Dritten Reichs und die Sklaventreiber in den Südstaaten. Diese Belohnungsstrategien waren derart üblich, dass es in den USA mehrere Namen für eine solche Person gibt, darunter »Onkel Tom« oder »HNIC (*Head Negro in Charge*)«, für »Leitender *Negro*«. Die Menschen in der untersten Kaste ärgerten sich über diese Handlanger des Kastensystems genauso sehr, wenn nicht sogar noch mehr, als über die herrschende Kaste.

Wenn jemand aus der untersten Kaste versucht, dem Keller zu entkommen, kann es geschehen, dass die Zurückbleibenden an ihm zerren und versuchen, ihn aufzuhalten. Marginalisierte Menschen auf der ganzen Welt, darunter auch Schwarze, nennen dieses Phänomen »Crabs in a Barrel«, Krebse in einem Eimer. Viele Aufstände von Versklavten oder spätere Versuche, Schwarze Arbeiterinnen und Arbeiter in den Südstaaten gewerkschaftlich zu organisieren, wurden durch dieses Phänomen vereitelt: Gleichgestellte unterwanderten diejenigen, die versuchten, auszubrechen. Die Spitzel wurden durch zusätzliche Privilegien dafür belohnt, dass sie die herrschende Kaste vor Unruhen gewarnt hatten. Diese Verhaltensweisen tragen unbewusst dazu bei, die Hierarchie aufrechtzuerhalten, der diejenigen, die von ihren Brüdern verraten werden, zu entkommen versuchen.

Doch dieser universelle Impuls ist nicht immer durch Neid auf den höheren Rang zu begründen. Eine Gruppe, die bereits unter Beschuss steht, kann das Gefühl bekommen, dass »das Team es sich einfach nicht leisten kann, ein Mitglied zu verlieren«, wie Sudipta Sarangi, ein indischer Spezialist für Organisationsmanagement, schreibt. »Beginnt ein bestimmtes Mitglied der Gruppe, aufzusteigen – indem es im Leben besser abschneidet –, treibt die schiere Angst vor dem Verlust dieses Einzelnen alle dazu an, ihn nach unten zu ziehen.«[314]

*

Für den Erfolg im US-amerikanischen Kastensystem ist ein gewisses Maß an Geschick erforderlich, um die bestehende Ordnung zu entschlüsseln und auf ihre Diktate zu reagieren. Das Kastensystem lehrt uns alle, wessen Leben und Meinung das meiste Gewicht besitzen und wer in fast jedem Bereich vorrangig behandelt werden sollte. Einer der Lehrmeister ist das Strafrechtssystem, das aus den Strafgesetzen der Sklaverei hervorgegangen ist.

Von ihm lernen wir zum Beispiel, dass die Ethnie eines Opfers und nicht nur die eines Täters »der größte Indikator dafür ist, wer in den Vereinigten Staaten die Todesstrafe bekommt«, so der renommierte Jurist und Bürgerrechtler Bryan Stevenson unter Berufung auf eine Studie über Strafprozesse, die mit dem Todesurteil endeten. »In Georgia war es elfmal wahrscheinlicher, dass ein Täter die Todesstrafe erhielt, wenn das Opfer weiß war. Diese Ergebnisse bestätigten sich in jedem anderen Staat, in dem Studien über *Race* und Todesstrafe durchgeführt wurden.«[315]

Diese Lektion lehrt alle, wessen Leben als entbehrlich und wessen als unantastbar gilt. Sie zwingt alle dazu, der Vormachtstellung der herrschenden Kaste Genüge zu tun, um zu florieren. Mit dem Eintritt in das Kastensystem der USA lernen die Eingewanderten, sich von denen im Keller zu distanzieren, um nicht Gefahr zu laufen, selbst dort zu enden.

Obwohl es die Protestbewegungen der untergeordneten Kaste waren, die 1965 dazu beitrugen, die Türen zur freien Gesellschaft für nicht-weiße Eingewanderte zu öffnen, stehen eingewanderte People of Color, wie Eingewanderte während der gesamten US-amerikanischen Geschichte, vor dem Dilemma, sich an die ungeschriebenen Gesetze der Kaste halten zu müssen. Sie befinden sich in der schmerzlichen Notlage, entweder die unterste Kaste der einheimischen Schwarzen Bevölkerung zurückzuweisen oder sich mit jenen zu verbünden, die dafür gekämpft haben, dass sie überhaupt ins Land kommen konnten.

Doch für Menschen afrikanischer Abstammung wendet das Kastensystem den Weg zur Akzeptanz in den USA ins Gegenteil um. Eingewanderte aus Europa waren im vorigen

Jahrhundert oft schnell bereit, ihre Namen abzulegen und den Akzent und die Gebräuche ihrer Heimat aufzugeben. Sie milderten ihre ethnische Zugehörigkeit ab, um in die herrschende Kaste aufgenommen zu werden. Schwarze Eingewanderte stellen fest, dass das Kastensystem sie dafür belohnt, das Gegenteil der Europäer zu tun, weil sie wie die Menschen aussehen, die der niedrigsten Kaste zugeordnet sind. »Während weiße Eingewanderte an Status gewinnen, indem sie zu ›US-amerikanischen‹ Bürgerinnen und Bürgern werden«, schreibt der Soziologe Philip Kasinitz, »laufen Schwarze Eingewanderte durch ihre Assimilierung in die Gruppe mit dem höheren Status Gefahr, noch an sozialem Status zu verlieren, wenn sie ihre kulturelle Distinktion abgeben.«[316]

Viele jüngst eingewanderte Afrikanerinnen und Afrikaner sind gut ausgebildet, weitgereist und sprechen mehrere Sprachen fließend, deshalb möchten sie in ihrer neuen Heimat nicht in die niedrigste Klasse degradiert werden. Das Kastensystem ermutigt Schwarze Eingewanderte, alles dafür zu tun, sich von der untergeordneten Kaste, der man sie zurechnen könnte, abzugrenzen. Wie alle anderen sind auch sie den zersetzenden Stereotypen über Schwarze Menschen ausgesetzt, was zur Folge haben kann, dass sie anderen gegenüber betonen, nicht etwa dieser Gruppe zuzugehören, sondern aus Jamaika, Grenada oder Ghana zu stammen.

Ein Einwanderer aus der Karibik sagte zu Kasinitz: »Seit ich hier bin, habe ich andauernd festgestellt, dass dies ein rassistisches Land ist, und ich habe mich bemüht, meinen Akzent nicht zu verlieren.«[317]

Auf diese Weise werden die Menschen am untersten Rand in einen künstlichen Kampf, um ja nicht den letzten Platz zu belegen, verwickelt. Gelegentliche Differenzen zwischen Menschen, die von afrikanischen Eingewanderten abstammen, die aber wiederum zu unterschiedlichen Zeitpunkten der Geschichte in die USA einwanderten, sind die Folge. Einige Menschen aus der Karibik und aus Afrika mögen, wie die früheren Eingewanderten aus anderen Teilen der Welt, Schwarzen Menschen gegenüber misstrauisch sein und ihre Kinder davor warnen, sich »wie Schwarze aufzuführen« oder einen solchen mit nach Hause zu bringen, zu daten oder zu heiraten.[318] So beweisen sie nicht etwa, dass das Stereotyp falsch ist, sondern dass sie selbst kein Teil davon sind.

Überall in der Hierarchie, meinte Ambedkar, »findet eine Kaste Stolz und Trost in der Tatsache, dass sie über einer anderen Kaste steht.«[319]

So sehr es auch versuchen mag, Neuankömmlinge für die Aufrechterhaltung der Hierarchie zu gewinnen, es ist dem Kastensystem nicht möglich, alle Menschen zu erreichen. Einige Kinder von Eingewanderten aus der Karibik, Menschen wie Eric Holder, Colin Powell, Malcolm X, Shirley Chisholm und Stokely Carmichael, haben die Notlage der Menschen in der untersten Kaste am eigenen Körper erfahren. Trotzdem verschrieben sie sich dem Kampf um Gerechtigkeit und sie überwanden diese Spaltungen zum Wohle aller Amerikanerinnen und Amerikaner.

*

Das Konzept der Kaste hilft uns zu verstehen, weshalb Schwarze oder Frauen oder andere ausgegrenzte Menschen zu Autorität gelangen, nur um dann ihre eigene Gruppe abzulehnen oder zu schwächen. Als Gefangene in einem System, das ihnen nur wenig reale Macht oder Autorität zugesteht, beugen sie sich möglicherweise dem Willen des Kastensystems und setzen, wenn sie aufsteigen oder plötzlich akzeptiert werden, die Menschen ihrer eigenen Gruppe herab. Sie stellen sogar fest, dass sie dafür nicht einmal zur Rechenschaft gezogen werden, so niedrig ist der Status derjenigen, die sie verraten oder vernachlässigen.

Viele Misshandlungen an Menschen aus der untersten Kaste werden von Angehörigen derselben Kaste begangen, wie im Fall von Freddie Gray, der in Baltimore an schweren Wirbelsäulenverletzungen starb, die ihm von Polizeibeamten zugefügt worden waren. Gray war auf dem Rücksitz eines Polizeiwagens in Handschellen gelegt worden, allerdings hatte man ihn nicht angeschnallt. Der Wagen musste während der Fahrt einem anderen Fahrzeug scharf ausweichen, und Gray war in seinen Handschellen nicht in der Lage, sich beim Aufprall vor Stößen gegen die Innenwände des Polizeivans zu schützen. Zwei der Polizisten in dem Van waren Schwarze. Der Fahrer des Wagens war ein Schwarzer. Diese Umstände erlaubten es der Gesellschaft, den Tod von Gray so zu erklären, als hätte er sicherlich nichts mit *Race* zu tun, da ja Schwarze Polizeibeamte beteiligt waren – in Wahrheit war die Kaste am Werk.

Es steht im Einklang mit den Protokollen des Kastensystems, dass von den wenigen Polizisten und Polizistinnen, die in jüngster Zeit wegen Polizeibrutalität strafrechtlich verfolgt wurden, eine bemerkenswerte Anzahl männliche People of Color waren – ein japanisch-amerikanischer Polizist in Oklahoma, ein chinesisch-amerikanischer Polizist in New York City und ein muslimisch-amerikanischer Polizist in Minneapolis-St. Paul. Dies sind Fälle, in denen Men of Color den Preis für genau das zahlen, womit Männer der oberen Kaste oft davongekommen sind.

Dieses Phänomen zieht sich durch alle Ebenen der Marginalisierung. Die Vorgesetzte der Beamten, die für den Tod von Eric Garner durch einen Würgegriff verantwortlich waren, war Schwarz. Diejenigen, die am härtesten mit weiblichen Angestellten ins Gericht gehen, sind mitunter weibliche Vorgesetzte, die unter dem Druck männlicher Chefs stehen und in einer von Männern dominierten Hierarchie, in der nur wenige Frauen aufsteigen dürfen, um deren Anerkennung buhlen. Jeder dieser Fälle erzählt eine komplexe Geschichte, bei der schnell geurteilt wird, die Ethnie oder das Geschlecht der Opfer spielten keine Rolle, und die erst Sinn ergibt, wenn man sie durch die Linse der Kaste betrachtet.

Menschen, die das Kastensystem stützen, gibt es in allen Hautfarben, Glaubensrichtungen und Geschlechtern. Man muss nicht der herrschenden Kaste angehören, um ihr zu gehorchen. In der Tat ist das mächtigste Instrument des Kastensystems, eine Überwachungsinstanz auf jeder Stufe einzurichten, deren Identität jeden Vorwurf von Diskriminierung entkräftet.

17

An den frühen Frontlinien der Kaste

Im Herbst des Jahres 1933 machte sich ein angesehenes Schwarzes Ehepaar, das gerade von einem Studienaufenthalt in Europa zurückgekehrt war, von Virginia aus auf den Weg nach Süden in Richtung Nashville und passierte anschließend – erfüllt von Angst und von Vorfreude – den symbolischen eisernen Vorhang Jim Crows im Herzen von Mississippi. Der Anthropologin und dem Anthropologen stand eine gefährliche zweijährige Studienreise zur Erforschung der sozialen Hierarchie in den Südstaaten bevor. Sie betraten feindliches und fremdes Gebiet, wo sie lernen mussten, ihr Auftreten zu moderieren und sich den Demütigungen der sozialen Ordnung zu unterwerfen, wohl wissend, dass jeder Fehltritt sie das Leben kosten könnte.

An ihrem Zielort Natchez, Mississippi, durften sie die wahre Natur ihrer Mission nicht preisgeben. In einer Welt, die es vorzog, ihre feudalen Konventionen für sich zu behalten und Menschen, die wie sie aussahen, in ihre Schranken zu weisen, mussten sie ständig auf der Hut sein. Sie fuhren blindlings in eine Region, in der alle vier Tage ein Schwarzer Mensch gelyncht wurde, weil er – ob gravierend oder geringfügig – gegen diese Konventionen verstoßen hatte. Bald würden sie feststellen, dass nur wenige Wochen vor ihrer Ankunft ein Schwarzer im Nachbarbezirk von Natchez gelyncht worden war, da ihn eine weiße Frau beschuldigte, sie vergewaltigt zu haben, obgleich selbst viele Weiße vor Ort der Geschichte der Frau keinen Glauben schenkten.[320]

Allison Davis war ein makellos gekleideter Akademiker mit dem geschliffenen, kantigen Gesicht eines Filmstars, und seine Frau Elizabeth war ein Musterbeispiel an Kultiviertheit. Doch der Weg der beiden war steinig gewesen. Erst im Frühjahr des vorigen Jahres hatten sie ihr Studium an der damaligen Friedrich-Wilhelms-Universität zu Berlin (der heutigen Humboldt-Universität) abgebrochen und waren aus Deutschland geflohen, als Hitler die Macht ergriff. Sie hatten miterlebt, wie die Nazis Bücher verbrannten und Lehrkräfte verhafteten. Dies vermittelte Allison Davis neue Erkenntnisse über die Natur des Hasses. Verbunden mit den Belastungen, die er in seinem eigenen Land zu tragen hatte, sah er sich dazu inspiriert, das Thema der Ungerechtigkeit zu untersuchen.[321]

Davis war ein junger Anthropologe mit zwei Abschlüssen der Harvard University, er verfügte über viele Auslandserfahrungen, doch in Mississippi durfte er nichts davon zeigen. Um zu überleben, musste er sein Inneres verbergen. Das Ehepaar hatte sich entschlossen, dieses persönliche Opfer zum Erreichen des höheren Ziels zu bringen, um die Struktur der menschlichen Spaltung zu dokumentieren, eine Aufgabe, die sie praktisch zu Undercover-Agenten machen würde. Obwohl er weltmännisch und bebrillt war, hielt er es für das Beste, eine Waffe im Auto mit sich zu führen, um sich und seine Frau zu schützen, falls es notwendig würde.

In Natchez trafen sie auf die andere Hälfte ihres Forschungsteams, ein weißes Ehepaar namens Burleigh und Mary Gardner, die ebenfalls aus der Anthropologie von Harvard hervorgegangen waren und den Davises planmäßig nach Mississippi vorausgereist waren. Die Mission war insgeheim revolutionär. Ihr gemeinsamer Plan war es, sich von beiden

Seiten des Kastengefälles in eine geschlossene und isolierte Stadt des Südens einzuschleichen. Da sie aus dem Norden kamen, konnten die beiden nicht ahnen, worauf sie sich einließen. Sie befanden sich in den Tiefen des Jim-Crow-Kastensystems, und jeder ihrer Schritte wurde von ebenjenem Phänomen diktiert, das sie untersuchen wollten.

Aus ihrer Forschung würde eine der ersten Studien dieser Art und ein bahnbrechendes Experiment in der Ethnien übergreifenden Wissenschaft werden. Jedes Detail ihrer Interaktionen mit der einheimischen Bevölkerung müsste vorausgeplant werden, und sie müssten plausible Gründe anführen, weshalb ausgerechnet sie vier in dieser fremden Landschaft zusammen waren. In Anbetracht der bevorstehenden Gefahren konnten sie den Einheimischen nicht die volle Absicht ihres Projekts offenlegen: dass sie versuchten, in die Welt der Weißen und Schwarzen einzudringen, um möglichst präzise die Funktionsweisen von Kaste, Klasse und *Race* in der Region zu beschreiben.

Die beiden Paare sollten einem leitenden Professor Bericht erstatten, der das Projekt von Harvard aus überwachte. Der bedeutende Anthropologe W. Lloyd Warner ahnte die Gefahren, denen das Forschungsteam begegnen würde, und fuhr selbst im Vorfeld nach Natchez, um die Gegend auszukundschaften und die Stadt auf die Ankunft der vier vorzubereiten.

Warner traf sich mit dem Bürgermeister, mit Polizeibeamten und Redakteuren der örtlichen Zeitung, bevor er das Team allein ließ. Den Beamten der Stadt teilte er mit, dass Natchez ausgewählt worden war, um eine typische Südstaatenstadt zu repräsentieren, und dass das Forschungsteam Daten sammeln würde, um sie mit einer Stadt im Norden zu vergleichen. Dies war nicht gänzlich unwahr. Warner hatte Forschungen über die soziale Schichtung in Newburyport, Massachusetts, abgeschlossen, und so war der Vergleich durchaus sinnig.

Die Beamten in Natchez waren hocherfreut, die Geschichte ihrer Stadt mit dem weißen Ehepaar zu teilen. Viel schwieriger war es für das Team jedoch, einen glaubwürdigen Grund zu finden, warum Schwarze Forschende sie begleiten.

Sie entschieden sich, den Einheimischen mitzuteilen, die Schwarzen Forscher würden die Kirche der Schwarzen Gemeinde untersuchen, was für die Stadtväter hinreichend ungefährlich war. Wie weit das Forschungsteam der Gesellschaft voraus und wie kompetent Allison Davis war, zeigte sich daran, dass der Schwarze Anthropologe ausgewählt wurde, das Team vor Ort in Natchez anzuführen.[322] Zwei unterschiedliche Kasten untersuchten die Kaste im Herzen des Kastensystems.

Damit die Mission Früchte tragen könnte, zog zuerst das weiße Paar in die Stadt, um sich zu etablieren, bevor das Schwarze Paar nachkam. Die Gardners mieteten Räume in einem alten Herrenhaus an, das ihnen als Hauptquartier diente, und wurden in der Gesellschaft von Natchez aufgenommen. Allerdings musste wohl überlegt werden, wo die Davises wohnen würden. Das Herrenhaus war abgelegen, und die Davises würden in dieser ländlichen Umgebung gleich auffallen. Es könnte ihnen unangenehm und vielleicht sogar gefährlich werden. Es war eine Herausforderung, in einer Region, in der die meisten Schwarzen als Sharecropper in einfachen hüttenartigen Anbauten lebten, eine Unterkunft für sie zu finden. So verlegte das Team das Projekt schließlich in die Stadt selbst, und die Davises mieteten Zimmer von einem Schwarzen Arzt, der sie mit den wenigen Schwarzen aus der Oberschicht bekannt machte.

Bald darauf schon fanden sich die Paare in ihren jeweiligen und getrennten Kasten wieder, was sie jedoch in anderer Hinsicht einschränkte. Das Forschungsteam hatte sich zur Aufgabe gemacht, die Schichten innerhalb jeder Kaste zu untersuchen – die Elite wie die Unterschicht. Doch die soziale Hierarchie zog solch klare Grenzen, dass selbst innerhalb einer Kaste die Freundschaft mit Menschen, die nicht auf der gleichen Ebene standen, zu Skepsis und potenziell sogar zur Ächtung führte. Um Kontakt zur armen weißen Bevölkerung – der Unterschicht der herrschenden Kaste – herzustellen, nahm Mary Gardner eine Stelle als Sozialarbeiterin der Regierung im Rahmen eines New-Deal-Programms an, die es ihr möglich machte, ärmere weiße Menschen kennenzulernen und sie in deren Wohnungen zu besuchen.[323]

Elizabeth Davis hatte keine derartige Möglichkeit, als sie und ihr Mann mit der ärmeren Schwarzen Bevölkerung in Kontakt treten wollten. Zur damaligen Zeit durften nur wenige Schwarze Frauen in Mississippi derartige Regierungsposten bekleiden, und die staatliche Unterstützung, die Mary Gardner den Weißen, mit denen sie zusammentraf, gewähren konnte, stand damals nicht für ärmere Schwarze Menschen in Mississippi zur Verfügung.

So bemühte sich Allison Davis um einen fünften Forscher namens St. Clair Drake, einen ehemaligen Studenten von ihm, der Jahrzehnte später ein renommierter Wissenschaftler werden und über das Leben in Chicago Mitte des 20. Jahrhunderts forschen sollte. Dem aus dem Norden stammenden Drake gefiel die Vorstellung nicht, Monate oder Jahre im Jim-Crow-Süden zu verbringen, wo nur kurz zuvor im benachbarten Alabama neun junge Schwarze, die sogenannten Scottsboro Boys, inhaftiert worden waren, da man sie beschuldigte, zwei weiße Frauen angegriffen zu haben, die später ihre Aussagen widerriefen. Davis überzeugte ihn jedoch von der ungeheuren Wichtigkeit der Mission. »Man kann das System nicht zerschlagen, wenn man nicht versteht, wie es funktioniert«, sagte Davis zu ihm.[324]

Drake erklärte sich bereit, zu dem Team hinzuzustoßen, und er verbrachte seine Zeit mit Sharecroppern und Hausangestellten, zu denen die Davises, die mittlerweile den Schwarzen der oberen Mittelklasse von Natchez angehörten, keinen Zugang mehr hatten. Sie alle steckten längst in den Rollen fest, in denen man sie hier akzeptierte, und mussten das tun, was ihre Kaste für sie vorsah, um zumindest diese weiterhin selbst untersuchen zu können.

Ihr Leben hing davon ab, dass sie sich an die Regeln hielten, die sie zu untersuchen gekommen waren, und dass sie sich der Kaste, in die sie eingeteilt wurden, als loyal erwiesen. Mary Gardner, die weiße Forscherin, ging sogar so weit, in einen Reifrock zu schlüpfen und als Gastgeberin bei einer Besichtigungstour aufzutreten, zu der sie eingeladen worden war. Es war riskant, aus der Rolle zu fallen und als den Davises zu eng verbunden angesehen zu werden, mit denen die herrschende Kaste von Natchez kaum Kontakt hatte.

In der Öffentlichkeit mussten sie alle stets in ihren Rollen bleiben. Die Davises mussten sich den Gardners gegenüber respektvoll verhalten und durften nie den Anschein erwecken, dass sie in Wirklichkeit Freundinnen und Kollegen an der Front waren. Die beiden Frauen durften in der Öffentlichkeit nicht zusammen gesehen werden und mussten verheimlichen, wie gut sie sich kannten, da das Kastensystem diese Art von Freundschaft zwischen Frauen verschiedener Kasten nicht zuließ. »Ihre Begegnungen beschränkten sich auf ein gelegentliches zufälliges Treffen im Lebensmittelladen des Stadtzentrums«, schreibt David A. Varel, Davis' Biograf.[325]

»Dort tauschten sie bloß höfliche, zurückhaltende Worte zur Begrüßung aus.«

Im Laufe der Zeit erfuhr das weiße Ehepaar aus erster Hand, mit welchen Hindernissen das Schwarze Ehepaar konfrontiert war. Wo auch immer sie gemeinsam hingingen, nie gab es eine Garantie, dass die Davises etwas zum Essen oder Toiletten fänden. Jeder Schritt musste im Voraus unter Berücksichtigung der Kastenregeln genau geplant werden. Es kam vor, dass Gardner, der weiße Forscher, um den Schlüssel für die Toilette bitten musste, wenn es Davis erlaubt werden sollte, sie zu benutzen.[326]

Davis war der Teamleiter, doch die Menschen vor Ort durften nichts davon erfahren. Es war ein revolutionäres Konzept, dass gebildete Schwarze mit Weißen auf diese Weise zusammenarbeiteten, ein Spektakel, wie es die Stadtbevölkerung noch nie gesehen hatte.

Sie konnten nicht so tun, als würden sie nicht zusammenarbeiten, doch »es wurde erklärt und von den anderen im Allgemeinen verstanden, dass Allison für Burleigh arbeitete: dies war die einzige akzeptable Beziehung zwischen einem Weißen und einem Schwarzen«, schreibt Varel.[327]

Ein bloßes Arbeitstreffen zur Besprechung ihrer Ergebnisse erforderte eine komplizierte Choreografie. Sie hatten kein Büro außerhalb ihrer Apartments und konnten einander nicht zu Hause besuchen, ohne Verdacht zu erregen oder Unbehagen zu verursachen. Es passte nicht ins Kastensystem, dass Weiße Schwarze besuchten, also konnte Gardner nicht zu Davis kommen. Es wäre zulässig gewesen – tatsächlich wurde es erwartet –, dass ein Angehöriger einer untergeordneten Kaste die ihr höhergestellte Person zu Hause aufsuchte, um der Person der höheren Kaste keine Unannehmlichkeiten zu bereiten. Doch aus Gründen der Moral und der Würde wäre es für Davis als Teamleiter inakzeptabel gewesen, sich durch die Hintertür ins Haus seines Kollegen zu schleichen. »Es genügte nicht, zu sagen, dass Allison für Burleigh arbeitete; von jedem wurde erwartet, dass er sich streng nach den Maßgaben seiner Kastenrolle verhielt«, schrieb Varel.[328]

Also trafen sie eigene Vereinbarungen für ihre Treffen. Der eine rief den anderen an, um einen Termin auszumachen. Davis fand sich an einer Straßenecke ein. Gardner holte ihn ab, und sie fuhren auf eine ländliche Nebenstraße, um ihre Beobachtungen im Auto zu besprechen, ohne unnötige Aufmerksamkeit auf sich zu ziehen. Sie wussten, dass selbst dies schon einen Verstoß gegen die Regeln des Kastensystems bedeutete, doch es war ihre einzige Möglichkeit, ihre Arbeit zu machen.

Später erfuhr Gardner zufällig, dass »sowohl der Polizeichef als auch der Sheriff über jedes Treffen informiert waren«, so Varel. Der Sheriff und der Polizeichef griffen nicht ein, doch es handelte sich um einen so schwerwiegenden Verstoß, »dass der Sheriff sich gezwungen sah, die beiden Männer im Auge zu behalten.«[329]

Diese Überwachung ist ein Indikator dafür, dass die Behörden ihr Projekt jederzeit hätten stoppen oder noch Schlimmeres tun können. »Der Sheriff hätte jederzeit ihre Aufzeichnungen beschlagnahmen und so den wahren Charakter des größeren Forschungsprojekts aufdecken und die gesammelten Daten zerstören können«, schreibt Varel.[330]

Um ihre Forschung zu schützen, schickten sie regelmäßig Materialien an Warner in Harvard. Doch Allison musste vorsichtig sein. »Häufige Postsendungen eines Schwarzen, insbesondere eines gebildeten Schwarzen, hätten den Verdacht des weißen Postbeamten mittleren Alters aus der Mittelschicht geweckt«, so Varel.[331]

»Das gesamte Unterfangen«, sagte Warner einmal, war »zerbrechlich und höchst explosiv.«[332]

*

Als sich die Vereinigten Staaten von Amerika im Jahr 1941 auf den Eintritt in den Zweiten Weltkrieg vorbereiteten, legte das Team von Davis und Gardner die vielleicht umfangreichste Studie über das amerikanische Kastensystem vor. Der Band umfasste 538 Seiten und trug den Titel *Deep South: A Social Anthropological Study of Caste and Class*. Er beschrieb die verschiedenen sozialen Klassen innerhalb der beiden großen Kasten der USA, die weiße und Schwarze Menschen voneinander trennten.

Davis und die Gardners argumentierten, dass die Kaste in der von ihnen untersuchten Jim-Crow-Stadt »die fundamentale Spaltung« darstellte und auf einer gegenseitigen wirtschaftlichen Abhängigkeit beruhte, durch die sich »das Kastensystem und das ökonomische System gegenseitig stärkten«.[333] Sie dokumentierten die verschiedenen Stufen innerhalb der beiden Kasten, die verschiedenen Klassen innerhalb jeder Kaste, die angewandte soziale Kontrolle, um die Kasten voneinander getrennt zu halten, sowie die sklavenähnlichen Bedingungen und die Machtstruktur auf den Plantagen in den USA der Mitte des 20. Jahrhunderts.

Sie schilderten die strikten Verhaltensregeln, die zur Aufrechterhaltung der Hierarchie nötig waren. Ein Schwarzer Vermieter musste beispielsweise zur Hintertür seines eigenen Hauses gehen, um die Zahlungen von seinen weißen Mietern einzuholen. Das Forschungsteam beschrieb die Schreckenskampagne gegen die untergeordnete Kaste, die tägliche Bedrohung der Sharecropper, die in einen Hinterhalt der Plantagenbesitzer und ihrer Unterstützer geraten konnten, sowie die Risiken für die Davises selbst, als sie die Übergriffe auf andere Schwarze dokumentierten.

Es hatte acht Jahre gedauert, bis sie ihre Ergebnisse veröffentlichen konnten, und selbst danach, als sie die Studie in die Welt trugen, wurden sie noch von Rückschlägen und den Nachteilen der Kaste heimgesucht. Sie hatten ihre Arbeit mitten in der Weltwirtschaftskrise begonnen und standen damit vor der anhaltenden Herausforderung, ein Projekt finanzieren zu müssen, das von Anfang an riskant erschien.

Zwei Jahre, nachdem sie die Arbeit begonnen hatten, während sich die Weltwirtschaftskrise weiter zuspitzte, waren die Davises, die unter den Forschern am stärksten den Demütigungen der Kaste ausgesetzt waren und über die geringsten persönlichen Mittel verfügten, so knapp bei Kasse, dass sie Lehrverpflichtungen an der Dillard University annehmen mussten, einer unterfinanzierten, historisch Schwarzen Einrichtung in New Orleans. Dort war Allison Davis mit einem Lehrdeputat von fünf Veranstaltungen pro Semester belastet, während er gleichzeitig versuchte, die Studie abzuschließen. Zermürbt von der Isolation und den Erniedrigungen, die er über mehrere Jahre erdulden musste, verfiel er angesichts seiner Lebenssituation in eine Depression.

Zur gleichen Zeit betrat die Konkurrenz die Bühne. Das Mississippi-Delta wurde von jungen Sozialwissenschaftlerinnen und Sozialwissenschaftlern überschwemmt, die dieses feudale Land im Land erforschten, da die Weltwirtschaftskrise das Interesse an der Armut in ländlichen Gegenden und im Süden geweckt hatte. Und während das Team aus zwei Ethnien von Davis und Gardner weitaus länger unter den von ihnen untersuchten Kastenregeln gelebt hatte – tatsächlich waren es mehrere Jahre gewesen –, verbrachten zwei Anthropologen aus Yale, die beide weiß waren und in demselben

Gebiet an zwei getrennten Studien arbeiteten, ebenfalls mehrere Monate in Mississippi, und durch ihren kürzeren Aufenthalt konnten sie ihre Forschungsergebnisse noch vor der umfassenderen Studie der Davises und Gardners veröffentlichen.

John Dollard von der Yale University verbrachte fünf Monate in Indianola. Hortense Powdermaker, ebenfalls aus Yale, war im Semester 1932/33 neun Monate dort, gefolgt von weiteren drei Monaten im Jahr 1934.

Dollards Buch von 1937, *Caste and Class in a Southern Town*, war das erste der drei großen Werke, das veröffentlicht wurde. Es fand großen Anklang und definierte das sich gerade formierende Forschungsfeld. Dollard wurde als Pionier gefeiert, während die Davises und die Gardners noch mit der Analyse ihrer Datenmengen beschäftigt waren. Dollard war sich über die Grenzen seiner Arbeit bewusst und räumte ein, dass er als weißer Yankee im Kastensystem des Südens nur eingeschränkten Zugang zu Schwarzen Menschen hatte. Die Weißen vor Ort, mit denen er sich begnügen musste, konnten nicht begreifen, warum er sich für die Schwarzen Einwohnerinnen und Einwohner interessierte. Als er einigen weißen Menschen von seinem Vorhaben erzählte, das Haus einer Schwarzen Frau zu besuchen, wurde er nach eigenen Angaben »in der Stadt geächtet«.[334]

Hortense Powdermakers Buch *After Freedom: A Cultural Study in the Deep South* erschien 1939. Sowohl Dollards als auch Powdermakers Bücher ernteten hymnische Kritiken und dominierten das Feld der Kastenforschung in den Südstaaten. Noch Jahrzehnte später bezeichnete die Zeitschrift *American Anthropologist* im Jahr 2004 die beiden Bücher als »kanonisch«, als »wegweisende Studien« und verwies auf das Buch von Davis und Gardner lediglich in den Fußnoten.[335]

Deep South erschien im Jahr 1941 und stand lange Zeit im

Schatten der beiden früheren Werke, die von Forschenden aus der dominanten Kaste verfasst worden waren. Das Projekt von Davis und Gardner schien das gleiche Schicksal der Marginalisierung zu erfahren wie die untergeordnete Kaste, die sie untersucht hatten.

*

Weder Davis noch Gardner behaupteten, dass das indische Kastensystem mit dem amerikanischen identisch sei. Dennoch richtete sich die Kritik an der Idee der Kaste in den USA gegen die Muster der Kastenbeziehungen, die das Team in Mississippi dokumentierte. Sie fanden heraus, dass Schwarze Angestellte, denen ihr untergeordnetes Verhalten wie auch ihre sich unterordnende Sichtweise eingebläut worden waren, um das Überleben des Kastensystems zu sichern, dazu neigten, Menschen aus der dominanten Kaste mit Respekt zu begegnen, während sie Menschen aus den eigenen Reihen freimütig kritisierten.

Aus einer Reihe komplexer Gründe waren einige führende Schwarze Sozialwissenschaftlerinnen und Sozialwissenschaftler des frühen bis mittleren 20. Jahrhunderts dagegen, dass Davis und andere den Begriff der Kaste auf die Notlage Schwarzer Menschen ausdehnten, obwohl sie selbst unter den Bedingungen der Kaste lebten. Eingeschränkt wie sie waren, eingesperrt hinter den Mauern der Kaste, ohne dass sich ein Ende dieses Zustands abzeichnete, wollten sie der Möglichkeit keinen Glauben schenken, dass das System wahrhaftig und für alle Zeit unveränderbar sein könnte. Wenn ihr Status als feststehend angesehen würde, gäbe es keine Hoffnung, ihn jemals zu überwinden.

Sie befanden sich tief in einer Wildnis der Kaste, und zwar zu einer Zeit vor dem Grundsatzentscheid des Obersten Gerichtshofes *Brown v. Board of Education,* vor dem Busboykott von Montgomery, vor dem Marsch auf Washington 1963 und der Bürgerrechtsgesetzgebung der 1960er-Jahre, die die Einschränkungen durch die Kaste, unter denen sie damals lebten, offiziell verbieten sollte. Mitte des 20. Jahrhunderts hätte sich niemand träumen lassen, dass ein Angehöriger der untergeordneten Kaste am Obersten Gerichtshof dienen, Außenministerin werden oder im Oval Office als Präsident und nicht als Butler tätig sein würde.

Die unterste Kaste musste sich erst noch befreien und ihre behauptete Minderwertigkeit widerlegen, die das Kastensystem rechtfertigte; sie musste erst noch zeigen, dass ihre Mitglieder zu allem fähig waren, vom Verdi-Singen auf der Bühne der Metropolitan Opera über die Weltraumfahrt bis hin zum Erhalt eines Nobelpreises. Diese Dinge waren unvorstellbar, da das Kastensystem Schwarze Menschen jeder dieser Möglichkeiten beraubt hatte. Deshalb herrschte eine nachvollziehbare Angst vor einem Vergleich mit dem starren und formalen, jahrtausendealten Kastensystem Indiens. Man fürchtete, er könne selbst die wenigen hart erarbeiteten Errungenschaften Schwarzer Menschen zunichtemachen.

Jeder Erfolg, den Davis verbuchen konnte, stellte das Kastensystem an sich infrage. Und als einer der wenigen Schwarzen, denen die Möglichkeit gegeben wurde, diese Art von Forschung zu betreiben, wandelte er auf einem schmaleren Grat, hatte sein Leben auf eine Art und Weise aufs Spiel gesetzt, wie es andere nicht getan hatten, und er musste mehr Kritik über sich ergehen lassen als Forschende der dominanten Kaste. Die weißen Wissenschaftlerinnen und Wissenschaftler, deren Arbeiten vor *Deep South* veröffentlicht wurden, wurden vom Mainstream leichter akzeptiert und mit mehr Autorität bedacht, weil sie der dominanten Kaste angehörten.

Trotz ihres tiefen Eintauchens in das Thema betrachtete man Davis und Gardners Arbeit mit größerer Skepsis, und bis zur Fertigstellung ihres Buches mussten sie zahlreiche Hindernisse überwinden. Die Veröffentlichung verzögerte sich zum Teil deshalb, weil der führende Schwarze Soziologe Charles Johnson, der ursprünglich aus einem anderen Fach kam, langwierige Fragen zu dem Manuskript stellte, was Davis und Gardner zu einer umfassenden Überarbeitung zwang. Als Leiter des Forschungsteams war Davis ein leichteres Ziel für Kritik, insbesondere von Kolleginnen und Kollegen aus der untergeordneten Kaste, die unter dem Druck standen, die Hierarchie aufrechtzuerhalten, sofern sie erfolgreich sein wollten, und die sich davor scheuten, die Arbeit von Forschenden aus der dominanten Kaste infrage zu stellen. So bestätigte der Widerstand gegen Davis' Arbeit exakt jene Theorien, denen er sein Leben gewidmet hatte.

Das Konzept der Kaste wurde nur noch kontroverser diskutiert, als es Mitte des Jahrhunderts auf die USA angewandt wurde. Der in der Karibik geborene Oliver Cromwell Cox, ebenfalls ein führender Soziologe, lieferte 1948 in seinem bahnbrechenden Buch *Caste, Class and Race: A Study in Social Dynamics* eine vernichtende Kritik an dieser Denkrichtung. 100 Seiten widmete er seiner Interpretation des indischen Kastensystems, und in nachfolgenden Kapiteln untersucht er die Unterschiede zwischen den Hierarchien beider Länder.

Ein grundlegendes Argument seiner abweichenden Ansicht war, dass das Kastensystem in Indien einzigartig sei, da es als stabil und unhinterfragt galt, weil selbst die untersten Kasten ihr degradiertes Los als göttliches Schicksal hinnahmen. Die Tatsache, dass sich die Schwarzen Menschen der USA sowohl in der Sklaverei als auch danach gegen ihre Situation wehrten und nach Gleichheit strebten, war für Cox ein Beweis dafür, dass der Begriff *Kaste* nicht auf dieses Land angewandt werden könne. »Wäre beispielsweise die Beziehung zwischen *Negros* und Weißen eine Kastenbeziehung«, schrieb er, »so würden die *Negros* nicht nach der höheren sozialen Position streben, die die Weißen einnehmen.«

In Indien aber werden »die Grenzen zwischen den Kasten niemals in Zweifel gezogen«, lautete seine verblüffend fehlgeleitete Feststellung. Im indischen Kastensystem war seiner Ansicht nach »einem Menschen die Kaste unabhängig von seiner Stellung in der Gesellschaft heilig; und keine Kaste beherrscht eine andere.«[336]

Er ließ sowohl die Ungerechtigkeiten außer Acht, die den Dalits von jenen Kasten angetan wurden, die sie zweifellos beherrschten, als auch den grundlegenden menschlichen Willen zur Freiheit. Auch übersah er den glühenden Widerstand und die Führungsrolle von Bhimrao Ambedkar sowie anderer Dalits, die genau zu jener Zeit, als er sein Buch verfasste, den Kampf gegen das Kastensystem aufnahmen.

Noch vor Cox' vernichtender Kritik des Kastenbegriffs wurden die Erkenntnisse von Davis und den Gardners durch das vielleicht ehrgeizigste Werk, das je über *Race* in Amerika verfasst wurde, das 1944 erschienene zweibändige Monumentalwerk *American Dilemma*, untermauert. Das Buch basierte auf den Erkenntnissen eines Forschungsteams, dem Davis selbst und sein Zeitgenosse Johnson angehörten und das von dem schwedischen Sozialökonomen Gunnar Myrdal geleitet wurde. In dieser Analyse von *Race* beschrieb Myrdal die Beziehungen zwischen den Bevölkerungsgruppen der USA als Kastensystem – ein Begriff, auf den er immer wieder zurückkam.

*

Davis promovierte in Anthropologie an der Universität von Chicago und wurde der erste Schwarze Professor mit fester Anstellung an einer großen weißen Universität seines Landes. Doch er sollte zahlreiche Demütigungen erleiden. Kolleginnen und Kollegen an der Fakultät diskutierten offen darüber, ob es ihm erlaubt sein sollte, weiße Studierende zu unterrichten, und eine Weile lang war es ihm nicht gestattet, im Speisesaal der Fakultät seine Mahlzeiten einzunehmen.

Von den großen Wissenschaftlerinnen und Wissenschaftlern der amerikanischen Südstaaten in der ersten Hälfte des 20. Jahrhunderts waren er und seine Frau die einzigen Forschenden im Feld, die selbst den Unterdrückungsmechanismen der Kaste ausgeliefert waren. Ihre Forschung sollte unter anderem St. Clair Drake, Stokely Carmichael und Martin Luther King jr. inspirieren, die als Studenten ihre Arbeiten lasen und sich in der Analyse wiedererkannten.

Allison Davis wäre beinahe der Geschichte zum Opfer gefallen, doch er wurde zum Vorkämpfer für heutige Forschende, die versuchen, die Infrastruktur unserer Spaltung zu begreifen. Er setzte sich auf einzigartige Weise für das Verständnis des Kastensystems ein, in der Hoffnung, es auszulöschen. Er nahm die Herausforderung an, als hinge sein Leben davon ab, denn auf eine sehr greifbare Art tat es das auch.

18

Satchel Paige und die Unlogik der Kaste

Sein Fastball, der wie eine Pistolenkugel auf die Home Plate zuschoss, wurde einmal mit 165 Kilometer pro Stunde gemessen, schnell genug, um »dem Fänger den Handschuh von der Hand zu schießen«, wie der Sportjournalist Robert Smith meinte.[337] LeRoy »Satchel« Paige war einer der größten Werfer im Baseball, die jemals das Spielfeld betraten. Da er jedoch im frühen 20. Jahrhundert aufgewachsen war, als Jim Crow seinen grausamsten Höhepunkt erreicht hatte, bekam er nie die Möglichkeit, sein vollständiges Potenzial zu entfalten. Und die Welt des Baseballs ließ sich ein Talent durch die Lappen gehen, das mit Sicherheit das Schicksal von Matchups und Playoffs, vielleicht gar ganzer Teams verändert hätte – und darüber hinaus den Sport selbst.

Er war ein Pitcher, der mit solcher Härte und Geschwindigkeit warf, dass »die Fänger ihre Handschuhe mit Beefsteaks auspolstern mussten, damit ihre Hände nach dem Spiel nicht brannten«, so sein Biograf Larry Tye gegenüber dem National Public Radio.[338]

Hier war ein Mann mit einem derartigen Selbstbewusstsein, dass er mit jedem wettete, er würde die ersten neun Schläger, die gegen ihn antraten, eliminieren, während er den Outfieldern sagte, sie mögen sich einfach hinsetzen, da ohnehin keiner der Pitcher seine Bälle treffen würde.[339]

Joe DiMaggio, der vielverehrte Center-Fielder der New York

Yankees, der bei Testspielen gegen Paige antrat, bevor der in einem Team der Major League angestellt wurde, bezeichnete ihn als den besten Pitcher, dem er je gegenübergestanden hatte. Zu seiner Zeit war Paige »vielleicht der schnellste Werfer des Landes«, schreibt Smith in *Pioneers of Baseball,* »oder vielleicht sogar der schnellste der Geschichte.«[340]

Er bekam nicht die Gelegenheit, das Beste daraus zu machen. Die Zerrlinse der Kaste kann die Sinne vernebeln und die dominierende Gruppe dazu bringen, sich selbst der Vorteile von Talenten außerhalb ihrer Reihen zu berauben, die Begabungen derjenigen, die als minderwertig gelten, dahinvegetieren zu lassen, wie es bei Satchel Paige der Fall war, um die Kasten voneinander getrennt zu halten oder die Fiktion aufrechtzuerhalten, dass alle Talente aus einer einzigen bevorzugten Gruppe stammen.

Paige war nicht nur schnell, nein, er warf auch so präzise, dass seine Mannschaftskameraden ihm erlaubten, ihnen mit seinen schnellen Bällen brennende Zigaretten aus dem Mund zu werfen. »Soweit wir wissen, hat er nicht einen einzigen Spieler ausgeknockt«, sagte Tye im Radiointerview mit NPR. »Er warf eine Zigarette nach der anderen aus, und darin lag ein ungeheures Vertrauen.«[341]

Mehr als ein halbes Jahrhundert lang herrschte im amerikanischen Baseball eine strikte Rassentrennung, und die besten Spieler beider Kasten trafen nur selten auf dem Spielfeld und niemals in einem offiziellen Spiel aufeinander. Paige kam in den späten 1920er-Jahren zum Baseball und verbrachte den größten Teil seiner Karriere damit, in ausschließlich Schwarzen Mannschaften zu spielen, die zwar genauso talentiert waren, denen aber die Ressourcen und die Infrastruktur der weißen Teams fehlten. Das volle Ausmaß seines Talents und das seiner Mannschaftskameraden ist aufgrund der unvollständigen Aufzeichnungen und der spärlichen Medienberichte in der abgewerteten Welt der *Negro Leagues* nicht hinreichend bekannt.

Paige galt nicht nur aufgrund seines natürlichen Talents und seiner Genialität als überragender Spieler, sondern auch, weil er so lange und so hart dafür gearbeitet hatte – er besaß eine Arbeitsmoral, die ihn durchs ganze Land tingeln ließ, um für die *Negro League* zu pitchen und darüber hinaus für jeden, der bereit war, ihm etwas Geld dafür zu geben. Er warf fast jeden Tag Bälle, das ganze Jahr über, nicht nur während der traditionellen Baseball-Saison und ohne den Luxus der Relief-Pitcher, der Einwechselwerfer, die es in den Major Leagues gab. Seine Würfe taufte er mit Namen wie »Bat Dodger«, »Midnight Crawler« oder »Hesitation Pitch«, bei dem er nach dem Aufsetzen des linken Fußes eine kurze Pause einlegte, um den Schlagmann zum vorzeitigen Schwingen zu bewegen.

Obwohl er einer der größten Pitcher in der Geschichte des Baseballs war, zwang ihn das Kastensystem, sich etwas Geld dazuzuverdienen, indem er für weiße Spieler in den unteren Ligen das Schlagtraining übernahm. Als die Major League 1946 für Schwarze Spieler geöffnet wurde und Jackie Robinson bei den Brooklyn Dodgers unterschrieb, war Satchel Paige bereits vierzig und galt für das Spiel als zu alt.

Zwei Jahre darauf befanden sich die Cleveland Indians in einem der umkämpftesten Endspurte in der Geschichte der American League, und der Besitzer des Klubs glaubte, dass Paige sie an die Spitze bringen könne, jetzt, wo die Sperre für Schwarze Spieler aufgehoben worden war. Der Besitzer des Teams, Bill Veeck, trat mitten in der Saison 1948 an Paige heran und verpflichtete ihn als Reservepitcher, ohne offizieller Teil des Kaders zu sein.[342]

Paiges beste Zeit lag längst hinter ihm, als er endlich seine Chance in der Major League bekam. Mit 42 Jahren war er der älteste Grünschnabel im Baseball, alt genug, um der Vater seiner Mannschaftskameraden zu sein. Dennoch stürmten die Fans bei einem seiner ersten Spiele durch die Drehkreuze, um ihn im Comiskey Park pitchen zu sehen. Dort warf er einen 5:0-Shutout für die Cleveland Indians gegen die Chicago White Sox und verhalf den Indians damit zum Einzug in die Playoffs und schließlich in die World Series, genau wie es sich der Teambesitzer erhofft hatte.

In diesem Jahr sollte Paige der erste Schwarze werden, der in der World Series spielte, obwohl er angesichts der Annahmen über sein Alter und angesichts der politischen Bedeutung einer Meisterschaftssaison als Reservepitcher eingesetzt wurde. Als er an der Reihe war, warf er zwei Drittel eines Innings, während die Indians gegen die Boston Braves zurücklagen, und ließ keinen einzigen Hit zu. Im selben Jahr gewannen die Cleveland Indians die World Series.[343]

Er pitchte noch einige Saisons für die Major League, doch seine Glanzjahre lagen hinter ihm, die Karriere, die er in einer gerechteren Welt hätte machen sollen, war ihm vorenthalten worden. Die Major League wendete sich erneut an ihn, um ihn im Herbst 1965 im Alter von 59 Jahren noch einmal zum Pitchen zu bewegen. Zu diesem Zeitpunkt war er älter als die meisten Manager. Die Kansas City Athletics waren Tabellenletzter, und die Zuschauerzahlen waren im Keller. Der Besitzer hatte die Idee, Paige, der schon immer als Showman bekannt war, als Werbeträger für die Athletics zu rekrutieren, um die Tribünen zu füllen.

Die Fans kamen. Für dieses Spektakel strömten sie auf die Tribünen. Und dann kam Paige an die Reihe. Der älteste Pitcher in der Geschichte des Baseballs warf an diesem Tag drei punktelose Innings gegen die Red Sox. Paige verließ das Feld und sein Team lag in Führung – eine Führung, die die Athletics nach seiner Rückkehr auf die Bank verspielten, sodass sie das Match am Ende verloren. Kurzzeitig hatte er das Team gerettet und wurde vom Publikum, das gekommen war, um ihn ein letztes Mal werfen zu sehen, mit einem Ständchen bedacht. Nach dem Spiel fragten ihn die Reporter, wie es sich anfühle, mit fast 60 Jahren gegen Schlagmänner zu werfen, die seine Enkel sein könnten. »Es war keine große Sache für mich, hierher zurückzukommen«, sagte er, »denn ich hätte nie draußen sein sollen. Jetzt können die Leute sehen, dass ich viel mehr auf dem Kasten hatte und dass ich es verdient gehabt hätte, in meiner Blütezeit in der ersten Liga zu pitchen.«[344]

Satchel Paige wurde von einem Kastensystem betrogen, das sich auf dem Höhepunkt seiner Ungerechtigkeit und Absurdität befand. Doch er war nicht der einzige Verlierer der Unlogik des Kastensystems. »Viele Kritiker sind sich einig, dass in der Paige-Saga eigentlich der amerikanische Baseballsport der Verlierer war«, schrieb der Sportjournalist Mark Kram. »Jedes einzelne Team der Major League hätte mit Paige in ihren Reihen besser abgeschnitten. Kleinere Teams hätten vielleicht Meisterschaften gewonnen; Meisterschaftsteams hätten ihre Dominanz ausbauen können.«[345]

Im Bann der Kaste waren die Major Leagues, wie die Gesellschaft selbst, bereit, auf Ruhm und Profit zu verzichten, wenn sie dafür jemandem zu danken hätten, der als untergeordnet galt.

TEIL FÜNF

DIE KONSEQUENZEN DER KASTE

19

Die Euphorie des Hasses

Das Filmmaterial ist schwarz-weiß und wirkt an der Wand, auf die es projiziert wird, grobkörnig, während es sich in einer Endlosschleife in der Höhle eines Ausstellungsraums in einem Berliner Museum entfaltet. Es schiebt und hebt und spuckt einen zurück in die Zeit am Samstag, dem 6. Juli 1940, um genau drei Uhr nachmittags. Es gibt keine Erzählerstimme aus dem Off, die das Material einordnet. Man ist gezwungen, das Grauen in all seinem banalen Pomp selbst zu verarbeiten.

Hitler kehrt nach Berlin zurück, nachdem die Deutschen in der Schlacht um Frankreich Paris eingenommen haben. Die Kamera fängt seine Ankunft am Anhalter Bahnhof ein und folgt den blumenübersäten Straßen entlang der Paraderoute zur Reichskanzlei. Hitlers Wagenkolonne schlängelt sich an Menschen vorbei, die nicht nur Konfetti werfen, sondern so dicht gedrängt beieinanderstehen, dass sie selbst wie vom Wind ausgestreute Konfettihaufen wirken. Soldaten müssen die lachenden und weinenden Frauen zurückhalten, wie es schon in der nächsten Generation bei Beatles-Konzerten der Fall sein würde. Das Gebrüll der Menge ist nicht als etwas Menschliches zu erkennen, sondern als das Rauschen von Meereswellen, die erst zurückweichen, um dann abermals aufs Ufer zu schlagen. In der Ferne läuten Kirchenglocken. Die Kinder, Männer und Frauen flattern mit ihren Nazi-Fahnen wie mit Vogelschwingen.

Die Kamera nähert sich, und man kann die einzelnen Heilrufe ausmachen – die männlichen Rufe klingen anders als die hohen weiblichen Schreie. Ein Junge hängt an einem Straßenschild und winkt und ruft »Heil«. Ein kleines Mädchen sitzt auf der Schulter eines Elternteils und ruft »Heil«. Die Absätze der Soldaten drücken gegen den Boden, um in der bewegten Menge Halt zu finden, ihre Stiefel drücken gegen die Stöckelschuhe der Frauen, die Frauen fallen in Ohnmacht und stemmen sich gegen die Menge, die Soldaten grinsen über die Vergeblichkeit, Hitlers schreiende Fans in einem fröhlichen Gerangel zwischen Hosenbündchen und bestrumpften Waden zurückzuhalten.

Die Kamera schwenkt auf den Balkon und auf das Objekt der ungebremsten Euphorie der Menge. Zunächst sieht man ihn nur von hinten – die Silhouette Hitlers, die sich von einer Million Punkte abhebt, die seine jubelnden Fans darstellen. Er steht wie eine Statue, die Arme starr vor sich. Er lehnt sich über den Balkon und zeigt ein zufriedenes Lächeln. Du erinnerst dich, dass du noch nie ein Bild des Bösen lächeln gesehen hast, eine Viertelsekunde menschlicher Emotion. Er betrachtet die winkende, jubelnde Basis seiner Macht und nickt. »Das ist gut«, sagt der Blick auf seinem Gesicht.

Ausgelassen lachen die Menschen, überall herrscht Jubel, vom Balkon und entlang der Parade-Strecke und auf dem überfüllten Platz, auf dem sich scheinbar jeder Mensch des Landes versammelt hat. Es sind so viele Menschen, dass sie sich gegenseitig hochhalten, sie springen und schwenken ihre Nazi-Fahnen – eine Million Nazi-Fahnen. Vor wenigen Minuten war die Autokolonne unter haushohen Nazi-Bannern entlanggeglitten, die über beiden Seiten der Straße wehten – alle paar Meter Reihen um Reihen von Swastika-Fahnen, kilometerlang. Dies ist der Gottesdienst der wahren Gläubigen, die jetzt wie Kieselsteine an einem Strand aussehen, eine Million ununterscheidbarer Bienen in einem Bienenstock.

Der Film wurde auf eine Wand projiziert und lief kommentarlos in Endlosschleife. Doch es bedurfte auch keines Kommentars. Ich saß fasziniert und abgestoßen davor, angewidert, aber unfähig, aufzustehen. Wenn ich lange genug hierbliebe, würde ich es vielleicht irgendwann begreifen. In diesem Moment steht man der Kraft der willentlichen Anfälligkeit für das Böse gegenüber. Die Nazis hätten nicht an die Macht kommen und tun können, was sie getan haben, ohne die Unterstützung der Menschenmassen, die für ihren Bann empfänglich waren. Ich konnte nicht wegschauen. Die lächelnden, strahlenden Gesichter in diesem Teppich überschwänglicher Menschen – unmöglich, dass jeder Mensch in dieser unglaublichen Masse eine Verkörperung des Bösen war. Es sind Ehemänner, Ehefrauen, Mütter, Väter, Kinder, Onkel, Neffen, die sich an einem strahlenden, sonnigen Tag zu einer Konfettiparade versammelt haben, um das zu feiern, was wir als Horror empfinden.

Ich fragte mich: Wusste das deutsche Volk, welches Ereignis es feierte? Wie sich herausstellte, wusste es das: In den Nachrichtensendungen vor dem Spielfilm im Kino wurden Ausschnitte von Bombenangriffen gezeigt. Sie wussten alle, dass Frankreich eine schwere Niederlage erlitten hatte. Es war zwei Jahre nach der Reichspogromnacht. Sie wussten, dass jüdische Freunde und Nachbarinnen zusammengetrieben, öffentlich gedemütigt, deportiert und nie wieder gesehen worden waren. Und die Menschen in der Menge lächelten und waren glücklich. Alles, was den jüdischen Menschen in Europa, den Schwarzen Menschen in den USA während des Lynchterrors der Jim-Crow-Ära, den Native Americans, deren Land geplündert und die abgeschlachtet wurden, alles, was den Dalits, die als so niedrig angesehen wurden, dass ihr Schatten diejenigen verunreinigte, die als überlegen galten – alles, was diesen Menschen widerfuhr, geschah, weil vor Jahrhunderten wie auch in der jüngsten Vergangenheit eine hinreichend große Mehrheit davon überzeugt worden war – und bereit war, sich davon überzeugen zu lassen –, dass man diese Gruppen als Menschen betrachten solle, die von Gott unterworfen worden waren, als Untermenschen, die dieses Schicksal verdient hatten. Diejenigen, die sich an diesem Tag in Berlin versammelt hatten, waren weder gute noch schlechte Menschen. Sie waren menschlich, unsicher und empfänglich für die Propaganda, die ihnen eine Identität verlieh, an die sie glauben konnten, um sich auserkoren und wichtig zu fühlen.

Was hätten wir getan, wenn wir an ihrer Stelle gewesen wären? Wie viele Menschen stellen sich tatsächlich gegen eine so große Flut von scheinbar Unvermeidlichem? Wie viele Menschen sind fähig, das Böse als das zu erkennen, was es ist, während es sich ereignet? Wer hat den Mut, sich den Massen entgegenzustellen, angesichts eines charismatischen Halbgottes, an den man aufgrund der Propaganda bereit ist zu glauben und der einem das Gefühl gibt, überlegen zu sein, ein Teil von etwas Größerem?

Jeder und jede Einzelne von uns würde sich jetzt versichern: Ich hätte niemals an einer solchen Veranstaltung teilgenommen, ich hätte niemals einen Lynchmord unterstützt. Ich hätte niemals zugesehen, geschweige denn gejubelt, als hier in den Vereinigten Staaten ein Mitmensch zerstückelt und dann angezündet wurde. Und doch haben Zehntausende von ganz normalen Menschen zu Lebzeiten der Ältesten unter uns in Deutschland, in Indien, in den Südstaaten der USA genau das getan. Dieses Niveau der kaltherzigen Ausblendung geschah nicht über Nacht. Es hat sich über Generationen von Unsicherheiten und Ressentiments aufgebaut.

Einige der Zeuginnen und Teilnehmer, die Hitler huldigten und darüber lachten, wie Menschen im Jim-Crow-Süden gefoltert wurden, sind noch am Leben und drücken heute ihre Enkelkinder liebevoll an ihre Brust. Die Kamera in Berlin schwenkte durch die Menge und richtete ihre Linse auf die Kinder, ein kleines Mädchen mit einem blonden Pagenschnitt und einer Haarspange, das Hitler huldigte, während es auf den Schultern seiner Eltern saß. Sie müsste heute um die 80 Jahre alt sein, und dies könnte eine der frühesten Erinnerungen sein, die sie in sich trägt.

Deutschland ist Zeuge einer unbequemen Wahrheit: dass sich das Böse nicht auf eine einzelne böse Person konzentriert, sondern ganz leicht in viel mehr Menschen aktiviert werden kann, als wir glauben wollen, wenn nur die richtigen Bedingungen dafür zusammentreffen. Es sagt sich so leicht: Wenn wir die Despoten nur ausrotten könnten, bevor sie die Macht übernehmen, wenn wir nur ihren Aufstieg verhindern könnten. Wenn wir nur warten könnten, bis die Fanatiker aussterben … Viel schwieriger ist es jedoch, sich mit der Dunkelheit in den Herzen der einfachen Menschen zu befassen, Menschen mit unruhigem Gemüt, die jemanden brauchen, um sich besser zu fühlen, und deren Beifall und Stimmen es Despoten überall auf der Welt überhaupt erst ermöglichen, die Macht zu ergreifen. Es ist schwieriger, sich auf die Gefahr des gemeinsamen Willens zu konzentrieren, auf die Schwächen des menschlichen Immunsystems, auf die Leichtigkeit, mit der die Toxine nachfolgende Generationen vergiften mögen. Denn das bedeutet, dass der Feind, die Bedrohung, nicht ein einzelner Mensch ist, sondern wir, wir alle, dass er in der Menschheit selbst lauert.

20

Der zwangsläufige Narzissmus der Kaste

In einem Kastensystem ist die dominante Kaste ohne Schuld der Einzelnen die Sonne, um die sich alle anderen Kasten wie Planeten drehen, und sie ist der Standard für Normalität, Intellekt und Schönheit, an dem alle anderen gemessen werden, und zwar in absteigender Reihenfolge nach ihrer physiologischen Nähe zur dominanten Kaste.

Sie sind umgeben von Bildern ihrer selbst; von der Müsliwerbung bis zu Sitcoms werden sie als verdienstvoll gezeigt, fleißig und in den meisten Aspekten des US-amerikanischen Lebens als anderen überlegen. Wer wäre schon gegen diese Schmeicheleien immun und würde die Perspektive der anderen einnehmen, die als minderwertig gelten? Vor allem, wenn das Kastensystem dies von niemandem verlangt.

Die Gesellschaft baut eine Falltür der Selbstreferenz auf, die den Angehörigen der dominanten Kaste ohne ihr Zutun eine narzisstische Isolierung von den Angehörigen der unteren Kasten aufzwingt. Sie reproduziert die Struktur narzisstischer Familiensysteme, das Zusammenspiel konkurrierender Nebenrollen – das goldene Kind der mittleren Kasten der sogenannten Musterminderheiten, das verlorene Kind der Indigenen Völker und die Sündenbockkaste am unteren Ende der Gesellschaft.

Die zentrale Stellung der dominanten Kaste bleibt auch denjenigen nicht verborgen, die in der Hierarchie als unterlegen gelten. Die höchste und die niedrigste Sprosse werden als so weit voneinander entfernt angesehen, dass sie wie festgewachsen und starr erscheinen. Diejenigen, die sich in der Mitte befinden, können auf ihrem Weg zu einer höheren Stufe der furchtbarsten Angst und Unsicherheit erliegen.

Alle Menschen im Kastensystem sind darauf trainiert, die Nähe zur herrschenden Kaste zu suchen: ein iranischer Einwanderer hat das Bedürfnis zu erwähnen, dass ein Verwandter von ihm als Kind blondes Haar hatte; ein Kind der zweiten Generation karibischer Eingewanderter stellt schnell klar, dass es aus Jamaika kommt und auf keinen Fall afrikanischer Abstammung ist; ein mexikanischer Einwanderer prahlt damit, dass einer seiner Großväter in Mexiko »wie einer aus den USA aussah« – blondes Haar und blaue Augen –, woraufhin er von einem Afroamerikaner daran erinnert wird, dass es US-amerikanische Menschen mit allen Haar- und Augenfarben gibt.

Diejenigen, die daran gewöhnt sind, das Maß aller Dinge zu sein, können sich auf den Trost verlassen, dass sie zwar Probleme in ihrem Leben haben mögen, aber zumindest nicht ganz unten stehen. Solange die Menschen am untersten Rand des Kastensystems an ihrem Platz bleiben, sind ihre eigene Identität und ihre Zukunft gesichert.

»Egal wie erniedrigt ihr Leben ist, die Weißen sind immer noch davon überzeugt, dass sie das Blut, die Gene, das Erbe der Überlegenheit in sich tragen. Egal, was geschieht, sie werden wenigstens niemals ›Schwarz‹ sein«, schreibt der Soziologe Andrew Hacker. »Weiße Menschen aller Klassen der USA haben es als tröstlich empfunden, die Schwarzen als eine untergeordnete Kaste zu erhalten – eine Präsenz, die den Weißen trotz all ihres Leids und ihrer Probleme immer noch einen gewissen Trost in einer schweren Welt bietet.«[346]

*

Bei Einzelpersonen ist uns das Konzept des Narzissmus geläufig: ein komplexes Konstrukt aus selbstherrlichem Anspruch und Missachtung anderer, das aus einer hohlen Unsicherheit erwächst. Einige Wissenschaftlerinnen und Wissenschaftler wenden das Konzept jedoch auch auf das Verhalten von Nationen, Stämmen und sozialen Gruppen an. Freud gehörte zu den ersten Psychoanalytikern, die eine Verbindung zogen zwischen einer psychiatrischen Diagnose und der Figur des Narziss aus der griechischen Mythologie, dem Sohn des Flussgottes, der sich in sein eigenes Abbild in einem Wasserbecken verliebte und nicht erkannte, dass er es war, der seine Zuneigung »zurückwies«, und vor Verzweiflung starb. »Narziss war nicht fähig zu begreifen, dass er in sein eigenes Spiegelbild verliebt war«, schreibt die Psychologin Elsa Ronningstam. »Er war ein Gefangener einer Illusion.«[347]

Dasselbe gilt für Gruppen, die dazu erzogen werden, an ihre angeborene Souveränität zu glauben. »Dieser Überschätzung der eigenen Stellung und dem Haß gegen alles, was davon abweicht, liegt nichts anderes zugrunde als Narzißmus«, schrieb der Psychologe und Gesellschaftstheoretiker Erich Fromm.[348] »Er ist ein Nichts«, so Fromm. »Wenn er sich mit seiner Nation identifizieren oder wenn er seinen persönlichen Narzißmus auf die Nation übertragen kann, dann ist er alles.«[349]

Ein Mensch, der tief in die Dominanz seiner eigenen Gruppe eingebunden ist, »hat [...] das euphorische Gefühl, allen ungeheuer überlegen zu sein, in Wirklichkeit befindet er sich in einem Zustand der Selbstaufblähung«, schrieb Fromm. »Dies führt zu einer schweren Beeinträchtigung seines Denk- und Urteilsvermögens [...]. Er selbst und alles, was ihm gehört, wird überschätzt. Alles außerhalb seiner selbst wird unterschätzt.«[350] Und dahinter verbirgt sich vielleicht die Angst, dem konstruierten Ideal der eigenen Vollkommenheit nicht gerecht werden zu können.

Die Geschichte hat gezeigt, dass Nationen und Gruppen erobern, kolonisieren, versklaven und töten, um die Illusion ihrer Vormachtstellung aufrechtzuerhalten. Fromm schrieb: »Der Fortbestand einer Gruppe hängt bis zu einem gewissen Grad davon ab, daß ihre Mitglieder sie ebenso wichtig oder sogar noch wichtiger nehmen als ihr eigenes Leben, und daß sie außerdem an die Rechtschaffenheit wenn nicht gar Überlegenheit im Vergleich zu anderen glauben.«[351]

Sind Narzissten also bedroht, sind sie bereit, sich selbst und ihre Ideale für das Überleben der Gruppe zu opfern, aus der sie ihr Selbstwertgefühl schöpfen. Der Gesellschaftstheoretiker Takamichi Sakurai schreibt unverblümt: »Gruppennarzissmus führt die Menschen zum Faschismus. Eine besondere Form des Gruppennarzissmus ist der bösartige Narzissmus, der zu einer fanatischen faschistischen Politik, einem extremen Rassenwahn führt.«[352]

Vor allem in zwei Nationen war diese Ausformung des Gruppennarzissmus laut Fromm in der Moderne anzutreffen, im »Rassen-Narzißmus, wie er im Dritten Reich zu finden war und wie er heute in den Südstaaten der USA anzutreffen ist.«[353] Fromm schrieb diese Worte 1964, auf dem Höhepunkt der Bürgerrechtsbewegung.

Fromm kannte die Gefahren des Gruppennarzissmus sowohl aus seiner psychoanalytischen Ausbildung als auch aus seiner persönlichen Erfahrung. Er war ein deutscher Jude, der nach der Machtübernahme der Nazis in die Schweiz und 1934 in die USA geflüchtet war und aus erster Hand erlebt hatte, wie die Nazis im Vorfeld der Machtergreifung an die Ängste und Unsicherheiten der deutschen Bevölkerung appellierten.

»Wenn man die Beurteilung der N*[354] durch die weiße Bevölkerung oder die der Juden durch die Nazis überprüft«, schrieb Fromm, »erkennt man ohne weiteres die Verzerrung dieser Urteile. Ein paar Körnchen Wahrheit werden zusammengefügt, aber es entsteht daraus ein Mosaik von Fälschungen und Lügen. Wenn sich politische Aktionen auf narzißtische Selbstverherrlichung gründen, so hat dieser Mangel an Objektivität oft verheerende Folgen.«[355]

In beiden Fällen befand Fromm, dass das Kleinbürgertum zu den anfälligsten Gruppen gehörte, denn sie kenne nur eine Befriedigung: »das aufgeblähte Bild ihrer selbst als der wunderbarsten Gruppe der Welt, die sich einer anderen rassischen Gruppe, welche als minderwertig hingestellt wird, überlegen fühlt. Ein Mitglied einer solchen rückständigen Gruppe hat das Gefühl: ›Wenn ich auch arm und ungebildet bin, bin ich doch jemand Wichtiges, weil ich zur wunderbarsten Gruppe der Welt gehöre – ich bin ein Weißer‹ oder: ›ich bin ein Arier.‹«[356]

Eine Gruppe, die zu narzisstischem Eifer angetrieben wird, möchte nach Fromm »unbedingt einen Führer haben, mit dem sie sich identifizieren kann. Der Führer wird dann von der Gruppe, die ihren Narzißmus in ihn hineinprojiziert, bewundert.«[357]

Die richtige Art von Anführer vermag eine symbiotische Verbindung zu schaffen, die alle Logik verdrängt. Die empfängliche Gruppe sieht sich selbst in dem narzisstischen Führer widergespiegelt, wird eins mit ihm, sieht sein Schicksal als ihr eigenes an. »Je größer der Führer, um so größer der Gefolgsmann«, meint Fromm. »Der Narzißmus des von der eigenen Größe überzeugten Führers, dem Zweifel fremd sind, ist genau das, was den Narzißmus derer anzieht, die sich ihm unterordnen.«[358]

*

Das Kastenverhalten ist im Wesentlichen eine Reaktion auf die Stellung, die einem in der Hierarchie zugewiesen wurde. Nach dem Drehbuch, das die Kultur uns allen vorgibt, darf die dominante Kaste (ob Mann über Frau, reich über arm, weiß über Schwarz, Brahmane über Dalit) keine Befehle oder überhaupt Vorschläge von der niedrigeren Kaste annehmen. Die herrschende Kaste muss im Recht bleiben, muss besser informiert, kompetenter und in allen Dingen die Erste sein. Die dominante Kaste empfindet Unbehagen und Ungerechtigkeit, wenn sie eine Person aus einer niedrigeren Kaste sieht, die eine höhere Position innehat, als ihr zustände, vielleicht sogar eine höhere Position als man selbst, und so mag man das Bedürfnis verspüren, das Gleichgewicht wiederherzustellen, indem man diese Person in die Schranken weist.

Die dominante Kaste neigt dazu, Vergleiche mit Menschen aus niedrigeren Kasten zurückzuweisen wie auch die bloße Andeutung, dass sie etwas gemeinsam haben oder grundlegende menschliche Erfahrungen teilen könnten. In ihren Augen würde sie dies herabwürdigen. Ein Vergleich nötigte dazu, über die Menschlichkeit der Person der niedrigeren Kaste nachzudenken, die eigentlich nicht als menschlich gilt.

Vor Jahren erzählte mir ein Kollege, dass er und seine Frau um seinen Schwiegervater besorgt waren, der kürzlich einen gesundheitlichen Rückschlag erlitten hatte. Sein Schwiegervater lebte in einem anderen Bundesstaat und war nicht mehr so fit wie früher. Vielleicht war er vor Kurzem auch gestürzt oder sein Gesundheitszustand hatte eine andere besorgniserregende, wenngleich nicht lebensbedrohliche Entwicklung genommen. Mein Kollege beklagte sich bei mir darüber, dass seine Frau viele Kilometer weit fahren müsse, um nach ihm zu sehen, und dass sie sich vielleicht nach einer betreuten Wohnsituation für ihn umsehen müssten. Das belastete sie beide.

Zwar redete er direkt mit mir, doch seine Worte schienen eine allgemeine Klage gegen das Universum darzustellen. Er stand vor einer existenziellen Zerrüttung, die ich gut verstehen konnte. In der Vergangenheit hatte ich ihm von den Schwierigkeiten erzählt, die ich bei der Pflege meiner Mutter hatte, die seit Jahren mit einer Behinderung zu kämpfen hatte. Damals hatte er mir mit der Distanziertheit derjenigen zugehört, die noch nicht mit dem Unvermeidlichen konfrontiert sind, die sich, wie wir alle, einreden, dass wir irgendwie davonkommen werden.

Ich sagte ihm, dass es mir leidtue, was seine Familie gerade durchmachte. Ich kann das verstehen, versicherte ich ihm. Wie du ja weißt, sagte ich, kümmere ich mich auch um meine Mutter, obwohl ich viel unterwegs bin, und auch ich musste mich um betreutes Wohnen für sie kümmern. Er war erstaunt über meine bloße Andeutung, dass die beiden Situationen irgendetwas gemeinsam haben könnten, als ob dies identisch wäre mit der Gleichsetzung einer Giraffe mit einem Känguru. Die Aussage stellte für ihn eine Beleidigung dar und triggerte eine tiefsitzende Codierung. Über die Absurdität meiner Äußerung sagte er: »Du kannst doch meinen Schwiegervater nicht mit *deiner Mutter* vergleichen.«

*

Nach den ungeschriebenen Gesetzen der Kaste wird von den Angehörigen der Oberkaste erwartet, dass sie an erster Stelle oder in einer höheren Position stehen. Es ist ihre Aufgabe, die Menschen in der unteren Kaste zu verbessern, zu führen, zu disziplinieren und zu überwachen. Die Mitglieder der Oberkaste müssen stets wachsam sein, wenn die Menschen unter ihnen aufmüpfig werden oder gegen die Regeln verstoßen.

Ich hatte dies im US-amerikanischen Kastensystem selbst miterlebt, doch je mehr Zeit ich mit Menschen aus Indien und dem ältesten Kastensystem der Welt verbrachte, desto mehr wurde ich seiner Regeln gewahr. Sie wurden sogar vorhersehbar. Ich lernte, fast sofort die Unterschiede zwischen indischen Menschen aus der dominanten Kaste und Dalits zu erkennen, auch ohne dass es so erkennbare physische Merkmale der herrschenden und untergeordneten Kasten gegeben hätte wie in den USA.

Die Inderinnen und Inder fragten sich, wie ich als Außenstehende aus einer völlig anderen Kultur in der Lage war, sie so schnell zu unterscheiden. Ich sprach keine der indischen Sprachen, wusste nichts über die *Jatis*, und es war mir nicht möglich, jemanden nach dem Dorfteil zu fragen, aus dem er oder sie stammte, geschweige denn sofort die Nachnamen zu erkennen, die den Platz im Kastensystem verrieten.

Erstens bemerkte ich, dass Menschen aus der oberen Kaste tendenziell eine hellere Hautfarbe und kantigere Gesichtszüge haben, selbst wenn dies kein eindeutiger Indikator war. Zweitens fiel mir auf, dass sie eher Englisch mit britischer Diktion sprachen, obwohl dies ebenso gut nur ein Zeichen für Bildung und Klasse wie für die Kastenzugehörigkeit sein konnte. Aufschlussreicher fand ich jedoch, wie häufig es mir gelang, Menschen anhand ihrer Haltung und ihres Auftretens zu unterscheiden – ganz im Sinne des universellen Drehbuchs der Kaste. Es war kein Zufall, dass mein Kastenradar effektiver funktionierte, wenn Menschen ein und derselben Gruppe miteinander interagierten. Die Kaste ist in gewisser Hinsicht eine Performance, eine Darbietung, und ich vermochte, die Kastenzugehörigkeit von Menschen zu erkennen, wenn sie sich in einer Gruppe bewegten, auch wenn mir dies nicht unbedingt möglich war, wenn ich sie allein beobachtete. »Es gibt niemals eine einzige Kaste«, sagte der Dalit-Führer Ambedkar einmal. »Es gibt nur Kasten.«[359]

So konnte ich bei Zusammenkünften von Inderinnen und Indern verschiedener Kasten sehen, dass die Menschen der oberen Kaste eine Autoritätsposition einnahmen, dass sie unverblümt und gelassen die Oberhand übernahmen, dass sie die Menschen der unteren Kaste verbesserten und unterbrachen. Darin hörte ich das Echo einer ähnlichen Dynamik in den USA, nämlich die Erwartung, dass eine Person der Oberkaste in allen Dingen die Überlegenheit an Wissen und Intellekt geltend machen muss, da sie dazu erzogen wurde, die Erste zu sein und im Mittelpunkt zu stehen – es herrscht ein Zwang, recht zu haben, und darüber hinaus besteht die Notwendigkeit, die Person der Unterkaste, ob subtil oder nicht, an ihre persönliche, kulturelle, räumliche und familiäre Unterlegenheit zu erinnern.

Bei einer Podiumsdiskussion oder einem Seminar waren sie häufig diejenigen, die die Diskussion anführten oder den größten Anteil der Redebeiträge hatten. Sie neigten dazu, förmlicher zu sprechen und mit erhobenem Kopf die Richtung vorzugeben. Auf der anderen Seite, im Schatten und am Rand des Konferenzseminars, saßen die Dalits, als ob sie darauf trainiert wären, nicht auf sich aufmerksam zu machen. Sie stellten nur wenige Fragen und wagten es wohl nicht, sich in eine Domäne der oberen Kaste oder in ein Gespräch einzumischen, selbst wenn es in der Diskussion um sie ging.

Selbst in den seltenen Fällen eines wissenschaftlichen Vortrags, in denen eine Person aus einer höheren Kaste eine Person aus einer niedrigeren Kaste verbesserte, hörte der Dalit zu und nahm die Ermahnung an, ohne sie infrage zu stellen, oft mit gesenktem Kopf oder mit einem Nicken, das besagte: »Ja, Sie haben recht, ich werde jetzt noch einmal an dem Vortrag arbeiten und korrigieren, worauf Sie hingewiesen haben.« Ich habe mit Schrecken beobachtet, wie Wissenschaftlerinnen und Wissenschaftler aus der Unterkaste in einem offenen Forum herabgesetzt wurden.

In Indien waren es die Dalits, die sich wie lang verlorengeglaubte Verwandte um mich scharten, mich umringten und sich auf einem Sofa in meiner Nähe zu einem improvisierten Zwiegespräch der Unterkaste niederließen. Ich stellte fest, dass sie mir zuhören wollten, oder besser gesagt, dass sie sich mit jemandem austauschen wollten, die sie als Gleichgesinnte erkannten und die in einer ähnlichen Situation war wie sie. »Wir lesen James Baldwin und Toni Morrison, weil sie unsere Erfahrungen ansprechen«, sagte ein Dalit-Wissenschaftler zu mir. »Sie helfen uns in unserer Notlage.«

Während einer Mittagspause auf einer Konferenz in Delhi stand ich mit einer Dalit-Wissenschaftlerin zusammen und wir unterhielten uns über unsere verwandten Perspektiven, als eine Frau aus einer höheren Kaste auf mich zukam und das Gespräch unterbrach, um der Dalit-Frau mitzuteilen, was sie in ihrem Vortrag hätte erwähnen sollen, einen Punkt, den sie übersehen hatte und den sie beim nächsten Mal besser mit einbeziehen sollte.

Die Frau aus der oberen Kaste unterbrach uns, als hätte sie das Recht dazu und ohne sich für ihr Eindringen zu entschuldigen, ohne auf unser laufendes Gespräch Rücksicht zu nehmen, ohne mich, die Person, mit der die Dalit-Frau sprach, zu beachten, als ob das, was wir sagten, warten könnte. Sie tadelte die Dalit-Wissenschaftlerin mit einem Anflug von Herablassung und Überlegenheit, bevor sie sie über das Verhalten der Dalits belehrte, über das die Frau geforscht und geschrieben hatte. Sie tat dies vor mir, einer völlig Fremden. Ich war in eigener Sache unterwegs, und eine Frau aus der oberen Kaste machte sich selbst zum Mittelpunkt eines Gesprächs, an dem sie nicht beteiligt war, und hielt mich von meiner Arbeit ab.

Die Sache erinnerte mich an eine Konvention des US-amerikanischen Kastensystems, wonach das Wort einer Person aus der dominanten Kaste oft über dem Wort einer Person aus der untergeordneten Kaste steht, selbst in Angelegenheiten, von denen die untergeordnete Person wahrscheinlich mehr versteht. Die längste Zeit der US-amerikanischen Geschichte war es Schwarzen zum Beispiel nicht gestattet, in einer Jury zu sitzen oder gegen eine weiße Person auszusagen. Selbst in jüngerer Zeit haben Anschuldigungen wegen Rassendiskriminierung oft mehr Gewicht, wenn eine Person aus der dominanten Kaste dafür bürgt.

Auf der anderen Seite der Welt maß sich nun eine Frau aus der dominanten Kaste in Indien dasselbe Privileg an. In US-amerikanischen Social-Justice-Kreisen würde ihre Zurechtweisung der Dalit-Frau als eine Art Brahmanensplaining angesehen werden, wie beim Mansplaining und Whitesplaining – eine Person aus der dominanten Kaste belehrt eine Person aus der untergeordneten Kaste über etwas, von dem die Person aus der untergeordneten Kaste vermutlich viel mehr weiß.

Als die Frau aus der oberen Kaste ging, fiel es uns schwer, das Gespräch wieder aufzunehmen. Ich fragte die Wissenschaftlerin, ob sie die Frau, die uns gerade unterbrochen hatte, kenne, weil sie so vertraut und distanzlos mit ihr gesprochen hatte. »Nein«, sagte die Wissenschaftlerin. »So etwas passiert eben. Sie hat mich nur wissen lassen, dass sie zur oberen Kaste gehört und über mir steht.«

*

Auch wenn sie es vielleicht nicht bewusst wahrnehmen, zeigen US-Amerikanerinnen und -Amerikaner der dominanten Kaste oft ein ebenso großes Interesse an der ethnischen und damit kastenbedingten Herkunft ihrer Mitbürgerinnen und Mitbürger wie die Menschen in Indien. Wenn Menschen in den USA versuchen, sich selbst in der Hierarchie zu verorten, sind ihre Nachfragen vielleicht subtiler und haben nicht die gleichen Konsequenzen auf Leben und Tod wie in Indien. Doch es gibt sie.

Eine Person, deren Ethnie nicht eindeutig ist, befragen sie so lange, bis sie sich über ihre Herkunft im Klaren sind. Wenn eine Person aus Westeuropa stammt, fragen sie einen italienischstämmigen Menschen der USA vielleicht nach seinen Wurzeln – aus welchem Teil Italiens er stammt, aus dem Norden oder dem Süden, vom Land oder aus der Stadt –, entweder aus echtem Interesse oder weil sie ihn einmal besucht haben oder besuchen wollen; vielleicht aber auch, um ihn in der südeuropäischen Hierarchie einzuordnen. Wenn eine Person zum Teil irisch und zum Teil tschechisch ist, könnte sie bei einem Treffen eher den irischen Großvater als die tschechische Großmutter hervorheben. Eine weiße Person könnte sich selbst als ethnisch gemischt bezeichnen, was die Abstammung außerhalb Nordwesteuropas treffend verschleiert.

Die alte Hierarchie der Eugenik, die Menschen einen vermeintlichen Wert zuschreibt, schlummert noch immer unter der Oberfläche. Eine Frau, deren Großeltern aus Polen eingewandert sind, könnte einer irischen US-Amerikanerin – deren Status als höher angesehen wird – sagen, dass ihre Großeltern aus Österreich kamen (und dies vor sich selbst rechtfertigen, indem sie sich an die flüssigen Grenzen im 20. Jahrhundert erinnert). Doch dieselbe Frau könnte einem Schwarzen mit vermutlich niedrigerem Status gegenüber »gestehen«, dass ihre Vorfahren aus Polen stammen, denn sie hätte es nicht nötig, den Schwarzen zu beeindrucken. Sie wäre sich ihres überlegenen Status bewusst und er wäre ihr sicher.

Vor nicht allzu langer Zeit sprach man in Boston, Chicago und Cleveland von »weißen Ethnien« aus Süd- und Osteuropa als politische Wählergruppen. Selbst innerhalb der Gruppe irischer Eingewanderter schaffte man künstliche Hierarchien und unterschied die »lace-curtain Irish«, die Wohlhabenden, von den »shanty Irish«, den Armen.[360] Vor einigen Jahren wurde während eines Geschäftstreffens im Nordosten einer jungen weißen Assistentin in einem Raum mit Schwarzen Fachleuten routinemäßig die Frage gestellt, wie ihr Name buchstabiert werde, denn es hätte Kathryn, Catherine, Katherine oder vielleicht Katharine sein können. Sie richtete sich auf und antwortete keck: »Die englische Schreibweise«, was eigentlich keine Antwort war, sondern ein seltsamer Versuch, sich von allen anderen im Raum abzuheben, sich in die Reihe der Angelsachsen einzureihen, was keine echte Angelsächsin nötig hätte. Ich fragte mich: *Und welche Schreibweise soll das bitte sein?*

Beim Abendessen unterhielten sich einmal drei weiße Frauen über Menschen, die sie seit Jahren kannten, wobei ihr Gespräch unbewusst nach den Regeln der Kaste verlief. Die Frau irischer Abstammung erwähnte jemanden, deren Familie, wie sie sagte, in der ersten Hälfte des 20. Jahrhunderts aus Deutschland eingewandert war. Dies veranlasste eine zweite Frau zu der Bemerkung, dass ihre Familie schon früher aus Deutschland in die USA gekommen sei, nämlich in den 1860er-Jahren. Die dritte Frau erwähnte jemanden mit einem ungewöhnlichen Nachnamen. Die beiden anderen fragten sofort nach der Herkunft. »Ist er Deutscher?« – »Nein, er ist

Däne«, war die Antwort. Damit gingen sie zu einer anderen Bekanntschaft über. »Ist seine Frau nicht Spanierin?«, fragte die eine Frau die andere. »Ach, sie kommt aus irgendeinem Land in Südamerika«, sagte eine andere, »etwas wie Kolumbien oder Venezuela.«

Das Gespräch drehte sich im Folgenden um die dritte Frau und das fuchsblonde Haar einiger ihrer Verwandten. Die Frau mit den deutschen Vorfahren sagte, sie sähen irisch aus.

»Nein«, sagte die dritte Frau. »Wir sind nordisch.«

Die beiden anderen, die irische US-Amerikanerin und die deutsche US-Amerikanerin, verstummten. Es entstand eine Pause im Gespräch. Alle drei erkannten die seltsame Macht des Wortes »nordisch« in all seiner mehrdeutigen Genauigkeit – es ist mehrdeutig, da es kein Land bezeichnet, und spezifisch, da in dem Wort die Sprache der Eugenik des frühen 20. Jahrhunderts mitschwingt, die in Kultur und Überlieferung fortbesteht. Niemand fragte, aus welchem Land ihre Familie stammte – Schweden? Norwegen? Finnland? Island? – oder wann sie in die USA ausgewandert waren. Wenn man nordisch war, spielte das keine Rolle.

»Nordisch« war die Art von Bezeichnung, auf die in vergangenen Jahrzehnten das Wort »Rasse« folgte, wie auch bei »Alpenrasse« oder »mittelländische Rasse« in einer inzwischen überholten Skala europäischer »Rassen«. Nordische und angelsächsische Menschen waren die beiden Gruppen, die in den USA immer mit offenen Armen aufgenommen wurden. Nordisch war das, was die Verfasser des Einwanderungsgesetzes von 1924 suchten. Nordisch war die Region Europas, auf die der 45. Präsident der Vereinigten Staaten fast ein Jahrhundert nach der Eugenik-Bewegung fixiert schien und von der er sich wünschte, dass sie anstelle von Mexikanern, Musliminnen oder Haitianern in die USA einwanderten.[361]

Das Wort brachte das Gespräch kurzzeitig zum Erliegen. Das Nordische stand lange Zeit an der Spitze der Hierarchie. Und nach all diesen Jahrzehnten übertrumpfte es immer noch alle Anwesenden.

21

Das deutsche Mädchen mit dem dunklen gewellten Haar

Während des Zweiten Weltkriegs verschwanden beinahe alle jüdischen Menschen aus dem deutschen Leben. Sie wurden deportiert oder in den Untergrund gezwungen, und ihre Abwesenheit erzeugte ein Vakuum und eine Paranoia unter den verbliebenen Ariern. Ohne einen Sündenbock, auf den sie herabblicken konnten, hatten die Menschen nur sich selbst zur Betrachtung und zur Unterscheidung von anderen, und so suchten sie unter ihren Landsleuten nach jemandem, den oder die sie übertreffen könnten.

Die Fixierung auf Reinheit hatte alle in höchste Alarmbereitschaft versetzt, und im Norden des Landes, in einem Dorf in der Nähe von Hannover, machte jemand eine beiläufige Bemerkung zu einem jungen deutschen Mädchen, die den Verdacht auf ihr Aussehen und so auf ihre Abstammung und letztlich auf ihren Wert lenkte.

Es herrschte ein Zustand von paranoider Überwachung, eine penible Hyperwahrnehmung jedes Zeichens des geringsten Unterschieds. Den Menschen war aufgefallen, dass das Haar des Mädchens dunkler war als das der meisten anderen, näher an dem der Menschen aus dem Süden Europas als an dem vieler Deutscher. Natürlich hatte der Führer selbst pechschwarzes Haar, und deshalb konnten sich die dunkelhaarigen Deutschen damit trösten, dass sie dieses Merkmal mit ihrem Führer teilten. Allerdings war sein Haar strahlglatt, und auch in diesem Punkt wich das deutsche Mädchen in der Nähe von Hannover von der arischen Konvention ab.

Den Menschen kam es merkwürdig vor, dass dieses Mädchen aus einer soliden deutschen Familie so aussah, als stamme es aus dem Nahen Osten, ja, so gut sie es mit ihren begrenzten Kenntnissen beurteilen konnten, sah sie fast persisch aus.

Es war unklar, ob die Bürgerinnen und Bürger des Dorfes tatsächlich Menschen aus dem heutigen Iran kannten, doch der Gedanke klammerte sich in ihren Köpfen fest. Hatte die Familie persisches Blut, oder gab es unter den Vorfahren das Blut von Menschen aus diesem Teil der Welt? Oder, noch bedrohlicher, wenngleich dies nicht in so vielen Worten ausgesprochen wurde, gab es in der Familie jüdisches Blut?

Den Leuten fiel auf, dass das Haar des Mädchens lockig geschwungen war, und sie sprachen darüber, dass ihr Haar in dunklen Wellen über ihre Schulter fiel, und nicht wie flachsfarbenes Seidenhaar glatt über den Rücken glitt. Nicht nur das – die Leute bemerkten auch, dass ihre Haut geringfügig aber merklich dunkler war als die vieler Deutscher, vielleicht eher golden oder olivfarben als elfenbein- und alabasterfarben wie die Haut der Menschen um sie herum, ja, die Haut war sogar dunkler als die Haut der anderen Angehörigen ihrer eigenen Familie, als wäre ein verschütteter Charakterzug ans Licht gekommen.

Dies sind die winzigen Unterschiede, die an Bedeutung gewinnen können, wenn es allgemein weniger Unterscheidungen gibt. Unter den Nazis hatten sie schwerwiegendere Folgen als leeres Geplapper. Die Bürgerinnen und Bürger des Reiches sahen sich gezwungen, den arischen Idealen zu entsprechen, um zu überleben.

Die damaligen Kommentare, oder besser gesagt, die Anschuldigungen verunsicherten den deutschen Teenager. Und so ging das Mädchen mit einem Maßband zu einem Spiegel und maß die Breite und Länge ihrer Augen, ihrer Stirn und Nase, um zu sehen, ob alles innerhalb einer Norm lag, die in der Ära der Eugenik und der arischen Konformität existierte. Das Mädchen ließ Fotos von sich machen, um ihre Gesichtszüge zu vermessen und jenseits von Haaren und Haut etwas Sicherheit zurückzugewinnen.

Schon die bloße Erwähnung vermeintlicher Abweichungen von der arischen Norm zog unerwünschte und potenziell gefährliche Untersuchungen nach sich. Die Deutschen wussten, dass sie für den Fall, dass ihr arischer Status infrage gestellt wurde, ihren Ariernachweis bereithalten mussten.[362] Selbst Priester und Nonnen wurden verhaftet, sobald ein jüdischer Vorfahre entdeckt wurde.

Die Familie des Mädchens war besorgt genug, um eine diskrete Suche in ihrer Ahnentafel durchzuführen. Genealogen machten im Dritten Reich ein reges Geschäft. Die Deutschen durchforsteten Familienbibeln, Kirchenbücher und Regierungsarchive für den Fall, dass sie aufgefordert würden, die Herkunft ihrer Familie zu verteidigen. Bevor sie also weiter beschuldigt werden konnten, forschte die Familie in den drei vorigen Generationen, um selbst herauszufinden, ob etwas anderes als arisches Blut in ihre Adern gedrungen sei, ein unwillkommener Eindringling, den ein Vorfahre vielleicht verehrt hatte, dessen Anwesenheit nun aber Grund zur Scham war.

Die Familie blieb wie zufällig auf freiem Fuß und behielt ihren Status als gute Deutsche. Das Mädchen mit dem dunklen gewellten Haar überlebte den Krieg. Sie heiratete, bekam Kinder und Enkelkinder, sprach aber wenig über das Reich oder den Krieg, der ihre Jugend geprägt hatte.

Jahrzehnte später würde eine Enkelin ein Foto von ihr finden. Es zeigt ein jugendliches Mädchen, das sich ein Maßband vors Gesicht hält, ein Relikt der Paranoia der herrschenden Kaste. Selbst die Bevorzugten wurden im Schatten der vermeintlichen Perfektion erniedrigt und in Angst versetzt.

22

Das Stockholm-Syndrom und der Fortbestand der untergeordneten Kaste

Im Laufe der Jahrhunderte mussten die Menschen am Rande der Gesellschaft die Menschen im Zentrum der Macht genauestens studieren, sich in ihren unsichtbaren Codes und Grenzen üben, sich die Protokolle und Eigenheiten einprägen, da ihr Überleben davon abhing, dass sie darüber mehr wussten als über ihre eigenen Träume und Wünsche. Vom Seitenrand aus lernen sie, auf die Bedürfnisse und Launen der herrschenden Kaste zu achten. Sie dechiffrieren, wie die Menschen an der Macht miteinander auskommen oder nicht, wer an Gunst gewinnt oder verliert, so wie Frauen seit jeher ihre Männer beobachten oder wie ein Kind auf Anzeichen von Konflikten in der Ehe der Eltern achtet, da das Kind von den Eltern abhängig ist.

Sie müssen besondere Wahrnehmungsfähigkeiten entwickeln, wenn sie sich am Boden zurechtfinden wollen.

»Für die Mächtigen reicht Wissen ohne Weisheit aus«, schreibt die Soziologin Patricia Hill Collins, »doch fürs Überleben der Untergebenen ist Weisheit unerlässlich.«[363]

Um zu Erfolg zu kommen, müssen sie sich irgendwie an die Erwartungen der herrschenden Kaste anpassen, ihre Rolle auf der Bühne überzeugend spielen, und obwohl sie sich vielleicht nicht völlig unterwerfen wollen, stellen sie fest, dass die Dinge für sie leichter laufen, wenn sie sich an das überlieferte Drehbuch halten, wenn sie ihre Aufgabe akzeptieren, zu dienen und zu unterhalten, zu trösten und zu besänftigen, jede Verfehlung zu verzeihen, ohne von denen, die für Verfehlungen verantwortlich sind, irgendeine Sühne zu erwarten.

»Die erste moralische Pflicht ist Resignation und Akzeptanz«, schreibt der Sozialanthropologe Edmund Leach über das erwartete Verhalten der untersten Kaste in Indien. »Die Einzelperson erwirbt persönliche Verdienste, indem sie die Aufgaben erfüllt, die dem Stand, in den sie hineingeboren wurde, angemessen sind. […] Die Belohnung für Tugendhaftigkeit gibt es erst im nächsten Leben.«[364]

Der uralte Kodex der untergeordneten Kaste erfordert von ihr, die Welt nicht mit ihren eigenen Augen zu sehen, sondern so, wie die herrschende Kaste sie sieht, und verlangt von den Untergebenen, dass sie auch dann Mitgefühl zeigen, wenn sie im Gegenzug selbst keines erhalten – eine Verschmelzung von Herrschenden und Untergebenen, die das Stockholm-Syndrom ins Gedächtnis ruft.

Obwohl es keine allgemeingültige Definition oder Diagnose für das Syndrom gibt, wird es generell als ein Phänomen angesehen, bei dem Menschen eine Bindung zu denjenigen aufbauen, die sie missbrauchen oder als Geiseln halten. Der Name geht auf einen Banküberfall im Jahr 1973 in Stockholm, Schweden, zurück, bei dem die Geiseln Zuneigung zu den Männern entwickelten, die sie während der sechstägigen Belagerung gefangen hielten. Das Stockholm-Syndrom wird als ein Überlebensmechanismus angesehen, bei dem sich die Menschen auf ihre Unterdrücker einstellen müssen, da diese Menschen Macht über sie besitzen, und sie müssen lernen, sich an deren Erwartungen anzupassen, um ihnen zu gefallen.

*

Im Herbst 2019 wurde ein Gerichtssaal in Dallas zum Schauplatz für das Machtungleichgewicht eines Kastensystems. In einem seltenen Fall wurde eine weiße ehemalige Polizeibeamtin für die Tötung eines Schwarzen verurteilt, der in seiner eigenen Wohnung Eiscreme gegessen und ferngeschaut hatte – in einer Wohnung, die die Beamtin mit ihrer eigenen verwechselt haben soll. Die Verurteilung zog eine Freiheitsstrafe von bis zu 90 Jahren nach sich. Der Staatsanwalt schlug 28 Jahre vor – das Alter, das das Opfer zum Zeitpunkt der Verhandlung gehabt hätte, wenn die Angeklagte den Mann nicht getötet hätte. Letztendlich wurde die ehemalige Beamtin zu zehn Jahren verurteilt, mit der Möglichkeit zur vorzeitigen Entlassung nach fünf Jahren.

Der Bruder des getöteten Mannes verzieh der Frau aus der Oberkaste und in einer Szene, die um die Welt ging, schloss er sie in seine Arme. Während die Frau aus der dominanten Kaste über ihre Verurteilung schluchzte, ging die Gerichtsdienerin, eine Schwarze Frau, zu der Polizeibeamtin und streichelte ihr das blonde Haar, das Haar einer Frau, die einen unschuldigen Mann aus der untersten Kaste getötet hatte. Wäre der umgekehrte Fall eingetreten und hätte ein Schwarzer einer weißen Frau unter ähnlichen Umständen das Leben genommen, wäre es unvorstellbar, dass die Haftstrafe zehn Jahre betragen hätte oder der Täter umarmt oder gar sein Haar gestreichelt worden wäre.

Viele aus der dominanten Kaste, die den Fall verfolgt hatten, fühlten sich durch die Geste der Gerichtsdienerin getröstet; sie betrachteten die Handlung als einen liebevollen Akt, mütterlichen Mitgefühls. Viele Angehörige der untergeordneten Kaste sahen darin eine erniedrigende Fetischisierung einer Frau aus der Oberkaste, der Formen von Trost und

Nachsicht zuteilwurden, die Schwarzen verweigert werden, während Schwarze Menschen in Zeiten der Masseninhaftierung und in der Gesellschaft insgesamt weit mehr Härte erfuhren. Zeigte die Gerichtsdienerin Einfühlungsvermögen für eine Kollegin? Hat sie sie nach Waffen abgetastet, wie manche glaubten, und wenn ja, warum trug sie dann keine Handschuhe oder bat die Verurteilte nicht, aufzustehen, und warum streichelte sie stattdessen nur ihr Haar? Hat die Gerichtsdienerin dem Schmerz der Verurteilten Ausdruck verliehen, indem sie auf uralte Hinweise reagierte, um die obere Kaste jederzeit zu schützen, und damit die unausgesprochene Rolle erfüllt, die der Unterkaste seit Generationen zukam?

Die Richterin, ebenfalls eine Frau aus der untergeordneten Kaste, trat von der Richterbank zurück, um der verurteilten Totschlägerin eine Bibel zu reichen. Dann drückte sie die Frau aus der dominanten Kaste an ihre Brust und betete für sie und mit ihr. Niemand konnte sich daran erinnern, jemals etwas Derartiges gesehen zu haben, eine Richterin oder eine Gerichtsbeamtin, die eine frisch verurteilte Straftäterin in die Arme schloss und tröstete. Die Umarmung der Richterin schien gar nicht so weit entfernt von dem Trost, den Schwarze Dienstmädchen den untröstlichen weißen Kindern in ihrer Obhut spenden mussten, wenn sie ihnen jahrhundertelang die Tränen trockneten.

Die Journalistin Ashley Reese schrieb: »Fast unmöglich, sich vorzustellen, dass das gleiche Maß an Mitgefühl einer Schwarzen Person entgegengebracht wird, die gerade des Mordes angeklagt wurde.«[365]

Etwa zur gleichen Zeit wurde ein 21-jähriger Schwarzer in Florida zu zehn Tagen Gefängnis verurteilt, weil er zu spät zum Geschworenendienst erschienen war. Der Richter, ein

Mann aus der Oberkaste, zeigte zum Beispiel nicht dasselbe Mitgefühl, das der Frau aus der herrschenden Kaste, die einen Mann in seinem eigenen Zuhause getötet hatte, entgegengebracht wurde. Der Richter fand vernichtende Worte der Kritik für den jungen Geschworenen und bestrafte ihn wegen eines einzigen Fehltritts mit der ganzen Härte des Gesetzes, anstatt Gnade walten zu lassen.[366]

Der Richter nahm den jungen Mann namens Deandre Somerville sogar wegen der Zusammensetzung der Geschworenen in die Pflicht und sagte, dass der Mann in der Verhandlung gebraucht werde, weil er der einzige Schwarze Geschworene war. Somerville war herausgegriffen und mit anderen Maßstäben gemessen worden als weiße Geschworene – er allein wurde für die Unzulänglichkeiten eines Systems verantwortlich gemacht, in dem es zufällig nicht genug Menschen gab, die aussahen wie er. Er hatte keine Vorstrafen, und jetzt, wo er sein ganzes Leben noch vor sich hatte, war er aufgrund der einseitigen Erwartung von Empathie, die die Unterlegenen denen an der Spitze entgegenbringen sollten, plötzlich vorbestraft.

»Diese Erwartung wird von dem perversen Bedürfnis geschürt, dass geschädigte Menschen ihren Edelmut demonstrieren«, schreibt der Dichter Hanif Abdurraqib im *Pacific Standard,* »denn nur so können wir den Mythen Glauben schenken, dass politisches Leid den Charakter stärkt und dass die Rechtschaffenheit unweigerlich triumphieren wird, nicht die Macht.«[367]

*

Die Bilder erschütterten mich, als ich sie sah. Es war im November 2014, mitten in den Protesten gegen Polizeibrutalität nach den Ereignissen in Ferguson. Auf einer Kundgebung in

Portland, Oregon, erschien ein melancholischer Schwarzer Junge vor einer Menge von Demonstrierenden und hielt ein Schild in Richtung der Polizisten, auf dem stand: »Free hugs«, kostenlose Umarmungen.

Dieses Bild hatte etwas zutiefst Beunruhigendes, dessen Ursache ich nicht sofort ausmachen konnte. Zum einen sah das Gesicht des Jungen eher wie das eines Mannes auf dem kleinen Körper eines Kindes aus. Sein Gesicht war vor Schmerz verzerrt, Tränen liefen ihm über die Wangen – eine Emotion des Leidens, die nicht zu den Umständen passte. Er trug einen Fedorahut, der aus einem anderen Jahrhundert zu stammen schien. Er hatte weder den unbekümmerten Blick eines Kindes noch die liebevolle Ausstrahlung von jemandem, der Fremden einfach so Umarmungen anbietet.

Ein weißer Polizeibeamter reagierte auf das Schild und umarmte den Jungen. Das Foto ging viral und wurde in allen Fernsehsendern gezeigt. Diese Geste des Mitgefühls und der Gnade stiftete vielen Angehörigen der Oberkaste Trost. Hier war ein Schwarzes Kind, das jemand aus einer Gruppe umarmen wollte, die in den Monaten vor dieser Begegnung mit jungen Schwarzen Männern in Konflikt geraten war. Sie waren gerührt von der Art und Weise, wie der Junge den Polizisten lang und innig umarmte, als ginge es bei der Umarmung um sein Überleben.[368]

Was an diesem Bild beunruhigend war, war nur ersichtlich, wenn man die gleichen Maßstäbe für menschliches Verhalten an untergeordnete Menschen anlegte wie an alle anderen. Nur wenige Schwarze Mütter, oder Mütter im Allgemeinen, würden darauf bestehen, dass ihre Söhne, und insbesondere ihre Schwarzen Söhne, zu einem Polizisten oder einem Fremden, den sie nicht kennen, gehen und ihn umarmen. Und nur die wenigsten Kinder würden dies aus freien Stücken tun.

Das Gesicht des Jungen zeigte weit mehr als bloßes Unbehagen, sondern die Verzweiflung eines Menschen, der viel reifer wirkte, als er war.

Erst Jahre später erfuhr die Welt von der Tragödie, die sich hinter diesem Moment verbarg. Zwei weiße Frauen aus Minnesota hatten den Jungen namens Devonte Hart und fünf weitere Schwarze Kinder aus Texas adoptiert und erhielten dafür vom Staat mehr als 2.000 Dollar pro Monat. Zehn Jahre lang hielten die Frauen die Kinder gewissermaßen gefangen, indem sie sie an abgelegenen Orten isolierten und ihnen Essen vorenthielten.[369]

Sie benutzten sie als Requisiten, um mit inszenierten Videos, in denen die Kinder gezwungen wurden, für ihre Entführerinnen zu tanzen und zu singen, eine Fangemeinde in den sozialen Medien zu gewinnen. Im Verborgenen schlugen die Frauen die Kinder mit Gürteln und geballten Fäusten und hielten den Kopf eines der Mädchen zur Bestrafung unter kaltes Wasser, nachdem die Frauen einen Penny in der Tasche der Kleinen gefunden hatten. Als die Kinder bei Nachbarn und Lehrerinnen um Hilfe und um Essen baten, griffen die Frauen auf Kastenstereotype zurück, sagten den anderen Erwachsenen, sie sollten sie nicht füttern, dass die Kinder die »Essenskarte« ausspielten, dass sie Lügengeschichten erzählten und dass sie »Drogenbabys« seien.

Die Behörden mehrerer Bundesstaaten gingen Missbrauchsberichten nach, schienen aber nicht fähig, die Kinder zu beschützen. Selbst nachdem sich eine der Frauen 2010 in Minnesota wegen eines Vergehens gegen eine der Töchter schuldig bekannt hatte, blieben die Kinder in ihrer Obhut. Wann immer sich jemand einmischte, nahmen die Frauen die Kinder aus der Schule und zogen in eine andere Gegend. Die Frauen konnten sowohl auf den Flickenteppich nicht interagierender Sozialdienste als auch auf ihr eigenes Kastenprivileg – die Kompetenzvermutung und das Günstigkeitsprinzip – zählen, um sich staatlichen Untersuchungen zu entziehen und von den flehentlichen Bitten der Kinder um Hilfe abzulenken.

An jenem Tag im November 2014 posteten sie Fotos von Devonte, wie er den Polizisten umarmt, und erhielten dafür aus der ganzen Welt Beifall. Die Menschen sahen, was sie sehen wollten, und nicht die Qualen im Gesicht eines zwölfjährigen Jungen, der aufgrund von Unterernährung den Körper eines Achtjährigen hatte, und dessen Umarmung in gewisser Hinsicht ein Flehen, gerettet zu werden, war. Die Menschen sahen ein Bild von Schwarzer Gnade, während die Welt in Wirklichkeit eine misshandelte Geisel betrachtete.

Als ihnen im Jahr 2018 Sozialarbeiterinnen auf die Schliche gekommen waren, setzten die beiden Frauen die Kinder in ihren Geländewagen und steuerten das Auto auf dem Pacific Coast Highway in Nordkalifornien eine Klippe hinunter, wobei sie sich selbst und die Kinder, die sie gefangen hielten, töteten.[370] Die Blindheit gegenüber dem tiefen Schmerz im Gesicht des Jungen, der Spielraum, der diesen weißen Retterinnen eingeräumt wurde, um Kinder missbrauchen zu können, die als Wegwerfware angesehen wurden, der kollektive Wunsch, Stammeswunden mit oberflächlichen Gesten der Gnade seitens der Verwundeten zu heilen – all das trug zu dieser Tragödie bei, und viele von uns werden noch immer davon heimgesucht. Wir alle bezeugten ein Verbrechen, das als Tragödie endete.

*

2015, also einige Jahre zuvor, wurden neun Schwarze Gemeindemitglieder in einer Kirche in Charleston hingerichtet und die Familien der Opfer sprachen dem reuelosen weißen Mörder ihrer Angehörigen fast sofort ihre Vergebung zu. Es war ein Akt des unerschütterlichen Glaubens, der die Welt in seinen Bann zog, aber auch der Erwartung der Gesellschaft entsprach, dass die untergeordnete Kaste ihr Leid zu ertragen weiß und ihre Peiniger freispricht.

Weil Schwarze Sünden der Oberkaste vergeben haben, mussten Schwarze Opfer Traumata doppelt so häufig verarbeiten, und sie mussten zahlreiche Situationen in anderen Lebensbereichen erdulden, in denen sie halb so wertvoll angesehen wurden.

»Weiße Menschen lieben Vergebungsnarrative«, schrieb die Essayistin und Autorin Roxane Gay nach dem Massaker, »damit sie so tun können, als wäre die Welt gerechter, als sie tatsächlich ist, und als wäre der Rassismus bloß das Relikt einer schmerzhaften Vergangenheit und nicht ein unauslöschlicher Teil unserer Gegenwart.«[371]

Der Akt der Vergebung scheint eine stille Klausel in einem Vertrag zwischen den Untergebenen und den Herrschenden zu sein. »Schwarze Menschen verzeihen, weil wir überleben müssen«, schreibt Gay. »Wir sind immer wieder gezwungen zu vergeben, während der Rassismus oder das Schweigen der Weißen gegenüber dem Rassismus weiter gedeihen kann. Wir mussten Sklaverei, Rassentrennung, Jim-Crow-Gesetze, Lynchjustiz, Ungerechtigkeit in allen Bereichen, Masseninhaftierungen, Wahlrechtsentzug, unzureichende Repräsentation in der Populärkultur, Mikroaggressionen und vieles mehr vergeben. Wir vergeben und vergeben und vergeben, und diejenigen, die sich an uns vergreifen, können sich weiterhin an uns vergreifen.«[372]

Als es 2018 scheinbar wöchentlich einen neuen Fall gab, in dem Menschen aus der herrschenden Kaste die Polizei auf

Schwarze hetzten, die ihrem täglichen Leben nachgingen, rief eine weiße Frau mittleren Alters in Brooklyn die Polizei wegen eines neunjährigen Jungen, der sie angeblich sexuell belästigt hatte, als er an der Kasse eines Lebensmittelgeschäfts an ihr vorbeiging. Der Junge sagte, er habe nichts getan, er habe die Frau nicht berührt, und brach in Tränen aus. Was den Jungen vor weiteren Maßnahmen bewahrte, war das Überwachungsvideo des Ladens, das später im Internet zirkulierte. Es zeigt, wie der Junge in dem überfüllten Laden an der Frau vorbeigeht und sein Rucksack sie streift, ohne dass er es bemerkt.[373]

Die Frau wurde öffentlich geächtet und so dazu gebracht, sich für ihre Unterstellung zu entschuldigen. Später wollte man wissen, ob der Junge der Frau vergeben habe. Das Kind hatte noch nicht alle Regeln der Kaste gelernt, er war noch nicht lange genug am Leben, um das ganze Drehbuch gelesen oder vollständig verinnerlicht zu haben. Über den Vorfall dachte er mit dem noch unbelasteten Geist eines Unschuldigen, der noch nicht mit den Folgen eines Verstoßes gegen die Kastenordnung konfrontiert worden war. »Ich vergebe der Frau nicht«, sagte er, »sie braucht Hilfe.«

Der kleine Junge besaß den Röntgenblick der Kindheit. Er hatte die Umkehrung von Recht und Unrecht nicht akzeptiert.

»Was weiße Menschen wirklich suchen, wenn sie von einer traumatisierten Gemeinschaft Vergebung verlangen, ist Absolution«, schrieb Gay. »Sie wollen Absolution für den Rassismus, der uns alle infiziert, obwohl Vergebung die rassistischen Sünden der USA nicht wiedergutmachen kann.«[374]

*

Man kann nicht in einem Kastensystem leben, seine Luft atmen, ohne die Botschaft der Vorherrschaft der oberen Kaste in sich aufzunehmen. Die untergeordneten Kasten werden dazu erzogen, diejenigen zu bewundern, zu verehren, zu fürchten, zu lieben, zu begehren und nachzuahmen, die im Zentrum der Gesellschaft, an der Spitze der Hierarchie stehen. In Indien sagt man, man könne versuchen, die Kaste zu verlassen, doch die Kaste verlässt einen nie. Die meisten Eingewanderten aus Indien, die in die Vereinigten Staaten kommen, gehören zu den erfolgreichsten und wohlhabendsten Menschen ihres Heimatlandes; nur die wenigsten Dalits besitzen die finanziellen Mittel, in die USA auszuwandern. Einigen Schätzungen zufolge machen Dalits weniger als zwei Prozent der Menschen indischer Abstammung in den USA aus. Diejenigen, denen es gelingt, den Ozean zu überqueren, ziehen die Kaste häufig wie einen Schatten nach sich.[375]

Und so wurde ein brillanter Dalit aus Indien, der an einer angesehenen Universität an der amerikanischen Ostküste promoviert hatte, ganz nervös – oder wie man in den USA des 21. Jahrhunderts sagen würde, »getriggert« –, als die Nachnamen seiner Landsleute aus der oberen Kaste erwähnt wurden. Diese Nachnamen besitzen für die meisten US-Amerikanerinnen und -Amerikaner wahrscheinlich kaum Bedeutung; in Indien aber stehen sie für Rang und Privilegien. Die Namen Gupta, Mehta und Mukherjee, die unter indischen Eingewanderten in den USA weit verbreitet sind, gehören in ihrem Heimatland zu den am meisten verehrten.

»Diese Namen«, sagte der Dalit, während er mit Blick auf den Teppich unter seinen Füßen den Kopf schüttelte. »Ich kann ihnen nicht direkt ins Gesicht sehen. Ich kann ihnen nicht in die Augen sehen. Ich weiß nicht, was ich sagen soll. Das waren unsere Herren. Meine Großväter mussten für ihre Großväter arbeiten. Niemals würde ich zu ihnen nach Hause eingeladen werden. In Indien würden sie nicht mit mir sprechen. Meine Güte, ich könnte mir nicht einmal hier in den USA vorstellen, mit ihnen zu sprechen. Sie gehören einer ganz anderen Kaste an als ich.«

Er ging nervös auf und ab. »Das Trauma, diese Grenze zu überschreiten«, sagte er. »Ich bin jetzt seit drei Jahren hier und habe immer noch nicht das Selbstvertrauen, um mit ihnen zu sprechen.«

Am unteren Ende der Hierarchie wird dir die Botschaft der Minderwertigkeit in Form von Geflüster und Plakaten mitgeteilt. Sie frisst sich in deine Identität. Die Gewalt und der Terror, die zur Aufrechterhaltung der Hierarchie eingesetzt werden, sorgen dafür, dass du dich an deine Rolle hältst, auch ohne Befehle.

Über den bloßen Gedanken an Menschen der Oberkaste sagte der Mann: »Ich fürchte mich. Sie sind eine Gefahr für mich. Ich fühle mich von ihnen bedroht.«

Kaste ist mehr als ein bloßer Rang, sie ist ein Geisteszustand, der jeden gefangen hält, die Herrschenden, die in der Illusion ihres eigenen Anspruchs feststecken, und die Untergebenen, die im Fegefeuer der Definition anderer gefangen sind, die entscheiden, wer die Untergebenen sind.

Der Doktorand war der Einzige in seiner ganzen Familie, der einen Reisepass besaß, der Einzige, der jemals die Grenzen Indiens verlassen hatte. Die restlichen Familienmitglieder sahen gar keine Notwendigkeit dafür. »Wohin sollten sie auch gehen?«, fragte er. Das Kastensystem hatte ihnen die Notwendigkeit oder den Gebrauch eines grundlegenden menschlichen Werkzeugs genommen: der Vorstellungskraft.

Er ist der Erste seiner Familie einer marginalisierten Kaste, der ausgebrochen ist, und er trägt die Last der Familienträume und das Stigma sowie die Erwartung des Scheiterns in der Gesellschaft. »Wenn ich einen Fehler mache, macht meine ganze Gruppe einen Fehler«, sagte er. »Wenn ich stürze, stürzt die Gruppe. Ich bewege mich auf einem sehr schmalen Grat.«

Zu Hause in Indien wird der Wissenschaftler, wenn er ein Geschäft betritt, beobachtet und verachtet wie ein Dieb, so wie es einem Schwarzen in einem Geschäft in den USA ergeht. Er hat diese Erwartung verinnerlicht und sich damit arrangiert, um zu überleben. »Ich frage nie nach der Qualität eines Produkts«, sagte der Mann. »Ich frage nach dem Preis. Wenn ich nach der Qualität frage, sagen sie meist: ›Das können Sie sich ohnehin nicht leisten, warum verschwenden Sie meine Zeit?‹ Wenn ich sage, dass ich mir etwas ansehen möchte, sagen sie: ›Verlassen Sie meinen Laden. Ich werde die Polizei rufen.‹ Also komme ich mit Freunden zurück, die keine Dalits sind, die ihre Sprache sprechen und für mich kaufen können, was ich suche.«

Dies war der Grund, warum er eines Abends nach einem Essen in Campusnähe in der Lobby eines Nobelhotels herumstand und auf seine Schuhe, seine ledernen Turnschuhe, zeigte. Er bückte sich und drückte auf die leere Schuhspitze. »Diese Schuhe, die ich gekauft habe«, sagte er, »haben nicht meine Größe. Sie sind mir zu groß. Ich habe sie gekauft, weil ich den Verkäufer nicht belästigen wollte. Ich habe nicht gewagt, nach einer anderen Größe zu fragen. Also kaufte ich, was er mir angeboten hat.«

Wie alle Menschen, die in einem Kastensystem einer unteren Kaste angehören, musste auch er einen ganzen Verhaltensapparat entwickeln, um sich vor Beleidigungen zu schützen. »Wenn ich in ein Geschäft gehe und eine halbe Stunde bleibe, muss ich etwas kaufen«, sagt er. »Ich habe so viele Dinge, und ich habe Angst, sie umzutauschen.«

Dalits wurden wegen Verstößen gegen die Kastenzugehörigkeit auf brutalste Weise angegriffen, und noch heute ist es ihnen in den ländlichen Gebieten verboten, dieselben Straßen wie die Menschen der herrschenden Kaste zu benutzen. Im Vellore Distrikt wurde eine Familie gezwungen, einen verstorbenen Angehörigen über die Nebenstraßen zum Scheiterhaufen zu tragen. Die Männer mussten den in Stoff und Blätter eingewickelten Leichnam an einem Seil von einer Brücke herunterlassen, wobei der Leichnam unkontrolliert herumbaumelte, während die Männer unten ihre Arme ausstreckten, um ihn entgegenzunehmen. Es war ihnen der Zugang zu öffentlichen Straßen verweigert worden, da sie als Verschmutzer der Reinheit angesehen worden wären.

Sie tun, was sie tun müssen, um weitere Beleidigungen zu vermeiden.

»Für uns ist es eine Frage der Würde«, sagte er. »Wenn ich irgendwohin gehe, sagen sie vielleicht zu mir, ich könne mir etwas nicht leisten und ich verschwende ihre Zeit. Wenn ich also in ein Restaurant gehe, möchte ich die Zeit des Kellners nicht beanspruchen. Sie können uns angreifen, und dann sagen sie, dass wir feindselig seien, während es für uns um unsere Würde geht. Unsere Würde ist es, was angegriffen wird.«

Einmal begleitete er zwei weiße US-Amerikanerinnen in ein Geschäft und war verblüfft über ihr Verhalten. »Sie nahmen die Zeit des Besitzers in Anspruch und kauften am Ende aber überhaupt nichts«, sagte er. »Das ist für mich unvorstellbar.«

Die Angst saß tief in seiner Seele.

Ich fragte ihn: »Ist es die Angst vor der erwarteten Ablehnung oder die Ablehnung selbst, die Sie fürchten?«

»Das eine wird durch das andere verursacht«, antwortete er.

»Was würde Ihnen denn helfen, sich in diesen Situationen besser zu fühlen?«, fragte ich ihn.

»Was ich brauche, ist ein besseres Gefühl, in meiner eigenen Haut zu stecken«, sagte er.

23

Stoßtruppen an den Grenzen der Hierarchie

Wenn es auf einem Dampfschiff im 19. Jahrhundert Zeit fürs Dinner war, spielte sich das Kastenritual wie folgt ab: Mit der ersten Glocke nahmen die weißen Passagiere zusammen mit dem Kapitän Platz, um ihre Mahlzeit einzunehmen. Wenn sie fertig waren, läutete die zweite Glocke für die weißen Besatzungsmitglieder – die Maschinisten, den Piloten, die Bediensteten. Erst wenn alle Weißen an Bord, egal welcher Klasse und welchen Standes, mit dem Abendessen fertig waren, läutete die dritte Glocke, und die Schwarzen Besatzungsmitglieder – ob Sklaven oder Freie – durften endlich essen.

Allerdings ergab sich ein Problem, wenn sich freie Schwarze Passagiere unter ihnen befanden. Freie Schwarze hatten ein Ticket für das Schiff gekauft und gehörten auf dem Papier zur gleichen Kategorie wie die weißen Passagiere. Wahrscheinlich stammten sie aus der Mittelschicht, doch das Entscheidende war, dass sie der untersten Kaste angehörten. Und historisch gesehen ist die Kaste wichtiger als die Klasse.

Für Schwarze und Weiße war es tabu, zur gleichen Zeit am gleichen Ort zusammen zu sitzen, zusammen zu stehen oder zusammen zu essen, geschweige denn das gleiche Besteck zu benutzen. So aßen sie also nicht mit den weißen Mitpassagieren oder den weißen Besatzungsmitgliedern, die vermutlich aus einer niedrigeren Klasse stammten als sie selbst.

Doch das war nicht alles. Freie Schwarze waren ein Affront

gegen das Kastensystem und stießen immer wieder an dessen Grenzen. Schon allein dadurch, dass sie sich gleichberechtigt neben Mitgliedern der Oberkaste in der Öffentlichkeit bewegten, dass sie über die Mittel verfügten, Räume zu betreten, die den Höhergestellten vorbehalten waren, und dass sie das Geschick besessen hatten, ihre Freiheit zu erlangen und in Freiheit durch die Welt zu gehen, stellten sie das gesamte Kastensystem infrage. Wenn die Menschen der untersten Kaste die Fähigkeit besaßen, gleichberechtigt zu sein, warum wurden sie dann versklavt? Wenn sie intelligent genug waren, etwas anderes zu tun als Baumwolle zu pflücken oder Böden zu putzen, warum waren sie dann Baumwollpflückerinnen und Bodenputzer? Es war zu verwirrend, um darüber nachzudenken.

Wenn das Abendessen abgeräumt worden war und alle anderen an Bord gegessen und sich in ihre Kabinen oder auf ihre Posten zurückgezogen hatten, durfte die kleine Gruppe Schwarzer Passagiere – in diesem Fall alles Frauen – in der Speisekammer essen: »im Stehen am Tisch des Butlers.«[376]

Vom Anbeginn des Kastensystems in den USA waren die Menschen, die der untersten Kaste angehörten und es aber irgendwie geschafft hatten, sich über ihren Stand zu erheben, die Stoßtruppen an den Frontlinien der Hierarchie. Menschen, die an Orten oder in Positionen auftauchen, an denen sie nicht erwünscht sind, können zu Fußsoldaten in einem ständigen Kampf um Respekt und Legitimität werden, von dem sie gehofft hatten, dass er längst vorüber sei.

*

Öffentliche Verkehrsmittel und Räume zur Freizeitgestaltung sind gerade deshalb Schauplatz von Konfrontationen zwischen den Kasten, weil sie auf engem Raum, für eine begrenzte Zeit und zu einem begrenzten Zweck, Gruppen zusammenbringen, die in der Vergangenheit segregiert wurden. Sie werden zu Reagenzgläsern für die Interaktion zwischen den Kasten, mit ihren geschriebenen und ungeschriebenen Codes, ihren unausgesprochenen, aber verstandenen Regeln des Miteinanders.

Im Jahr 2015 reisten die Mitglieder eines Buchclubs für Schwarze Frauen mit dem Zug zu einer Weinreise durch das Napa Valley. Wie andere Touristinnen auch, lachten sie viel und unterhielten sich munter, was angesichts der Art des Ausflugs und der Getränke, die alle Reisenden zu sich genommen hatten, wenig verwunderlich war. Doch sie allein schienen die Aufmerksamkeit des Oberkellners auf sich zu ziehen. »Wenn Sie lachen«, sagte der Mann zu ihnen, »sehe ich dies in den Gesichtern der [anderen] Fahrgäste.« Bald hielt der Zug an, und die Schwarzen Frauen, einige von ihnen ältere Damen, wurden gebeten, den Zug zu verlassen. An der Haltestelle wurden sie von der Polizei empfangen, »als ob wir Kriminelle wären«, wie sie später sagten.[377] Im Jahr 2018 verwies der Besitzer eines Golfclubs in Pennsylvania Schwarze Frauen, die Mitglieder des Clubs waren, des Geländes und rief die Polizei, nachdem sich weiße Golfer beschwert hatten, dass sie sich nicht schnell genug über den Platz bewegten. Die Frauen beschrieben sich selbst als erfahrene Spielerinnen, die mit den Spielregeln vertraut waren, und sagten, sie hätten sich nach den Gruppen vor und hinter ihnen gerichtet. Sie sagten, sie hätten bemerkt, dass die Männer hinter ihnen eine Pause machten und noch nicht zum Abschlag bereit waren. Als die Polizei eintraf, konnte sie kein Vergehen feststellen. Die Frauen sagten jedoch, dass die Konfrontation sie verärgert habe, und sie verließen den Club, um weitere Demütigungen zu vermeiden.[378]

Aufgrund meiner Arbeit verbringe ich viele, viele Stunden an Orten, an denen ich oft die einzige Person meiner Ethnie und meines Geschlechts bin, meistens in Flugzeugen. Über die Flugmeilen, die ich Jahr für Jahr zurücklege, sagte einmal eine Flugbegleiterin zu mir: »Sie fliegen mehr als wir.« Da ich so oft fliege, habe ich häufig Anlass, in der First oder Business Class zu sitzen, was mich ohne mein Zutun zu einem lebenden, atmenden sozialen Experiment machen kann. Die Dinge, die mir widerfahren sind, sind bei Weitem nicht das Schlimmste, was einem auf Reisen widerfahren kann. Und doch stechen einige von ihnen als illustrierende Beispiele, wie das Kastensystem funktioniert, heraus.

Bei einem Flug aus Denver war ich zufällig eine der Ersten, die das Flugzeug betraten. In einer Prozession, die sich tagtäglich tausendfach wiederholt, stand in der Schlange jeweils vor und hinter mir ein weißer Mann. Die Sehnenscheidenentzündung in meinem Handgelenk bereitete mir Schmerzen, und als ich das Flugzeug betrat, hoffte ich, dass mir eine Flugbegleiterin mit meinem Handgepäck behilflich sein könnte.

Der Purser begrüßte die Passagiere an der Einstiegstür. Er war ein Mann Ende 20 oder Anfang 30, mit kurzgeschnittenem blondem Haar, und hinter ihm stand eine zweite Flugbegleiterin, die ihr brünettes Haar zu einer Banane eingedreht hatte. Als ich das Flugzeug betrat und hinter den weißen Passagieren, die ihr Gepäck verstauten, wartete, stellte ich Blickkontakt zu dem Purser her.

»Entschuldigen Sie«, sagte ich, »ich habe ein Problem mit meinem Handgelenk und ich wollte fragen, ob Sie mir helfen könnten, meine Tasche in der Gepäckablage zu verstauen.«

Er schaute an mir vorbei zu den Männern, die hinter mir an der Einstiegstür standen, die Art von Männern, die einem in den Sinn kommen, wenn man an die erste Klasse denkt. Er winkte mich weiter, als hielte ich die Schlange auf, obwohl sich im Moment niemand bewegte. Er schien beleidigt zu sein, dass ich überhaupt gefragt hatte, als wüsste ich nicht, wie der Boarding-Prozess funktioniere.

»Hinten sind zwei Flugbegleiterinnen«, sagte er. »Die können Ihnen helfen, wenn Sie in der Economy angekommen sind.«

Eine Situation, als hätte er mich in einer Gegenüberstellung als Täterin identifiziert, mich von den anderen Geschäftsreisenden als diejenige herausgegriffen, die hier augenscheinlich nicht hingehörte, die sich unerlaubt hier aufhielt und nun eine Sonderbehandlung erwartete, auf die ich keinen Anspruch hatte. Marginalisierte Menschen haben es schon schwer genug, sich in einer Welt zu bewegen, die für andere gemacht wurde. Jetzt war es so, als würde ich den rechtmäßigen Passagieren den Platz wegnehmen. Für mich kam das wie ein Schock, vielleicht weil diese schroffe Ablehnung von einem Mann kam, von dessen Generation man solch rückschrittige Annahmen nicht erwarten würde. Irgendwie war eine hitzige Stimmung entstanden. Ich hatte um etwas gebeten, das mir seiner Meinung nach nicht zustand.

»Ich habe ein Ticket für die erste Klasse«, sagte ich.

Das schien alles nur noch schlimmer zu machen. Er war bei einem Vorurteil ertappt worden, und dazu vor den Augen anderer. Er hatte alle gegenteiligen Informationen außer Acht gelassen: dass ich früh an Bord war, den Gepäckanhänger an der Tasche, mit der ich Hilfe benötigte, der darauf hinwies, dass ich den höchsten Status seiner Fluggesellschaft erreicht hatte. Die Schlussfolgerung, die er gezogen hatte, konnte nur einen einzigen Grund haben: mein Aussehen.

Er versuchte, den Fauxpas einer offen abwertenden Kastenunterstellung wiedergutzumachen – denn was ist eine Kaste, wenn nicht die Stellung innerhalb einer Hierarchie? Er musste einen Weg finden, seine eigene Kastenposition zu erhalten, nachdem eine Flugbegleiterin, die in der Hierarchie der Fluggesellschaft unter ihm stand, gehört hatte, wie er derartig schroff mit einer Passagierin sprach.

»Lassen Sie den Koffer hier, dann sehen wir, was wir damit machen«, sagte er und seufzte, als handelte es sich um eine Bassgeige statt eines Rollkoffers.

Die Flugbegleiterin, die während des Boardings dabeigestanden hatte, meldete sich und versuchte, die Wogen zu glätten und ihn, ihren Vorgesetzten, zu decken.

»Warten Sie«, sagte sie, »ich helfe Ihnen damit. Wie ist denn Ihre Sitznummer?«

Sie begleitete mich zum Sitz und half mir, die Tasche in die Gepäckablage zu heben. Ich dankte ihr für ihre Hilfe.

Der Flug war unangenehm. Er war der einzige Flugbegleiter in der Kabine, und jedes Mal, wenn er durch den Gang kam, stieg die Anspannung. Ich konnte sie förmlich spüren. Man hatte ihn geoutet, und er bestrafte mich mit einer knappen Feindseligkeit, bis wir gelandet waren.

*

Ein anderer Flug, von Portland, Oregon, aus, es war später Abend. Ich war gerade an Bord gegangen, und die Flugbegleiterin und ich suchten nach einem Platz, um mein Handgepäck in den erratisch vollgefüllten Gepäckfächern unterzubringen. Jedes Mal, wenn die Flugbegleiterin und ich eine Tasche anfassten, um sie auf die Seite zu drehen oder in das nächste Fach zu schieben, sagte jemand: »Nein, das können Sie nicht anfassen, das ist meine Tasche.«

Der Mann auf dem Gangplatz hinter mir hatte zwei Handgepäckstücke über dem Kopf, die mehr Platz als erlaubt einnahmen. Ich wollte mich auf meinen Platz setzen und dieses unangenehme Geplänkel unterbrechen. Ich bot ihm an, seine Tasche unter meinen Sitz zu stellen, damit sie vor ihm keinen Platz beanspruchte – alles, nur damit ich meinen Rollkoffer verstauen und wir uns setzen könnten.

»Das mache ich gerne«, sagte ich ihm und der Flugbegleiterin.

Er seufzte schwer.

»Ich habe meine Tasche dahin gestellt, wo ich sie haben wollte. Ich will nicht, dass sie unter einem anderen Sitz steht.«

Er nahm die Tasche von der Flugbegleiterin und stopfte sie unter seinen eigenen Sitz. Dann beschwerte er sich bei seinem Sitznachbarn, der wie er selbst der dominanten Kaste angehörte und direkt hinter mir saß.

»Das kommt davon, wenn sie jeden in die erste Klasse lassen«, sagte der Mann zu seinem Nachbarn, laut genug, dass alle um uns herum es hören konnten. »Die sollten besser wissen, wie man mit zahlenden Kunden umgeht. Ich habe für mein Erste-Klasse-Ticket bezahlt, und dann behandeln sie dich so.«

Während des gesamten Fluges unterhielten sich die beiden Männer lautstark. Sie hatten ein gemeinsames Thema gefunden und waren durch einen gemeinsamen Groll verbunden. Es war ein Nachtflug, und ich war erschöpft von einem langen Tag voller Vorlesungen. Ich musste schlafen und stellte den Sitz zurück. Warum habe ich das nur gemacht?

Der Mann auf dem Fensterplatz hinter mir, der sich mit dem Mann, dessen Tasche umgeräumt worden war, über mich beschwert hatte, schrie laut auf.

»Was glauben Sie, was Sie da machen?«, kreischte er. »Ich

versuche hier zu arbeiten! Gucken Sie, was Sie getan haben. Ich habe meinen Laptop herausgeholt und Sie drücken ihn gegen mich!«

Er schlug gegen die Rückenlehne meines Sitzes.

»Ich versuche nicht, Sie zu ärgern«, sagte ich ihm, während ich zu ihm zurückschaute. »Ich versuche nur, mich auszuruhen.« Ich schaute zu dem weißen Mann neben mir, der alles gesehen hatte, der das Schütteln meines Sitzes gespürt hatte. Er erwiderte meinen Blick nicht, was mich noch mehr isolierte.

Die Männer hinter mir unterhielten sich weiter über die Eindringlinge in der ersten Klasse. Die Luft war dick mit einer toxischen Stimmung und machte es unmöglich zu schlafen. Ich stand auf, um die Flugbegleiterin zu bitten, mir zu helfen.

»Ich bin todmüde und muss schlafen«, sagte ich ihr. »Der Mann hinter mir stößt andauernd gegen meinen Sitz und macht es mir unmöglich, mich auszuruhen. Könnten Sie irgendetwas tun?«

»Ehrlich gesagt, weiß ich nicht, ob das etwas ändern würde«, sagte sie. »Warum bleiben Sie für den Rest des Fluges nicht hier vorne?«

»Ich möchte mich ausruhen«, sagte ich zu ihr. »Ich kann hier nicht im Stehen schlafen, und außerdem habe ich einen Sitz, auf dem es mir erlaubt sein sollte zu sitzen.«

»Ich weiß«, sagte sie. »Ich weiß aber nicht, was ich Ihnen sagen soll. Es ist Ihre Sache, ob Sie hier vorn bleiben oder zurückgehen wollen.«

Ich ging zurück und setzte mich aufrecht hin, während wir über das gesamte Land flogen. Das Kastensystem hatte mich in die Schranken gewiesen.

*

Ich war schon vor fünf Uhr morgens aufgestanden, um den Flug aus Idaho Falls anzutreten. Der erste Flug war gestrichen worden, und nun befand ich mich endlich auf der letzten Etappe meiner Reise, auf dem Anschlussflug von Salt Lake City, der mich erst um 22.30 Uhr an mein Ziel führen würde.

Der Purser des Flugs war ein Schwarzer Mann von kleiner Statur, fröhlich und effizient.

»Was trinken Sie, mein Herr?«, fragte er die männlichen Passagiere und plauderte mit ihnen.

»Und Sie?«, fragte er knapp und ungeduldig, als er zu mir kam.

Nach der Landung begann die wilde Jagd nach den Taschen in den Gepäckablagen. Die Passagiere drängten sich im Gang, und ich stand hinter einem Mann, der aussah wie Mitte 30, sein helles Haar hatte er kurz geschnitten. Er fragte eine Frau neben ihm, ob sie Hilfe mit ihrer Tasche brauche. Er nahm das Gepäckstück für sie herunter, und sie bedankte sich bei ihm.

Dann streckte er sich, um nach seiner eigenen Tasche zu greifen. Sie befand sich in dem Fach hinter meinem Kopf. Er sagte nichts und er gestikulierte auch nicht in meine Richtung. Stattdessen griff er über mich hinweg, beugte sich wortlos immer weiter zurück, wobei sich sein Oberkörper in einem spitzen Winkel nach hinten beugte und mich bedrängte. Aufgrund der Wand an Passagieren hinter mir konnte ich mich nicht aus der Position wegbewegen und war gefangen.

Ich konnte es nicht fassen, während ich mich nach hinten beugen musste, als er noch fester gegen mich drückte, schwer und schweißgebadet, und jetzt veränderte er seinen Stand und schob seinen dicken Arm über mein Gesicht und gegen meinen Nacken, um die Tasche aus dem Gepäckfach herauszuziehen. Er drückte seinen Körper mit seinem ganzen Gewicht gegen mich, seine Rückenmuskeln gegen meine Brüste, seine Pobacken stießen gegen mein Becken, er missachtete meinen persönlichen Raum vor den Augen der anderen Fluggäste, und niemand sagte oder tat irgendetwas.

»Sorry, aber ich kann nicht weiter zurückgehen!«, sagte ich ihm als Hilferuf und laut genug, dass alle um mich herum es hören konnten.

Er sagte nichts, als ob ich nicht da wäre, als ob niemand da wäre, als ob die Gesetze der Physik oder der Privatsphäre keine Bewandtnis hätten. Ich versuchte meinen Kopf von seinen Schulterblättern wegzubewegen, damit ich atmen konnte. Das Bodenpersonal brauchte eine Ewigkeit, um die Einstiegstür zu öffnen. Ich sah mich um, ob es jemanden gab, der den Schrecken erkannte, wenn sich einem ein Wildfremder aufdrängt. Ich sah zu zwei jungen Frauen hinüber, die keinen halben Meter entfernt standen. Ich warf ihnen einen verzweifelten Blick zu. Ich brauchte Mitgefühl. Doch ihre Gesichter waren ausdruckslos. Sie schauten ins Leere und erwiderten keinen meiner Blicke.

Eine stillschweigende Komplizenschaft hatte sich über die gesamte erste Klasse gelegt, und ich war allein in einem überfüllten Flugzeug. Keiner dieser Passagiere hätte seine Anstellung verloren oder eine Beförderung verspielt, Geld oder Privilegien eingebüßt, wenn er an diesem Tag für mich eingestanden wäre. Höchstwahrscheinlich würden sie diese anderen Passagiere in ihrem Leben nie wiedersehen, und die Solidarität mit mir hätte keine negativen Folgen für sie gehabt. Doch an diesem Tag, an dem für sie selbst so wenig auf dem Spiel stand, zogen sie die Solidarität mit der Kaste vor.

Endlich öffnete sich die Einstiegstür. Die Passagiere verließen das Flugzeug. Und der Mann bewegte sich endlich weg von mir. Der Schwarze Flugbegleiter, der alles gesehen hatte, war mir weder zu Hilfe gekommen noch hatte er etwas gesagt, obwohl er der Purser war.

Als ich mich der Tür näherte, schaute er verlegen und beschämt zu mir auf.

»Es tut mir sehr leid«, sagte er.

»Danke, ich weiß«, sagte ich mit einem Kopfschütteln.

Er hatte nicht eingegriffen. Auch er schien machtlos. Er dachte vermutlich, er könne das Risiko nicht eingehen. Ein Mann aus der herrschenden Kaste griff eine Frau aus einer niedrigeren Kaste an, aber der Purser gehörte ja selbst einer niedrigeren Kaste an. Warum sollte er seinen Kopf für mich hinhalten und sich weiß der Himmel mit wem anlegen? Der Mann hatte mich schikaniert, in aller Öffentlichkeit, vor Zeuginnen und Zeugen, die alle so taten, als sähen sie es nicht. Der Purser war vermutlich der Meinung, dass es ihm nichts nützen würde, sich einzumischen. In einem Kastensystem funktionieren die Dinge reibungsloser, wenn jeder an seinem Platz bleibt, und das hat er auch getan.

Ich zitterte, war außer mir vor Wut. Nach dem Verlassen des Flugzeugs ging der Mann, der mich gezwungen hatte, mit ihm vor Publikum in der Löffelchenposition herumzustehen, einige Schritte vor mir, ganz selbstsicher durchs Terminal. Er wusste sehr genau, was er getan hatte. Er warf den Kopf zu mir zurück, spuckte ein knappes »Sorry« aus und ging mit der Selbstverständlichkeit eines Menschen weiter, der wusste, dass er damit durchkam. Es würde für ihn keine Konsequenzen geben; nicht ein einziger Mensch hatte mich verteidigt oder auch nur einen winzigen Hauch von Mitgefühl gezeigt.

Viele kleine Dinge hätten dafür sorgen können, dass alles anders gekommen wäre.

Eines scheint sicher: Hätte ein Schwarzer Mann seinen Körper so gegen eine weiße Frau gepresst wie dieser Mann, ist es schwer vorstellbar, dass niemand an Bord eingegriffen hätte, und sei es nur, um ihm zu sagen: »Ich hole Ihre Tasche runter, damit Sie die Frau nicht bedrängen müssen.« Im Laufe der US-amerikanischen Geschichte sind Schwarze Männer dafür umgebracht worden, weil sie weit weniger mit weißen Frauen gemacht haben als das, was er an jenem Abend mit mir gemacht hat.

Man könnte sagen: *Warum habe ich mich nicht bei der Fluggesellschaft beschwert? Warum habe ich ihn nicht zurechtgewiesen?* Diese Fragen täuschen über die Situation hinweg. Das war nicht die Schuld der Fluggesellschaft. Der Mann, der das getan hat, hat meine Beschwerden über sein Verhalten einfach ignoriert. Was geschehen ist, geschah, weil gute Menschen schwiegen und es geschehen ließen. Ich war zu angewidert, um etwas zu entgegnen, als der Mann vor mir entlangstolzierte. Ich machte mich auf den Weg auf die andere Seite des Terminalgangs und ging weiter, bis er außerhalb meines Blickfeldes war.

*

Übergriffe wie diese sind mehr als persönliche Beleidigungen und unglückliche Missverständnisse. Der Kampf gegen Konventionen, das Ringen darum, so gesehen und behandelt zu werden, wie man wirklich ist, schränkt die Menschlichkeit ein, erniedrigt alle Beteiligten und verschlechtert das Wohlergehen der Menschen auf allen Seiten dieser Kastengefechte. Die dreistesten Fälle führen zu Gewalt – ein Kennzeichen eines Kastensystems kurz vor dem Zusammenbruch. Während eines Flugs nach Atlanta im Jahr 2013 schlug ein weißer Passagier einem Schwarzen Baby ins Gesicht, weil es beim Landeanflug weinte. Ein solcher Angriff wäre praktisch undenkbar, wenn ein Baby aus der dominanten Kaste geweint hätte, ganz egal, wie schallend laut es geschrien hätte.

2017 wurde ein vietnamesisch-amerikanischer Passagier in Chicago aus einem Flugzeug der United Airlines gezerrt, wobei er Verletzungen am Kopf erlitt und ihm einige Zähne ausgeschlagen wurden. Die Fluggesellschaft hatte mitgeteilt, dass der Flug überbucht war, doch niemand ging auf das Angebot einer Prämie für den Verzicht auf seinen Sitzplatz ein. Die Fluggesellschaft wählte nach dem Zufallsprinzip per Computer vier Passagiere aus, die abgeladen werden sollten.

Die ersten drei Passagiere verließen das Flugzeug ohne Zwischenfälle, doch der vietnamesisch-amerikanische Mann, ein Arzt namens David Dao, sagte, er müsse dringend zu seinen Patienten zurückkehren. Er sagte, er habe sein Ticket bezahlt und sollte nicht auf seinen Sitzplatz verzichten müssen. Die Fluggesellschaft rief die Sicherheitskräfte, um ihn zu entfernen, und so wurde er vor den Augen der fassungslosen Passagiere mit den Beinen zuerst aus der Maschine gezogen. Der Vorfall wurde auf einem Video festgehalten, das viral ging und im ganzen Land und in Asien für Empörung sorgte.

Dao sagte, er sei davon überzeugt, dass seine ethnische Zugehörigkeit ein Grund für seine Behandlung gewesen sei und dass dies einem Weißen nicht passiert wäre. Die Tortur, so sagte er, war noch schrecklicher als die Vorfälle während seiner Flucht aus Vietnam.[379] Selbst drei Jahre später, als er sich das Video seiner gewaltsamen Verwirrung noch einmal ansah, sagte er zu ABC News: »Ich musste einfach nur weinen.«[380]

24

Cortisol, Telomere und die Letalität der Kaste

Ein junger Mann wanderte mit 17 Jahren aus Nigeria aus, um an einem College in den USA zu studieren. Sein Vater bezahlte die Studiengebühren, und am Ende des ersten Semesters wurde der junge Mann bei der Universitätsverwaltung vorstellig, um sich eine Erstattung auszahlen zu lassen.

»Sie sprechen aber sehr gut Englisch«, sagte der Angestellte zu ihm.

Der Nigerianer machte seiner Wut Luft. »Natürlich spreche ich gut Englisch«, sagte er. »Ich spreche besser Englisch als viele Menschen in den USA. Ich spreche aber auch noch andere Sprachen. Sagen Sie so etwas bitte nie wieder.«

Wie er feststellte, sah man in den USA nicht seine Fähigkeiten oder seine Bildung. Er wurde vor allem als Schwarzer gesehen. Es war eine Identität, an die er nicht gewöhnt war, da sie in seiner Heimat, wo alle eine ähnliche Hautfarbe hatten, keinerlei Bedeutung besaß. Hier aber schien sie alles zu bedeuten. Die Schwarzen Menschen der USA sprachen immer davon, dass sie von der Polizei verfolgt und misshandelt wurden, und anfangs hatte er alledem keine besondere Beachtung geschenkt. Doch je länger er in den Vereinigten Staaten war, desto mehr legte er seinen Akzent ab, wie es Eingewanderte häufig tun, und je mehr er sich amerikanisierte, desto mehr begann er, das Leben nicht als Einwanderer, nicht nur als Nigerianer, sondern als Schwarzer in einer Hierarchie zu erleben, in der Menschen, die wie er aussahen, benachteiligt wurden.

Frauen umklammerten ihre Handtaschen, wenn er näherkam, wichen im Aufzug vor ihm zurück, überquerten die Straße, um nicht an ihm vorbeizugehen. In Geschäften folgte man ihm auf Schritt und Tritt, als wäre er ein Verbrecher, und die Behörden fragten ihn intensiver aus, als er es gewohnt war, und, wie er feststellte, intensiver als die weißen Männer. Eine weiße Autofahrerin verriegelte ihre Tür, als er eines Tages im Verkehr neben sie fuhr. Daraufhin verriegelte auch er seine Tür, um zu zeigen, dass er um seine Sicherheit ebenso besorgt war wie sie.

In seinem Beruf als Compliance-Beauftragter wurde er bei Beförderungen übergangen, und trotz seines hohen Dienstalters und seiner Erfahrung wurde er bei Stellenstreichungen entlassen, und wie viele Menschen, die der untergeordneten Kaste angehörten und gar nicht anders konnten, als darüber nachzudenken, fragte er sich, ob seine Ethnie etwas damit zu tun hatte. Bevor er in die USA kam, hätte er das für absurd gehalten. *Vielleicht arbeiteten die Schwarzen nicht hart genug oder waren nicht gebildet genug.* Jetzt, da er länger in den Vereinigten Staaten als in Nigeria gelebt hatte, wusste er es besser.

Als er einmal in eine Parklücke fuhr, drehte sich eine ältere weiße Frau, neben der er geparkt hatte, um, starrte ihn an und duckte sich dann auf ihrem Fahrersitz vor ihm weg. »Ich sehe sie«, sagte er zu seinem Beifahrer. »Ist mir scheißegal.«

Doch das war es ihm nicht, oder besser gesagt, seinem Körper war es nicht scheißegal. Die moderne Medizin hat lange versucht, die höheren Krankheitsraten bei Schwarzen Menschen der USA im Vergleich zu Weißen auf die Genetik zurückzuführen. Es hat sich allerdings herausgestellt, dass Afrikanerinnen und Afrikaner südlich der Sahara nicht in erhöhtem Maß an Bluthochdruck, Diabetes und Herzkrankheiten litten, während die Schwarzen Menschen in den USA unter allen Bevölkerungsgruppen am häufigsten von diesen Krankheiten betroffen waren.

Der Nigerianer, der jetzt in den USA zu Hause war, hat dies auch erlebt. »Mein Vater wurde 90 Jahre alt«, sagte er. »Bis zu seinem letzten Lebenstag hatte er keinen Bluthochdruck. Ich war vor Kurzem beim Arzt, und er sagte mir, dass ich hohen Blutdruck und erste Anzeichen von Diabetes habe. Und ich bin erst 54 Jahre alt. Die Auswirkungen der Tatsache, dass ich mein ganzes Erwachsenenleben als Schwarzer in diesem Land verbracht habe, machen mich 40 Jahre früher krank als meine eigene Familie in Nigeria.«

*

Die Spannungen des Kastensystems kosten Menschenleben. Gesellschaftliche Ungerechtigkeit kostet Menschenleben. Die Tatsache, dass wir uns in Räumen mit Menschen bewegen, denen die Gesellschaft beigebracht hat, sie seien von Natur aus anders als wir, kostet Menschen das Leben – und zwar nicht nur die Leben der benachteiligten Personen. Studien zeigen, dass Vorurteile auch für diejenigen, die sie hegen, lebensgefährlich sein können.

Die Neurowissenschaften haben herausgefunden, dass diese Art von Feindseligkeit den Blutdruck und den Cortisolspiegel einer Person erhöhen kann, »sogar während harmloser sozialer Interaktionen mit Menschen anderer Ethnien«, so die Neuropsychologin Elizabeth Page-Gould.[381] Vorurteile an sich können tödlich sein. Diese körperlichen Reaktionen können das Risiko von Schlaganfällen, Diabetes, Herzinfarkten und vorzeitigem Tod erhöhen.

Eine Studie mit weißen Menschen in den USA, die eine

hohe Anzahl unbewusster Vorurteile zeigten, hat ergeben, dass sie in Situationen, in denen sie zum Beispiel von einem Schwarzen Menschen zu einem Vorstellungsgespräch eingeladen wurden oder mit Latinos oder Latinas interagierten, diese Menschen anderer ethnischer Herkunft als Bedrohung empfanden, und das sogar in einer von ihnen generell als sicher empfundenen Umgebung.

Die Bedrohung, die sie aufgrund ihrer Vorurteile wahrnahmen, setzte das Alarmsystem ihres Körpers in Gang. Ihre Panik löste körperliche Reaktionen aus, wie sie auch während eines Krieges oder vor einem entgegenkommenden Auto auftreten würden – eingeschränkte Durchblutung des Herzens, der Ausstoß von Glukose in die Muskeln, während der Körper Cortisol freisetzt, das Hormon, das in dem seltenen Fall, dass man einer Gefahr entkommen muss, nützlich ist, für den Körper aber häufiger gefährlich werden kann. Die Kombination aus verminderter Durchblutung, Einschränkungen des Kreislauf- und Verdauungssystems und dem Abbau von Muskeln durch Cortisol kann zu lebensbedrohlichen Schäden am Herzen und am Immunsystem sowie zu einem vorzeitigen Tod führen.

Selbst die kürzeste Berührung reicht aus, um eine Reaktion des Körpers auszulösen. Wie Forschende herausgefunden haben, kann der bloße Anblick einer Schwarzen Person bei weißen Menschen – selbst auf verblassten Jahrbuchfotos – die Amygdala des Gehirns dazu bringen, innerhalb von 30 Millisekunden, also einem Wimpernschlag, eine Bedrohung wahrzunehmen und sich zur Wachsamkeit zu rüsten. Wenn das Bewusstsein weißer Menschen etwas mehr Zeit hat, das unwillkürliche Gefühl der Bedrohung außer Kraft zu setzen, schaltet die Amygdala-Aktivität in den Inhibitionsmodus. Werden diese weißen Menschen dann aufgefordert, sich die

Schwarze Person als Individuum vorzustellen, sich seine persönlichen Eigenschaften zu vergegenwärtigen, sinkt das Bedrohungsniveau.

Dies zeigt, dass es »möglich ist, unsere schlimmsten Impulse zu überwinden und diese Vorurteile abzubauen«, schreibt die Psychologin Susan Fiske. Um dies jedoch auf sinnvolle Weise zu tun, bedarf es einiger Voraussicht, einer Kenntnis der unbewussten Vorurteile, die über Generationen hinweg weitergegeben wurden, und Menschen, die sich voneinander unterscheiden, müssen die Möglichkeit besitzen, als Gleiche zusammenzuarbeiten, im selben Team, mit gemeinsamen Zielen, die »Kooperation erfordern, um erreicht zu werden«, so Fiske. Außerhalb des Sports und des Militärs bietet die US-amerikanische Gesellschaft nur wenige derartige Gelegenheiten.[382]

Dadurch sind viele US-Amerikanerinnen und -Amerikaner einem Risiko ausgesetzt, von dem sie nichts wissen. Im täglichen Umgang mit Kollegen, Nachbarinnen, Handwerkern oder sonstigen Menschen, die als andersartig wahrgenommen werden, besteht die Gefahr, dass sich ihr Gesundheitszustand verschlechtert und sie vorzeitig erkranken, weil die Bedrohungssignale durch die eigenen, nicht angesprochenen Vorurteile ausgelöst werden.

*

Auf der anderen Seite des Kastensystems haben Wissenschaftlerinnen und Wissenschaftler einen Schlüsselindikator für Gesundheit und Langlebigkeit – die Länge der menschlichen Telomere – mit der Belastung durch Ungleichheit und Diskriminierung in Verbindung gebracht, wobei sie sich vor allem auf die Telomerlänge von Schwarzen Menschen in den USA konzentrierten.

Ein Telomer ist eine sich wiederholende Sequenz von doppelsträngiger DNA am Ende eines Chromosoms. Je häufiger sich eine Zelle teilt, desto kürzer werden die Telomere. Es entsteht ein Zellverschleiß in einem Prozess, den die Gesundheitswissenschaftlerin Arline Geronimus in ihrer bahnbrechenden Arbeit von 1992 als »weathering«, Verwitterung, bezeichnete. Dieser Prozess ist ein Maß für die vorzeitige Alterung der Zellen und damit für die Alterung der Person, die diese Zellen in ihrem Körper trägt, sowie für das frühzeitige Auftreten von Krankheiten aufgrund chronischer Stressfaktoren wie Diskriminierung, Arbeitsplatzverlust oder Übergewicht.[383]

Diese Studien konzentrierten sich zunächst auf die beschleunigte Alterung der Telomere von Schwarzen US-Amerikanerinnen und -Amerikanern. Weitere Untersuchungen zeigen jedoch, dass diese Art von Zellschäden nicht nur auf die ethnische Zugehörigkeit zurückzuführen ist, sondern auch auf die soziale Ungleichheit und die schwierigen Lebensbedingungen, denen Menschen ausgesetzt sind. So sind die Telomere von finanziell schwachen Weißen beispielsweise kürzer als die von wohlhabenderen Weißen, deren Ressourcen sie möglicherweise besser ausstatten, die Herausforderungen des Lebens zu meistern.

Das Gegenteil gilt für Menschen aus den Unterkasten der USA. Der sozioökonomische Status und das damit verbundene vermeintliche Privileg schützen die Gesundheit wohlhabender Schwarzer Menschen in den USA nicht. In Wahrheit werden viele Schwarze für ihre Ambitionen mit gesundheitlichen Problemen bestraft. »Schwarze Männer und Frauen aus der US-amerikanischen Mittelschicht leiden *häufiger* an Bluthochdruck und Stress als Menschen mit geringerem Einkommen«, schreibt der Soziologe George Lipsitz.[384] Die Stigmatisierung und die Stereotype, mit denen sie zu kämpfen haben, setzen sie trotz – oder vielleicht auch gerade wegen – ihrer vermeintlichen Bildungs- oder materiellen Vorteile einem höheren Maß an stressauslösender Diskriminierung aus.

Das Muster gilt auch für eine andere marginalisierte Gruppe: in die USA Eingewanderte aus Mexiko. Es stellte sich heraus, dass ärmere mexikanische Eingewanderte längere Telomere, also gesündere, jüngere Zellen, haben als besser gestellte Menschen aus Mexiko, die in den USA leben. Die ärmeren Mexikaner und Mexikanerinnen sind vermutlich erst vor Kurzem in die Vereinigten Staaten eingewandert und leben in besseren sozialen Netzen. Ihre Ferne zum Mainstream und die Sprachbarriere könnten sie ungewollt vor der Diskriminierung schützen, der wohlhabendere Mexikanerinnen und Mexikaner ausgesetzt sind, wenn sie sich täglich durchs Kastensystem bewegen. Diejenigen, die in den Vereinigten Staaten geboren sind oder dort seit vielen Jahren leben, sind in stärkerem Maße den schädlichen Auswirkungen von Stereotypisierung und Stigmatisierung ausgesetzt.

Alle diese Gruppen scheinen einen Preis zu zahlen, wenn sie aus den ihnen in der Hierarchie zugewiesenen Rollen ausbrechen. »Ein hohes Maß an Alltagsdiskriminierung trägt mit der Zeit zu einer Verengung der Arterien bei«, so der Soziologe der Harvard University David R. Williams. »Ein hohes Maß an Diskriminierung führt zu höheren Entzündungswerten und Herzkrankheiten.«[385]

Nach Williams' Ansicht bauen Menschen, die Diskriminierungen ausgesetzt sind, häufig eine Schicht ungesunden Fetts auf, das sogenannte Viszeralfett, das anders als das Unterhautfettgewebe nicht direkt unter der Haut sitzt, sondern lebenswichtige Organe umhüllt. Es ist dieses Viszeralfett, das

das Risiko für Diabetes und Herz-Kreislauf-Erkrankungen erhöht und zu einem vorzeitigen Tod führt. Und es ist bei Menschen aller Ethnien zu finden, je nachdem, welche Erfahrungen sie mit Diskriminierung gemacht haben.

»Schwarze Frauen sind stärker von Diskriminierung betroffen als weiße Frauen«, so Williams. »Doch wenn weiße Frauen diskriminiert werden, sind die Auswirkungen die gleichen. Diskriminierung führt also zu einem höheren Anteil an Viszeralfett, das gilt für Schwarze Frauen wie für weiße. Wenn Weiße über ein höheres Maß an Diskriminierung berichten, wird auch ihre Gesundheit beeinträchtigt. Das sagt tatsächlich etwas über die Natur der menschlichen Interaktion aus.«

Was die Lebenserwartung angeht, so ist bei weißen US-Amerikanerinnen und -Amerikanern mittleren Alters und mit geringerer Bildung ein Abwärtstrend zu beobachten. Doch People of Color am unteren Ende des Kastensystems, die die Hauptlast der gesellschaftlichen Stigmatisierung tragen, haben laut Williams in den USA noch immer eine insgesamt niedrigere Lebenserwartung als weiße Menschen jedes Bildungsniveaus.

Die durchschnittliche weiße Person in den USA lebt wahrscheinlich fünf Jahre länger als die Schwarze Durchschnittsperson. Weiße Highschool-Abbrecher haben zwar eine niedrigere Lebenserwartung als ihre besser ausgebildeten weißen Altersgenossinnen, leben aber drei Jahre länger als Schwarze Highschool-Abbrecher. Und weiße College-Absolventen leben vier Jahre länger als Schwarze College-Absolventinnen.[386]

Sehr gut ausgebildete People of Color, die in Bereichen konkurrieren, in denen man nicht mit ihnen rechnet, stoßen immer wieder an die Grenzen der Kaste und haben infolgedessen eine geringere Lebenserwartung. Je ehrgeiziger die ausgegrenzte Person ist, desto größer ist das Risiko dessen, was der Evolutionsbiologe Joseph L. Graves »das verquere Prinzip der sozialen Dominanz« nennt. Graves fand heraus, dass die Bluthochdruckraten von Schwarzen und Weißen ungefähr gleich hoch sind, wenn man die wohlhabenden Schwarzen aus der Gleichung herausrechnet.[387] Das Kastensystem kostet Menschen aus untergeordneten Kasten umso mehr Lebensjahre, je mehr sie mit ihm in Konflikt geraten.

»Es gibt eine ›Schwarzensteuer‹, die wir zahlen und die unserer Gesundheit schadet, und die Kluft ist bei den Hochschulabsolventen größer als bei den Schulabbrechern«, sagt Williams. »Wir tragen noch immer diese Last, die uns zu erhöhter Wachsamkeit zwingt, was bedeutet, dass wir darauf achten, wie wir aussehen, wie wir auftreten und wie wir uns kleiden.«

Williams hatte einen Freund, einen Schwarzen Geschäftsmann aus der Mittelschicht, der niemals in den Jogginghosen und Turnschuhen aus dem Haus gehen würde, die seine weißen Nachbarinnen und Nachbarn trugen, ohne auch nur einen einzigen Gedanken daran zu verschwenden. Er konnte es sich nicht leisten. Er war sehr vorsichtig, wenn er das Haus verließ, und selbst die kleinste Erledigung erforderte Zeit und Bedacht.

»Wenn er zum Supermarkt musste, um Milch zu kaufen, lief er ins Haus und zog sich ein Sakko und Krawatte an«, sagte Williams. »Auf diese Weise versuchte er, die Wahrscheinlichkeit zu minimieren, dass man in dem jungen Schwarzen, der er war, einen Kriminellen sah. Das ist es, womit wir leben, und es belastet unser Leben.«

Es scheint, dass die Menschen in der herrschenden Kaste genau wissen, dass das Spiel zugunsten der Gruppe verläuft, in die sie rein zufällig hineingeboren wurden. Vor Jahren, in den 1990er-Jahren, stellte der Politikwissenschaftler Andrew

Hacker seinen weißen Studierenden am Queens College in New York eine theoretische Frage. Er fragte sie, wie viel man ihnen zahlen müsste, um die nächsten 50 Jahre als Schwarzer Mensch zu leben. Die Studierenden überlegten und nannten eine Zahl. Die meisten sagten, sie bräuchten 50 Millionen Dollar – 1 Million Dollar für jedes Jahr, in dem sie Schwarz sein müssten. Sie meinten, sie bräuchten das Geld, um sich »Schutz vor den Diskriminierungen und Gefahren leisten zu können, mit denen sie sich konfrontiert sähen, sobald sie als Schwarze wahrgenommen würden.«[388]

SECHSTER TEIL

GEGENBEWEGUNGEN

25

Eine Änderung des Drehbuchs

Die größte Abweichung vom Drehbuch des US-amerikanischen Kastensystems war die Wahl eines Schwarzen in das höchste Amt des Landes. Die Geschichte hat gezeigt, dass derartige Störungen der sozialen Ordnung Konsequenzen haben, und zu diesen kam es auch. Im Folgenden geht es nicht um eine Analyse der Präsidentschaft von Barack Obama, sondern vielmehr um die Reaktionen des Kastensystems auf seinen Aufstieg und die Hindernisse, die es ihm in den Weg stellen würde.

Erstens, um mit mehr als zwei Jahrhunderten Tradition und Geburtsrecht zu brechen, bräuchte es das menschliche Äquivalent einer Supernova – einen in Harvard ausgebildeten Anwalt, einen US-Senator aus dem Lande Lincolns, dessen Spezialgebiet die Verfassung selbst war, dessen Charisma und Redekunst den meisten Männern, die jemals ins Oval Office aufgestiegen waren, entsprachen oder sie sogar übertrafen, dessen ungewöhnliche Erziehung ihn zur Versöhnung ethnischer Gruppen anhielt, der das Land bekanntlich nicht als Gemenge blauer oder roter Staaten, sondern als die *Vereinigten* Staaten ansah, dessen Frau, wenn man sich das vorstellen kann, ebenfalls eine in Harvard ausgebildete Anwältin war, die ebenso viel Ausstrahlung besaß wie ihr Ehemann. Zusammen mit ihren beiden jungen Töchtern waren sie eine telegene US-amerikanische Traumfamilie und führten einen nahezu perfekten Wahlkampf, der eigentlich eher einer Bewegung ähnelte. Es bedurfte eines Idealisten, der an das glaubte, was die meisten US-Amerikanerinnen und -Amerikaner für unmöglich hielten: den Einzug eines Schwarzen Mannes ins Weiße Haus.

Zweitens führte sein Gegner, ein geliebter und alternder Kriegsheld aus Arizona, ein kluger und besonnener gemäßigter Republikaner in einer Partei, die konservativer geworden war, einen mehr als undynamischen Wahlkampf und traf mehrere Fehlentscheidungen, von denen die bedeutendste die Wahl einer unberechenbaren ehemaligen Gouverneurin von Alaska als potenzielle Vizepräsidentin war, einer Frau, die zu Fauxpas, schrulligem Wortsalat und Falschaussagen neigte.

Dann brach in den Monaten vor der Wahl eine Finanzkatastrophe über das Land herein, wie es sie nur einmal pro Generation gibt; sie traf ein Land, das unter der damaligen republikanischen Regierung am Rande des finanziellen Ruins zu stehen schien. Wall-Street-Firmen brachen vor unseren Augen zusammen, und der Wert US-amerikanischer Häuser, die Hauptquelle des Wohlstands vieler Bürgerinnen und Bürger, stürzte regelrecht ab, sodass Millionen von Wählerinnen und Wählern finanziell das Wasser bis zum Hals stand.

Im Oktober 2008, wenige Wochen vor der Wahl, flatterten Umschläge in die Briefkästen von Millionen US-amerikanischer Haushalte, die zu unbeabsichtigten Flugblättern zugunsten der Demokraten wurden: die vierteljährlichen sogenannten 401-(k)-Statements, Abrechnungen, aus denen hervorging, dass die Menschen im letzten Jahr unter dem republikanischen Präsidenten bis zu 40 Prozent ihrer Ersparnisse verloren hatten. In jenem November hatten etwa 12 Millionen Hausbesitzer und Hausbesitzerinnen mehr Schulden auf ihren Hypotheken, als ihre Häuser wert waren – es war zu jener Zeit, die man heute die »Great Recession«, die Weltfinanzkrise, nennt, einer der schlimmsten wirtschaftlichen Abschwünge seit der Großen Depression.[389]

Die Menschen in der herrschenden Kaste, die vielleicht noch zögerten, einem Schwarzen Kandidaten eine Chance zu geben, sahen sich massiven Verlusten gegenüber, ohne dass ein Ende des Abwärtstrends in Sicht war. *Hoffnung* war Obamas Mantra gewesen in Zeiten, in denen dringend Hoffnung gebraucht wurde. Eine rekordverdächtige Flut von Menschen aus den unteren und mittleren Kasten, Menschen, die vor Stolz strotzten und deren Stimmen nun wie eine konzertierte Aktion wirkten, wählten ihn, und zusammen mit gerade genug Stimmen aus der dominanten Kaste, die ebenfalls an ihn glaubten, wurde Obama ins Weiße Haus getragen. Die Welt war so begeistert, dass ein Komitee in Norwegen ihm wenige Monate nach seinem Amtsantritt den Friedensnobelpreis verlieh. Das Nobelkomitee ließ verlauten: »Nur sehr selten hat ein Mensch im gleichen Ausmaß wie Obama die Aufmerksamkeit der Welt gefesselt und seinem Volk Hoffnung auf eine bessere Zukunft gegeben.«

Bis dahin war die Vorstellung eines Schwarzen Mannes im Oval Office praktisch undenkbar gewesen. Doch aus Sicht der Kaste war seine einzigartige Herkunft akzeptabler als andere. Als Sohn eines kenianischen Einwanderers und einer weißen Frau aus Kansas war er auf Hawaii aufgewachsen, frei von der Schwere der Sklaverei, von Jim Crow und der widrigen Geschichte der üblichen Schwarzen des Landes. Sein Hintergrund löste in der herrschenden Kaste kein unmittelbares Unbehagen aus, im Gegensatz zu denen der ganz normalen Schwarzen, bei denen man, wenn man nur lange genug ihre Stammbäume durchforstet, irgendwann auf einen Sharecropper stößt, der bei der Abrechnung betrogen wurde, oder auf einen anderen Vorfahren, der aufgrund von Redlining aus einem Viertel ausgeschlossen wurde, also auf Menschen in seiner Vergangenheit, für die diese Ungerechtigkeiten nicht nur Teil der Historie waren, sondern der Kern ihres eigenes *Lebens* oder das ihrer Vorfahren.

Vielmehr befreite seine Herkunftsgeschichte die Angehörigen der dominanten Kaste davon, sich mit den unangenehmen Seiten der amerikanischen Geschichte auseinandersetzen zu müssen. Sie konnten ihn mit Neugier und Verwunderung betrachten und konnten, wenn sie nur wollten, Obama sogar als einen Teil von sich selbst ansehen. Sie konnten sich zum Beispiel mit seiner Mutter und der Großmutter identifizieren, die nur kurz vor dem Wahltag auf tragische Weise ums Leben gekommen war. Beide Frauen gehörten der herrschenden Kaste an und würden nicht miterleben, wie weit Obama es in dieser Welt bringen würde. Der Senator aus Delaware, der sein Vizepräsident werden sollte, schien, wenn auch auf unbeholfene Art, für einige andere Mitglieder der herrschenden Mehrheit zu sprechen: »Hier habt ihr den ersten Afroamerikaner der Mitte, der wortgewandt, intelligent und sauber ist und gut aussieht«, sagte Joe Biden. »Ich meine, das ist wie im Bilderbuch, Leute.«[390]

Nach der Wahl rühmten weiße US-Amerikanerinnen und -Amerikaner beider Parteien die Fortschritte, die das Land in der letzten Generation gemacht hätte, und waren erleichtert, dass der Rassismus der Vergangenheit angehörte. »Mein Gott, wir haben einen Schwarzen Präsidenten«, sagten sie zum Beispiel. Tatsache ist jedoch, dass die Mehrheit der herrschenden Kaste keinen Beitrag dazu geleistet hatte. Die Mehrheit der weißen Wählerinnen und Wähler unterstützte ihn bei keiner seiner Kandidaturen für das Präsidentenamt. Er hatte Charme und Ausstrahlung und konnte mit Babys und Rentnern umgehen, aber egal wie raffiniert und inspirierend, wie rhetorisch geschickt und versöhnlich er war, Obamas Sieg kam nicht deshalb zustande, weil die meisten Wählerinnen und Wähler in der herrschenden Kaste plötzlich aufgeschlossener waren und sich für ihn begeisterten. Wie andere Demokraten, die in letzter Zeit für das Präsidentenamt kandidierten, gewann er der Mehrheit der weißen Wähler zum Trotz.

Obwohl sie eine neue Welt ohne ethnische Unterschiede proklamierten, hat die Mehrheit der weißen US-Amerikanerinnen und -Amerikaner nicht für den ersten Schwarzen Präsidenten des Landes gestimmt. Schätzungsweise 43 Prozent stimmten 2008 für ihn. Eine solide Mehrheit der weißen Bevölkerung des Landes – fast drei von fünf weißen Wählenden – unterstützte ihn also nicht bei seiner ersten Wahl, und noch weniger – 39 Prozent – stimmten 2012 für ihn.[391] Im ehemaligen Konföderationsstaat Mississippi hat nur einer von zehn weißen Wählenden sein Kreuz für Obama gemacht. Während seiner gesamten Präsidentschaft versuchte er, Menschen für sich zu gewinnen, die ihn nicht im Oval Office haben wollten, und einige, die ihm seine bloße Existenz verübelten.

Der Schatten eines Bürgerkriegs schien über der Wahl von 2008 zu hängen, was die anhaltende Rolle von Kasteninteressen in der amerikanischen Politik verdeutlicht. Wie sich herausstellte, gewann Obama jeden Bundesstaat, den Abraham Lincoln 1860 für sich gewonnen hatte – eine Wahl mit einer fast ausschließlich weißen Wählerschaft, die jedoch stellvertretend für das egalitäre Gefühl und die Zukunft der Sklaverei wie der Republik stand. Der Politikwissenschaftler Patrick Fisher von der Seton Hall University schreibt: »Man kann also davon ausgehen, dass die kulturelle Kluft des Bürgerkriegs aus rassistischen Gründen die politische Kultur der USA noch anderthalb Jahrhunderte später beeinflusst.«[392]

Lyndon B. Johnson soll nach der Unterzeichnung des Civil Rights Act von 1964 vorausgesagt haben, dass die Demokratische Partei die Südstaaten für eine Generation lang verlieren würden, weil sie sich für die Bürgerrechte der Schwarzen stark gemacht hatten. Diese Prophezeiung sollte sich als richtig und sogar als Untertreibung erweisen. Die Demokratische Partei würde viel mehr verlieren als nur den Süden des Landes und für einen weit größeren Zeitraum als nur für eine Generation. Ab 1964 bewegten sich die weißen Bürgerinnen und Bürger der USA im Allgemeinen immer weiter nach rechts zur Republikanischen Partei, während das Land eine egalitärere Politik verfolgte.

In den mehr als 50 Jahren seit dieser Prophezeiung hat kein Demokrat, keine Demokratin, die für das Präsidentenamt kandidierten, jemals eine einfache Mehrheit der weißen Wählerstimmen gewonnen. Lyndon Johnson war der letzte Demokrat, der die Präsidentschaft mit einer Mehrheit der weißen Wählerschaft für sich entschied. In der Zwischenzeit war der Demokrat, der dem am nächsten kam und den größten Prozentsatz weißer Wähler auf sich vereinigen konnte, nämlich 48 Prozent, der Südstaatler Jimmy Carter im Jahr 1976.[393] Nur drei Demokraten haben es seit Johnson und der Bürgerrechtsära ins Weiße Haus geschafft: Carter, Obama und Bill Clinton, der 1992 mit 39 Prozent der weißen Wählenden und 1996 mit 44 Prozent der weißen Wählenden die Wahl gewann.

Angesichts der Tatsache, dass sich die Weißen von der Demokratischen Partei abwenden und es gewöhnt sind, sich bei Präsidentschaftswahlen durch ihre schiere Anzahl durchzusetzen, wurde das Ergebnis der Wahl von 2008 nicht nur als Niederlage von John McCain angesehen, sondern vielleicht auch als Niederlage der historisch herrschenden Mehrheit selbst, »eine Herausforderung für die Absolutheit der weißen Vorherrschaft«, wie die Politikwissenschaftlerin Ashley Jardina von der Duke University schreibt, die das Verhalten der weißen Wählerschaft erforscht.

In Verbindung mit den Volkszählungsprognosen, die für das Jahr 2042 das Ende der weißen Mehrheitsverhältnisse in der Bevölkerung voraussagen, signalisierte Obamas Sieg, dass die dominante Kaste einen zwar nicht ganz sicheren, aber dennoch undenkbaren Machtverlust erleiden könnte, was ihre Kontrolle über das Schicksal der Vereinigten Staaten und über ihre eigene Zukunft wie auch die ihrer Kinder schmälerte. »Die Symbolik von Obamas Wahl war ein tiefgreifender Verlust für den Status der Weißen«, schreibt Jardina.[394] Menschen, die immer an erster Stelle gestanden hatten, konnten sich ihrer Vormachtstellung nicht länger sicher sein. Für viele war »die Fähigkeit einer Schwarzen Person, das ethnische Kastensystem zu verdrängen«, wie die Politikwissenschaftlerin Andra Gillespie von der Emory University schrieb, »die Manifestation eines Albtraums, der Widerstand erforderte.«[395]

Ganz gleich, wie minimal dieses Gefühl der Angst und des Verlustes auch sein mochte, es »rief in vielen Weißen ein Gefühl der Gemeinsamkeit, der Verbundenheit und der Solidarität mit ihrer Ethnie hervor«, meint Jardina, das Gefühl, die Weißen müssten zusammenhalten, um ihren Platz in der Hierarchie zu schützen.

Das Kastensystem ist gegen diese Bedrohung der geltenden Ordnung in Aktion getreten. »Unsere höchste Priorität«, sagte der Mehrheitsführer im Senat, Mitch McConnell, Republikaner aus Kentucky, am Vorabend der Zwischenwahlen 2010, »ist, dass Präsident Obama nur eine Amtszeit im Weißen Haus bleibt.«[396]

*

Der Oppositionspartei gelang es nicht, ihm eine zweite Amtszeit zu verwehren, doch sie blockierte praktisch jeden seiner Vorschläge und zwang ihn, auf Executive Orders zurückzugreifen, um seine Ziele zu erreichen. Nur neun Monate nach seinem Amtsantritt sprach der Präsident in einer gemeinsamen Sitzung des Kongresses über seinen Gesundheitsplan, als ein Zwischenrufer die sonst so nüchterne Veranstaltung voller Gepränge und Ritualen unterbrach, indem er rief: »You lie!« – »Sie lügen!« Der Ausbruch kam von dem republikanischen Kongressabgeordneten aus South Carolina, Joe Wilson. Sein Verhalten wurde als so unangemessen angesehen, dass das Repräsentantenhaus eine Missbilligungsresolution gegen Wilson verabschiedete, und Senator John McCain, der Republikaner, der bei der Wahl von 2008 gegen Obama verlor, erklärte, dass es »weder in diesem noch in einem anderen Rahmen Platz für etwas Derartiges« gebe.[397]

Anfang 2012 landete die Air Force One unweit von Phoenix zu einem Besuch des Präsidenten in einer Fabrik im Staat Arizona – ein Routinebesuch zu Beginn eines Wahljahres, in dem der Präsident eine zweite Amtszeit anstrebt. Auf dem Rollfeld wurde der Präsident von Jan Brewer, der republikanischen Gouverneurin des Bundesstaates, begrüßt. Die Stimmung war für einen solchen offiziellen Empfang sehr angespannt. Während der Wind über das Rollfeld rauschte, reichte die blonde, schlanke Gouverneurin dem Präsidenten einen Umschlag, und schon bald warf sie ihm strenge und aufgeregte Blicke zu. Sie zeigte mit dem Finger auf den Führer der freien Welt, nur wenige Zentimeter von seiner Nase entfernt, und schimpfte wie eine Schuldirektorin mit einem Kind, das nachsitzen muss. Auf dem Foto der Begegnung wirkt der Präsident wie gewöhnlich gelassen und stoisch, wenn auch leicht konsterniert, während sie ihre Hand vor sein Gesicht hält, als sagte sie: »Und noch eine Sache …« In einigen Ländern und bei früheren Präsidenten hätte dies als ein Akt der Aggression, als eine Bedrohung des Staatsoberhaupts einer Nation, als ein Zeichen tiefer Respektlosigkeit angesehen werden können, wenn es überhaupt zu etwas Ähnlichem gekommen wäre.[398]

Das Foto wurde zu einem der prägenden Bilder, das die Opposition und das Ressentiment, mit denen sich Präsident Obama im Amt konfrontiert sah, treffend einfing. Der Unterschied in den Lebenserfolgen dieser beiden Personen wäre durch die Darstellung, wer wen darauf anprangert, nicht sofort ersichtlich gewesen. Während der Präsident Absolvent der Columbia University und der Harvard Law School war und zielstrebig vom Senator eines Bundesstaates zum US-Senator bis hin zum Oval Office marschiert war, hatte die Frau, die die Frechheit besaß, ihn mit erhobenem Zeigefinger zu schelten, eine zweijährige Ausbildung als Radiologietechnikerin absolviert und war durch Zufall in den Gouverneurspalast gelangt, nachdem sie zuvor Secretary of State gewesen war.[399] Nun war sie Gouverneurin, eine von 50, und stand dem Präsidenten der USA gegenüber.

Gouverneurin Brewer gehörte allerdings der herrschenden Kaste an, somit galt der ihr von Geburt an zugeschriebene Status als höher, und sie schreckte nicht vor einer Geste zurück, die einen Mann aus der untergeordneten Kaste in die Schranken wies. Die Meinungsverschiedenheit auf dem Rollfeld war vermutlich wegen einer Passage in ihrem Buch entstanden, in dem sie ein Treffen der beiden vor einiger Zeit schildert, eine Darstellung, die Obama als unzutreffend empfand. Darin hatte Brewer sich darüber beschwert, er »glaubte, er könne mich belehren und ich könnte etwas von ihm lernen.« Der Umschlag, den sie ihm überreichte, war eine Einladung zu einer Besichtigung der Grenze zwischen Arizona und Mexiko, da sie unterschiedliche Ansichten über die Grenzsicherheit hatten.[400]

Hinterher bestritt Gouverneurin Brewer, was jeder mit eigenen Augen sehen konnte. »Ich war nicht feindselig«, sagte sie gegenüber der Presse. »Ich habe versucht, sehr, sehr freundlich zu sein.« Sie ging sogar so weit zu sagen, dass sie diejenige war, die sich unsicher fühlte. »Ich fühlte mich ein wenig bedroht, wenn Sie so wollen, durch die Haltung, die er an den Tag legte«, sagte sie, obwohl der Austausch unter den Augen von Kameras, des Geheimdienstes und von gewählten Politikerinnen und Politikern stattfand, und obwohl sie es doch war, die mit erhobenem Zeigefinger auf ihn einredete, nicht umgekehrt.

Die Begegnung rückte die Gouverneurin ins Rampenlicht, und das nutzte sie, um Geld für ihr Wahlkampfteam zu sammeln, wie damals in den Nachrichten berichtet wurde, und um ihre Basis aufzustacheln. Potenziellen Spendern sagte sie, dass die eigentliche Botschaft, die sie dem Präsidenten an diesem Tag übermitteln wollte, lautete: »Ihnen bleibt noch EIN Jahr.«[401]

*

Dass ein Mann aus der untergeordneten Kaste ins Oval Office einzog, setzte eine ganze Maschinerie in Gang. Es entstand eine neue Partei von Rechten, die Tea Party, die schwor, »unser Land zurückzuerobern«. Eine eigene Bewegung von Skeptikerinnen und Skeptikern, die später als »Birther« bekannt wurden, stellte die Legitimität seiner US-amerikanischen Staatsbürgerschaft infrage und verlangte von ihm die Vorlage seiner Geburtsurkunde, deren Echtheit sie dann allerdings nicht akzeptierte. Einige seiner Gegner nannten ihn den

»Lebensmittelmarken«-Präsidenten und stellten den Staatschef und die First Lady als Affen dar. Auf Kundgebungen der Opposition schwangen die Menschen Waffen und trugen Schilder mit der Aufforderung »Tod für Obama«.[402]

Als Reaktion auf seine Wahl begann die Republikanische Partei, Änderungen am Wahlrecht vorzunehmen und das Wählen so zu erschweren. Sie gingen sogar noch energischer vor, nachdem der Oberste Gerichtshof einen Paragrafen des Voting Rights Act gekippt hatte: den Versuch, auf Bundesebene die Wahlaufsicht abzuschaffen, da die Bundesstaaten diese nicht länger für nötig hielten. Nach Angaben des Brennan Center for Justice haben die Bundesstaaten zwischen 2014 und 2016, also in den letzten beiden Jahren der Obama-Regierung, mit fortschreitender Vehemenz fast 16 Million Menschen aus den Wahlregistern gestrichen.[403] Die Bundesstaaten erließen neue Gesetze, die es erforderten, bei der Wahl einen Lichtbildausweis vorzulegen, während sie die Aushändigung eines solchen gleichzeitig erschwerten. Zusammen hatten diese Maßnahmen den kumulativen Effekt, dass die Wahlbeteiligung von Randgruppen und Eingewanderten, die beide eher die Demokraten wählen, zurückging. Der Journalist Jonathan Chait schreibt: »Wie eine Studie herausfand, ist die Wahrscheinlichkeit, dass Staaten restriktive Wahlgesetze erlassen, sehr viel größer, wenn die Wahlbeteiligung der Minderheiten in ihrem Staat kürzlich gestiegen ist.«[404]

Entgegen den wehmütigen Vorhersagen einer Harmonie nach dem Ende der ethnischen Konflikte ist die Zahl der Hassgruppen in den USA zwischen 2000 und 2010, also mitten in Obamas erster Amtszeit, laut dem Southern Poverty Law Center von 602 auf über 1.000 angestiegen.[405] Eine Studie von 2012 ergab, dass in Obamas erster Amtszeit antischwarze Haltungen und rassistische Stereotype zugenommen haben und nicht etwa, wie manche vielleicht gehofft hatten, zurückgegangen sind. Der Prozentsatz der Bürgerinnen und Bürger der USA, die sich explizit gegen Schwarze äußerten, stieg von 48 Prozent im Jahr 2008 auf 51 Prozent im Jahr 2012 an, während der Prozentsatz der Menschen, die implizite Vorurteile äußerten, von 49 Prozent auf 56 Prozent anstieg. Die Studie ergab, dass ein höherer Prozentsatz der befragten Weißen nach Obamas Wahlsieg Schwarze Menschen als gewalttätig, verantwortungslos und vor allem als faul ansahen – trotz oder vielleicht gerade wegen der fleißigen und umgänglichen Schwarzen Familie im Weißen Haus, mit Eltern, die beide an Ivy-League-Universitäten ausgebildet worden waren.[406]

Angesichts der zunehmenden Ressentiments dürfte es nicht wundern, dass die Übergriffe auf Schwarze nicht nur zugenommen haben, sondern dass sie sogar noch schlimmer werden könnten, wenn die Weißen nicht mehr die Mehrheit im Land stellen. Während der zweiten Amtszeit Obamas tötete die Polizei im Jahr 2015 fünfmal so viele unbewaffnete Schwarze wie weiße Amerikanerinnen und Amerikaner.[407] Dieser Trend führte dazu, dass polizeiliche Tötungen zu einer der häufigsten Todesursachen für Schwarze junge Männer und Jungen wurden – einer von 1.000 Schwarzen jungen Männern und Jungen kam auf diese Weise zu Tode.[408]

Schon früh hatte Obama symbolische Schritte unternommen, um die ethnische Kluft des Landes zu überbrücken. Er hielt einen »beer summit« mit Henry Louis Gates jr. und dem Beamten ab, der Gates verhaftet hatte, als er versuchte, sein Haus in der Nähe von Harvard zu betreten. Obama hatte diesen »Biergipfel« einberufen, nachdem seine Äußerungen, die Polizei habe bei der Verhaftung des Harvard-Professors »dumm gehandelt«, für Aufregung gesorgt hatten. Als Trayvon Martin erschossen wurde, meinte Obama, wenn er einen Sohn gehabt hätte, hätte dieser wie Trayvon ausgesehen. Doch das Kastensystem wehrte sich weiter, und selbst nach diesen wohlwollenden Gesten sanken Obamas Zustimmungswerte. Die Oppositionspartei blieb standhaft gegen viele seiner Ambitionen und Nominierungen für verschiedene Ämter, sie legte die Regierung immer wieder lahm und weigerte sich, seinen Kandidaten für den Obersten Gerichtshof, Merrick Garland, zu bestätigen oder auch nur anzuhören.

Das Kastensystem hatte den Präsidenten in Handschellen gelegt, so wie es die Schwarzen Menschen in Handschellen gelegt hatte, die mit dem Gesicht nach unten auf dem Bürgersteig lagen und auf diese Weise in den zahllosen Videos zu sehen waren, die längst Teil des Alltags geworden sind. Es war, als ob das Kastensystem jeden ständig an seinen Platz erinnerte, insbesondere die untergeordnete Kaste, und daran, dass die Hierarchie, egal wie die Besetzung des Stücks auch geändert wurde, genauso bleiben würde, wie sie immer gewesen war. Wie Studien gezeigt haben, gehörte es zum Paradox des Kastensystems, dass viele Weiße dies genau zu wissen schienen, sie schienen unbewusst darauf zu vertrauen, dass das Kastensystem den ersten Schwarzen Präsidenten und die untergeordnete Kaste, mit der er in Verbindung gebracht wurde, in Schach halten würde. So sehr sich einige Menschen auch über einen Schwarzen im Weißen Haus ärgerten, wie Jardina schreibt, »waren die meisten Weißen in den USA nicht sonderlich besorgt, dass Obama Schwarze Menschen gegenüber ihrer eigenen Gruppe bevorteilen würde.«[409]

Innerhalb des engen Rahmens, in dem Obama sich bewegen musste, kam er also mit ethnisch-neutralen Zielen besser voran. Auf diese Weise gelang es ihm, das Gesundheitssystem des Landes umzubauen und bei Themen wie Klimawandel, erneuerbaren Energien, gleichgeschlechtlicher Ehe, Senatsreform und Reduktion der Polizeibrutalität, die andere Regierungen möglicherweise völlig ignoriert hätten, eine Führungsrolle zu übernehmen und gleichzeitig das Land aus der Rezession zu führen.

Doch die Errungenschaften von Menschen, die als fehl am Platz betrachtet werden, sorgen oftmals nur für noch mehr Unmut, in diesem Fall für die Unzufriedenheit derjenigen, die sich durch seine bloße Existenz in den Schatten gestellt fühlten.

»Jede Umwälzung im Universum ist erschreckend«, schrieb James Baldwin einmal, »weil sie so gründlich an unserem Realitätssinn rüttelt.«[410]

Deshalb verdeckten Obamas Präsidentschaft und seine hohen Zustimmungsraten »eine unterschwellige Angst vor unserer sich verändernden Nation«, so Jardina. »Sie verbargen eine Woge des Widerstands gegen den Multikulturalismus und eine wachsende Ablehnung der Einwanderung.«[411]

Im November 2012, am Tag nach der Wiederwahl des ersten Schwarzen Präsidenten für eine zweite Amtszeit, ging Rush Limbaugh, der konservative Radiomoderator, auf Sendung und jammerte seinem Publikum vor: »Ich bin letzte Nacht mit dem Gedanken ins Bett gegangen, dass wir in der Unterzahl sind. Ich bin gestern Abend mit dem Gedanken ins Bett gegangen, dass wir das Land verloren haben. Ich weiß nicht, wie man das sonst sehen kann.«[412]

Am selben Tag ergriff ein 64-jähriger, kranker Mann im Süden Floridas die extremsten Maßnahmen, die man sich vorstellen konnte. Nach Angaben der Polizei hatte Henry Hamilton, Inhaber eines Sonnenstudios in Key West, vor der Wahl zu Freunden gesagt: »Wenn Barack wiedergewählt wird, werde ich nicht mehr da sein.« Er hat sein Wort gehalten. Seine Leiche wurde anderthalb Tage nach der Bekanntgabe der Wahlergebnisse in seiner Wohnung aufgefunden. Zwei leere Medikamentenfläschchen standen in seinem Esszimmer. Neben ihm lag ein handgeschriebener Abschiedsbrief, auf dem er verlangte, nicht wiederbelebt zu werden, und auf dem er den frisch wiedergewählten Präsidenten verfluchte.[413]

26

Wendepunkt und Wiederaufleben der Kaste

In Washington machte sich eine Versammlung von einflussreichen politischen Insidern bereit, auf das neue Jahr 2016 anzustoßen. Es war der Vorabend einer Wahlsaison, die als ausschlaggebend angesehen wurde, noch bevor sie überhaupt begonnen hatte. Wann immer ich mich im politischen Washington aufhielt, fühlte ich mich, als schwebte ich nicht mehr in meiner eigenen Umlaufbahn, und so zog es mich zu Gwen Ifill, die ich seit Jahren kannte und seit einiger Zeit nicht mehr gesehen hatte. Während unserer gemeinsamen Zeit bei der *New York Times* hatte ich mich auf Geschichten über ganz normale Menschen konzentriert und nicht auf die Hallen der Macht wie Gwen, die eine Expertin und Insiderin war, mit enormer Kenntnis der politischen Würdenträger.

Ich habe sie direkt angesprochen.

»Also«, begann ich, »was denkst du?«

Die ersten Sekunden des Jahres 2016 rückten näher, und sie wusste ganz genau, wovon ich sprach. Ich zögerte zunächst, meine eigene Meinung zu äußern. Gwen war die beliebte Co-Moderatorin der *NewsHour* des Senders PBS. Sie war eine sehr erfahrene, klarsichtige Washingtonerin, die ich, wie Millionen neben mir, für ihre Brillanz und ihren sechsten Sinn bewunderte, dafür, wie sie sich ganz natürlich in den Haifisch-Gewässern der Hauptstadt zurechtfand und immer irgendwie aus ihnen hervortauchte. Sie war in ein politisches

Ökosystem eingebettet, für das ich wenig Geduld hatte. Ich wusste nicht, ob das, was ich zu sagen hatte, für jemanden, der so tief im Washingtoner Dschungel verwurzelt war wie sie, abwegig oder absurd klingen müsste.

Aus irgendeinem Grund hatte ich den Eindruck, flüstern zu müssen. Schließlich war dies eine Party, um uns herum floss der Champagner, eine Feier, um das neue Jahr 2016 einzuläuten. Es waren Mitglieder der aktuellen Regierung und vielleicht auch Wahlkampfmitarbeiter der demokratischen Spitzenkandidatin anwesend; in jedem Fall waren einige Menschen da, die die Spitzenkandidatin unterstützten und eine Fortsetzung der zukunftsweisenden Perspektiven erwarteten, die von der bald scheidenden Regierung vertreten wurden. Also beugte ich mich vor und senkte meine Stimme.

»Die Leute schauen nicht genau genug hin«, sagte ich. »Ich glaube, dass er eine Chance hat zu gewinnen.«

Ich habe seinen Namen nicht gesagt, und das musste ich auch nicht. Es war noch früh, die Vorwahlen standen erst noch bevor. Doch der prominente Milliardär hatte bereits im Juni von der Rolltreppe seines Wolkenkratzers in Manhattan seine Kandidatur angekündigt und Menschen aus Mexiko beschuldigt, Verbrechen, Drogen und Vergewaltigungen über die Grenze zu bringen. Er hatte versprochen, eine Mauer zu bauen. Die meisten Journalistinnen und Journalisten nahmen ihn nicht ernst, ich fragte mich, was Gwen davon hielt.

»Keine Frage«, sagte sie. »Natürlich. Auf jeden Fall könnte er gewinnen.«

Ich war keine Politische Journalistin, doch ich kannte das Kastensystem, und so sprach ich weiter: »Ich glaube, es geht um das Jahr 2042.«

»Ganz richtig«, sagte Gwen mit festem und entschlossenem Gesichtsausdruck.

Ihre Antwort, direkt und sicher, beunruhigte und bestätigte meine eigenen Instinkte, denn wenn sie mit ihrem untrüglichen Radar dies dachte, dann war es sehr wahrscheinlich, dass es der Wahrheit entsprach. Wir tauschten wissende Blicke aus, als ob das ansonsten Unvorstellbare bereits feststünde, ganz gleich, ob der Rest des Landes es realisierte oder nicht, denn diese Wahl war größer als er, sie war schon immer größer als er gewesen, und jetzt musste man nur noch zusehen, wie sich alles entwickelte.

Gwen blieb noch gerade lange genug am Leben, um ihre Vorhersagen wahr werden zu sehen, und verstarb tragischerweise in der Woche nach der Wahl. Für das Land war dies ein herber Verlust zu einem Zeitpunkt, an dem es von ihrer ausgewogenen Analyse hätte profitieren können. Dieses prophetische Gespräch war das letzte, das ich mit ihr führen würde, und jetzt, in den Jahren danach, erscheint es mir umso eindringlicher.

*

Im Frühjahr 2016 und bis in den Sommer hinein war die Wahl praktisch alles, worüber man sprach. Eine Schlagzeile folgte der anderen, ein Tabubruch kündigte den nächsten an, ein Präsidentschaftskandidat, der eine wichtige Debatte in den Vorwahlen platzen ließ, der auf einem Tonband damit prahlte, Frauen an den Genitalien zu berühren, der sich über einen körperlich eingeschränkten Reporter lustig machte, wie auch über die trauernden Eltern eines US-amerikanischen Kriegshelden, der zufällig Muslim war. Ein Präsidentschaftskandidat, der einen anerkannten Republikaner, John McCain, herabwürdigte, weil er im Vietnamkrieg in Gefangenschaft geraten war. Die neueste Eilmeldung wurde verkündet, noch bevor wir die letzte überhaupt verarbeitet hatten.

»Sie glauben doch nicht, dass er eine ernsthafte Chance hat zu gewinnen?«, fragte mich eine französische Intellektuelle, als ich mich Monate vor der Wahl in Paris aufhielt. »Nun, doch, das könnte er«, sagte ich ihr. »Er steht auf dem Wahlzettel. Natürlich könnte er gewinnen.«

»Das würden die USA niemals tun«, sagte sie abschätzig.

*

Die Kaste erklärt nicht alles im US-amerikanischen Leben, doch nichts im Leben kann vollständig verstanden werden, ohne die Kaste und ihre Hierarchie zu berücksichtigen. Viele politische Analystinnen und linke Beobachter hielten einen Sieg von Trump für unmöglich. Sie wurden überrascht, weil sie den dauerhaften Einfluss der Kaste auf die US-amerikanische Gesellschaft und die Politik nicht berücksichtigt hatten.

Die Liberalen waren der Auffassung, die Weißen aus der Arbeiterklasse hätten gegen ihre Interessen gestimmt, als sie rechte Oligarchen unterstützten, doch diese Theorie unterschätzt die Handlungsfähigkeit und die Glaubensgrundsätze der Bevölkerung. Viele Wählende betrachteten ihre Lage sorgfältig und sahen über die unmittelbaren, kurzfristigen Vorteile hinweg und verfolgten stattdessen das aus ihrer Sicht größere Ziel, den Status der dominanten Kaste und ihren Fortbestand langfristig zu sichern. Sie waren bereit, jetzt ihre Krankenversicherung zu verlieren, die Instabilität des Weißen Hauses und den Zusammenbruch der Regierung zu riskieren, externe Bedrohungen durch ferne Länder hinzunehmen, nur um das zu bewahren, was ihnen am wichtigsten war – die Privilegien zu behalten, an die sie sich als Mitglieder der historisch herrschenden Kaste gewöhnt hatten.

»Das ethnische Empfinden der Weißen ist nicht allein

durch Vorurteile geprägt«, schreibt Ashley Jardina von der Duke University. »Viele Weiße haben auch einen Sinn für ethnische Zugehörigkeit und sind motiviert, die kollektiven Interessen ihrer Gruppe zu schützen und ihren Status zu erhalten. [...] Weißsein ist heute ein hervorstechender und zentraler Bestandteil der US-amerikanischen Politik. Die weiße ethnische Solidarität beeinflusst die Weltanschauung, die politische Gesinnung sowie das Verhalten vieler weißer Menschen.«[414]

Ob bewusst oder unbewusst, viele weiße Wählerinnen und Wähler »versuchen, eine ethnische Ordnung herzustellen, in der ihre Gruppe fest an der Spitze steht.«[415]

Die Wahl von 2016 wurde so zu einem zerbrochenen Spiegel, der einem Land vorgehalten wurde, das seit mehr als einer Generation nicht mehr derart gezwungen gewesen war, seine eigenen Ursprünge zu betrachten, und das sich nun vielleicht zum ersten Mal so sah, wie es wirklich war. Es war das Zusammentreffen von Kräften, die sich seit Jahrzehnten aufgebaut hatten.

Im Kontext der Kaste haben die beiden großen politischen Parteien die Vorteile und Bürden jener Kasten zu tragen, aus denen sie ihre meisten Wähler rekrutieren. Zuweilen hat die Demokratische Partei das Stigma und die Doppelmoral, die mit Minderheiten verbunden werden, zu spüren bekommen, während die Republikanische Partei, die als Vertreterin der weißen USA angesehen wird, die Privilegien und den Spielraum der dominanten Kaste genießen kann. Dies erklärt zum Teil die unnachgiebige Krittelei und die Hindernisse, denen sich Demokraten wie Barack Obama und Demokratinnen wie Hillary Clinton und vor ihnen John Kerry und Al Gore ausgesetzt sahen, während die Unterstützung der Weißen für die Republikaner zugenommen hat, die inzwischen als Partei einer zwar ängstlichen, aber dennoch mächtigen Wählerschaft der dominanten Kaste angesehen werden.

Die ehemalige Außenministerin Hillary Clinton wurde weithin als Siegerin der Präsidentschaftsdebatten angesehen, obwohl Trump sie auf dem Podium stalkte und sie als »nasty woman« bezeichnete. Man sagte, sie habe sich mit Würde präsentiert und, wenn auch etwas steif, bewiesen, dass sie Innen- und Außenpolitik ausreichend beherrsche. In den Umfragen kam sie jedoch nur selten über den Fehlerspielraum hinaus gegen einen Mann, der von einigen als die am wenigsten qualifizierte Person angesehen wurde, die jemals für das Präsidentenamt kandidiert hat.

Viele Faktoren beeinflussten die Wahl von 2016, darunter ausländische Einmischung und Erschwernisse beim Wählen, von denen marginalisierte Bürgerinnen und Bürger unverhältnismäßig stark betroffen waren. Dennoch scheint Clintons Verlust im Electoral College nur so lange schockierend, bis man die Kaste und die historischen Herausforderungen bedenkt, denen sich Kandidaten aus einer untergeordneten Kaste, sprich Schwarze Kandidaten, am Wahltag ausgesetzt sahen, auch wenn die Umfragewerte vielversprechend waren. Durch die Linse der Kaste betrachtet, litt Clinton vielleicht unter einer Version des Bradley-Effekts – aufgeblähte Umfragewerte, die sich am Wahltag nicht bewahrheiteten, weil die Menschen den Meinungsforschungsinstituten sagen, was sie für die am breitesten akzeptierte Antwort erachten, sich in der Wahlkabine dann jedoch anders entscheiden. So war es Tom Bradley, dem Bürgermeister von Los Angeles, ergangen, als er 1982 für das Amt des Gouverneurs von Kalifornien kandidierte. Die Unfähigkeit, über den Fehlerspielraum hinauszukommen, hätte demnach als Vorbote für einen schwierigen Wahltag angesehen werden können und sollen.

Einblicke ermöglicht die Kaste auch in die wehmütige Sehnsucht der Demokratischen Partei nach weißen Wählenden aus der Arbeiterklasse, die sie mit politischen Vorschlägen zum alltäglichen Leben anzusprechen versuchten. Warum, fragten einige Linke, warum nur wählten diese Menschen gegen ihre eigenen Interessen, wenn sie republikanisch wählten? Was sie nicht bedachten, war, dass die Menschen, die so abstimmten, in Wirklichkeit durchaus für ihre Interessen wählten. Die Aufrechterhaltung des Kastensystems, wie es immer gewesen war, war in ihrem Interesse. Und einige waren bereit, kurzfristige Unannehmlichkeiten in Kauf zu nehmen, auf eine Krankenversicherung zu verzichten, die Verseuchung von Wasser und Luft zu riskieren und sogar zu sterben, um ihr langfristiges Interesse an der Hierarchie, wie sie sie kannten, zu bewahren.

*

Wenn man in einem Kastensystem gefangen ist, tut man wahrscheinlich alles, was nötig ist, um in diesem System zu überleben. Wenn man sich irgendwo in der unsicheren Mitte – unterhalb der obersten, aber über der untersten Kaste – befindet, so distanziert man sich möglicherweise von denen, die ganz unten stehen, und errichtet Barrieren, um die eigene Position zu schützen. Man betont jene ererbten Eigenschaften, die eine Nähe zur oberen Kaste ausdrücken.

In der Wahlkabine nehmen viele Menschen eine unbewusste Bewertung ihres Standes, ihrer Bedürfnisse und Wünsche sowie der vielfältigen Identitäten vor, die sie in sich tragen (Arbeiterklasse, Mittelschicht, reich, arm, weiß, Schwarz, männlich, weiblich, asiatisch, lateinamerikanisch). Häufig verbünden sie sich nicht mit denjenigen, deren Notlage sie womöglich teilen, sondern mit den Mächtigen und

Privilegierten, mit denen sie immerhin einige Eigenschaften oder Wesensmerkmale zu teilen scheinen. Viele treffen eine Wahl mit Blick aufs Existenzielle oder Erstrebenswerte. Sie wählen eher Personen, die über ihnen stehen, als solche, die ihnen gleichgestellt sind oder ihnen gar unterlegen sind. Sie glauben zu wissen, wer eben die Wesensmerkmale schützen wird, die ihnen das meiste gesellschaftliche Ansehen verleihen können und ihnen deshalb am wichtigsten sind.

Bei der Schlüsselwahl von 2016 stimmte die Mehrheit der Weißen – ob bewusst oder unbewusst – für den Kandidaten, der am direktesten jenes Wesensmerkmal ansprach, das im Kastensystem die größte Belohnung erfährt. Laut einer Nachwahlbefragung von CNN mit 24.537 Befragten entschieden sich 58 Prozent der weißen Wahlberechtigten für den Republikaner Donald Trump und nur 37 Prozent für die Demokratin Hillary Clinton. Obwohl sie bei der Auszählung der Wählerstimmen fast drei Millionen mehr Stimmen als Trump erhielt, war Clintons Anteil an den weißen Wahlberechtigten geringer als bei jedem anderen demokratischen Kandidaten, mit Ausnahme von Jimmy Carter bei seiner gescheiterten Wiederwahlkandidatur gegen Ronald Reagan im Jahr 1980.

Bei der Wahl von 2016 gab es vielleicht keinen klareren Maßstab für die weiße Solidarität als das Verhalten weißer Frauen. Die Mehrheit von ihnen – 53 Prozent – ignorierte die gemeinsamen weiblichen Bedürfnisse und wandte sich gegen eine andere weiße Frau, um für den Teil ihrer Identität zu stimmen, der ihren eigenen Machterhalt sichern sollte und an den Trump am stärksten appellierte, ihr Weißsein, anstatt eine erfahrene Politikerin zu unterstützen und sich selbst zu helfen, Geschichte zu schreiben.[416]

»Trump wurde von Weißen ins Amt gehoben, die sich um

ihren Status sorgten«, schreibt Jardina, »und seine politischen Prioritäten zielen eindeutig darauf ab, die ethnische Hierarchie zu schützen und ihre Grenzen zu untermauern.« Es handelt sich hierbei um Menschen, die das Gefühl haben, »dass ihnen der Boden unter den Füßen weggezogen wird, dass alle Vorteile, die sie aufgrund ihrer ethnischen Zugehörigkeit genossen haben, in Gefahr sind.«[417]

Ein unterschwelliges Bewusstsein für die Macht der Kaste (auch wenn das Wort selten oder nie verwendet wird) scheint auch darin zum Tragen zu kommen, wie die Parteien auf ihre jeweilige Basis reagieren. Die Ehrfurcht der Republikanischen Partei vor ihrer Basis weißer Evangelikaler steht in krassem Gegensatz zu der Gleichgültigkeit, die die Demokraten häufig ihrer Basis Schwarzer Menschen entgegenbringen, die aus einer Vielzahl von Gründen abgewertet werden, und sei es nur, weil sie in der sozialen Hierarchie ganz unten stehen.

Der Fokus auf die existenzielle Bedrohung, der man gemeinsam ausgesetzt sei, verschafft der Republikanischen Partei, der Grand Old Party, einen mutmaßlichen Vorteil, wenn es darum geht, ihre Basis gegen die demokratische Opposition zu mobilisieren. Die Demokraten werden mehrheitlich von einer diffuseren Wählerschaft unterstützt und gehen bisweilen lauwarm auf eine Basis zu, die sie als Partei oft belehrt haben oder als selbstverständlich erachtet oder gar kritisiert, wenn die Wahlbeteiligung aus anderen Gründen als einer möglichen Wählerunterdrückung niedriger war als erwartet. In dieser Hinsicht fällt die Demokratische Partei leider auf die Kaste herein, anstatt ihre treuesten Wählenden zu stärken, wie es die Republikaner mit den ihren tun. Die Demokraten verbrauchen sehr viel Energie und schwächen ihre Macht, indem sie sich nach den eingefleischten Wählenden ihrer Gegner, den weißen Mitgliedern der Wählerschaft, sehnen, während sie die Mehrheit, die sie bereits haben, als selbstverständlich erachten.

Die weißen Evangelikalen sind für die Republikanische Partei das, was die Schwarzen für die Demokratische Partei sind, auch wenn beide nur eine Minderheit der gesamten Wählerschaft ausmachen. Doch die vorherrschenden Anliegen des zuverlässigsten Wählerblocks der Demokraten – Belange wie erschwingliche Wohnungen, sauberes Trinkwasser, der Kampf gegen Polizeibrutalität, das Wohlstandsgefälle zwischen den Ethnien und Reparationen für staatlich sanktionierte Diskriminierung (wie sie anderen diskriminierten Gruppen der USA zugestanden wurden) –, diese Anliegen wurden im Hintergrund gehalten oder sogar als toxische Themen für eine Partei angesehen, die von Schwarzen mitgetragen wird. Denjenigen, die sagen, dass diese Belange nicht nützlich seien, müsste die Demokratische Partei, die die untergeordnete Kaste vertritt und von ihr abhängig ist, pflichtbewusst entgegenhalten, dass das Eintreten für die Bedürfnisse Schwarzer Menschen zu einem Land mit mehr Gleichberechtigung führen würde.

In der Zwischenzeit stehen die Prioritäten der weißen Evangelikalen – etwa Beendigung der Abtreibung, Einschränkung der Einwanderung, Schutz der Waffenrechte, Begrenzung des staatlichen Einflusses und in jüngster Zeit die Verachtung der Wissenschaft und die Leugnung des Klimawandels – auf der ideologischen Tagesordnung der Republikanischen Partei.[418]

»Was die weißen Evangelikalen in den USA am meisten von anderen Christen, anderen religiösen Gruppen und Nichtgläubigen unterscheidet, ist nicht die Theologie, sondern die Politik«, schreibt Seth Dowland, Theologieprofessor an der Pacific Lutheran University und Autor von *Family Values and the Rise of the Christian Right.* »Im Laufe des 20. Jahrhunderts hat die evangelikale Koalition Theologie, Weißsein und konservative Politik miteinander verklammert. [...] Wer sich Anfang des 21. Jahrhunderts als evangelikal bezeichnet, signalisiert damit das Engagement für Waffenrechte, für die Abschaffung legaler Abtreibungen und für niedrigere Steuern.«

Menschen, die sich, unabhängig von ihrem persönlichen Glauben, als weiße Evangelikale identifizieren, »scharten sich um Trump mit dem Ziel, eine weiße protestantische Nation zu verteidigen«, so Dowland. »Sie haben sich als loyale Fußsoldaten im Kampf gegen Papierlose und Muslime erwiesen. Der Triumph der Gesetze zur Homosexualität, das Fortbestehen der legalen Abtreibung und die Wahl von Barack Obama signalisierten ihnen, dass sie für die Vereinigten Staaten kämpfen müssen, die sie einst kannten.«

*

Die Wahl von 2016 wurde zu einer bemerkenswerten Blaupause für die moderne Kastenhierarchie der USA: die Weißen unterstützten mehrheitlich die Republikaner, und zwar vom höchsten bis zum niedrigsten Rang: Weiße Männer stimmten mit 62 Prozent für Trump, weiße Frauen mit 53 Prozent, Latinos mit 33 Prozent, Latinas mit 26 Prozent, Schwarze Männer mit 13 Prozent und Schwarze Frauen mit 4 Prozent. Im Gegensatz zur Mehrheit der weißen Wähler unterstützte jede andere Wählergruppe die demokratische Kandidatin. Die Stimmen für die Demokratische Partei verteilten sich wie folgt: Weiße Männer: 31 Prozent; weiße Frauen: 43 Prozent; Latinos: 62 Prozent; Latinas 68 Prozent, Schwarze Männer: 80 Prozent; Schwarze Frauen, die aufgrund ihrer Rasse und ihres Geschlechts zu den Schlusslichtern der künstlichen Hierarchie des Landes gehören, unterstützten die weiße Demokratin mit 94 Prozent der Stimmen. CNN hat die Stimmen asiatischer

Menschen zwar nicht nach Geschlecht aufgeschlüsselt, doch asiatische Menschen haben wie andere Nicht-Weiße mit überwältigender Mehrheit für Clinton gestimmt, und zwar mit einem Prozentanteil von 65 gegenüber einem Prozentanteil von 27 für Trump, was der Gesamtheit der Stimmen der lateinamerikanischen Wählenden entspricht.

Trump schnitt bei allen weißen Wählenden gut gegen Clinton ab, ganz gleich welchen Alters oder Bildungsniveaus. Doch bei Weißen ohne College-Abschluss waren seine Anteile höher (67 Prozent für Trump, 28 Prozent für Clinton) als bei denen mit Abschluss (49 Prozent für Trump, 45 Prozent für Clinton). Entgegen der weit verbreiteten Annahme, dass die wirtschaftliche Unsicherheit für das Wahlergebnis von 2016 ausschlaggebend gewesen sei, schlug Trump Clinton in fast allen Einkommensgruppen, mit Ausnahme derjenigen, die wirtschaftlich am wenigsten abgesichert waren, also jenen, die weniger als 50.000 Dollar pro Jahr verdienten. Dies könnte als Ausdruck der Tatsache gesehen werden, dass ein überproportionaler Anteil der Wählenden mit geringem Einkommen aus marginalisierten Gruppen stammen, die eher die Demokratische Partei unterstützen.

Angesichts dieser eindeutigen ethnischen Muster schien die Wahl von 2016 den Rang der historisch herrschenden Kaste zu festigen. »Obwohl die weißen Bürgerinnen und Bürger der USA nach wie vor eine klare politische Mehrheit bilden und den größten Teil des Reichtums des Landes besitzen«, so der Rechtswissenschaftler Robert L. Tsai, »ist es möglich, abwegige Ängste vor einer kommenden Abrechnung zu schüren, bei der ethnische Minderheiten versuchen werden, die weiße Bürgerschaft zu unterwerfen.«[419]

*

Das Gefühl der Kränkung fand 2016 eine Stimme. »Die gekränkten Weißen sind ein ungenutzter Quell der Möglichkeiten«, meint Jardina, »ihre Ressentiments haben sich aufgestaut und können von der Politik weiter geschürt werden, wenn sie nur bereit ist, einen potenziell sehr düsteren Weg einzuschlagen.«[420]

Die Brüche, die 2016 offenbart wurden, gehen über eine einzelne Wahl oder einen einzelnen Kandidaten wie auch über anfängliche Theorien hinaus, die wirtschaftliche Unsicherheit sei der treibende Faktor für das Wahlverhalten der Weißen gewesen. »In vielerlei Hinsicht ist eine gefühlte Bedrohung der eigenen Gruppe eine weit größere Herausforderung als ein Wirtschaftsabschwung«, schreibt die Politikwissenschaftlerin Diana Mutz, »denn es handelt sich dabei um eine ganze psychologische Einstellung und nicht um ein einzelnes Ereignis oder ein Unglück.«[421]

Sobald er im Amt war, machte der 45. Präsident der USA keinen Hehl daraus, dass er sich vollends auf die Wünsche seiner Basis konzentrieren würde. »Ob aus persönlichem Groll, politischem Kalkül, philosophischer Differenzen oder der Überzeugung, dass der letzte Präsident dem Land geschadet hat – Trump machte deutlich, dass er alles, was Obamas Namen trägt, am liebsten von der nationalen Festplatte löschen würde«, schreibt Peter Baker, Korrespondent der *New York Times*.[422]

Diejenigen, die für ein Gefühl der »Bedrohung des Status der dominanten Gruppe« anfällig sind, so Diana Mutz, werden alles dafür tun, die Hierarchie zu schützen, von der sie profitiert haben, um »ein Gefühl von Dominanz und Wohlbefinden zurückzuerlangen.«[423]

Allein der Wahlausgang sorgte schon dafür, dass sich seine Basis besser fühlte. Ein paar Tage nach der Wahl nahmen zwei weiße Männer mittleren Alters mit Geheimratsecken und Lesebrillen in der ersten Klasse eines Fluges von Atlanta nach Chicago Platz. Mit den Wahlergebnissen in ihren Köpfen musterten sie einander und ahnten, dass sie wahrscheinlich demselben Team angehörten. Es dauerte nicht lange, bis sie sich davon überzeugen konnten, dass ihre Vermutung der Wahrheit entsprach.

»Die letzten acht Jahre?«, begann einer von ihnen. »Die waren das Schlimmste, was je passiert ist. Ich bin heilfroh, dass diese Zeit jetzt vorbei ist.«

»Das war mehr als eine einfache Wahl«, sagte der andere. »Es war wahrscheinlich eines der erstaunlichsten Ereignisse, die wir je erleben werden. Ich bin die ganze Nacht aufgeblieben, um es mir anzuschauen.«

»Ja, ich bin am Wahlabend mit dem Gedanken ins Bett gegangen, dass ich am nächsten Morgen mit Tränen aufwachen würde. Dann bin ich aufgewacht. Und? Die beste Nachricht, die ich je gehört habe.«

»Es gibt eben doch Gerechtigkeit auf dieser Welt. Sie haben eine schlechte, schlechte Wahl mit ihr getroffen«, sagte der eine.

»Der derzeitige Präsident war eine schlechte Wahl«, sagte der andere.

»Hat sich total überschätzt. Es ist so ein schöner Tag heute!«

»Ja, endlich haben sie es richtig gemacht.«

27

Die Symbole der Kaste

Robert E. Lee, der als General der Konföderierten Staaten den Krieg gegen die Vereinigten Staaten geführt hatte, um das Recht zu behalten, Menschen bis an ihr Lebensende zu versklaven – dieser Robert E. Lee, oder vielmehr eine Bronzestatue von ihm, thronte zwei Stockwerke hoch auf ihrem Granitsockel in der Mitte eines Dorfangers in Charlottesville, Virginia. An jenem Spätsommertag des Jahres 2017 war die Statue zu Ehren des Helden der ehemaligen Sklavenhalterstaaten vom Kopf des Generals bis zu den Hufen seines American-Saddlebred-Pferds mit einer dünnen schwarzen Plane verhüllt, die von zwei Männern mit Kränen etwa eine Stunde lang darüber gespannt worden war.[424]

Die Statue war verhüllt, während die Stadtverwaltung versuchte, eine Lösung zu finden, was mit dem Denkmal geschehen sollte. Das Monument hatte die Aufmerksamkeit der gesamten Welt auf sich gezogen, nachdem eine Demonstration weißer Rassisten nur wenige Wochen zuvor tödlich geendet hatte. Bei der Demonstration hatten sich unzufriedene Mitglieder der herrschenden Kaste versammelt, um gegen den Plan der Stadt zu protestieren, die Statue Lees zu entfernen. Es war, als wären die Leidenschaften des Bürgerkriegs wiederauferstanden und hätten sich mit einem wiederauflebenden Nationalsozialismus vermischt, den die Vorväter der jungen Anwesenden Mitte des vergangenen Jahrhunderts noch zu besiegen versucht hatten. Die Erben der Konföderierten und die Erbinnen der Nazis konnten erkennen, wie viel sie und ihre Geschichte gemeinsam hatten, auch wenn die normalen Bürgerinnen und Bürger der USA das nicht konnten. An jenem Tag im August 2017 wehten Flaggen der Konföderation und Hakenkreuze über den Köpfen der Demonstrierenden – es waren hauptsächlich Männer, einige mit Haarschnitten, die so streng waren wie ihre Gesichter. In der Nacht zuvor waren sie gemeinsam über den Campus der University of Virginia marschiert, hatten den Hitlergruß gezeigt und »Sieg Heil« sowie »White lives matter« und »Jews will not replace us« skandiert. Sie hielten Tiki-Fackeln in die Nachtluft und stellten die Flüsse aus Lichtern der früheren Fackelzüge für Hitler nach. Am nächsten Tag, bei der Demonstration selbst, kamen die Neo-Konföderierten und die Neo-Nazis gut bewaffnet an, was wiederum Gegendemonstranten anlockte, die hingegen Symbole des Friedens trugen. Dann steuerte ein weißer Rassist seinen Wagen in eine Menge von Gegendemonstrantinnen und -demonstranten, tötete eine von ihnen, die Rechtsanwaltsgehilfin Heather Heyer, und verletzte Dutzende weitere Menschen.

Jetzt versuchte die Stadt, die Statue von den Blicken der Öffentlichkeit fernzuhalten, doch jedes Mal, wenn das Denkmal verhüllt wurde, wurde die Plane aus Protest wieder entfernt und Lees Konterfei freigegeben. Die Stadt schickte also abermals Kräne, um das Denkmal erneut zu verhüllen. An jenem Tag kurz nach den Demonstrationen, als ich zufällig in Charlottesville war, sollte die Stadt mit ihrem Vorhaben Erfolg haben.

In der Mitte der Grünfläche, im Zentrum der Stadt, erhob sich ein zackiges schwarzes Trapez, wie ein verpackter Kleiderschrank, der auf die Umzugsfirma wartete. Es sah aus wie ein riesiger Müllsack, aus dem der Scheitel des Generals sowie die Nase und der Schwanz des Pferdes an den gegenüberliegenden Enden herauslugten. Dieses riesige Trapez inmitten eines stattlichen Parks lenkte mehr und nicht weniger Aufmerksamkeit auf den General und die Denkmäler der Konföderation, und das obwohl die verhüllende Plane ein improvisierter Kompromiss gewesen war, um das Denkmal vor der Öffentlichkeit zu verbergen. Touristinnen und Touristen kamen, um es sich anzusehen.

»Ich glaube, das dort ist er«, sagte ein Mann, der die Straße überquerte, um einen genaueren Blick zu erhaschen. Die Touristinnen und Touristen warteten, bis sie an der Reihe waren, um ihr Foto mit dem verhüllten General zu machen. Dann pilgerten sie zur Straße gegenüber der Statue, der Straße, in der Heather Heyer getötet worden war. Die Straße war zu einer blocklangen Gedenkstätte für die Getötete geworden, mit Bergen von trocknenden Rosen und Sonnenblumen, untröstlichen Trauerbotschaften, die auf den Bürgersteig und an die Seiten der Backsteinmauern gekritzelt waren – ein Plädoyer für die Menschlichkeit.

Wir sind Zeugen

Never Forget

Sobald wir wegsehen,
sobald wir aufhören zu kämpfen,
siegt die Bigotterie

Es ist kein Platz mehr für Hass

Alle Menschen wurden gleich erschaffen

In den Vereinigten Staaten gibt es mehr als 1.700 Denkmäler für die Konföderation,[425] Denkmäler für eine abtrünnige Republik, deren Verfassung und Führer das Ziel ihrer neuen Nation unmissverständlich formulierten. »Ihr Fundament ist gelegt«, meinte Alexander Stephens, der Vizepräsident der Konföderierten Staaten von Amerika, »ihr Eckstein ruht auf der großen Wahrheit, dass der *Negro* dem Weißen nicht gleichgestellt ist; dass die sklavische Unterordnung unter die überlegene Rasse sein natürlicher und normaler Zustand ist. Diese, unsere neue Regierung ist die erste in der Geschichte der Welt, die auf dieser großen physischen, philosophischen und moralischen Wahrheit beruht. [...] Bei uns sind alle Angehörigen der weißen Rasse, ob oben oder unten, reich oder arm, vor dem Gesetz gleich. Nicht so der *Negro*. Die Unterwerfung ist sein Schicksal. Er ist von Natur aus oder durch die Verfluchung Kanaans für diesen Zustand geschaffen, die er in unserem System einnimmt.«[426]

Die Konföderation sollte im April 1865 den Krieg verlieren, doch in den folgenden Jahrzehnten gewann sie den so wichtigen Frieden. Den Konföderierten gelang es, die öffentliche Vorstellungskraft mit schwammigen Darstellungen ihrer Niederlage zu beeinflussen. Zwei der einflussreichsten und populärsten Filme des frühen 20. Jahrhunderts – *Die Geburt einer Nation* und *Vom Winde verweht* – versorgten das Land und die Welt mit der konföderierten Version des Bürgerkrieges und stellten die Menschen der degradierten untersten Kaste so dar, als seien sie nur zu brutaler Gemeinheit oder kindlichem Unfug fähig.[427]

Obwohl der 13. Zusatzartikel der Verfassung 1865 die Sklaverei beendete, ließ er ein Schlupfloch, das es der herrschenden Kaste ermöglichte, Menschen zu versklaven, die eines Verbrechens überführt worden waren. Dies gab der herrschenden Kaste Anreize, die Menschen aus der Unterkaste wegen subjektiver Vergehen wie Herumlungerns oder Landstreicherei zu inhaftieren zu einer Zeit, als freie Arbeitskräfte in einem Strafvollzugssystem benötigt wurden, das allein von der herrschenden Kaste kontrolliert wurde. Nach einem Jahrzehnt der Reconstruction, als die Schwarzen Menschen sich gerade um den Eintritt in die Mitte der Gesellschaft bemühten, gab der Norden seine Aufsicht über den Süden auf, zog seine Besatzungstruppen aus der Region ab und übergab die Macht wieder an die ehemaligen Rebellen, sodass die Überlebenden der Sklaverei der Gnade rassistischer Milizen ausgeliefert waren, die sich noch die Wunden des Krieges leckten. Die Regierung zahlte Reparationen nicht an die Menschen, die gefangen gehalten worden waren, sondern an die Menschen, die sie versklavt hatten.

Die ehemaligen Konföderierten führten eine Abwandlung der Sklaverei in Form des Sharecropping und eines autoritären Regimes ein, das Menschen, die gerade erst der Sklaverei entkommen waren, in eine Welt aus Lynchmorden und dem Ku-Klux-Klan versetzte, eine Welt voller Schrecken, die sie gefügig machen sollten. Während sie die Hoffnungen der Schwarzen erstickten, errichteten sie überall Statuen und Denkmäler für die sklavenhaltenden Konföderierten, eine offene Warnung an die unterste Kaste, die ihnen ihre Unterwerfung und Ohnmacht vorhielt.

Es war ein psychisches Trolling ersten Ranges von Menschen, die noch immer unter dem Trauma der Auspeitschungen und der Spaltungen ihrer Familien litten, und ihre Nachkommen waren nun gezwungen, umringt von Denkmälern zu leben, die an die Männer erinnerten, die in den Krieg gezogen waren, um sie wie Vieh zu halten. Um ein Gerichtsgebäude zu betreten und sich in einem Prozess zu stellen, den sie mit ziemlicher Sicherheit verlieren würden, mussten die Überlebenden der Sklaverei an Denkmälern von Soldaten der Konföderation vorbeigehen, die von hohen Sockeln auf sie herabblickten. Sie mussten Straßen nutzen, die nach den Generälen ihrer Peiniger benannt waren, und an Schulen vorbeigehen, die die Namen von Klansmännern trugen.

Noch im späten 20. Jahrhundert errichteten die Erben der Konföderation in Stone Mountain, Georgia, ein Denkmal für Lee, Stonewall Jackson und Jefferson Davis, deren Reliefs in Granitfels gemeißelt und deren Abbilder größer sind als die Köpfe der Präsidenten am Mount Rushmore. Auch wenn die Konföderation den Krieg verloren hatte, spiegelten die Kultur des Südens und das Leben der untersten Kaste dies nicht wider. Vielmehr läutete die Rückkehr der ehemaligen Konföderierten an die Macht Vergeltung und noch härtere Zeiten ein.

*

Zum Zeitpunkt der Demonstrationen in Charlottesville gab es in den USA etwa 230 Gedenkstätten für Robert E. Lee, darunter das Robert E. Lee-Hotel in Lexington, Virginia, der Robert-E.-Lee-Park in Miami, Florida, und der Robert-E.-Lee-Creek im Boise National Forest in Idaho, 2.000 Meilen entfernt von den ehemaligen Konföderierten Staaten von Amerika. Das gesamte Land ist übersät mit Gedenktafeln, Büsten, Schulen und Straßen – eine Robert E. Lee *Street* in Mobile, Alabama, ein Robert E. Lee *Drive* in Tupelo, Mississippi, ein Robert E. Lee *Boulevard* in Charleston, South Carolina, eine General Robert E. Lee *Road* in Brunswick, Georgia, und eine Robert E. Lee *Lane* in Gila Bend, Arizona.

Kinder besuchen unter anderem die Robert E. Lee High School in Jacksonville, Florida, sowie in Tyler, Texas, und neben vielen anderen wäre da noch die Lee Junior High School in Monroe, Louisiana. In acht Bundesstaaten der Vereinigten Staaten von Amerika ist ein Bezirk nach Robert E. Lee benannt: Alabama, Arkansas, Florida, Kentucky, Mississippi, North Carolina, South Carolina und Texas. Der dritte Montag im Januar ist sowohl in Mississippi als auch in Alabama der Robert-E.-Lee-Tag.

Robert E. Lee kam aus wohlhabendem Hause und war Absolvent der West Point Academy, er war ein pragmatischer und gerissener Militärstratege, ein für seine Zeit und seine Region gemäßigter Politiker und ein Sklavenhalter aus Virginia, der die Sklaverei als ein notwendiges Übel betrachtete, das die Besitzer mehr belastete als die Menschen, die sie versklavten. »Den Schwarzen geht es hier unermesslich besser als in Afrika, in moralischer, sozialer und körperlicher Hinsicht«, schrieb er einmal. »Die schmerzliche Disziplin, der sie sich unterziehen müssen, ist notwendig, um sie als Rasse zu erziehen, und ich hoffe, dass sie somit auf bessere Dinge vorbereitet und zu diesen hingeführt werden. Wie lange ihre Unterwerfung notwendig sein wird, ist nur der weisen und barmherzigen Vorsehung bekannt, die diese bestimmt hat.«[428]

Wie andere Sklavenhalter machte er sich die »schmerzhafte Disziplin«, von der er sprach, vollends zunutze. Im Jahr 1859 flüchteten drei der Menschen, die er auf seiner Plantage in Virginia versklavt hatte – ein Mann namens Wesley Norris sowie seine Schwester und sein Cousin –, nach Norden und wurden nahe der Grenze zu Pennsylvania gefangengenommen. Sie wurden gewaltsam zu Lees Plantage zurückgebracht. Wie Wesley Norris später erzählte, sagte Lee ihnen bei ihrer Ankunft, »dass er uns eine Lektion erteilen würde, die uns für immer im Gedächtnis bliebe.« Lee befahl seinem Aufseher, die Versklavten bis zur Taille auszuziehen, sie an Pfähle zu binden und die Männer mit 50 und die Frau mit 20 Hieben auf den nackten Rücken auszupeitschen. Als der Aufseher sich weigerte, holte Lee den County Constable und befahl, er solle »gut zuschlagen«, was der Constable auch tat. »General Lee begnügte sich nicht damit, unser nacktes Fleisch aufzureißen«, erinnert sich Norris, »er befahl dem Aufseher, unsere Rücken gründlich mit Salzlake zu waschen, was dann auch getan wurde.«[429]

Dies war 246 Jahre lang mehr oder weniger gängige Praxis. Wären diese und die noch viel grausameren Gräueltaten in einem anderen Land, zu einer anderen Zeit, an einer anderen Gruppe von Menschen als der untersten Kaste der USA begangen worden, wären sie als Verbrechen gegen die Menschlichkeit angesehen worden und hätten gegen internationale Konventionen verstoßen. Doch die Sklavenhalter, Aufseher und andere Angehörige der herrschenden Kaste, die Millionen von Schwarzen Menschen Grausamkeiten zufügten, wurden nicht nur nicht bestraft, nein, sie wurden als Stützen der Gesellschaft gefeiert.

Lee wurde nie zur Rechenschaft gezogen für das, was er den Norrises angetan hat, und auch nicht für die Gewalt an den vielen Familien, die er als Sklavenhalter auseinandergerissen hat, die Kinder, die er ihren Eltern entriss, die Ehemänner, die er von ihren Ehefrauen trennte. Selbst nachdem er den Sezessionskrieg der Südstaaten angeführt hatte, der mit mehr Opfern als jeder andere Krieg auf diesem Boden endete, wurde Lee nur mit geringen Strafen für Hochverrat angeklagt. Präsident Andrew Johnson, der Demokrat aus Tennessee und ehemalige Sklavenhalter, der nach der Ermordung Abraham Lincolns dessen Nachfolge antrat, gewährte den meisten Konföderierten eine Amnestie, um rasch die Spannungen in dem gespaltenen Land zu überwinden und die Angelegenheit aus der Welt zu schaffen. Lee kam nicht ins Gefängnis und wurde nur mit geringen Strafen belegt, durfte jedoch nicht mehr wählen und musste seine Plantage aufgeben, die die Regierung begehrte und in den Nationalfriedhof Arlington umwandelte.[430]

Wie sich herausstellte, empfanden viele weiße Nordstaatler nach dem Krieg eine größere Nähe zu den ehemaligen Konföderierten, die die Union verraten hatten, als zu den Menschen, deren unentgeltliche Arbeit den Reichtum des Landes begründet hatte und um deren Freiheit der Bürgerkrieg geführt worden war. Die versöhnliche Verbrüderung des Nordens mit den ehemaligen Konföderierten zwang Frederick Douglass, die USA daran zu erinnern: »Es gab im jüngsten Krieg eine richtige und eine falsche Seite, die wir nicht vergessen sollten«, und er fügte noch hinzu: »Es gehört nicht zu unseren Pflichten, Recht mit Unrecht oder Loyalität mit Verrat zu verwechseln.«[431]

Robert E. Lee wurde Präsident eines Colleges in Virgina, das sich später in Washington and Lee University umbenannte. Dies verschaffte ihm gesellschaftliches Ansehen und ein verehrungswürdiges Erbe und gab ihm eine Plattform, um sich souverän zu tagespolitischen Fragen zu äußern, sofern er dies für richtig hielt.

Nach seinem Tod im Jahr 1870 stieg sein Ansehen noch weiter. Als das Land die Rassentrennung mit offenen Armen annahm, als Praktiken wie Redlining und strenge Auflagen durchgesetzt wurden, die Schwarze von weißen Nachbarschaften trennten und die Ethnien voneinander fernhielten, wurde Lee nicht nur ein Held des Südens, sondern ein Nationalheld. Er ist in einer nach ihm benannten Kapelle auf dem Campus der Washington and Lee University beigesetzt, bis vor Kurzem flankierten Flaggen der Konföderation das

Abbild des liegenden Generals. Zu seinen Ehren wurden weit über den Süden hinaus Gedenktafeln und Büsten in der Bronx und in Brooklyn aufgestellt, Grundschulen in Long Beach und San Diego nach ihm benannt und fünf verschiedene Robert-E.-Lee-Briefmarken vom U. S. Postal Service herausgegeben. Normalerweise sind es die Sieger eines Krieges, die sich selbst Denkmäler und Gedenkstätten errichten. Aber in diesem Fall könnten Außenstehende nicht erkennen, welche Seite über die andere gesiegt hatte.

*

Um zwei Uhr morgens am 24. April 2017 positionierte ein SWAT-Team seine Scharfschützen an einer gefährlichen Kreuzung in der Innenstadt von New Orleans. K-9-Einheiten patrouillierten auf den Straßen. In der Mitte des Zielgebiets gingen Männer mit Gesichtsmasken und kugelsicheren Westen in der Dunkelheit ihrer gefahrvollen Pflicht nach. Andere hatten sich geweigert, ihr Leben zu riskieren, und es nach den Morddrohungen und Brandanschlägen, die diesem Moment vorausgegangen waren, nicht gewagt, diesen Einsatz durchzuführen. Die Männer mit den Gesichtsmasken waren die Einzigen, die bereit waren, den Auftrag anzunehmen. Sie waren dabei, das erste von vier Denkmälern für die Konföderation in der Stadt New Orleans abzubauen.

Die Spannungen hatten sich seit 2015 aufgebaut, seit der Bürgermeister Mitch Landrieu, ein Louisianer in fünfter Generation, dessen Vorfahren schon vor dem Bürgerkrieg in dem Bundesstaat gelebt hatten, entschieden hatte, es sei an der Zeit, die Konföderiertenstatuen zu entfernen. In jenem Juni erschoss ein Mann, der sich von der verlorenen Sache der Konföderation inspirieren ließ, neun Schwarze Gemeindemitglieder, als sie am Ende der Bibelstunde in der Emanuel

African Methodist Episcopal Church in Charleston, South Carolina, beteten. Unter internationalem Druck stimmten die Legislative des Bundesstaates South Carolina und die Gouverneurin Nikki Haley zu, die Flagge der Konföderierten aus dem Kapitol zu entfernen und sie in den Confederate Relic Room im Staatsmuseum zu bringen.[432] South Carolina war der erste Bundesstaat, der sich im Vorfeld des Bürgerkriegs von der Union abgespalten hatte, und diese Geste ebnete den Weg für weitere Staaten.

Landrieu war davon berührt und wurde von seinem Freund, dem Jazztrompeter Wynton Marsalis, auf die Perspektive der Nachkommen von versklavten Menschen aufmerksam gemacht, die unter dem Banner der Konföderierten terrorisiert worden waren.[433]

Zu den besagten Denkmälern gehörten eines für den Präsidenten der Konföderation, Jefferson Davis, sowie eines für General Robert E. Lee, der keine direkte Verbindung zu New Orleans hatte, dessen Statue aber von der Stadt errichtet worden war, als das Jim-Crow-Regime nach dem Ende der Reconstruction Einzug hielt.

Jetzt und mehr als ein Jahrhundert später hatte die Stadt das Recht, ihr Eigentum zu entfernen, und Bürgermeister Landrieu war der Meinung, dass es ein recht unkomplizierter Prozess wäre, bestehend aus öffentlichen Anhörungen und einer Abstimmung durch einen Stadtrat, der so progressiv war wie die Stadt, die er vertrat. Da das Land gerade erst an die ungebrochene Vorherrschaft der Weißen erinnert worden war, meldeten sich Unterstützer bei Landrieu, darunter ein einflussreicher Bürger, der sich bereit erklärte, 170.000 Dollar für die Entfernung des Denkmals zu spenden, solange ihm Anonymität gewährt werden könnte.[434]

Die Stadt hörte sich um, wie die Öffentlichkeit auf die Idee reagierte. Bei einer Anhörung musste ein Sympathisant der Konföderation von der Polizei hinausbegleitet werden, nachdem er geflucht und dem Publikum den Mittelfinger gezeigt hatte. Ein pensionierter Colonel der Marines namens Richard Westmoreland war anderer Meinung. Er stand auf und sagte, dass Erwin Rommel zwar ein großer General war, aber dass es in Deutschland keine Statuen von Rommel gibt. »Sie schämen sich«, sagte er. »Die Frage ist doch, warum schämen wir uns nicht?«[435]

Im Laufe der Zeit kam es jedoch zu Gewalt. Die Stadt hatte Schwierigkeiten, einen Auftragnehmer für die Entfernung der Statuen zu finden. Jeder Bauunternehmer, der die Anfrage der Stadt in Betracht zog, erhielt Drohungen in seinem Zuhause, am Arbeitsplatz und in den sozialen Medien. Es stellte sich heraus, dass kein einziges Bauunternehmen in New Orleans die Sache in die Hand nehmen wollte. Schließlich fand sich ein Bauunternehmer aus Baton Rouge, doch auch er zog sich zurück, nachdem auf sein Auto ein Brandanschlag verübt worden war.[436] Die Menschen, die mit den Konföderierten sympathisierten, machten klar, dass »jedes Unternehmen, das es wagt, den Job zu übernehmen, einen Preis zahlen würde«, schrieb Landrieu.[437]

Die Gefolgsleute der alten Konföderation hielten Kerzenwachen an den Denkmälern ab, belästigten die Telefonzentrale des Rathauses mit ununterbrochenen Anrufen und beschimpften und bedrohten die Angestellten am Empfang. Bald nahm der Wohltäter sein Versprechen zurück, Geld für die Beseitigung der Denkmäler zu spenden. Wenn das jemals entdeckt wird, so sagte er, »werde ich aus der Stadt getrieben werden.«[438]

Die Angelegenheit spaltete nun ganz New Orleans. »Leute, die jahrelang in städtischen Gremien gearbeitet hatten, warfen hin«, sagte Landrieu. Es herrschte eine »harte und gemeine Kälte, die wir spürten, wenn wir einen Raum für eine öffentliche Veranstaltung betraten.« Einige der eigenen Nachbarinnen und Nachbarn des Bürgermeisters und einige der Menschen, mit denen er befreundet war, wandten den Blick ab, wenn sie ihn sahen. Er hatte nicht mit »der Heftigkeit des Widerstands« gerechnet.[439]

Schließlich fand die Stadt ein Bauunternehmen, das bereit war, die gefährlichen Arbeiten in diesem regelrechten Kriegsgebiet zu übernehmen. Man könnte es als Karma bezeichnen, dass die einzige Baufirma, die bereit war, ihr Leben zu riskieren, um die Statuen der Konföderierten zu entfernen, aus Schwarzen Männern bestand. Aufgrund der Gefahren des Einsatzes verlangte das Unternehmen das Vierfache dessen, was die Stadt für die Entfernung der drei größten Denkmäler veranschlagt hatte, und erklärte, dass es nur mit Polizeischutz tätig werden würde. Inzwischen hatte die Stadt kaum noch andere Möglichkeiten, wenn sie die Statuen verschwinden sehen wollte.[440]

Der Bürgermeister beschloss zunächst, ein Denkmal für eine rechtsextreme Organisation, die White League, zu entfernen, weil die weißen Bürgerinnen und Bürger dieser Organisation am wenigsten zugetan zu sein schienen. Dennoch ging die Stadt kein Risiko ein.

In jener Nacht trugen die Männer lange Ärmel und Masken, um sowohl ihre Identitäten als auch ihre Hautfarbe zu verbergen. Pappe verdeckte den Firmennamen auf den Lastwagen und Kränen und verhüllte die Nummernschilder. Dennoch schütteten die konföderationsfreundlichen Kräfte Sand in den Benzintank eines der Kräne. Während die Arbeiter den Obelisken in Einzelteile zerlegten, lauerten Drohnen über ihnen und machten unerlaubt Fotos. Die Menschen in der Menge richteten hochauflösende Kameras auf die Arbeiter, um sie zu identifizieren. Schließlich wurden die Teile des Obelisken abgebaut und in einen Lagerschuppen gefahren.

Im nächsten Monat wurde das Robert-E.-Lee-Denkmal, eine überlebensgroße Bronzestatue mit verschränkten Armen, die auf einer fast zwanzig Meter hohen Marmorsäule in einem gepflegten Kreis im Stadtzentrum stand, abgebaut. Es war das letzte der Denkmäler, die entfernt wurden. Die Statue baumelte am helllichten Tag an einem Kran, während die Menge jubelte.[441]

Am selben Tag hielt Bürgermeister Landrieu eine Rede, um die Bürgerinnen und Bürger daran zu erinnern, warum diese Handlung nötig geworden war. »Diese Denkmäler zelebrieren eine fiktive, geschönte Konföderation«, sagte er, »sie ignorieren den Tod, die Versklavung und den Terror, für den sie in Wahrheit stand.«[442]

Sie waren mehr als bloße Statuen. »Sie waren als politische Waffen geschaffen worden«, schrieb er später, »als Teil einer Anstrengung, die Wahrheit zu verschleiern, nämlich dass die Konföderation nicht nur auf der falschen Seite der Geschichte stand, sondern auch auf der falschen Seite der Menschheit.«[443]

An jenem Tag, als New Orleans Robert E. Lee von seinem Sockel gestoßen hatte, schickte die Legislative des Bundesstaates Alabama einen Gesetzentwurf an die Gouverneurin Kay Ivey. Wie in den meisten Staaten der ehemaligen Konföderation nach der Neuordnung der Bürgerrechte dominierte in Alabama nun die Republikanische Partei. Sie kämpfte jetzt für den Erhalt von Denkmälern für eine Sache, die die einstige Partei Lincolns im Bürgerkrieg bekämpft hatte. Der neue Gesetzentwurf, der der Gouverneurin von Alabama an diesem Tag vorgelegt wurde, sah vor, die Entfernung von Denkmälern zu illegalisieren, die 20 Jahre oder länger standen, was zur Folge hatte, dass niemand einer einzigen Konföderiertenstatue in Alabama zu nahe kommen durfte.[444]

*

Auf der anderen Seite des Ozeans, in der ehemaligen Hauptstadt des Dritten Reiches, fuhr Nigel Dunkley, ein früherer britischer Offizier und heutiger Historiker, der über Nazi-Deutschland forscht, an einem Teil der Berliner Mauer entlang, die nach der Wiedervereinigung übriggeblieben war. Er wies auf die neoklassizistischen Gebäude der Weimarer Republik hin, die eine Zeit lang von den Nazis verwaltet worden waren und seit der Wiedervereinigung Deutschlands auch wieder genutzt werden. Wir näherten uns dem Brandenburger Tor, das die Bombardierung durch die Alliierten im Zweiten Weltkrieg überstanden hat, und erreichten dann eine weite Fläche im Zentrum der Stadt.

Die Bürotürme und Regierungsgebäude verschwanden und machten Platz für ein modernistisches Stonehenge auf einer Fläche von rund 19.000 Quadratmetern – beinahe drei Fußballfelder groß –, wo sich einst der Todesstreifen befand, um während des Kalten Kriegs Überläufer zu fassen. 2.711 Betonrechtecke stehen wie ein Feld gemeißelter Särge unterschiedlicher Höhe in exakter Formation. Zwischen ihnen ist gerade genug Platz, damit Menschen hindurchgehen und über ihre Bedeutung reflektieren können. Die Steine wellen sich und neigen sich zur Mitte hin, wo sich der Boden absenkt, und wenn man als Besucherin das Innere erreicht hat, verstummt der Verkehrslärm, die Luft wird ganz still, und man ist im Schatten gefangen, isoliert von der Größe dessen, was die Steine darstellen. Dies ist die Gedenkstätte für die ermordeten Jüdinnen und Juden Europas, die während des Holocausts umgekommen sind. Es gibt kein Schild, kein Tor, keinen Zaun, keine Liste der sechs Millionen Getöteten. Die Steine sind so reglementiert wie die Nazis selbst und so anonym wie die Gefangenen, die in den Konzentrationslagern ihrer Identität beraubt wurden. Seit 2005 ist die Gedenkstätte ein stummes Zeugnis für alle, die sie besuchen möchten, ganz gleich, ob bei Tag oder bei Nacht.

Der Designer des Denkmals, der New Yorker Architekt Peter Eisenman, verzichtete darauf, die Bedeutung der Zahl 2.711 zu erläutern, und mochte auch sonst nicht viel über die Installation sagen. »Ich habe immer gesagt, dass ich in den Menschen ein Gefühl erzeugen wollte, in der heutigen Zeit zu sein und dass sie eine Erfahrung machen sollen, die sie noch nie vorher gemacht haben«, sagte Eisenman dem *SPIEGEL* im Jahr der Eröffnung. »Eine, die sich unterscheidet und ein wenig beunruhigend ist.«[445]

Das Unternehmen, das einst Zyklon B für die Konzentrationslager herstellte, sorgt heute für die Schutzschicht, die auf den Betonsteinen aufgebracht wird, um Graffiti und Verunstaltungen zu verhindern, was aus der Sicht der einen als Akt der Sühne und aus der Sicht der anderen als das Mindeste angesehen werden mag, was sie tun können. Die Installation ist das imposanteste einer Reihe von Mahnmalen für die Menschen, die unter Hitlers Herrschaft getötet wurden. »Wir haben ein Denkmal für alle, die Opfer der Nazis wurden«, sagte Dunkley. »Es gibt ein Denkmal für Homosexuelle, die ermordet wurden. Es gibt ein Denkmal für die Sinti und Roma direkt vor dem Reichstag. Wir haben kleinere Denkmäler für kleinere Gruppen. Und dann haben wir die Stolpersteine.«

Mehr als 70.000 dieser Stolpersteine wurden geschmiedet und in Städten in ganz Europa verlegt. »Hier wohnte Hildegard Blumenthal, geb. Block, Jg. 1897, deportiert 26.2.1943, ermordet in Auschwitz«, heißt es auf einem Stolperstein, der neben weiteren vor einem Wohnhaus im Westen Berlins liegt. In der Nähe liegen die Steine für Rosa Gross und Arthur Benjamin, die 1942 deportiert und in Riga ermordet wurden.

Die Stolpersteine zwingen die Betrachterin, innezuhalten und die Augen zusammenzukneifen, um die Inschrift genau lesen zu können, sie zwingen die Betrachterin, auf die Eingangstüren zu blicken, durch die jene Menschen gegangen sind, die Treppen, die sie mit ihren Einkäufen und Kleinkindern hinaufstiegen, die Straßen, durch die sie spaziert sind, die das alltägliche Leben realer Menschen waren und keine Abstraktionen unvorstellbarer Millionen. Jeder einzelne Stolperstein ist ein persönlicher Grabstein, der eine individuelle Verbindung zu einer einzelnen Person herstellt. Beugt man sich herunter, um die Namen auf den Stolpersteinen zu lesen, muss man sich respektvoll vor ihnen verneigen.

*

Nigel Dunkley bog in der Nähe des Geländes der ehemaligen Reichskanzlei in Berlin-Mitte langsam ab und fuhr mit seinem alten Volvo auf einen Parkplatz an der Wilhelmstraße. Es handelte sich um einen asphaltierten Platz am Fuße einiger Büro- und Wohngebäude aus Beton, der, wie alle Parkplätze, von einer niedrigen Leitplanke umgeben war.

»Siehst du den blauen VW, der neben dem weißen Transporter dort parkt?«, fragte er mich.

Durchs Fenster des Wagens blickte ich an einer Recycling-Tonne auf dem Gehweg vorbei und dann rüber zum asphaltierten Parkplatz, wo die weißen Linien die Autos voneinander trennten, und sah den VW, auf den er zeigte. Er war vor den niedrigen, auswuchernden Ästen der ungeschnittenen Berberitzenbüsche geparkt.

»Genau dort, unter diesem Volkswagen, war Hitlers Bunker«, sagte Nigel. Das Geheimversteck war zehn Meter unter der Erde gebaut und durch drei Meter Stahlbeton geschützt worden, für den Fall, dass Hitler jemals einen sicheren Ort benötigen sollte. Hier verbrachte Hitler die letzten Wochen und Stunden seines Lebens, wo er sich vor feindlichem Beschuss versteckte, als die Alliierten auf Berlin vorrückten, hier erfuhr er, dass Mussolini hingerichtet und seine Wehrmacht an allen Fronten besiegt worden war, hier hatte er in letzter Minute Eva Braun geheiratet, als sich seine engsten Vertrauten gegen ihn wandten, und hier war es, wo er sich in den Kopf schoss, nachdem er in eine Zyankali-Kapsel gebissen hatte, und wo seine ihm erst wenige Stunden zuvor angetraute Ehefrau kurz vor ihm in eine Zyankali-Kapsel gebissen hatte – am 30. April 1945. Seine Leiche wurde kurzerhand auf ein nahe gelegenes Grundstück geschleppt und verbrannt.[446]

In den USA lebten die Männer, die einen blutigen Krieg gegen die Vereinigten Staaten geführt hatten, um sich das Recht zu bewahren, Menschen über Generationen hinweg zu versklaven, ihren Lebensabend in aller Seelenruhe aus. Jefferson Davis, Präsident der Konföderation, schrieb seine Memoiren auf einer Plantage in Mississippi, auf der sich heute seine Präsidentenbibliothek befindet. Robert E. Lee wurde ein geschätzter College-Präsident. Als sie starben, erhielten beide Männer ein Staatsbegräbnis mit militärischen Ehren und wurden mit Statuen und Denkmälern geehrt.

Eine in Berlin lebende US-amerikanische Autorin, die zufällig Jüdin ist und in den Südstaaten aufgewachsen ist, wird oft auf die deutschen Denkmäler zur NS-Vergangenheit angesprochen. »Darauf antworte ich: Es gibt keine«, schreibt Susan Neiman, Autorin des Buches *Von den Deutschen lernen:*

Wie Gesellschaften mit dem Bösen in ihrer Geschichte umgehen können. »Deutschland hat keine Denkmäler, die die Nazi-Armee feiern, egal wie viele Großväter für sie gekämpft haben oder gefallen sind.«[447]

Anstatt die Rassisten mit Statuen auf Sockeln zu ehren, haben sich viele Deutsche nach Jahrzehnten des Schweigens und der Gewissensprüfung dafür entschieden, die Opfer ihrer Aggressionen wie die mutigen Menschen, die sich den Tätern widersetzten, mit Denkmälern zu gedenken.

Sie bauten eine Reihe von Museen, um die Geschichte des Verfalls des Landes in den Wahnsinn zu bewahren. Die berüchtigte Villa am Wannsee, in der 15 Männer die Details der sogenannten Endlösung zur Ermordung der europäischen Juden ausarbeiteten, wurde in ein Museum umgewandelt, das die Folgen dieser schicksalhaften Entscheidung untersucht. Das Land hat das Gestapo-Hauptquartier in ein Dokumentationszentrum mit dem Namen Topographie des Terrors umgewandelt, das tiefe Einblicke in die Gründung des Dritten Reichs gewährt. Was den Mann betrifft, der diese Gräueltaten beaufsichtigte, so entschied sich Deutschland dafür, den Sterbeort des Führers buchstäblich zuzupflastern. Eine einfachere Lösung gibt es nicht.[448]

*

In Deutschland ist das Hakenkreuz ein verbotenes Zeichen und sein Zeigen eine Straftat, die mit bis zu drei Jahren Gefängnis geahndet wird.[449] In den Vereinigten Staaten ist das Rebellenbanner in die offizielle Staatsflagge von Mississippi integriert worden. Sie ist auf den Rückseiten von Pick-ups in Nord- wie Südstaaten zu sehen und flattert an den Highways in Georgia und den anderen ehemaligen Staaten der Konföderation. Eine Konföderiertenflagge in der Größe eines Bettlakens flatterte zur Zeit der Kundgebung in Charlottesville an einem Highway in Virginia im Wind.[450]

In Deutschland gibt es keine Todesstrafe. »Nach den Ereignissen des Zweiten Weltkriegs darf man uns nicht mehr erlauben, Menschen zu töten«, sagte einmal eine Deutsche zu mir. In den USA existiert die Todesstrafe derzeit in jenen Bundesstaaten, in denen die meisten Lynchmorde verübt wurden, den ehemaligen Konföderierten Staaten von Amerika.[451]

In Deutschland geben nur die wenigsten Menschen mit Stolz zu, dass sie mit Nazis verwandt waren, oder verteidigen offen die nationalsozialistische Ideologie. »Nicht einmal Mitglieder der rechten Partei Alternative für Deutschland«, schreibt Susan Neiman, »würden diesen Teil der Vergangenheit offen verherrlichen.«[452]

Selbst den Deutschen, »die im Stillen die an der Front gefallenen Familienmitglieder betrauern«, schreibt Neiman, »ist klar, dass ihre Angehörigen nicht öffentlich geehrt werden können, ohne damit zugleich die Sache zu würdigen, für die sie gestorben sind.«[453]

In den USA melden sich bei Nachstellungen des Bürgerkriegs im ganzen Land in der Regel mehr Menschen, um auf der Seite der Konföderierten zu kämpfen, als auf der Seite der Union, sodass diese manchmal Schwierigkeiten hat, genügend Wehrpflichtige für eine Nachstellung zu finden.

In Deutschland wurden einige der Nazis, die nicht Selbstmord begangen hatten, aufgespürt und vor Gericht gestellt. Viele wurden von den Alliierten für ihre Verbrechen gegen die Menschlichkeit gehängt. Die Täter, die während der Sklaverei Millionen von Menschen entführten und als Geiseln hielten und sie zu einem langsamen Tod verurteilten, wurden nicht zur Rechenschaft gezogen und wurden nicht vor Gericht gestellt.

In Deutschland wurde und wird den Überlebenden der Shoah zu Recht Entschädigung gezahlt. In den USA waren es die Sklavenhalter, die entschädigt wurden, nicht die Menschen, deren Leben und Lohn ihnen über zwölf Generationen hinweg gestohlen wurde. Diejenigen, die im folgenden Jahrhundert nach dem offiziellen Ende der Sklaverei die unterste Kaste in Angst und Schrecken versetzten, diejenigen, die Menschen vor Tausenden von Schaulustigen folterten und töteten oder die diese Lynchmorde unterstützten oder die wegschauten, kamen nicht nur frei, nein, sie stiegen zu führenden Persönlichkeiten des Landes auf – zu Gouverneuren des Südens, Senatoren, Sheriffs, Geschäftsleuten, Bürgermeistern –, und sie lebten bis weit ins 20. Jahrhundert.

*

An einem grauen Novembernachmittag machen sich Paare mit Kinderwagen, gutgekleidete Frauen mit ihren Einkaufstaschen und Pendler in Wolle und Tweed auf den Weg zum U-Bahnhof Wittenbergplatz, nicht weit vom Kurfürstendamm, der belebten, neonbeleuchteten Fifth Avenue von Berlin im Westen der Stadt.

Sie versammeln sich vor den Eingangstüren des Bahnhofs, und rechts von ihnen steht die fast ein Stockwerk hohe Mahntafel, die jede Pendlerin, jeder Einkäufer, jede Verkäuferin, jedes Pärchen bei einem Date, jede Studentin mit Rucksack und jeder Tourist sehen kann: *Orte des Schreckens, die wir niemals vergessen dürfen.* Dann werden die Orte aufgelistet, die immer in Erinnerung bleiben müssen: Auschwitz, Dachau, Bergen-Belsen, Treblinka, Buchenwald, Sachsenhausen und ein halbes Dutzend weitere Konzentrationslager.

Durch diese Bahnhofstüren warfen Tausende von jüdischen Menschen einen letzten Blick auf ihr geliebtes Berlin, bevor sie in die Züge gedrängt wurden, die sie in den Tod bringen sollten. Diese Tatsache, diese Geschichte, ist im Bewusstsein der Berlinerinnen und Berliner fest verankert, während sie ihrem Alltag nachgehen. Von niemandem, ob jüdisch oder nicht, ob Einwohner oder Besucherin, wird erwartet, dass er oder sie diese Tatsache hinter sich lässt oder einfach darüber hinwegkommt. Sie laufen nicht davor weg. Es ist ein Teil dessen geworden, was sie sind, weil es ein Teil dessen ist, was sie waren. Sie lassen es in ihre Identität einsickern, weil es wahrhaftig zu ihnen gehört.

Es ist ein obligatorischer Teil des Lehrplans in Schulen, sogar in Grundschulen, und für alle Bürgerinnen und Bürger ist es immer präsent. Doch das soll nicht heißen, dass sich alle einig sind, wie weit das Land geht, um die Geschichte präsent zu halten. Unstrittig scheint jedoch die Notwendigkeit des Erinnerns zu sein. Ein ehemaliger Bundestagsabgeordneter sprach einmal mit Nigel Dunkley und dachte laut über sein Unbehagen an der gigantischen Steininstallation für die europäischen Juden in der Nähe des Brandenburger Tors nach, das manche mit einem Friedhof mitten in der Stadt verglichen haben. »Warum können wir nicht einen schönen Park mit Gras und Bäumen und einem richtigen Denkmal haben?«, fragte der ehemalige Abgeordnete. »Jedes Mal, wenn ich daran vorbeifahre, habe ich das Gefühl, dass ich von diesem Durcheinander bestraft werde.«

»Wenn Sie das wirklich glauben«, gab Dunkley ihm zur Antwort, »dass Sie bestraft werden, dann werden Sie bestraft.«

Wenn Dunkley deutsche Schülerinnen und Schüler durch die Geschichte des Dritten Reiches führt, fragt er sie nach ihrer Reaktion auf das Unterrichtsmaterial.

»Empfindet ihr als Deutsche eine Schuld für das, was die Deutschen getan haben?«, fragt er sie dann.

Sie teilen sich in Gruppen ein und führen hitzige Diskussionen darüber, um ihm anschließend ihre Gedanken mitzuteilen. »Ja, wir sind Deutsche, und Deutsche haben das angerichtet«, sagten ihm einmal einige Schüler und wiederholten damit, was andere vor ihnen gesagt haben. »Und obwohl es nicht nur Deutsche waren, sind es die älteren Deutschen, die hier waren, die sich schuldig fühlen sollten. Wir waren nicht hier. Wir selbst haben diese Verbrechen nicht begangen. Aber wir haben das Gefühl, dass wir als jüngere Generation die Verantwortung akzeptieren und übernehmen müssen. Und für die Generationen, die nach uns kommen, sollten wir die Wahrheit beschützen.«

28

Demokratie auf dem Stimmzettel

Das Ende des Bürgerkriegs jährte sich bald zum 150. Mal, und die Unruhen in den USA hatten sich im Sommer 2014 und bis ins folgende Jahr überschlagen, ein Metronom ungefilterter Videos, in denen die Polizei von Staten Island bis Los Angeles unbewaffnete Bürgerinnen und Bürger attackierte. Dann kamen die Massendemonstrationen, bei denen Tausende den FDR Drive in Manhattan und den Lake Shore Drive in Chicago zur Hauptverkehrszeit blockierten, wobei die Menschenmengen sich zu Boden warfen, als wären sie Opfer der Schießereien, gegen die sie protestierten. Auf Twitter und in den Nachrichten konnten wir die Büroangestellten und Studierenden sehen, die vor den Kosmetikschaltern im Macy's-Kaufhaus oder im Grand Central Terminal oder an der University of Michigan Medical School auf dem Fliesenboden zusammengepfercht lagen und die sogenannten *Die-Ins*, massenhafte Nachstellungen von Ermordungen, inszenierten, während sie den tragischen, wenngleich selbstverständlichen Schlachtruf von Black Lives Matter skandierten.

Im Juni 2015 hielt der erste Schwarze Präsident eine Ansprache bei der Beerdigung des Pastors, der bei dem Kirchenmassaker in Charleston getötet wurde. Mit strenger, betroffener Miene versuchte der Präsident, das Land zur erhofften Erlösung zu führen, indem er den Refrain von »Amazing

Grace« anstimmte, einem Lied, in dem der Kapitän eines Sklavenschiffs um Absolution fleht.

Kurz darauf wurde die Flagge der Konföderation vom State Capitol in Columbia niedergeholt, nachdem sie 54 Jahre lang dort geweht hatte. Zur gleichen Zeit wurde Harper Lees zweiter Roman *Gehe hin, stelle einen Wächter* veröffentlicht, und das Land entdeckte, dass der beliebteste Held der US-amerikanischen Belletristik, Atticus Finch, eigentlich ein unverbesserlicher bigotter Mensch war.

Es schien, dem Land wurde die Maske heruntergerissen. Ich war so sehr bewegt, dass ich eine Kolumne über diesen vermeintlichen Moment der Wahrheit schrieb. Ich beschloss, einen Freund namens Taylor Branch, den angesehenen Historiker der Bürgerrechtsbewegung, zu kontaktieren, um zu hören, was er über diesen Moment dachte. Er betrachtete die Situation aus dem Blickwinkel des 13 Jahre andauernden Kampfes für soziale Gerechtigkeit von Martin Luther King jr. Branch war der Meinung, dass das Land in die 1950er-Jahre zurückgeworfen worden war, was ihm sogar hoffnungsvoll erschien, weil es der Beginn wirklicher Veränderung sein könnte.

»Es entwickelt sich zu einer Krise für diejenigen, die gerne hätten, dass wir über dieses Thema überhaupt nicht sprechen«, sagte er mir, und ich habe ihn in meiner Kolumne in der *New York Times* zitiert.

Drei Jahre später trafen wir uns zum Kaffee. Ein anderer Präsident war an der Macht, während sich die konzentrischen Kreise des Hasses auf Muslime, mexikanische Eingewanderte und nicht-weiße Eingewanderte im Allgemeinen und nun auch auf jüdische Menschen auszubreiten schienen. Es war November 2018. Im Monat zuvor waren elf jüdische Gläubige beim Gebet in der Tree-of-Life-Synagoge in Pittsburgh erschossen worden.

»Was glaubst du, wo wir jetzt stehen, nach allem, was passiert ist?«, fragte ich ihn. »Glaubst du immer noch an die 1950er-Jahre? Ich fühle mich eher an die 1880er-Jahre erinnert«, sagte ich halb im Spaß.

»Na ja, das ist furchtbar düster«, sagte er. »Damals gab es einen totalen Ausschluss der Schwarzen Wählerschaft, einen totalen Ausschluss vom politischen Leben. Die Menschen wurden auf offener Straße gelyncht. Das ist heute nicht mehr der Fall. Die 1880er-Jahre waren der Beginn einer langen Periode der Unterdrückung.«

Ich stimmte zu. Diese Ära, die Jahrzehnte etwa zwischen dem Ende der Reconstruction und dem Beginn des Zweiten Weltkriegs, wurde von dem Schwarzen Historiker Rayford Logan als der Tiefpunkt bezeichnet. Viele Schwarze Historikerinnen und Historiker sehen die Zeit, die ungefähr mit der Erschießung von Trayvon Martin und anderen unbewaffneten Schwarzen ihren Anfang nahm, in Verbindung mit der Erosion der Bürgerrechte als den zweiten Tiefpunkt.

»Wir erleben den Backlash, die Gegenbewegungen, allerdings in der Version des 21. Jahrhunderts«, sagte ich. »Die Werkzeuge, die genutzt werden, sind nicht dieselben wie im 19. Jahrhundert. Heute ist es viel gerissener als früher.«

Wir wussten beide, dass der Bestandsschutz mit dem letzten Jahrhundert verblasst war, doch jetzt ließen besonders Bundesstaaten, in denen die Republikanische Partei regierte, Zehntausende von Wählenden aus den Wahlregistern streichen, weil sie eine einzige Wahl verpasst hatten, und schlossen in letzter Minute die Wahllokale in eher demokratisch geprägten Bezirken.[454] Sie verlangten nun einen staatlichen Ausweis, um wählen zu können, lehnten aber Ausweise ab, die nicht exakt buchstabengetreu mit der Wählerliste übereinstimmten oder auf denen zum Beispiel ein einziger Apostroph fehlte.[455] Seit 2010 haben 24 Bundesstaaten eine oder alle dieser Einschränkungen eingeführt. Die Staaten griffen sogar zu so unlogischen, aber scheinbar harmlosen Taktiken, wie den Namen des republikanischen Kandidaten an die Spitze des Stimmzettels zu setzen, auch wenn der Name der Demokratin alphabetisch an erster Stelle stehen sollte, wie bei der Kandidatur von Stacey Abrams für das Gouverneursamt in Georgia gegen Brian Kemp.

Dann waren da noch die Erschießungen unbewaffneter Schwarzer durch die Polizei, die trotz viraler Videos häufig straffrei blieben.

»Der Zweck der Lynchmorde war es, die Schwarzen unter Kontrolle zu behalten«, sagte ich. »Die Täter wurden in den seltensten Fällen verfolgt. In beiden Epochen wurden Menschen ungestraft getötet. Und jetzt die Massenerschießungen.«

»Nach dem, was du sagst«, entgegnete Taylor, »klingt das so, als ob wir am Ende der Weimarer Republik stehen!«

»Es macht mir keine Freude, so zu denken«, sagte ich.

»Donald Trump hat an die Oberfläche gespült, was schon die ganze Zeit vorhanden war, und jetzt, wo es raus ist, kann man es nicht mehr leugnen. Also sollte es auch leichter zu besiegen sein.«

»Ich glaube, dass wir hier etwas wie Südafrika vor uns haben.«

»Hier sind sie mit ihrem Rassismus aber viel offener als in Südafrika«, sagte er.

»Ich meine die Demografie und die Dynamik der Demografie Südafrikas.«

»Ja«, sagte er über die Prognosen für 2042. »Die Menschen waren wütend, als die Prognosen herausgegeben wurden.

Die Leute sagten, sie würden es nicht hinnehmen, zu einer Minderheit im eigenen Land zu werden.«

»Jetzt stehen Truppen an der Grenze«, sagte ich, »und es wird auf Schwarze, People of Color und auf Menschen jüdischen Glaubens geschossen.«

Taylor nickte. Er dachte über die Bedeutung meiner Worte nach. Schließlich sagte er: »Die eigentliche Frage wäre also: Wenn die Menschen die Wahl zwischen Demokratie und Weißsein hätten, wie viele würden sich für das Weißsein entscheiden?«

Wir ließen diese Frage in der Luft hängen, denn wir wollten uns beide nicht zu einer Vermutung hinreißen lassen.

29

Der Preis, den wir für ein Kastensystem zahlen

Leon Lederman war ein US-amerikanischer Physiker, der 1988 für seine bahnbrechenden Beiträge zum Verständnis von Elementarteilchen den Nobelpreis erhielt. Jahrzehnte später, als er Anfang 90 war, begann er an Gedächtnisverlust zu leiden und benötigte Pflege. Um die steigenden Arztrechnungen zu decken, versteigerte er im Jahr 2015 seine Nobelpreismedaille für 765.000 Dollar. Er starb 2018 in einem Pflegeheim, und sein Nobelpreis war in den Händen von jemand anderem.

Im Vergleich zu anderen Ländern in der entwickelten Welt können die USA eine raue Landschaft sein, eine weniger wohlwollende Gesellschaft als andere reiche Nationen. Das ist der Preis, den wir für unser Kastensystem zahlen. An Orten mit einer anderen Geschichte und Hierarchie wird es nicht zwangsläufig als Beeinträchtigung des eigenen Wohlstands angesehen, wenn sich das System um die Bedürfnisse aller kümmert.

Die Menschen zeigen ein größeres Gefühl der gemeinsamen Verantwortung füreinander, wenn sie ihre Mitbürgerinnen und Mitbürger als ihresgleichen ansehen, wie in den Nationen Westeuropas oder in Australien, einem diversen Land mit einer weniger strikten Hierarchie. Gesellschaften können großmütiger sein, wenn die Menschen das Gefühl haben, dass sie am Leben ihrer Mitbürgerinnen und Mitbürger gleichermaßen Anteil haben.

Es gibt florierende, wohlhabende Nationen, in denen die Menschen nicht ihre Nobelpreise verkaufen müssen, um eine medizinische Versorgung zu erhalten, in denen Familien nicht bankrott gehen, wenn sie sich um ältere Angehörige kümmern, in denen Kinder die Bildungsleistungen derer in den USA übertreffen, wo Drogenabhängige in Behandlung und nicht im Gefängnis sind, wo der vielleicht größte Maßstab für menschlichen Erfolg – Glück und ein langes Leben – in größerem Maße existiert, weil sie ihre Gemeinsamkeit wertschätzen.

In einem viralen Video von Ende 2019 werden britische Bürgerinnen und Bürger gebeten zu schätzen, was ihrer Meinung nach medizinische Routinebehandlungen, die von ihrem eigenen Gesundheitssystem abgedeckt werden, in den USA kosten würden. Immer wieder unterschätzen die Befragten die Kosten in den USA aufs Massivste. Einige schreien verblüfft auf, wenn sie die tatsächlichen Kosten erfahren, andere weigern sich zu glauben, dass jemand so viel für eine notwendige Grundversorgung bezahlen muss.

»Zehntausend?«, fragt eine Frau, als sie von den durchschnittlichen Kosten einer Geburt erfährt. »Für ein Baby? Irre!«

Ein Mann wird gefragt, wie viel es seiner Meinung nach kostet, mit einem Rettungswagen ins Krankenhaus gebracht zu werden. »Das kostet was?«, fragt er. »Warum?«

»Ich bin wirklich sprachlos«, sagt eine Frau.[456]

Die Mehrheit der Länder, die mit den USA verglichen werden können, verfügt über eine Form von kostenloser oder kostengünstiger Gesundheitsversorgung. Der Schriftsteller Jonathan Chait schrieb von der einzigartigen Gleichgültigkeit der USA gegenüber seiner Bürgerinnen und Bürger im Vergleich zu allen anderen Industrienationen. Er brachte diese

Hartherzigkeit mit der Hierarchie in Verbindung, die aus der Sklaverei hervorgegangen ist. Er fand heraus, dass sogar die Konservativen in anderen wohlhabenden Ländern empathischer sind als viele US-Amerikanerinnen und -Amerikaner.

»Nur wenige Industrieländer stellen für finanziell Schwache so wenig Mittel zur Verfügung wie die USA«, stellte er 2014 im *New York Magazine* fest. »In keiner dieser Volkswirtschaften wird das Prinzip einer allgemeinen gesetzlichen Krankenversicherung auch nur von einer einzigen großen konservativen Partei ernsthaft infrage gestellt. Die Konservativen haben den einzigartigen Antietatismus der USA lange als Produkt unserer Religiosität, der englischen Freiheitstradition oder der bitteren Erfahrung der Teesteuer gefeiert. Doch der Faktor, der über allen anderen steht, ist die Sklaverei.«[457]

Ein Kastensystem erzeugt Rivalität, Misstrauen und mangelnde Empathie. Das Ergebnis ist, dass die Vereinigten Staaten, trotz all ihres Wohlstands und ihrer Innovationen, bei wichtigen Indikatoren der Lebensqualität weit hinter den führenden Ländern der Welt abgeschlagen sind.

In den USA kommt es zu mehr Massenerschießungen als in jedem anderen Land, und die Vereinigten Staaten haben nach Angaben der Weltgesundheitsorganisation eine der höchsten Raten von Todesfällen durch Schusswaffen in der gesamten entwickelten Welt. Die Menschen der USA besitzen pro Kopf mehr Waffen als jedes andere Land der Erde. Die Zivilbevölkerung der Vereinigten Staaten besitzt fast die Hälfte aller Waffen der Welt.[458]

Die USA haben die höchste Inhaftierungsrate der Erde, höher als die von Russland und China, mit einer Inzidenz von 655 Inhaftierungen pro 100.000 Bürgerinnen und Bürgern. Mit 2,2 Millionen Inhaftierungen hält das Land mehr Menschen gefangen als jede andere Nation. Die Inhaftierungsrate in den USA ist so hoch, dass die Linie, die die Vereinigten Staaten auf Grafiken zu Inhaftierungen in der entwickelten Welt darstellen, weit über das Koordinatensystem hinausschießt.

Frauen haben in den USA ein höheres Risiko, während der Schwangerschaft und der Geburt zu versterben, als Frauen in anderen wohlhabenden Ländern. Mit 14 Todesfällen pro 100.000 Lebendgeburten ist laut dem Commonwealth Fund die Müttersterblichkeitsrate in den Vereinigten Staaten fast dreimal so hoch wie in Schweden. Dies ist zum Teil auf die beklagenswerten Müttersterblichkeitsraten von Schwarzen und Indigenen Frauen in den USA zurückzuführen.[459]

Die Lebenserwartung in den Vereinigten Staaten ist die niedrigste unter den elf einkommensstärksten Ländern der Erde (Vereinigtes Königreich, Kanada, Deutschland, Australien, Japan, Schweden, Frankreich, Niederlande, Schweiz und Dänemark). Die Lebenserwartung in den USA liegt bei 78,6 Jahren gegenüber dem Gesamtdurchschnitt von 82,3 Jahren, während sie in Japan, dem Land mit der höchsten Lebenserwartung, laut einer Analyse aus dem Jahr 2019 sogar durchschnittlich 84,2 Jahre beträgt.[460]

Unter den reichsten Ländern ist die Kindersterblichkeit in den USA am höchsten: 5,8 Todesfälle pro 1.000 Lebendgeburten, gegenüber einem Gesamtdurchschnitt von 3,6 pro 1.000 Lebendgeburten in den reichsten Ländern und gegenüber etwa 2 Todesfällen pro 1.000 Lebendgeburten in Japan und Finnland.[461]

US-Amerikanische Schülerinnen und Schüler bilden in den Bereichen Mathematik und Lesekompetenz im Vergleich zu anderen Industrienationen das Schlusslicht. In Mathe schnitten 15-Jährige in den USA deutlich schlechter ab als die Schülerinnen und Schüler in Dutzenden anderer Länder, etwa Lettland und die Slowakische Republik.[462]

Als die erste weibliche Kandidatin der großen Parteien 2016 ins Rennen um die Präsidentschaft ging, hatten rund 60 andere Länder bereits ein weibliches Staatsoberhaupt gehabt, darunter Indien, Deutschland, Australien und das Vereinigte Königreich sowie Island, Norwegen, Burundi und die Republik Slowenien. Und in der für die Bevölkerung vielleicht wichtigsten Kategorie, dem Grad an Glück unter den Ländern der Erde, rangierten die USA 2019 weltweit auf dem 19. Platz, ein Absturz von fünf Plätzen seit 2017, was als Indikator für unsere andauernde Unzufriedenheit gelesen werden kann.[463]

*

Im Winter 2020, dem einzigen Jahr in der Geschichte der Menschheit, das versprach, der gesamten Welt eine einfache, aber vollkommene Einsicht zu bescheren, erwachte eine unsichtbare Lebensform in der östlichen Hemisphäre der Erde und begann sich über die Ozeane auszubreiten.

Die mächtigste Nation der Welt sah zu, wie weit entfernte Angestellte in Schutzanzügen Menschen auf etwas testeten, was für niemanden sichtbar war, und gab sich der Illusion hin, dass die vermeintliche amerikanische Ausnahmestellung ihr irgendwie Immunität gegen die Sorgen anderer Länder gewähren würde.

Doch das Virus erreichte auch ihre Küste und pflanzte sich in den Lücken der Ungleichheit, in den rissigen Verwandtschaftsbeziehungen und in der aufgebrochenen Infrastruktur im Kastensystem des Landes ein, gerade so, wie es auch das geschwächte Immunsystem des menschlichen Körpers ausnutzte.

Schon bald kam es in den USA zum größten Coronavirus-Ausbruch der Welt. Die Gouverneure flehten um Grundversorgungsgüter und Testkits und mussten sich um Beatmungsgeräte bewerben. »Wie üblich«, so lautete eine Schlagzeile im *Atlantic*, »sind die USA auf sich allein gestellt.«[464]

Das Virus machte sowohl die allgemeine Verwundbarkeit der Menschen als auch spezielle Hierarchieebenen deutlich. Obwohl sich jeder mit dem Virus anstecken konnte, wurden vor allem US-Amerikaner mit asiatischer Abstammung zu den Sündenböcken gemacht, nur weil sie wie die Menschen aus dem Teil der Welt aussahen, in dem das Virus zuerst aufgetreten war.

Und im weiteren Verlauf der Krise waren es die Schwarzen und die Menschen mit hispanischer Herkunft, die in höherer Zahl an den Folgen des Virus starben. Vorerkrankungen, die häufig mit der Belastung von Menschen am Rande der Gesellschaft zusammenhängen, trugen zu den Unterschieden bei den Sterberaten bei. Doch es waren die kastenähnlichen Berufe am unteren Ende der Hierarchie – Lebensmittelverkäuferin, Busfahrer, Paketzustellerin, Sanitäter, schlecht bezahlte Jobs mit viel Personenkontakt –, in denen die Angestellten einem größeren Risiko ausgesetzt waren, sich mit dem Virus anzustecken. Menschen in einfachen Anstellungen, die nicht krankenversichert sind und sich nicht krankschreiben lassen können, obgleich sie dafür sorgen, dass alles halbwegs weiterläuft wie bisher, und es anderen ermöglichen, sich in Sicherheit zu bringen.

Als die Zahl der Todesopfer weltweit den höchsten Stand erreichte, mussten sich die USA – und diejenigen, die eine Führungsrolle anstrebten – mit den Schwächen ihres sozialen Ökosystems abfinden.

Der *Guardian* schrieb: »Das Fehlen eines fairen, öffentlichen Gesundheitssystems, der harte Wettbewerb zwischen den Bundesstaaten um die knappen medizinischen Ressourcen, die unverhältnismäßig hohe Anzahl an Todesfällen unter ethnischen Minderheiten, die chaotischen Regeln zur Einschränkung sozialer Kontakte sowie der Mangel an zentraler Koordination – in all diesen Aspekten erinnern die USA den Rest der Welt an ein Entwicklungsland, nicht an die mächtigste und einflussreichste Nation der Welt.«[465]

Die Pandemie und die vorausschauendes, schnelles Handeln verhindernde Selbstbezogenheit des Landes haben nach den Worten von Stephen Walt, einem Professor für internationale Beziehungen an der Harvard University, »eine in der Geschichte der USA beispiellose Charakterschwäche« offengelegt. Die Pandemie zwang die Nation, die Augen für das zu öffnen, was sie vielleicht nicht sehen wollte, aber sehen musste, und sie zwang die Menschheit, über ihre Machtlosigkeit im Angesicht von Naturgesetzen nachzudenken.

»Die USA sind auf der Suche nach ihrer Menschlichkeit«, sagte Gary Michael Tartakov, ein US-amerikanischer Forscher, der sich mit dem Thema der Kaste befasst, über sein Land. »Sie haben andere entmenschlicht, um ihre Zivilisation aufzubauen. Jetzt müssen sie ihre eigene Menschlichkeit finden.«[466]

TEIL SIEBEN

DAS ERWACHEN

30

Die heilige Schnur abwerfen

An den heiligen Gewässern der Schwemmlandebenen östlich der Wüste Thar wurde sich ein Mann aus der höchsten Kaste Indiens langsam seiner privilegierten Verzweiflung bewusst. Er hatte einen hohen Rang in der bürgerlichen Gesellschaft und eine hochgeborene Frau und Familie. Er war ein Brahmane, ein Angehöriger der Priesterkaste, die sogar über Königen und Kriegern stand. Er war das indische Äquivalent zu den Blaublütigsten in den USA. Im Gegensatz zu gewöhnlichen Männern wurde er zweimal geboren – zuerst im Schoß seiner Mutter und dann im Tempel während des Übergangsrituals für Jungen aus den höheren Kasten. Nur den Brahmanen, den Kshatriya und den Vaishya wurde historisch gesehen diese einzigartige Erhebung zuteil. Es ist eines der vielen Dinge – vielleicht das wertvollste, transzendenteste aller Dinge –, das die Männer der oberen Kaste von denen der unteren Kaste unterscheidet; sie sind es, die von den Göttern am stärksten begünstigt werden.

Viele Jahre zuvor, an dem Tag, an dem er als junger Brahmane seine zweite Geburt erlebte, war sein Kopf kahlgeschoren worden, und in einer rituellen Reinigung wurde er gebadet. Der brahmanische Priester las aus einer heiligen Schrift vor und rief den Gott Vishnu um seine Kraft und seinen Schutz an. Zur festgesetzten Stunde legten sie dem Mann eine heilige Schnur um den Hals, die ihm über die nackten Schultern auf seine Brust fiel. Die drei ineinander verflochtenen Stränge der

Schnur standen für den Körper, den Geist und die Zunge, mit der der Junge Weisheiten von sich geben könnte. Dies war seine Einweihung in die brahmanische Männlichkeit, und von nun an sollte er die heilige Brahmanenschnur ununterbrochen tragen, tagsüber unter seiner Kleidung, beim Schlafen in der Nacht, und auch wenn er sich wusch, sollte er sie nicht ablegen. Der Junge sollte die Schnur sauber und reinhalten, wie ein Brahmane selbst sauber und rein bleiben sollte, und er sollte sie ersetzen, wenn sie ausgefranst oder verunreinigt wurde, zum Beispiel, wenn jemand aus den unteren Kasten sie zufällig berührte. Wenn der Junge alt genug wäre, um sich zu rasieren, müsste er die Schnur hinter sein Ohr legen oder sie beim Waschen unters Kinn halten, um sie zu schützen. Die heilige Schnur war eine Erweiterung seines Brahmanenkörpers, des reinsten aller menschlichen Körper, und ein Signal für jeden, der somit seinen hohen Rang im Lande erkennen konnte. Der Junge durfte nun gemeinsam mit den Männern der Familie und des Dorfes essen und seinen Platz unter den Männern der hohen Kaste einnehmen.

An einem darauffolgenden Sonntag war sein Vater unterwegs, um seinen Grundbesitz zu inspizieren. Der Vater stieß auf seinem Land auf einen Ackerarbeiter, doch dieser zollte dem Vater nicht den Respekt, der einem Brahmanen gebührte. Der Arbeiter war ein Dalit aus der niedrigsten aller Kasten, ein Mann, dessen bloßer Schatten den Jungen und die Kaste seines Vaters beschmutzte. Die Dalits waren darauf trainiert, sich beim Anblick ihrer Vorgesetzten vor Angst zu krümmen. Unzählige Dalits hatten ihr Leben verloren, weil sie die oberen Kasten beleidigt hatten, und sie standen gänzlich in ihrer Schuld.

Der Vater des Jungen nahm einen Stock und jagte dem Ackerarbeiter hinterher. Der Dalit brach den Ast eines Baumes ab, um sich vor dem Angreifer zu schützen. Als der Vater dies sah, nahm er sich zusammen, wich vor dem Dalit zurück und ergriff die Flucht. Doch eine Gruppe anderer Brahmanen waren Zeugen davon, wie der Vater davonlief, und sie sahen, wie er einem Unberührbaren erlaubte, ihn, seinen Herrn, zu verjagen. Der Vater hatte nicht seine Überlegenheit gegenüber dem Dalit bewiesen. Er hatte seine Kaste entehrt, indem er zuließ, dass ein Unterlegener über ihn herrschte.

Das Kastensystem hatte die Angewohnheit, das Verhalten eines jeden in seinem Gefolge zu überwachen, um alle an ihren rechtmäßigen Plätzen zu halten. Nun hatte der Vater in diesem einen Moment Schande und Demütigung über sich selbst, seine Familie und seine Kaste gebracht. Da er keine Möglichkeit sah, seine Ehre zu bewahren, flüchtete der Vater aus dem Dorf. Seine Familie suchte und suchte nach ihm und fand ihn schließlich singend in einem Raum, in dem er umgeben war von Götterbildern.

»An jenem Tag habe ich meinen Vater verloren«, erinnerte sich der Brahmane viele Jahrzehnte später, »und auch meine Kindheit habe ich verloren.« Vielleicht war sein Vater von Anfang an psychisch nicht gesund gewesen. Vielleicht war der Druck, eine Rolle auszufüllen, in die man hineingeboren wurde, die man aber nicht selbst gewählt hatte und für die das eigene Temperament nicht geeignet war, vielleicht war all dies zu viel für den Vater.

Der Brahmane wuchs heran und gründete seine eigene Familie. Er ließ die Demütigung durch seinen Vater hinter sich. Doch in der Anonymität der Großstadt begann er, die Nöte und Ungerechtigkeiten um sich herum zu sehen, den Staub, der von den Straßen in die dicke Luft aufgewirbelt wurde, die Straßenkehrer und die Plünderer, über die man gesagt hatte, sie akzeptierten ihr unterlegenes Schicksal. Doch von dem

Dalit, der sich seinem Vater widersetzt hatte, wusste er, dass sie ihr Schicksal nicht akzeptierten, dass sie nicht die fügsamen, faulen Kreaturen der Kastenmythologie waren.

Der Brahmane lernte die wenigen Dalits kennen, die ihm bei seiner Arbeit über den Weg liefen und die die Mauern der Kaste durchbrochen hatten, um sich zu bilden und einen Beruf auszuüben, und er bewunderte sie. Er begriff, dass sie dieselben Fähigkeiten besaßen wie er, und dass sie, da sie es aus eigener Kraft so weit gebracht hatten, Dinge über die Welt wussten, denen er aufgrund seines Privilegs nie ausgesetzt gewesen war. Er verstand, dass das Kastensystem für manche einen mühelosen Weg ebnete und für andere zerklüftete Untiefen schuf, dass Kreativität und Intellekt nicht nur auf eine Gruppe beschränkt waren. Dies waren die Menschen, deren Anblick und Berührung als verunreinigend galt, und doch saß er ihnen gegenüber, nahm an ihrem Leben teil und lernte von ihnen. Er war der Nutznießer ihrer Gaben und nicht umgekehrt, und er verstand, was verloren gegangen war, da er und die anderen Brahmanen niemals zuvor einen oder eine Dalit kennengelernt hatten. Bald sah er sich selbst mit anderen Augen, und er begriff die Illusion seiner vermeintlichen Überlegenheit, dass man ihm eine Lüge erzählt hatte, und dass man auch seinen Vater belogen hatte, und dass der Versuch, dieser Lüge gerecht zu werden, ihm einen Teil seines Vaters genommen hatte. Aus diesem Grund trug er eine schwere Schuld und Scham über die Tragödie, die der Familie widerfahren war, und eine Erinnerung, der er nicht entkommen konnte. Er wollte sich von ihr befreien.

Er teilte diese Erkenntnis mit einem Dalit, den er kennengelernt hatte, und erzählte ihm von einer Entscheidung, die er getroffen hatte. »Ich habe mir die heilige Schnur vom Leib gerissen«, sagte er dem Dalit, einem Angestellten. »Sie war eine giftige Schlange um meinen Hals, und ihr Gift ist tief in mich eingesickert.«

Die meiste Zeit seines Lebens hatte er die heilige Schnur getragen, als bestünde sie aus Haarsträhnen auf seinem Kopf. Sie abzunehmen bedeutete, auf seine hohe Kaste zu verzichten, und er dachte daran, dass seine Familie ihn als Konsequenz ablehnen könnte, wenn sie davon erführe. Er würde sich gut überlegen müssen, wie er damit umgehen würde, wenn die Zeit gekommen war.

Nun wurde er ein drittes Mal geboren, aus dem dunklen Raum seines Geistes zogen sich die Schatten zurück. »Die Schnur ist eine falsche Krone, die wir tragen«, sagte er. Er wünschte sich, dass jeder Mensch aus der dominanten Kaste dieses Erwachen erlangen könnte. »Meine Botschaft wäre, dass man die falsche Krone ablegen sollte. Es kostet dich mehr, sie zu behalten, als sie loszulassen. Sie ist nicht echt. Sie ist nur ein Zeichen deiner Programmierung. Ohne sie kannst du glücklicher und freier sein. Es wird dir möglich sein, die ganze Menschheit zu sehen. Du wirst dein wahres Selbst finden.«

So war es ihm gegangen. »Es gab einen Gestank, den mein Körper absonderte«, sagte er. »Ich habe den Leichnam in meinem Geist lokalisiert. Ich habe ihn ordentlich begraben. Und jetzt kann meine Reise beginnen.«

Die Radikalisierung der herrschenden Kaste

Eine Freundin meiner Familie und ich hatten uns zum Abendessen verabredet, in einem schicken Restaurant in einer Großstadt in den USA. Ich kannte sie nicht gut, aber ich wusste, dass sie ein kreativer Freigeist war, gutherzig und weit gereist.

Sie gehörte der dominanten Kaste an, und wie die meisten Menschen der Oberkaste des Landes war sie in einem Viertel aufgewachsen, in dem größtenteils Menschen wie sie selbst lebten. Wir kannten uns nur entfernt, und während wir uns voneinander erzählten, kamen mehrere Kellner an uns vorbei. Es war nicht klar, welcher von ihnen für uns zuständig war.

Schließlich kam einer von ihnen an unseren Tisch. Er war blond, kurz angebunden, sachlich. Ich bestellte Fisch, sie bestellte Pasta. Wir bestellten beide etwas zu trinken und Vorspeisen.

Während wir auf die Getränke warteten, setzte sich ein Paar aus der dominanten Kaste, derselben Kaste wie meiner Bekannten, an den Nachbartisch. Unser Kellner eilte herbei, um ihre Bestellung aufzunehmen, plötzlich war er charmant und überschwänglich, informierte sie über die Tagesgerichte und machte Smalltalk. Sekunden später brachte er ihnen einen Korb mit Brot. Kurz darauf brachte er ihre Getränke, während wir noch auf unsere warteten.

Meine Bekannte wurde ungeduldig, ja sogar wütend und drehte sich um, um zu schauen, wo der Kellner blieb. Sie versuchte, die ungewohnte Unaufmerksamkeit zu verstehen. Der Kellner kam noch einmal, um nach den Gästen am Nebentisch zu sehen und Getränke und Brot an andere Tische zu bringen.

Sie versuchte, sich zu beruhigen, und winkte ihn heran. »Wir haben unsere Getränke noch nicht bekommen«, sagte sie. »Könnten Sie sich bitte um unsere Drinks kümmern? Und Brot hätten wir auch gern«, fügte sie hinzu und sah zu dem Paar hinüber, das nach uns gekommen war. Sie waren gerade dabei, ihr Brot in Olivenöl zu dippen, während wir auf einen leeren Tisch starrten.

Er nickte und sagte, er werde sich gleich darum kümmern, hielt aber auf dem Weg zurück in die Küche an, um nach mehreren anderen Tischen zu sehen. Später kam er mit einem Tablett zurück, allerdings standen darauf die Vorspeisen für das Paar am Nachbartisch.

Meine Bekannte winkte ihn erneut heran. »Wo bleiben unsere Getränke? Brot haben wir auch keins bekommen.«

»Oh, ja sicher«, sagte er und drehte sich wieder um.

Es fiel ihr inzwischen schwer, sich auf das zu konzentrieren, was sie sagte. Die Leute neben uns sprachen darüber, wie lecker die Vorspeisen seien, und hatten ihr Brot schon fast aufgegessen. Ihr Tisch war vollgeladen mit Tellern, unserer war leer.

Auf einer seiner vielen Runden an unserem Tisch vorbei brachte der Kellner endlich die Getränke, aber nicht das Brot, und die Benachteiligung war nicht mehr zu übersehen. Schließlich kam er mit den Hauptgerichten. Die Gäste neben uns waren schon beim Dessert, das, nach ihren Worten zu urteilen, ebenfalls ausgezeichnet war. Meine Bekannte starrte auf ihre Nudeln und stocherte mit der Gabel darin herum, kostete sie und legte die Gabel wieder ab.

»Die Pasta ist kalt. Sie schmeckt nicht mal gut. Wie ist dein Fisch?«

»Ganz okay. Nicht großartig. Ebenfalls kalt.«

»Ich rufe den Kellner.«

Ihr Gesicht war jetzt fast puterrot. Sie rutschte auf ihrem Stuhl herum, sah sich nach ihm um und schüttelte ungläubig den Kopf. Sie konnte sich kaum zusammenreißen.

»Könnten Sie mal kurz kommen?«, rief sie ihm zu, als er wieder vorbeiging. »Ich weiß genau, worum es hier geht. Um Rassismus!«

Ihre Stimme erhob sich, sie war so laut, dass das ganze Restaurant sie hören konnte.

»Sie sind ein Rassist! Das ist ein rassistisches Restaurant! Wir haben die ganze Zeit hier gesessen, und Sie haben all diese anderen Leute an allen anderen Tischen bedient, und uns haben Sie die ganze Zeit ignoriert, nur weil sie Schwarz ist.«

Die Leute an den anderen Tischen sahen jetzt mich an, obwohl mir diese Aufmerksamkeit nicht recht war. Ich hatte kein Interesse daran, aus der Sache eine Staatsaffäre zu machen. Würde ich jedes Mal so reagieren, wenn ich beleidigt werde, müsste ich fast jeden Tag jemanden beschimpfen.

Doch meine Bekannte hatte gerade erst angefangen. »Ich will Ihren Namen wissen, ich will den Namen des Managers haben. Ich werde dafür sorgen, dass man weiß, was hier vor sich geht.«

Sie schob die Schüssel mit den Nudeln in die Mitte des Tisches. »Die Pasta ist kalt«, sagte sie. »Ich kann sie nicht einmal essen. Ihr Fisch ist auch kalt. Sie kann ihn auch nicht essen. Ich werde dafür nicht bezahlen, wir zahlen das nicht. Ich sage allen, die ich kenne, dass sie nicht hierherkommen sollen. Das ist doch Mist.«

Bei all dem Tumult kam die Managerin in den Speiseraum, um zu sehen, was hier vor sich ging. Die Managerin war eine zierliche Schwarze Frau, die von der Wildheit dieser frischgebackenen antirassistischen Frau aus einer höheren Kaste eingeschüchtert zu sein schien, die wütend über die ungewohnte Härte hier vor ihr stand. Die Managerin entschuldigte sich vielmals, aber meine Bekannte ließ nicht locker.

Sie stürmte aus dem Restaurant, und ich folgte ihr. Es dauerte eine Weile, bis sie sich wieder beruhigt hatte.

Ein Teil von mir wollte zu ihr sagen: »Stell dir nur mal vor, du müsstest fast jeden Tag so etwas durchmachen. Du würdest es nicht lange aushalten. Wir können es uns nicht leisten, jedes Mal in die Luft zu gehen, wenn wir beleidigt und ignoriert werden. Wenn es nötig ist, beschweren wir uns, aber wir müssen einen Weg finden, nicht jedes Mal auszuflippen, weil wir trotzdem noch unseren Alltag meistern müssen.«

Ein Teil von mir nahm es ihr übel, dass sie so ausrasten konnte und damit durchkam, während man mir vielleicht nicht einmal geglaubt hätte. Es war ein Privileg der Kaste, im Restaurant so auszurasten, wie sie es getan hatte. Es war ein Zeichen dafür, wie unterschiedlich wir behandelt werden, dass sie über 40 Jahre lang auf der Erde gewesen war, ohne einmal zu erleben, was für jeden Menschen, der in die untergeordnete Kaste geboren wurde, eine Alltäglichkeit war, dass es ihr so fremd war, dass es sie so sehr erschütterte, dass sie darüber in die Luft ging. Doch ein Teil von mir wünschte sich, dass jeder Mensch in der dominanten Kaste, der Schwarze und andere ausgegrenzte Menschen verleugnet und beschwichtigt und der verharmlost, was ihnen widerfährt, dass all diese Menschen einmal das erleben könnten, was sie gerade erlebte. Innerhalb weniger Minuten war sie radikalisiert worden. Sie wusste ganz genau, dass man sie so nicht behandelte, wenn sie mit anderen Angehörigen der herrschenden Kaste unterwegs war. Sie war von sich aus zu dieser Erkenntnis gekommen.

Und ein Teil von mir, der größte Teil von mir, war glücklich, ihre gerechte Empörung in meinem Namen zu sehen, in ihrem eigenen Namen und im Namen all der Menschen, die diese Demütigungen tagtäglich über sich ergehen lassen müssen. Es wäre eine bessere Welt, wenn jeder einmal fühlen könnte, was sie gefühlt hatte, und erwachen würde.

31

Das Herz ist die letzte Grenze

Dezember 2016. Ein Monat nach der Präsidentschaftswahl

Er roch nach Bier und Tabak. Er trug eine Mütze wie die Männer auf den Rallyes, die Amerika wieder groß machen wollten, wie die Leute, die im letzten Monat die Wahl gewonnen hatten. Sein Bauch quoll über seine Gürtelschnalle. Die Jahre hatten Falten in seinem Gesicht hinterlassen, und Bartstoppeln übersäten Kinn und Wangen. Er stieß einen phlegmatischen Husten aus.

Ich hatte die Klempnerfirma angerufen, weil ich Wasser im Keller entdeckt hatte, und er war es, den sie geschickt hatten. Er stand auf der Schwelle meiner Haustür und schien nicht erwartet zu haben, dass jemand, der aussah wie ich, die Tür öffnen würde. Es ist ein überwiegend weißes Viertel, mit Joggern und Radfahrerinnen und puristischen Müttern in Yoga-Sweatshirts, die Kinderwagen vor sich herschieben, mit wippenden Pferdeschwänzen und vielleicht einem Labradoodle, der hinter ihnen hertrottet. In jeder Seitenstraße drängeln sich die Lastwagen von Landschaftsgärtnern und Hausmeisterteams aneinander vorbei. Ich war diese Reaktion schon gewöhnt.

»Ist die Dame des Hauses auch da?«, fragt manchmal jemand, der Flugblätter verteilt oder eine Umfrage macht, und gefragt werde ich, die einzige Dame weit und breit, die direkt vor ihnen steht. Diese Vermutung veranlasst mich nicht dazu, nachsichtig zu sein. Ich könnte sie korrigieren, wenn ich wollte, und sie könnten versuchen, es abzutun, oder ich könnte ihnen einfach auch die Peinlichkeit ersparen.

»Nein, sie ist nicht hier«, sage ich dann. Sie fragen dann nicht noch einmal nach, scheinen keinen Verdacht zu schöpfen.

»Wissen Sie, wann sie zurückkommt?«

»Nein, nein, leider nicht«, sage ich dann meistens. »Was kann ich ausrichten?« Sie drücken mir eine Karte oder ein Flugblatt in die Hand, und ich werfe einen Blick darauf, während sie wieder gehen.

Der Klempner überprüfte also, ob es sich tatsächlich um das richtige Haus handelte, und kam dann mit einem genervten Blick herein, als wolle er die Sache einfach hinter sich bringen. »Wo ist der Keller?«

Ich war auf diesen Mann und andere wie ihn angewiesen, da ich nun sowohl verwitwet als auch mutterlos war und die beiden wichtigsten Menschen in meinem Leben innerhalb von 18 Monaten verloren hatte. Ich musste mich auf Handwerker verlassen, um Dinge in diesem Haus zu reparieren, auf Menschen, die es mir vielleicht übelnahmen, dass ich hier war, und die vielleicht oder vielleicht auch nicht bereit waren, mir zu helfen oder schlicht ihre Arbeit zu tun. Und jetzt, nach der Präsidentschaftswahl, hatte sich die Lage noch verschärft.

Er folgte mir in den Keller und blieb vor mir stehen, während ich Kisten wegräumte, um Platz für ihn zum Arbeiten zu schaffen. Ich räumte den tragbaren Rollstuhl meiner Mutter, den sie nicht mehr brauchen würde, zur Seite, gefolgt von einem Lampenschirm, Stapeln von Ingenieurbüchern meines verstorbenen Vaters und einem alten Eimer, während der Klempner zusah, ohne mir zur Hand zu gehen. Ich begann, das Wasser zur Pumpe zu kehren, während er auf den nassen Boden guckte.

Ich berichtete, dass das Wasser bis zu zehn Zentimeter hoch gestanden hatte und dass mir ein Schornsteinfeger geholfen hatte, die Pumpe wieder in Gang zu setzen, um das meiste Wasser abzulassen; ich sagte, es sei noch nie zuvor etwas derartiges passiert.

»Ich bin fast nie hier unten im Keller«, sagte ich. »Wir hatten ja eine Dürre, da habe ich nicht über Wasser im Keller nachgedacht. Mein Mann war derjenige, der hier runterkam.« Er war es, der den Filter des Ofens überprüfte, den Sicherungskasten kontrollierte, Dinge in seiner Werkstatt reparierte, die noch genau so war, wie er sie zurückgelassen hatte, der Sägebock und die Bohrer unberührt seit dem Zeitpunkt, als er das letzte Mal hier herunterkam, um etwas zu reparieren, bevor er starb. Er ist letztes Jahr gestorben, sagte ich zu dem Klempner. Die Tragweite dieser Aussage schien nicht bei ihm anzukommen. Der Klempner zuckte nur mit den Schultern und sagte: »Aha.«

Ich schob das Wasser mit dem Besen weg, während er nur so da stand, und erinnerte mich daran, was in der letzten Woche geschehen war. Ich hatte versucht, über die Feiertage so weit wie möglich von meiner Trauer loszukommen. Wenn es eine Möglichkeit gewesen wäre, hätte ich den Planeten verlassen, doch das war es nicht, also hatte ich das nächstbeste, bequemste Mittel gewählt, um mich von der Schwere des Verlustes zu lösen, nämlich ein Ticket nach Buenos Aires. Ich war noch nie in Buenos Aires gewesen, also gab es keine Erinnerungen, die dort auftauchen konnten, nichts, was mich daran denken ließ, dieses oder jenes mit jemandem gesehen oder getan zu haben, den ich verloren hatte. Als ich mich auf die Abreise vorbereitet hatte, war der Schornsteinfeger zur halbjährlichen Überprüfung des Ofens gekommen und hatte Wasser im Keller entdeckt. Er war ein Einwanderer aus Mittelamerika, und obwohl es nicht seine Aufgabe war, half er mir, das Wasser abzulassen, so gut er konnte.

Der Klempner begutachtete nun die Kisten und ging um einige herum, wobei er einen Lampenschirm und einen Kranz auf den nassen Boden warf, ohne sie aufzuheben. Ich wischte weiter. Es schien, als gäbe es für ihn nichts mehr zu tun, zumindest tat er nichts.

Er zeigte aufs Waschbecken. »Da kommt das Wasser her«, sagte er, und damit schien die Sache für ihn erledigt.

»Aber das Waschbecken ist noch nie übergelaufen«, sagte ich. »Es muss noch an irgendwas anderem liegen.«

»Wie lange ist die Überschwemmung her?«

»Etwa eine Woche, seit dem starken Regen. Hier gibt es irgendwo einen Abfluss. Ich frage mich, ob er vielleicht verstopft ist.«

Ich fing wieder an, Kisten umzuräumen, und fühlte mich noch einsamer, weil der Mann einfach nur dastand. Ich hob einen schweren Karton an, und er sah zu, rührte aber keinen Finger, um mir zur Hand zu gehen. Er sagte nur: »Klappt's?«

Ich hatte zahlreiche Kisten umgeräumt, aber ich konnte den Abfluss noch immer nicht finden. Es schien mir, dass die Suche danach Teil seiner Arbeit sein sollte, doch der Mann zeigte kein Interesse.

»Vielleicht liegt es an der Pumpe?«, fragte ich.

Er sah sie sich an. »Nein, mit der Pumpe ist alles in Ordnung«, sagte er.

Jetzt bemerkte ich, dass das verpackte Popcorn darin schwamm. »Könnte es sein, dass die Pumpe deswegen nicht mehr funktioniert?«

»Nein«, sagte er, »aber die Pumpe muss gereinigt werden.«

Und warum machte er das dann nicht? War er nicht deswegen hier?

Stattdessen bot er an, einen Kostenvoranschlag für eine neue Pumpe aufzustellen. Aber warum eine neue Pumpe kaufen, wenn die alte funktioniert? Ich hatte ihn gerufen, um die Ursache der Überschwemmung zu beheben. Seit seiner Ankunft war ich diejenige, die das Wasser aufgewischt, die Kisten weggeräumt und nach der Ursache gesucht hatte. Er tat weniger, als der Schornsteinfeger getan hatte.

Ich war jetzt stinksauer. Er stand bloß da und sah mir beim Fegen zu (wie es Frauen, die wie ich aussehen, seit Jahrhunderten tun), ohne irgendetwas zu unternehmen. Er hatte keine Vorschläge gemacht, kein Interesse gezeigt, und jetzt sah es so aus, als müsste ich ihn fürs Nichtstun bezahlen. Da er mir nicht half, hatte ich nichts zu verlieren. Etwas überkam mich, und ich nahm seine Menschlichkeit ins Fadenkreuz.

»Meine Mutter ist erst letzte Woche gestorben«, sagte ich ihm. »Lebt Ihre Mutter noch?«

Er sah auf den nassen Boden hinunter. »Nein, nein, sie lebt nicht mehr.«

Irgendwie hatte ich das schon geahnt.

»Sie ist 1991 gestorben«, sagte er. »Mit nur 58.«

»Das ist nicht alt«, sagte ich.

»Nein, ist es nicht. Mein Vater lebt noch, er ist 78. Er ist in einem Heim südlich von hier. Meine Schwester lebt nicht weit von ihm.«

»Sie haben Glück, dass Sie noch einen Vater haben«, sagte ich.

»Na ja, er ist ziemlich bösartig.«

Ich dachte über die Bedeutung dieser Tatsache nach. Was könnte sein Vater ihm beigebracht haben, wenn es um Menschen geht, die wie ich aussehen? Doch ich blieb im Moment.

»Man vermisst sie, wenn sie weg sind, egal wie sie waren«, sagte ich.

»Was ist mit Ihrer Mutter?«, wollte er wissen. »Wie alt war sie?«

»Sie war viel älter als Ihre Mutter. Sie hatte eigentlich ein schönes Alter. Aber sie war sehr lange krank. Und darüber kommt man ja nie hinweg.«

»Ich habe eine Tante über 80, die immer noch raucht und immer einen Schluck Bier abhaben will, wenn man eins trinkt«, sagte er und musste lachen. »Die Schwester meines Vaters.«

Ich lächelte und versuchte, das Positive zu sehen. »In der Familie Ihres Vaters hat man ein langes Leben«, sagte ich.

»Ja. Wahrscheinlich ist das so.«

Sein Gesicht hellte sich auf, und er ging zur Pumpe hinüber, bückte sich und griff hinein. Ein oder zwei Minuten später stand er auf.

»Okay, die Pumpe ist wieder startklar.«

Er wandte sich dem Bereich des Kellers zu, wo sich vermutlich der Abfluss befand.

»Bestimmt ist er unter diesem Couchtisch«, sagte er. »Wenn Sie ihn an der einen Seite anpacken, können wir ihn wegschieben.«

Gemeinsam schoben wir den Tisch zur Seite, und siehe da: der Abfluss.

»Der ist nicht verstopft, daran kann's also nicht liegen«, sagte er. »Ich hol' mal meine Taschenlampe aus dem Wagen.«

Als er zurückkam, tastete er mit dem Licht der Taschenlampe den Boden entlang und suchte jede Ecke des Kellers ab. Er schaute unterm Waschbecken, hinter der Waschmaschine und dem Trockner, vor denen Kartons standen, er guckte hinter dem Sägebock und vor dem Ofen.

»Ich hab's gefunden«, sagte er jubelnd.

Ich lief zu ihm rüber. »Und, was war's?«

»Es ist der Warmwasserbereiter. Der Warmwasserbereiter ist hinüber.«

Er leuchtete mit der Taschenlampe auf den oberen Teil des Warmwasserbereiters, auf die verrosteten Rohre und den aus den Spalten aufsteigenden Dampf. Das Wasser war aus der kaputten Heizung ausgetreten, was erklärte, warum das Wasser so klar war und meine Wasserrechnung so hoch.

Erleichtert trat ich einen Schritt zurück. »Ich wusste, dass es mehr sein musste als nur der Regen.«

»Sie brauchen einen ganz neuen Wasserboiler. Der hier ist hinüber.«

Wie unterschiedlich waren dieser Moment und die Momente nur wenige Minuten davor. »Meine Mutter muss mit Ihrer Mutter gesprochen haben«, sagte ich, »und ihr gesagt haben, dass sie ihren Jungen dazu bringen soll, ihrem Mädchen dort unten zu helfen. ›Meine Tochter braucht die Hilfe Ihres Sohnes.‹«

Die Vorstellung daran brachte uns beide zum Lächeln. Er drehte die Wasserzufuhr zum Warmwasserbereiter ab, sodass vorerst zwar kein heißes Wasser mehr im Haus war, aber, was viel wichtiger war, auch kein Wasser mehr in den Kellerboden sickerte. Er gab mir einen Kostenvoranschlag für den Austausch der Heizung und berechnete mir 69 Dollar für den Besuch, was ich für angemessen hielt. Wir wünschten uns gegenseitig schöne Feiertage, und dann ging er.

Das Telefon klingelte. Es war Bunny Fisher, über deren Vater, Dr. Robert Pershing Foster, ich in meinem Buch *The Warmth of Other Suns* geschrieben hatte. Sie rief an, um sich nach mir zu erkundigen, da wir über die Jahre und erst recht nach meinen jüngsten Verlusten in engem Kontakt geblieben waren. Ich erzählte ihr von der Begegnung mit dem Klempner und dem kleinen Wunder, das sich während unserer Unterhaltung ereignet hatte.

Dann klingelte es an der Tür. Es war noch einmal der Klempner. Er sagte, er sei zurückgefahren, um das Gas für den Warmwasserbereiter abzudrehen, damit dieser nicht einen leeren Tank heizen würde. Er kannte jetzt den Weg durchs Haus und ging in den Keller, war fröhlich und gesprächig, als wäre er ein Teil der Familie.

»Es hätte viel schlimmer kommen können«, sagte er. »Das Wasser hätte von oben eindringen können, und das hätte alles zerstört. Und Sie oder jeder, der versucht hätte, das zu reparieren, hätte sich verbrühen können. Ich hab' schon viel Schlimmeres gesehen.«

Als er die Kellertreppe wieder hinaufstieg, erhaschte er einen Blick auf einige alte Polaroidfotos, die ich aus den nassen Kisten geborgen und zum Trocknen zur Seite gelegt hatte.

In der Mitte der Treppe blieb er stehen. »Ja, die muss man aufheben«, sagte er. »Das sind richtige Erinnerungen.« Dann trat er mit einem Satz aus dem Haus ins Tageslicht.

EPILOG

Eine Welt ohne Kaste

Wir schauen in den Nachthimmel und sehen die Planeten und Sterne, die fernen Lichter wie Salzkörnchen, und wir sind daran erinnert, wie klein wir sind, wie unbedeutend unsere Sorgen, wie kurz unsere Zeit auf diesem Planeten bemessen ist, und wir wünschen uns, Teil von etwas zu sein, das größer ist als wir selbst, wir sehnen uns danach, irgendwie mehr zu sein als der Staub, der wir sind.

Selbst das längste Leben unserer Spezies ist nur ein Wimpernschlag in der Geschichte der Menschheit. Wie kann es jemand wagen, einer anderen Seele Schaden zuzufügen, ihr Leben oder ihre Möglichkeiten im Leben zu beschneiden, wo doch unser Leben ohnehin so kurz ist?

Die Spezies hat unfassbare Verluste durch die brutale Einteilung in Kasten erlitten: die 11 Millionen Menschen, die von den Nazis getötet wurden; die Dreiviertelmillion Menschen, die im amerikanischen Bürgerkrieg getötet wurden; der langsame, lebendige Tod und die eingeschränkten Fähigkeiten von weiteren Millionen auf den Plantagen in Indien und im US-amerikanischen Süden.

Was auch immer sie an Kreativität oder Genialität besaßen, ist für alle Zeiten verloren gegangen. Wo stünden wir als Spezies, wenn es den Millionen von Opfern dieser Kastensysteme erlaubt worden wäre, ihre Träume auszuleben oder überhaupt am Leben zu bleiben? Wo stünde heute der Planet, wenn die vermeintlichen Nutznießer von ihren Illusionen befreit worden wären, die auch sie zu Gefangenen machten, wenn sie ihre Energien auf Lösungen für die gesamte Menschheit gerichtet hätten, auf die Heilung von Krebskrankheiten und den Sieg über den Welthunger oder die existenzielle Bedrohung durch den Klimawandel, statt ihre Energie für Spaltung und Unterdrückung zu vergeuden?

*

Im Dezember 1932 langte einer der klügsten Männer aller Zeiten mit seiner Frau und 30 Gepäckstücken auf einem Dampfer in den USA an, als die Nazis gerade ihr Heimatland Deutschland verschlangen. Albert Einstein, der Physiker und Nobelpreisträger, hatte es gerade noch rechtzeitig geschafft, den Nazis zu entkommen. Einen Monat nach seiner Abreise wurde Hitler zum Reichskanzler ernannt. In den USA stellte Einstein zu seinem Erstaunen fest, dass er in einem weiteren Kastensystem gelandet war, einem mit einer anderen Sündenbockkaste und anderen Methoden, aber mit einem ebenso eingebetteten Hass, das sich von demjenigen, dem er gerade entkommen war, nicht sehr stark unterschied.

»Die schlimmste Krankheit ist die Behandlung des *Negro*«, schrieb er 1946. »Jeder, der in jüngerem Alter erstmals von diesem Zustand erfährt, spürt nicht nur die Ungerechtigkeit, sondern auch die Verachtung des Grundsatzes der Gründerväter der USA, dass ›alle Menschen gleich geschaffen sind‹.«[467]

Er könne »kaum glauben, dass ein vernünftiger Mensch so hartnäckig an einem solchen Vorurteil festhalten kann«, meinte er.

Einstein und seine Frau Elsa ließen sich in Princeton, New Jersey, nieder, wo er eine Professur an der Universität antrat und die Unterdrückung der Schwarzen Bevölkerung mit eigenen Augen beobachten konnte, die nur in den schlimmsten Vierteln der Stadt leben durften, in segregierte Kinos gehen und als Bedienstete arbeiten mussten und die – in den Worten seines Freundes Paul Robeson – gezwungen waren, vor »besoffenen Reichen zu kuschen und sich zu verbeugen.«[468]

Einige Jahre nach seiner Berufung an die Universität trat die Opernsängerin Marian Anderson, eine berühmte Altistin aus der untergeordneten Kaste, im McCarter Theatre in Princeton vor einem großen Publikum auf und wurde von der Presse für ihre »vollkommene Beherrschung einer großartigen Stimme« gelobt. Doch das Nassau Inn, ein Hotel in Princeton, weigerte sich, ihr ein Zimmer für die Nacht zu geben. Als Einstein davon erfuhr, lud er sie ein, in seinem Haus zu übernachten. Von da an übernachtete sie in Einsteins Haus, wann immer sie in der Stadt war, selbst nachdem die Hotels in Princeton Zimmer an Schwarze Gäste vermieteten. Bis zu Einsteins Tod blieben sie befreundet.[469]

»Da ich selbst Jude bin, kann ich vielleicht verstehen und nachempfinden, wie sich Schwarze als Opfer von Diskriminierung fühlen«, sagte er einem Freund der Familie.[470]

Er mochte die US-amerikanische Art und Weise nicht, nach der Neuankömmlinge dazu gedrängt wurden, auf die unterste Kaste herabzublicken, um sich Anerkennung zu verschaffen.

»Je mehr ich mich als Bürger der USA fühle, desto mehr schmerzt mich diese Situation«, schrieb Einstein. »Ich kann dem Gefühl der Mitschuld nur entkommen, indem ich meine Stimme erhebe.«

Und das tat er. Er war Co-Vorsitzender eines Komitees zur Abschaffung der Lynchjustiz. Er trat der NAACP bei. Er setzte sich für die Bürgerrechtsbewegung ein und schenkte ihrer Sache seine Berühmtheit. An einem bestimmten Punkt seines Lebens nahm er nur noch selten die vielen Ehrungen an, die ihm zuteilwurden, aber für die Lincoln University, ein historisch Schwarzes College in Pennsylvania, machte er 1946 eine Ausnahme. Er erklärte sich bereit, die Abschlussansprache für die Absolventen zu halten und die Ehrendoktorwürde anzunehmen.

Während dieses Besuchs unterrichtete er Studierende der Physik in seiner Relativitätstheorie und spielte mit den Kindern der Schwarzen Dozenten. Darunter war der Sohn des Universitätspräsidenten, der junge Julian Bond, der später ein Bürgerrechtsführer werden sollte.[471]

»Die Trennung der Ethnien ist keine Krankheit der Schwarzen«, sagte Einstein den Absolventen bei der Abschlussfeier, »sondern eine Krankheit der Weißen. Ich habe nicht die Absicht, darüber zu schweigen.«[472]

Er wurde ein leidenschaftlicher Verbündeter der Menschen, die an den Boden der Gesellschaft verbannt wurden. »Er hasst rassistische Vorurteile«, schrieb W. E. B. Du Bois, »weil er als Jude genau weiß, worin sie bestehen.«[473]

*

Die Tyrannei der Kaste besteht darin, dass wir gerade nach den Aspekten unseres Wesens beurteilt werden, die wir nicht ändern können: eine chemische Zusammensetzung der Epidermis, die Form der Gesichtszüge, die körperlichen Zeichen des Geschlechts und der Abstammung – oberflächliche Unterschiede, die nichts damit zu tun haben, wer wir im Herzen sind.

Das Kastensystem der USA ist 400 Jahre alt und wird nicht durch ein einziges Gesetz oder eine noch so mächtige Person aus der Welt geräumt werden. In den Jahren seit der Bürgerrechtsbewegung haben wir gesehen, dass Gesetze wie der Voting Rights Act von 1965 geschwächt werden können, wenn der kollektive Wille zu ihrer Aufrechterhaltung nicht vorhanden ist.

Ein Kastensystem kann zum Teil deshalb fortbestehen, weil wir, jeder und jede Einzelne von uns, es zulassen – im Großen wie im Kleinen, in unserem täglichen Handeln, in der Art und Weise, wie wir Menschen auf der Grundlage der Bedeutung ihrer körperlichen Merkmale auf- oder abwerten, sie annehmen oder ausgrenzen. Wenn genügend Menschen der Lüge von der natürlichen Hierarchie Glauben schenken, wird sie zur Wahrheit oder zumindest als solche betrachtet.

Sobald wir erwacht sind, haben wir eine Wahl. Wir können in die dominante Kaste hineingeboren werden, uns aber dafür entscheiden, nicht zu dominieren. Wir können in eine untergeordnete Kaste hineingeboren werden, doch wir können uns weigern, von anderen in Schubladen gezwängt zu werden. Und wir alle können unser Unterscheidungsvermögen schärfen, um über das Äußere hinwegzusehen und den Charakter einer Person zu schätzen, anstatt diejenigen zu erniedrigen, die bereits marginalisiert sind, oder diejenigen zu verehren, die von Geburt an auf falsche Sockel gehoben wurden. Wir müssen uns nicht ärgern, wenn die, die als untergeordnet gelten, ausbrechen, nein, wir sollten uns freuen, dass es einen weiteren Menschen gibt, der seine wahren Stärken in die Menschheit einbringen kann.

Ziel dieses Buches war es nicht, alle Probleme eines jahrtausendealten Phänomens zu lösen, sondern seine Geschichte, seine Folgen und seine Präsenz in unserem Alltag zu beleuchten und Hoffnungen auf eine Lösung zu formulieren. Ein Hausinspektor nimmt keine Reparaturen an dem von ihm untersuchten Gebäude vor. Es obliegt den Eigentümern, das heißt uns allen, die Risse zu beseitigen, die wir geerbt haben.

Tatsache ist, dass die unterste Kaste, obwohl sie einen Großteil der Last trägt, das Kastensystem nicht erschaffen hat, und sie allein wird es nicht abschaffen können. Die Herausforderung besteht darin, dass viele Angehörige der herrschenden Kaste, die besser in der Lage wären, die Ungleichheit zwischen den Kasten zu beseitigen, oft am wenigsten gewillt waren, dies zu tun.

Die Kaste ist eine Krankheit, und niemand von uns ist dagegen immun. Sie ist wie eine Krebskrankheit, die in Remission geht, um dann wieder auszubrechen, wenn das Immunsystem des politischen Körpers geschwächt ist.

Unabhängig davon, wer bei einer bestimmten Wahl gewinnen mag, wird das Land nach wie vor unter der Spaltung leiden, die ein Kastensystem hervorruft, und unter den Ängsten und Ressentiments einer dominanten Kaste, die sich allzu oft gegen die Bedürfnisse derer stellt, die als unterlegen angesehen werden. Es ist eine Gefahr für die Spezies und für den Planeten, dass in der mächtigsten Nation der Welt so zahlreiche Formen ungeprüfter Missstände und Unzufriedenheit existieren. Eine einzige Wahl wird die Probleme, vor denen wir stehen, nicht lösen, wenn wir uns nicht mit der Struktur befasst haben, die das Ungleichgewicht überhaupt erst ermöglicht hat.

Heute stehen die Vereinigten Staaten vor einer Identitätskrise, wie es sie noch nie gegeben hat. Das Land befindet sich inmitten eines radikalen demografischen Wandels, der innerhalb von zwei Jahrzehnten dazu führen wird, dass die Weißen nicht mehr in der Mehrheit sind. Das ist für alle unbekanntes Terrain, eine ethnische Verteilung, die möglicherweise eher der Südafrikas ähnelt als dem, was die Bevölkerung der USA jahrhundertelang gewohnt war.

Ängste vor dieser Änderung scheinen bereits aufgetaucht

zu sein, doch wenn man in die Geschichte blickt, kann man zu dem Schluss kommen, dass ein demografischer Wandel vielleicht weniger Auswirkungen auf die herrschende Kaste haben wird, als manche heute meinen. Eine Studie von 2016 ergab, dass Schwarze Familien 228 Jahre brauchen würden, um das gleiche Vermögen anzuhäufen wie weiße Familien heute, hispanische Familien würden sogar noch weitere 84 Jahre dazu benötigen, wenn sich die Vermögensunterschiede im derzeitigen Tempo fortsetzen würden.[474]

Wie in Südafrika gibt es also keinen Grund zu der Annahme, dass die wirtschaftliche, soziale und politische Vorherrschaft in den USA nicht erst einmal weiterhin in den Händen derjenigen läge, die sie die gesamte Geschichte des Landes hindurch innehatten.

Dies wird ein Test für das Mehrheitsprinzip sein, das in den USA seit ihrer Gründung den moralischen Rahmen für die Vorherrschaft der Kaste bildet. Die Vorherrschaft der Weißen wird bereits durch die ererbten Vorteile der dominanten Kaste in fast allen Lebensbereichen gewährt: von der Aufteilung der Kongressbezirke durch »Gerrymandering«[475] über die Unterdrückung von Wählenden und den Rechtsruck in der Justiz bis hin zum Electoral College, das die dominierende Kaste begünstigt, und zwar ganz unabhängig von den demografischen Zahlen.

Werden die Vereinigten Staaten immer noch aufs Mehrheitsprinzip vertrauen, wenn die Mehrheit nicht mehr so aussieht, wie sie es immer getan hat? Entweder werden die USA die Ungleichheiten weiter verfestigen, oder wir entscheiden uns dafür, die Welt als jene exzeptionelle Nation anzuführen, als die wir uns immer bezeichnet haben.

Ohne eine Anerkennung des Preises, den wir alle für die Aufrechterhaltung unseres Kastensystems zahlen müssen, wird sich vermutlich Ersteres ereignen. Die Definition dessen, was als weiß gilt, könnte sich ausweiten, sodass die hellhäutigsten Menschen asiatischer oder lateinamerikanischer Abstammung oder auch Schwarze Menschen mit einem weißen Elternteil als Weiße anerkannt würden, um die dominante Kaste zu vergrößern.

Die niederschmetternde Wahrheit ist, dass ein solches sich anpassendes Kastensystem die marginalisierten mittleren Kasten spalten würde. Es würde diejenigen, die den Weißen am nächsten stehen, in den Rang der herrschenden Kaste befördern und so die dunkelhäutigsten US-Amerikanerinnen und -Amerikaner weiter am unteren Rand der Gesellschaft halten.

Es wäre eine Krise des Geistes, eine Niederlage der US-amerikanischen Seele, denn die Toxine stromaufwärts fänden letztendlich auch ihren Weg stromabwärts, wie es bei der Drogenkrise der USA der Fall ist. Wie sich herausstellt, profitieren alle, wenn die Gesellschaft die Bedürfnisse der Benachteiligten erfüllt. Die Kämpfe der untergeordneten Kaste während der Zeit der Bürgerrechtsbewegung kamen insbesondere Frauen aller Ethnien zugute – den Ehefrauen, Töchtern, Schwestern und Nichten jedes US-amerikanischen Mannes –, Frauen, die heute einen gesetzlichen Schutz vor Diskriminierung am Arbeitsplatz genießen, der vor den 1960er-Jahren nicht existierte.

Viele Errungenschaften, die die Bevölkerung der USA genießt und die heute unter Beschuss stehen – das Recht auf Staatsbürgerschaft, gleicher Schutz für alle durch das Gesetz, das Wahlrecht, Gesetze gegen Diskriminierung aufgrund von Geschlecht, Ethnie oder nationaler Herkunft –, sind allesamt die Nebenprodukte des Kampfes der untergeordneten Kaste für Gerechtigkeit in diesem Land, und letztlich haben andere gleich viel, wenn nicht sogar mehr davon profitiert, als jene, die den Kampf geführt haben.

Um ein Ende des Kastensystems in den USA zu imaginieren, brauchen wir nur einen Blick auf die Geschichte Deutschlands zu werfen. Deutschland ist der Beweis dafür, dass ein Kastensystem – die zwölfjährige Herrschaft der Nazis – nicht nur geschaffen, sondern auch überwunden werden kann. Wir begehen einen schweren Fehler, wenn wir die Parallelen unseres Landes zu anderen Nationen nicht anerkennen, wenn wir die allgemeinen Schwächen des menschlichen Charakters nicht erkennen, das, was die politische Theoretikerin Hannah Arendt als »Banalität des Bösen« bezeichnete.

»Es ist allzu leicht, sich vorzustellen, dass das Dritte Reich eine bizarre Anomalie war«, schreibt der Philosoph David Livingstone Smith, der sich mit Kulturen der Entmenschlichung beschäftigt hat. »Es ist verlockend, sich vorzustellen, dass die Deutschen ein einzigartig grausames und blutdürstiges Volk waren (oder sind). Doch derartige Diagnosen sind nicht nur falsch, sondern gefährlich. Das Beunruhigende ist nicht, dass die Nazis Monster oder Wahnsinnige gewesen sind. Sondern, dass sie ganz normale Menschen waren.«[476]

Es ist verlockend, die alleinige Schuld für ein großes Unrecht bei Diktatoren und Tyrannen zu suchen, jedoch sind es die Handlungen, oder auch das Nicht-Handeln gewöhnlicher Menschen, die das System der Kaste am Leben erhalten, jener Menschen, die bei den jüngsten Polizeimorden nur mit den Schultern zucken, die bereit sind, höhere Grundsteuern für die Schulen ihrer eigenen Kinder zu zahlen, sich aber weigern, Steuern für die Bildung von Kindern aus Randgruppen zu zahlen, die von der Gesellschaft abgewertet werden. Die schweigend zusehen, wenn eine Person of Color oder eine Frau in einem Meeting unterbrochen wird, aus Angst, die

Kastenzugehörigkeit zu verlieren – sie sind es, die mit ihrem Verhalten ein System aufrechterhalten, das wiederum alle in seinen Klauen gefangen hält.

»Die Kaste ist kein greifbares Objekt wie eine Mauer aus Ziegeln oder eine Grenze aus Stacheldraht«, schrieb der Dalit-Führer Bhimrao Ambedkar. »Kaste ist eine Idee; sie ist ein Geisteszustand.«

Niemand kann ihren Tentakeln entkommen. Niemand kann der Botschaft entgehen, dass eine Gruppe von Menschen von Natur aus intelligenter, fähiger und verdienstvoller ist als andere Gruppen, die im Umkehrschluss als minderwertig gelten. Dieses Programm ist in das Unterbewusstsein eines jeden von uns eingepflanzt worden. Und ohne Eingriff oder Umprogrammierung werden wir weiterhin unseren Teil beitragen – ganz gleich, wo wir gesellschaftlich stehen.

Und doch gibt es die wenigen Menschen wie Einstein, die immun zu sein scheinen gegen das Gift der Kaste, das wir mit der Luft einatmen, Menschen, denen es gelingt, das zu überwinden, wofür die meisten von uns so anfällig sind. Von den Abolitionisten, die ihren persönlichen Ruin riskierten, um die Sklaverei zu beenden, über die weißen Bürgerrechtlerinnen, die ihr Leben gaben, um Jim Crow zu beenden, bis hin zu den politischen Führern, die neue Gesetze erließen, sind diese allzu seltenen Menschen ein Beweis für das Gute und dafür, dass es möglich ist, sich aus dem Einfluss der Hierarchie zu befreien.

Es sind mutige Menschen voller Überzeugung, die für ihr Selbstverständnis nicht auf die Zustimmung anderer angewiesen sind, die bereit sind, mit Konventionen zu brechen, Menschen mit tiefem und dauerhaftem Einfühlungsvermögen und Mitgefühl. Sie sind das, was viele von uns gerne wären und was nicht annähernd genug von uns wahrhaftig sind.

*

Die Bevölkerung der USA zahlt einen hohen Preis für ein Kastensystem, das den erklärten Idealen des Landes zuwiderläuft. Vor 1965, dem Jahr der Verabschiedung des Voting Rights Act, waren die Vereinigten Staaten weder eine Demokratie noch eine Leistungsgesellschaft, weil die Mehrheit der Bevölkerung in den meisten Bereichen des Lebens vom Wettbewerb ausgeschlossen war. Menschen, die das Glück hatten, männlich und von europäischer Abstammung zu sein, konkurrierten nur mit ihresgleichen. Durch Ausschluss und Degradierung beraubten sich die USA die längste Zeit der Möglichkeit, die Talente und Kompetenzen *aller* Bürgerinnen und Bürger zur Entfaltung zu bringen.

Wer wirklich an das Prinzip der Leistungsgesellschaft glaubt, möchte nicht in einem Kastensystem leben, in dem bestimmte Gruppen von Menschen ausgeschlossen oder durch jahrelange Entbehrungen disqualifiziert sind. Ein Sieg ist nicht legitim, wenn ganze Teile der Menschheit nicht am Spiel teilnehmen dürfen. Das sind Siege mit einem Sternchen, als würde man die Goldmedaille im Eishockey in dem Jahr gewinnen, in dem die Mannschaften von Finnland und Kanada nicht antreten. Die volle Einbeziehung der gesamten Menschheit hebt die Standards jeder menschlichen Unternehmung an.

Unsere Zeit verlangt nach einer öffentlichen Rechenschaftslegung über die Kosten der Kaste, nach einer Wahrheits- und Versöhnungskommission wie in Südafrika nach dem Ende der Apartheit, damit jeder und jede Einzelne in den USA die ganze Geschichte unseres Landes kennenlernt, so quälend sie auch sein mag. Das Fortbestehen von Kastenfeindlichkeiten und von Rassismus sowie die Abwehrhaltung insbesondere gegen Schwarze machen die Geschichte des Landes für viele in der Oberkaste buchstäblich unaussprechlich. Man kann nichts lösen, von dem man nicht zugibt, dass es existiert, und dies könnte der Grund dafür sein, dass einige Menschen nicht darüber sprechen wollen: Es könnte gelöst werden.

»Wir müssen alles daransetzen, dass die Menschen über das vergangene Unrecht, die Gewalt und die wirtschaftliche Diskriminierung informiert werden«, sagte Einstein in seiner Rede vor der National Urban League. »Das Tabu, nicht darüber reden zu dürfen, muss gebrochen werden. Es muss wieder und wieder darauf hingewiesen werden, dass der Ausschluss eines großen Teils der Schwarzen Bevölkerung von den aktiven Bürgerrechten durch die gängigen Praktiken ein Schlag ins Gesicht der amerikanischen Verfassung ist.«[477]

Die Herausforderung unserer Zeit liegt nicht allein in der Überwindung der Kategorien von »Schwarz« und »Weiß«, sondern darin, die vielen Schichten eines Kastensystems zu durchschauen, das mehr Macht hat, als wir Menschen ihm zugestehen sollten. Selbst die privilegiertesten Menschen in der westlichen Welt werden irgendwann einer tragisch benachteiligten Kaste angehören, wenn sie nur lange genug am Leben sind. Sie werden der letzten Kaste des menschlichen Zyklus angehören, der Kaste der Alten, der Menschen, die zu den am meisten erniedrigten Bürgerinnen und Bürgern der westlichen Welt gehören, wo die Jugend verehrt wird, um den Gedanken an den Tod aufzuschieben. Ein Kastensystem verschont niemanden.

*

Wenn der Zufall der Geburt einem das beschert, was in einem bestimmten Kastensystem am meisten geschätzt wird, sei es, dass man körperlich fit, männlich, weiß ist oder andere Eigenschaften hat, auf die wir keinen Einfluss haben, verleiht das dem Glückspilz die moralische Pflicht, Empathie für diejenigen zu entwickeln, die die Demütigungen ertragen müssen, die ihnen selbst erspart geblieben sind. Dies erfordert eine radikale Art der Empathie.

Empathie ist nicht gleich Sympathie. Sympathie heißt, dass man jemanden ansieht und Betroffenheit empfindet, oftmals in Zeiten des Verlustes. Empathie ist nicht gleich Mitleid. Mitleid heißt, von oben herabzublicken und eine distanzierte Traurigkeit für das Unglück eines anderen Menschen zu empfinden. Empathie heißt für gewöhnlich, sich in die Lage eines anderen Menschen hineinzuversetzen und sich vorzustellen, wie man sich als dieser Mensch fühlen würde. Darin könnte man einen Anfang sehen, doch das wäre kaum mehr als ein Rollenspiel, und in der zerrissenen Welt, in der wir leben, reicht dies nicht aus.

Radikale Empathie hingegen bedeutet, sich stets weiterzubilden und mit einem demütigen Herzen zuzuhören, um die Erfahrung eines anderen Menschen aus seinem Blick zu sehen und wahrhaft zu verstehen, und nicht etwa zu glauben, die bloße Vorstellung, wie wir selbst uns in derselben Situation fühlen würden, brächte uns diesem Menschen schon näher. Bei der radikalen Empathie geht es nicht darum, was man in einer Situation tun würde, die man selbst nie erlebt hat und vielleicht auch nie erleben wird. Nur der empathische Kontakt mit einem anderen Menschen aufgrund eines tiefen Verständnisses ist in der Lage, das eigene Herz für den Schmerz der anderen Person zu öffnen und ihren Schmerz so zu verstehen, wie sie ihn wahrnimmt.

Empathie ist kein Ersatz für die Erfahrung selbst. Wir können einem Menschen mit einem gebrochenen Bein oder einer Schusswunde nicht vorschreiben, er oder sie dürfe keine Schmerzen, kein Leid empfinden. Und Menschen, die in der Kastenlotterie gewonnen haben, sind nicht in der Lage, einer Person, die unter der Tyrannei der Kaste gelitten hat, zu sagen, was beleidigend, verletzend oder erniedrigend für diejenigen ist, die am unteren Ende stehen. Der Preis des Privilegs ist die moralische Verpflichtung zum Handeln, wenn man mitansieht, dass eine andere Person Ungerechtigkeit erfährt. Und das Mindeste, was eine Person aus der dominanten Kaste tun kann, ist, den zugefügten Schmerz nicht noch zu vergrößern.

Wenn wir alle imstande wären, die Menschlichkeit der Person vor uns wirklich anzuerkennen, wenn wir mit ihr in Kontakt treten könnten, wenn wir nach dem Schlüssel suchen könnten, der die Tür zu allem öffnet, was wir mit dieser Person gemeinsam haben, ob das Cosplay oder *Star Trek* oder der Verlust eines Elternteils ist, dann könnte dies die Art und Weise beeinflussen, wie wir die Welt sehen, und vielleicht könnte es sogar verändern, wen wir für einen Beruf einstellen oder wen wir wählen. Jedes Mal, wenn sich eine Person über eine Kastengrenze hinwegsetzt und eine Verbindung herstellt, trägt sie dazu bei, der Kaste als Ganzes das Genick zu brechen. Multipliziert man dies an einem bestimmten Tag mit Millionen von Menschen, wird daraus der Flügelschlag des Schmetterlings, der die Luft in Bewegung setzt und zu einem Wirbelsturm über einem Ozean anwächst.

Bei den derzeitigen gesellschaftlichen Rissen reicht es nicht aus, einfach nicht rassistisch oder sexistisch zu sein. Unsere Zeit verlangt, dass wir für die Schwarzen Menschen, für die Frauen, die Menschen mit lateinamerikanischer oder asiatischer Abstammung, für die Native Americans und alle Menschen in allen Erscheinungsformen eintreten. In unserer Zeit reicht es nicht mehr aus, lediglich tolerant zu sein. Man toleriert die Stechmücken im Sommer, das laute Rattern eines

Motors, den grauen Schneematsch, der sich im Winter auf den Gehwegen sammelt. Man toleriert das, womit man sich lieber nicht beschäftigen möchte, und wünscht, es würde verschwinden. Es ist nicht würdevoll, toleriert zu werden. Jede spirituelle Tradition sagt, dass man seinen Nächsten lieben soll wie sich selbst, nicht, dass man ihn tolerieren soll.

*

Als jede und jeder von uns das Bewusstsein erlangte, erfuhren wir, dass die Welt uns bereits einen Platz zugewiesen hatte, aufgrund der willkürlichen äußeren Erscheinung der Genkombinationen, die sich im Augenblick unserer Zeugung ergab.

Es lag an jeder und jedem Einzelnen von uns, die Rolle, in die wir hineingeworfen wurden, zu akzeptieren oder zurückzuweisen, selbst zu bestimmen und so der Welt zu zeigen, dass das, was in uns steckt – unsere Überzeugungen und Wünsche, wie wir lieben und diese Liebe ausdrücken, also die Dinge, die wir wirklich kontrollieren können –, dass dies viel wichtiger ist als die äußeren Merkmale, auf die wir keinen Einfluss hatten. Dass wir nicht so sind, wie wir aussehen, und dass wir stattdessen das sind, was wir aus dem machen, was wir haben, was wir aus dem machen, was uns gegeben ist, wie wir andere und unseren Planeten behandeln.

Immer schon und überall gibt es mehr Gemeinsamkeiten als Unterschiede zwischen den Menschen. Niemand hat sich die Umstände seiner Geburt ausgesucht. Wir hatten keinen Einfluss darauf, ob wir in ein Privileg oder in ein Stigma hineingeboren wurden. Wir haben Einfluss darauf, wie wir unsere gottgegebenen Talente einsetzen und wie wir andere in unserer Spezies von jetzt an behandeln werden.

Wir sind nicht persönlich dafür verantwortlich, was Menschen, die wie wir aussehen, vor Jahrhunderten getan haben. Doch wir sind dafür verantwortlich, ob wir den Menschen, die heute mit uns leben, Gutes oder Schlechtes tun. Wir – jeder und jede Einzelne von uns – sind verantwortlich für jede Entscheidung, die wir treffen und die einen anderen Menschen verletzt oder schädigt. Wir sind dafür verantwortlich, zu erkennen, dass alles, was in früheren Generationen durch Menschen, die wie wir aussehen, geschehen ist, die Voraussetzungen für die Welt geschaffen hat, in der wir heute leben, und dass das, was vor uns geschehen ist, uns ohne unser Zutun oder Verschulden Vorteile oder Nachteile bringt, Nutzen oder Einbußen, die andere, die nicht wie wir aussehen, oftmals nicht teilen.

Wir sind verantwortlich für unsere eigene Unwissenheit oder – mit der Zeit und durch offenherzige Selbstaufklärung – für unsere eigene Weisheit. Wir sind für uns selbst und unsere eigenen Taten oder Untaten in unserer Zeit und in unserem Raum verantwortlich und werden von den nachfolgenden Generationen entsprechend beurteilt werden.

*

In einer Welt ohne Kaste würden wir, anstatt uns mit unserem eigenen Stamm, unserer Familie oder der uns zugeschriebenen Gemeinschaft zu brüsten, die gesamte Menschheit mit Erstaunen betrachten: die geschmeidige Schönheit einer äthiopischen Läuferin; die Tapferkeit eines schwedischen Mädchens, das entschlossen ist, den Planeten zu retten; die der Physik trotzende Akrobatik einer Schwarzen Olympionikin; die Brillanz eines Komponisten puerto-ricanischer Abstammung, der die Geschichte der Gründung Amerikas mit 144 Wörtern pro Minute rappen kann – all diese Leistungen sollten uns mit Erstaunen darüber erfüllen, wozu die Spezies fähig ist, und mit Dankbarkeit dafür, dass wir all das miterleben dürfen.

In einer Welt ohne Kaste hätte das Geschlecht, die Hautfarbe, die Herkunft keinen Einfluss darauf, wozu jemand fähig wäre. In einer Welt ohne Kaste würden wir uns alle für das Wohlergehen der anderen Mitglieder unserer Spezies einsetzen, und sei es nur für unser eigenes Überleben, und wir würden erkennen, dass wir einander mehr brauchen, als man uns glauben machen will. Wir würden uns mit den Indigenen Völkern auf der ganzen Welt zusammenschließen und Alarm schlagen, wenn Brände wüten und Gletscher abschmelzen. Wir würden erkennen, dass, wenn andere leiden, der kollektive menschliche Körper am Fortschritt gehindert wird.

Eine Welt ohne Kaste würde alle Menschen befreien.

DANK

Dies ist ein Buch, das ich nicht schreiben wollte, aber in der Zeit, in der wir uns gerade befinden, schreiben *musste*. Ich hatte das Glück, mit zwei Legenden des Verlagswesens zusammenzuarbeiten – meiner Lektorin Kate Medina und meiner Agentin Binky Urban, die die Idee von Anfang an begrüßten und mir den Freiraum ließen, den Spuren zu folgen, wohin auch immer sie mich führten.

Meine erste Reise ging nach Berlin, wo ich versuchte, ein Kastensystem zu verstehen, das in einem erschreckend kurzen Zeitraum entstanden war, in einem Land, das seither mit der Versöhnung ringt. Ich danke Krista Tippett dafür, dass sie mich mit einer netten Gruppe von Menschen in Berlin bekannt gemacht hat, die ich sonst nie getroffen hätte. Ich danke Irene Dunkley und Nathan und Ulrich Koestlin für ihre Herzlichkeit und ganz besonders Nigel Dunkley, der meine Mission von Anfang an erkannte und mich mit großem Einfühlungsvermögen auf die Spuren der Reichsgeschichte führte.

Für die Möglichkeit, Indien aus erster Hand zu erleben, bin ich den Professoren Ramnarayan Rawat und K. Satyanarayana zu Dank verpflichtet. Sie haben mir Türen geöffnet, andere Wissenschaftlerinnen und Wissenschaftler zu treffen, die sich ebenfalls mit dem Kastenwesen beschäftigten. In Delhi hatte ich die Gelegenheit, mit Dalits zu sprechen, die sich gegen die Hindernisse auf ihrem Weg gewehrt hatten und mit denen ich mich sofort verwandt fühlte, sowie mit Menschen aus einer Reihe anderer Kasten. Zu den Personen, von deren Sichtweise ich besonders profitierte, gehörten Anupama Prasad und Sharika Thiranagama, die zu Ungleichheiten zwischen den Kasten forschen.

Ohne mein Wissen verbreitete sich die Nachricht, dass ich nach Indien geflogen war. Ich wurde gebeten, auf einer internationalen Kastenkonferenz an der University of Massachusetts Amherst neben dem indischen Politikwissenschaftler Gopal Guru und der indischen Philosophin Meena Dhanda zu sprechen. Ich war überwältigt, als man mich bat, die Abschlussrede der Konferenz zu halten.

Es war meine Aufgabe, das Jim-Crow-Kastensystem für ein Publikum nachvollziehbar zu machen, das sich mit Indien befasste, und so begann ich, die ersten Umrisse dessen zu entwerfen, was die Säulen des Kastensystems werden sollten. Sehr dankbar bin ich Sangeeta Kamat, Biju Mathew und den anderen Organisatorinnen und Organisatoren der Konferenz, die mich in ihre Reihe aufnahmen, sowie den vielen anderen Gleichgesinnten, die ich dort traf, wie Suraj Yengde, Jaspreet Mahal, Balmurli Natrajan und auch Gary Tartakov, der die humanitären Ziele meiner Arbeit sofort verstand und mich ermutigte, weiterzumachen.

Während meiner Arbeit lernte ich zwei Überlebende des indischen Kastensystems kennen, die damals in London lebten. Tushar Sarkar nahm sich viel Zeit, um seine Erfahrungen über das Aufwachsen in Indien und seine Enttäuschung über das Kastensystem zu beschreiben. Sushrut Jadhav teilte mit mir die Belastung, den Segen und die Erschöpfung, die ein Leben in Missachtung der Kastenzugehörigkeit mit sich bringt, und er ließ mich teilhaben an seinen Erkenntnissen als Psychiater und Anthropologe. Bei ihm zu Hause führte ich anregende Gespräche mit seiner Familie und mit der Autorin Arundhati Roy über die Absurdität des Kastensystems.

Da dieses Projekt die Perspektiven und Einsichten mehrerer Disziplinen – Anthropologie, Soziologie, Psychologie, Politikwissenschaft, Philosophie und Geschichtswissenschaft – miteinander verwebt, bin ich ganzen Wissenschaftszweigen und all jenen zu Dank verpflichtet, die zu einem Archiv beigetragen haben, von dem ich lernen und auf dem ich aufbauen wollte. Ich bin dankbar für die Arbeit von Historikerinnen und Historikern, die sich mit der Versklavung befassen, insbesondere Edward Baptist, Daina Ramey Berry und Stephanie Jones-Rogers, sowie der bahnbrechenden Arbeit von Harriet Washington zur Geschichte medizinischer Experimente, die auf ethnischer Grundlage durchgeführt wurden. Das Thema dieses Buches ist nicht der Rassismus an sich. Doch jedes Buch, das sich mit diesem Thema befasst, steht tief in der Schuld der Forschung von Ibram X. Kendi und der Arbeit von Bryan Stevenson, dessen Gedenkstätte für die Opfer von Lynchmorden den Maßstab für historische Aufarbeitung setzt.

Ich bin den verstorbenen Anthropologinnen Ashley Montagu und Audrey Smedley dankbar, dass sie den Götzen der »Rasse« mit dem Vorschlaghammer zertrümmert haben, und ich danke Ian Haney López für seine juristische Genealogie von Ethnie in den USA. Für die Aufdeckung der Parallelen zwischen den USA unter Jim Crow und Aspekten des Dritten Reichs bin ich den maßgeblichen Forschungen von James Q. Whitman von der Yale University zu Dank verpflichtet. Seine Arbeit stellt eine entscheidende Verbindung zwischen der Geschichte Nazi-Deutschlands und der der Vereinigten Staaten her und erhellt, was ich von Anfang an vermutet hatte. Ich bin dankbar für die aufschlussreichen Analysen der Philosophin Susan Neiman vom Einstein Forum in Berlin, deren Buch *Von den Deutschen lernen* gerade veröffentlicht wurde, als ich mein Manuskript abschloss. Die Entdeckung ihrer Arbeit, als ich mich dem Ende meiner Forschungen näherte, bestätigte mich in meinem eingeschlagenen Kurs.

Schon früh entdeckte ich wissenschaftliche Mentorinnen und Mentoren aus der Vergangenheit für mich, Menschen, die diesen Weg gegangen waren und auf deren Worte ich immer wieder zurückgriff, um mir Gewissheit und Einsicht zu verschaffen. Zu diesen Vorfahren auf dem Gebiet der Kastenforschung gehören John Dollard, Hortense Powdermaker, Lloyd Warner, Burleigh Gardner und insbesondere Gerald Berreman. Berreman studierte und lebte sowohl in Indien als auch im Jim-Crow-Süden und war in einer einzigartigen Position, um die beiden Kastensysteme zu vergleichen. Er erkannte die Parallelen und widersetzte sich den Skeptikern mit der ruhigen Überzeugung, die sich aus gründlicher Forschung und Erfahrungen aus erster Hand ergibt.

Darüber hinaus betrachte ich den verstorbenen Anthropologen Allison Davis als einen geistigen Vater, der mich während meiner Suche nach dem Verständnis der Rolle der Kaste in den USA begleitet hat. Das Kastensystem zwang ihn und seine Frau und wissenschaftliche Partnerin Elizabeth, das zu leben, was sie erforschten, und um die Übel des Kastensystems aufzudecken, setzten sie ihr Leben aufs Spiel.

70 Jahre nach Abschluss der Feldforschung der Davises in Mississippi nahm ich zufällig an einer Gala in der New York Public Library teil. An diesem Abend erzählte ich meiner Lektorin und meiner Agentin zum ersten Mal von meinen Plänen für dieses Buch. Wenige Minuten später mischte ich mich unter die etwa tausend Gäste in Smoking und Paillettenkleidern und fand mich in der Nähe eines Mannes wieder, den ich noch nie getroffen hatte, der aber ein Fan meines Buches *The Warmth of Other Suns* war. Er erzählte ein wenig von seinem

Hintergrund und stellte sich vor als Gordon Davis. Nach dem, was ich über das Leben des verstorbenen Anthropologen wusste, wurde mir klar, dass der Mann, mit dem ich sprach, mit ziemlicher Sicherheit der Sohn von Allison Davis war. Ich fragte ihn, ob dies tatsächlich der Fall sei. Der prominente Anwalt war erfreut, dass ich seinen Vater kannte und ihn so sehr bewunderte. Da er nur wenige Minuten, nachdem ich mich zu diesem Projekt verpflichtet hatte, in mein Leben trat, nahm ich dies als ein Zeichen dafür, dass es meine Aufgabe war, dieses Buch zu schreiben.

Ich bin den vielen Menschen, deren Wege ich kreuzte, zutiefst dankbar, einige von ihnen kannten mein erstes Buch und erzählten mir unaufgefordert von ihren Begegnungen mit der Kaste, während sie ebenfalls versuchten, sie zu verstehen. Es gab glückliche Momente, etwa die Begegnung mit dem ehemaligen Bürgermeister von New Orleans, Mitch Landrieu, als ich gerade über die Rolle der Symbole der Konföderation nachdachte. Im Laufe der Jahre wurde ich immer wieder durch die Gespräche mit dem Historiker und guten Freund Taylor Branch inspiriert, dessen Arbeit und Perspektive sich oft mit der meinen überschneiden. Darüber hinaus bin ich Sharon Malone und Eric Holder sehr dankbar für die mir entgegengebrachte Freundlichkeit und Rücksichtnahme.

Die Ausgestaltung und der Zeitplan eines Buches, das zuzeiten einer globalen Pandemie produziert wird, erforderten Zusammenarbeit und Engagement in epischem Ausmaß. In dieser Zeit größter Ungewissheit haben neben meiner Lektorin Kate Medina die folgenden Personen bei Penguin Random House US dieses Buch möglich gemacht: Gina Centrello, deren Unterstützung ich sehr schätzte, sowie der Verleger Andy Ward und die stellvertretende Verlegerin Avideh Bashirrad. Im Lektorat und in der Herstellung: Benjamin Dreyer, Rebecca

Berlant und Richard Elman. In den Abteilungen Design und Gestaltung, die von Paolo Pepe geleitet werden, hatte ich das Vergnügen, mit Greg Mollica zusammenzuarbeiten, der kein besseres Foto für das US-Cover hätte finden können, den brillanten Umschlag designte und meinen Vorschlägen von ganzem Herzen nachkam, ebenso wie Virginia Norey bei der vollendeten Gestaltung des Satzspiegels. Ich bin dankbar für die Unterstützung und den Enthusiasmus der Presseabteilung – Maria Braeckel, Susan Corcoran, London King und Gwyneth Stansfield – und der Marketingabteilung – Barbara Fillon, Leigh Marchant und Ayelet Gruenspecht. Noa Shapiro hat uns alle wunderbar miteinander in Kontakt gehalten und den ganzen Prozess vorangetrieben.

In Anbetracht der großen Anforderungen, die dieses Buch bedurfte, hätte ich es unmöglich ohne die ruhige und beständige Führung des Herstellungsleiters Steve Messina fertigstellen können. Sein großes Engagement, seine Liebe zum Detail und seine Geduld sorgten dafür, dass ein sich entwickelndes Manuskript in Fahnen und schließlich in ein Buch umgewandelt wurde, das Sie nun in Händen halten können. Ihm gilt mein aufrichtiger Dank.

Ein besonderer Dank gilt auch Sarah Cook, der amtierenden Dekanin des Honors College der Georgia State University, die mir in einem kritischen Moment drei ihrer begabtesten Studierenden zur Verfügung stellte: Noah Britton, Clay Voytek und Savannah Rogers. In den letzten Wochen und Monaten vor der Fertigstellung des Manuskripts investierten sie viel Zeit und Energie in die Recherche abschließender Fragen und gingen letzten Hinweisen nach. Noah und Clay widmeten sich darüber hinaus wochenlang der sorgfältigen Überprüfung von Fakten; als die Arbeit abgeschlossen war, hatten sie sich das Thema des Buches zu eigen gemacht.

Ich möchte allen Lesenden von *The Warmth of Other Suns* und all jenen danken, die mir seit der Veröffentlichung des Buches Briefe geschrieben haben. Ihre Unterstützung hat die Reisen und die Arbeit an *Kaste* ermöglicht, und obwohl ich aufrichtig bedauere, dass es mir oft nicht möglich war, direkt zu antworten, möchte ich Ihnen versichern, dass jeder einzelne Brief für mich wertvoll ist und mich bei der Fortsetzung dieser Arbeit unterstützt und mir Freude bereitet hat.

Den großen Aufwand, den eine solche Forschungsarbeit mit sich bringt, hätte ich unmöglich durchstehen können ohne Blair Page und Bunny Fisher, die sich unermüdlich für dieses Buch und mein Wohlergehen einsetzten und sich Entwürfe oder Teile des Manuskripts separat anhörten und mir Feedback gaben.

Ich danke der außergewöhnlichen Miss Hale nicht nur dafür, dass sie ihre Geschichte für dieses Buch mit mir geteilt hat, sondern auch für ihre unvergleichlichen kulinarischen Meisterwerke, für ihre Anmut sowie ihre Weisheit und vor allem für ihre fünf wunderbaren Kinder, die mich jedes Mal, wenn ich in ihrer Gegenwart bin, begeistern. Ich danke Stephanie Hooks für ihren immerwährenden Optimismus und dafür, dass sie mich ihnen vorgestellt hat.

Ich bedanke mich für das Mitgefühl, das D. M. Page, Todd, Marcia, Leslie, Maureen, Christine, Brenda und Dahleen mir gezeigt haben, und ich danke Margie S., Michelle T., Rosie T., Rebecca und Michael für ihre Liebe und Unterstützung in einer Zeit der persönlichen Herausforderungen und des Verlustes; und Ansley und Rafe danke ich fürs Augenrollen, für die helle Freude, den Humor und das Lachen, das sie mit sich bringen. Danke an den Rest der Hamilton-Familie und wie immer an Gwen und Phil Whitt, an die Familie Taylor und an meine Großfamilie in Virginia.

Ich hätte die tiefsten Abgründe dieser Arbeit nicht durchdringen können ohne die Untermalung durch Musik, die keinen Bezug zu meinem Thema hatte, mir jedoch während verschiedener Momente des Schreibens entweder die nötige Konzentration oder den nötigen Auftrieb gab. Die Art der Aufgabe zog mich aus irgendeinem Grund zu Musik aus der Zeit vor dem 11. September 2001, und ich ertappte mich dabei, wie ich mich den folgenden Werken zuwandte: Philip Glass (insbesondere das Streichquartett Nr. 5), Parliament (»Flash Light«), America (»A Horse with No Name«), Prince (»7«), The Police, Thelonious Monk und T. S. Monk sowie der Soundtrack zum französischen Thriller *Diva*. Abgesehen von der großartigen Musikauswahl ist *Diva* eine der wenigen Filmdarstellungen einer Frau meines Typs, die auf eine Art und Weise gezeigt wird, die für andere Frauen selbstverständlich ist: als raffinierte Schlüsselfigur und nicht als untergeordneter Stereotyp oder als Sidekick. Obwohl es in den letzten Jahren bemerkenswerte Ausnahmen gab, ist dies ein Film, bei dem ich nicht befürchten muss, dass die Frau ausgepeitscht, verspottet, hypersexualisiert, getötet, als Dienerin eingesetzt oder von einem Mann dargestellt wird – eine gängige Praxis in einer Branche, die Schwarzen Frauen lange Zeit die Chance verwehrte, sich so darzustellen, wie sie wirklich sind. *Diva* war die Art von Film, die vielleicht nur außerhalb des US-amerikanischen Kastensystems denkbar war.

Meine ersten Lektionen in Sachen Kaste erhielt ich von meinen Eltern, auch wenn sie nie dieses Wort verwendeten, die jedoch zu einer Zeit geboren wurden, die der Historiker Rayford Logan als den Tiefpunkt der ethnischen Beziehungen in den USA bezeichnete. Meine Eltern wuchsen unter der allgegenwärtigen Bedrohung durch das Südstaatenregime auf und fanden einen Weg, Jim Crow zu überleben und trotz der Hindernisse, die ihr eigenes Land ihnen in den Weg legte, zu einigem Erfolg zu gelangen. Sie beteten dafür, dass ihrer Tochter die Angriffe des Kastensystems, die sie selbst ertragen mussten, irgendwie erspart bliebe, und obwohl dies in unserem Land nicht möglich war, bin ich für ihr Vorbild, ihren Glauben und ihre Tapferkeit sowie für die höchsten Maßstäbe, die sie für mich gesetzt und die sie selbst gelebt haben, äußerst dankbar. Mit jedem Wort, das ich schreibe, kann ich nur hoffen, den Opfern, die sie erbracht haben, gerecht zu werden.

Schließlich bin ich unendlich dankbar für die Liebe und Hingabe von Brett Hamilton, dem gütigsten und großzügigsten Ehemann, den ich mir nur wünschen konnte, ein Geschenk des Universums. Viele der Beobachtungen in diesem Buch haben in unseren zutiefst erfüllenden Gesprächen und in unserem gemeinsamen Leben ihren ersten Ausdruck gefunden. Es bricht mir zwar das Herz, dass weder er noch meine Eltern diesen Höhepunkt dessen, was wir alle auf unsere eigene Weise zu überwinden suchten, noch erleben konnten, doch ich spüre Bretts kosmische Umarmung, während ich dieses Buch in die Welt hinausschicke, und ich weiß, dass alle drei jetzt und immer bei mir sind.

Isabel Wilkerson, April 2020

ANMERKUNGEN

Motti

1 Die National Urban League ist eine 1911 gegründete Bürgerrechtsorganisation für das soziale und ökonomische Wohlergehen Schwarzer Menschen in den USA.

Der Mann in der Menge

2 Morrison, *Criminology*, S. 80.

TEIL EINS Toxine im Permafrost und ringsum steigende Hitze

3 Eremenko, Alexey, »Heat Wave Sparks Anthrax Outbreak in Russia's Yamalo-Nenets Area«, *NBC News*, 27. Juli 2016. (https://www.nbc-news.com/news/world/heat-wave-sparks-anthrax-outbreak-russia-s-yamalo-nenets-area-n617716); »First Anthrax Outbreak Since 1941: 9 Hospitalised, with Two Feared to Have Disease«, *Siberian Times*, 26. Juli 2016. (http://siberiantimes.com/other/others/news/n0686-first-anthrax-outbreak-since-1941-9-hospitalised-with-two-feared-to-have-disease).

4 Taylor, Jessica, »›You Can Do Anything‹: In 2005 Tape, Trump Brags About Groping, Kissing Women«, *National Public Radio*, 7. Oktober 2016. Dem Bericht wurde eine Mitteilung der Redaktion vorangestellt: »Dieser Bericht beinhaltet anstößige Sprache, die von manchen möglicherweise als störend empfunden wird.« Hains, Tim, »Parental Advisory for Trump's Angry Tweet Today«, *Real Clear Politics*, 2. Oktober 2019 (https://www.realclearpolitics.com/video/2019/10/02/jake_tapper_issues_parental_advisory_on_cnn_im_going_to_be_quot-ing_the_president.html). Vgl.

Tompkins, Al, »As Profanity Laced Video Leaks, Outlets Grapple with Trump's Language«, *Poynter,* 7. Oktober 2016 (https://www.poynter.org/reporting-editing/2016/as-profanity-laced-video-leaks-outlets-grapple-with-trumps-language).

5 Kunzru, Hari, »*Hillbilly Elegy* by J. D. Vance Review – Does This Memoir Really Explain Trump's Victory?«, *The Guardian,* 7. Dezember 2016 (https://www.theguardian.com/books/2016/dec/07/hillbilly-elegy-by-jd-vance-review).

6 Während einer Wahlveranstaltung in Sioux Center, Iowa, am 23. Januar 2016, sagte Trump: »Die sagen, ich habe die loyalsten Leute – haben Sie das gesehen? Dass ich mitten auf der Fifth Avenue in New York stehen und jemanden erschießen könnte, und es würden mich immer noch alle wählen. [...] Das ist doch unglaublich.« Reilly, Katie, »Donald Trump Says He ›Could Shoot Somebody‹ and Not Lose Voters«, *Time,* 23. January 2016. (https://time.com/4191598/donald-trump-says-he-could-shoot-somebody-and-not-lose-voters).

7 Dougherty, Conor, »Whites to Lose Majority Status in U. S. by 2042«, *Wall Street Journal,* 14. August 2008. (https://www.wsj.com/articles/SB121867492705539109); Ed Pilkington, »US Set for Dramatic Change as White America Becomes Minority by 2042«, *The Guardian,* 14. August 2008 (https://www.theguardian.com/world/2008/aug/15/population. race).

8 Burney, Melanie, »Bordentown Police Chief Called President Trump ›The Last Hope For White People‹, a South Jersey Officer Testifies«, *Philadelphia Inquirer,* 23. September 2019 (https://www.inquirer.com/news/new-jersey/frank-nucera-hate-crime-trial-bordentown-police-chief-trump-isis-20190923.html).

9 Das Electoral College ist ein Überbleibsel aus der Zeit der Gründung des Landes, als 18 Prozent der Bevölkerung, also etwa jeder sechste Mensch, versklavt waren, vor allem in den Südstaaten – und nicht wählen durften. Es entstand durch ein konstitutionelles Zugeständnis aus dem 18. Jahrhundert, das es den Südstaaten ermöglichte, versklavte Menschen als drei Fünftel einer freien Person zu zählen, sowohl für ihre Vertretung im Kongress als auch für die Anzahl der abgegebenen Stimmen bei der Wahl des Präsidenten.

Es erlaubte den Sklavenstaaten, mehr Einfluss auszuüben, als es ihnen sonst möglich gewesen wäre, und heute ermöglicht es konservativen, ländlichen und weniger bevölkerungsreichen Staaten, mehr Einfluss zu haben, als sie es ohne dieses Zugeständnis hätten. Reed Amar, S. Akhil, »The Troubling Reason the Electoral College Exists«, *Time,* 6. November 2016 (https://time.com/4558510/electoral-college-history-slavery).

10 Die Präsidentschaftswahlen, die durch das Electoral College entschieden wurden, waren: Rutherford B. Hayes gegen Samuel Tilden im Jahr 1876; Benjamin Harrison gegen Grover Cleveland, 1888; George W. Bush gegen Al Gore, 2000; Donald J. Trump gegen Hillary Clinton, 2016. S. Tara Law, »These Presidents Won the Electoral College – but Not the Popular Vote«, *Time,* 15. Mai 2019 (https://time.com/5579161/presidents-elected-electoral-college). Im Jahr 1824 wurde John Quincy Adams durch eine Abstimmung im Repräsentantenhaus zum Sieger über Andrew Jackson erklärt, nachdem es ein Vier-Parteien-Rennen gegeben hatte, bei dem kein Kandidat die Mehrheit der Stimmen im Volk oder im Electoral College erhielt. »The Election of 1824: John Quincy Adams«, *Bill of Rights Institute,* o. J. (https://billofrightsinstitute.org/educate/educator-resources/lessons-plans/presidents-constitution/the-election-of-1824).

11 Matt Kisner, der Vorsitzende der Demokratischen Partei in Richland County, South Carolina, sagte, in einer »voll funktionsfähigen Demokratie« wäre ein Amtsenthebungsverfahren sicherlich der richtige Schritt, doch in den heutigen USA wäre es leider kontraproduktiv: »Es wird seine Basis aufstacheln, es wird all ihre Bedenken bestätigen, dass es alle irgendwie auf ihn abgesehen haben, und das wird es uns nur noch schwerer machen, ihn an der Wahlurne zu schlagen, wo wir wirklich gewinnen müssen.« S. Dale, Daniel, »Democratic Leaders Remain Reluctant to Impeach Trump«, *Star* (Toronto), 23. April 2019. (https://www.thestar.com/news/world/2019/04/23/democratic-leaders-remain-reluctant-to-impeach-trump.html).

12 Die beiden früheren US-Präsidenten, die während ihrer Amtszeit durch ein Amtsenthebungsverfahren angeklagt wurden, wa-

ren Andrew Johnson im Jahr 1868 und Bill Clinton im Jahr 1998. Richard Nixon trat unter dem Druck seiner republikanischen Kollegen im August 1974 von seinem Amt zurück, als das Repräsentantenhaus gerade ein Amtsenthebungsverfahren gegen ihn vorbereitete.

13 Cillizza, Chris, »The Last ›Daily‹ White House Press Briefing Was 170 Days Ago«, *CNN,* 28. August 2019. (https://www.cnn.com/2019/08/28/politics/trump-white-house-daily-press-briefing/index.html). Als das Amtsenthebungsverfahren am 5. Februar 2020 endete, lag das letzte Pressebriefing am 11. März 2019 329 Tage zurück.

14 »In der rühmlichen 227 Jahre währenden Geschichte des Amtes hatte es von George Washington bis Barack Obama nicht einen einzigen Präsidenten gegeben, der zuvor weder ein politisches noch ein militärisches Amt bekleidet hatte. Donald Trump hat dies geändert.« Crockett, Zachary, »Donald Trump Is the Only US President Ever with No Political or Military Experience«, *Vox,* 23. Januar 2017. (https://www.vox.com/policy-and-politics/2016/11/11/13587532/donald-trump-no-experience).

15 Allen, Jonathan/Parnes, Amie, *Shattered: Inside Hillary Clinton's Doomed Campaign.* New York 2017, S. 13. Die Journalistin und der Journalist aus Washington verwendeten die Wendung »heillosen Schlamassel«, um die Aussagen der politischen Kommentatoren Lissa Muscatine, Clintons langjährige Redenschreiberin, und Jon Favreau, das frühere Wunderkind und der Redenschreiber von Barack Obama, zusammenzufassen. Vgl. Zeitz, Joshua, »Why Do They Hate Her?«, *Politico,* 3. Juni 2017. (https://www.politico.com/magazine/story/2017/06/03/why-do-they-hate-her-215220).

16 NBC News berichtete, dass Wladimir Bogdanov, Biologieprofessor an der Russischen Akademie der Wissenschaften, in einem Interview für RBC News sagte, dass »die Behörden der Jamal-Region die Impfung von Rentieren vor zehn Jahren eingestellt haben, weil es seit mehr als einem halben Jahrhundert keine Ausbrüche mehr gegeben hatte – offenbar ein Fehler.« Eremenko, Alexey, »Heat Wave Sparks Anthrax Outbreak in Russia's Yamalo-Nenets Area«, *NBC News*, 27. Juli 2016. (https://www.nbcnews.com/news/

world/heat-wave-sparks-anthrax-outbreak-russia-s-yamalo-nenets-area-n617716).

17 Bennetts, Marc, »Russian Troops Destroy Hundreds of Reindeer Killed by Anthrax«, *Times* (London), 9. August 2016. (https://www.the-times. co. uk/article/russian-troops-destroy-hundreds-of-reindeer-killed-by-anthrax-k5n3gfocp).

18 »Tundra Ablaze as Reindeer Carcasses Infected with Deadly Anthrax Are Incinerated«, *Siberian Times,* 5. August 2016 (http://siberiantimes.com/other/others/news/epic-storm-lashes-barnaul-with-crane-crashing-on-to-citys-main-wedding-palace).

19 Hacker, *Two Nations,* S. 4.

20 Martin Luther King, Jr., »My Trip to the Land of Gandhi« (1959), (https://kinginstitute. stanford. edu/king-papers/documents/my-trip-land-gandhi). Anm. d. Ü.: Wie in einigen zeitgenössischen Neu-Übersetzungen afroamerikanischer Autorinnen und Autoren (etwa Miriam Mandelkows Übersetzungen von James Baldwin), behält die vorliegende Übertragung die Verwendung des Worts »Negro« bei, wo es als Selbstbeschreibung in historischen Quellen und Kontexten verwendet wird.

21 Edwards Lester, C., *Life and Public Services of Charles Sumner.* New York 1874, S. 74, 81.

22 Myrdal, *American Dilemma,* S. 2: 677.

23 Montagu, *Most Dangerous Myth,* S. 180.

24 Grant, *Passing of the Great Race,* S. 64.

25 Pope, *Millhands,* S. 94.

26 Dieses Dekret, das bekannt ist als »Race Hierarchy in the South«, wurde erstmals im November 1913 in *Neale's Monthly Magazine* veröffentlicht und wurde aufgenommen in das Buch *Race Orthodoxy in the South,* S. 112.

27 Jotiba (auch bekannt als Jotirao) Phule war ein Kastenkritiker und Reformer im Indien des 19. Jahrhunderts, der sein Buch von 1873, *Gulumgiri* (*Sklaverei*), den Menschen in den Vereinigten Staaten widmete, die die Sklaverei als Folge des Bürgerkriegs abgeschafft

hatten. Zit. n. Kalpana Kannabiran in *Non-Discrimination and the Indian Constitution*, S. 151.

28 B. R. Ambedkar an W. E. B. Du Bois, ungefähr im Juli 1946; in: *W. E. B. Du Bois Papers* (MS 312), Special Collections and University Archives, University of Massachusetts Amherst Libraries.

29 W. E. B. Du Bois an B. R. Ambedkar, 31. Juli 1946, ebd.

30 Du Bois, *Souls of Black Folk*, S. 3.

31 Stampp, *Peculiar Institution*, S. 330-331.

32 Tocqueville, *Über die Demokratie in Nordamerika*, Zweiter Teil, S. 228.

33 *Matrix Reloaded*, 2003.

TEIL ZWEI Die willkürliche Konstruktion menschlicher Unterscheidungen

34 Vaughan, *Roots of American Racism*, S. 129.

35 Smedley und Smedley, *Race in North America*, S. 112.

36 Ebd., S. 113.

37 Ebd., S. 112.

38 Weld, *American Slavery*, S. 76.

39 Ebd., S. 76, 77.

40 McDowell Stroud, George, *A Sketch of the Laws Relating to Slavery in the Several States of the United States of America*. Philadelphia 1856, S. 154; Weld, *American Slavery*, S. 283.

41 Steinberg, *Ethnic Myth*, S. 300.

42 Gross, *What Blood Won't Tell*, S. 22, 23.

43 Goodell, *American Slave Code*, S. 64.

44 Ebd., S. 72, 63, 12.

45 Stampp, *Peculiar Institution*, S. 218.

46 Goodell, *American Slave Code*, S. 125.

47 Ebd., S. 116.

48 Johnson, Guy B., »Patterns of Race Conflict«, in: Thompson, *Race Relations,* S. 130.

49 Cash, *Mind of the South*, S. 82-83.

50 Baldwin, *Nach der Flut das Feuer*, S. 81.

51 Die Versklavung dauerte von 1619 bis 1865. Die Unabhängigkeitserklärung wurde im Jahr 1776 unterzeichnet. Im Jahr 2022 sind es 246 Jahre seit 1776. Mit dem 13. Amendment der Verfassung wurden Schwarze 1865 aus der Sklaverei befreit. Im Jahr 2111 sind es 246 Jahre seit der Verabschiedung des 13. Amendments, das Schwarze aus der Sklaverei befreite.

52 Gugliotta, Guy, »New Estimate Raises Civil War Death Toll«, *The New York Times,* 13. April 2012. (https://www.nytimes.com/2012/04/03/science/civil-war-toll-up-by-20-percent-in-new-estimate.html).

53 López, *White by Law,* S. 84.

54 Baldwin, James, »On Being ›White‹ and Other Lies«, *Essence,* April 1984, S. 90.

55 Jacobson, *Whiteness,* S. 8.

56 Foner, *Reconstruction,* S. 32–33.

57 Jacobson, *Whiteness,* S. 9.

58 Warner, W. Lloyd/Davis, Allison, »A Comparative Study of American Caste«, in: Thompson, *Race Relations,* S. 245.

59 Doyle, *Etiquette of Race Relations,* S. 145.

60 Sokol, *There Goes My Everything,* S. 108-109.

61 Leonard, George B., »Journey of Conscience: Midnight Plane to Alabama«, *Nation,* 10. März 1965, S. 502 f.

62 Lai, Chao-Qiang, »How Much of Human Height Is Genetic and How Much Is Due to Nutrition?« *Scientific American,* 11. Dezember 2006. (https://www.scientificamerican.com/article/how-much-of-human-height/).

63 Smedley und Smedley, *Race in North America,* S 37, 14, 19.

64 López, *White by Law,* S. 59.

65 Painter, *History of White People,* S. 72–84.

66 López, *White by Law,* S. 54.

67 Zack, Naomi, *Philosophy of Science and Race.* New York 2002, S. 68.

68 Montagu, *Most Dangerous Myth,* S. 72–73.

69 Painter, *History of White People,* S. xii.

70 Puzzo, Dante, »Racism and the Western Tradition«, *Journal of the History of Ideas* 25, Nr. 4 (Oktober-Dezember 1964), S. 579.

71 Frank-Ruta, Garance, »The Time Obama Was Mistaken for a Waiter at a Tina Brown Book Party«, *Atlantic,* 19. Juli 2013. (https://www.theatlantic.com/politics/archive/2013/07/the-time-obama-was-mistaken-for-a-waiter-at-a-tina-brown-book-party/277967/).

72 Larios, Borayin/Voi, Raphaël, »Introduction. Wayside Shrines in India: An Everyday Defiant Religiosity«, *South Asia Multidisciplinary Academic Journal* 18 (2018), (https://journals. openedition.org/samaj/4546).

73 Rajshekar, *Dalit,* S. 11.

74 Shah u. a., *Ground Down,* S. 3.

75 Verba, Bashiruddin und Bhatt, *Caste, Race and Politics,* S. 15.

76 Brown, Kevin D., »African-American Perspective on Common Struggles: Benefits for African Americans Comparing Their Struggle with Dalit Efforts«, in: Yengde und Teltumbde, *Radical Ambedkar,* S. 56.

77 Whitman, *Hitlers amerikanisches Vorbild,* S. 141. Whitmans Buch ist eine erschreckende Untersuchung, wie das US-amerikanische Rechtssystem mehrere rassenpolitische Maßnahmen der Nazis beeinflusst und inspiriert hat. Auf der Grundlage einer Fülle von Recherchen und seiner genauen Lektüre nationalsozialistischer Aufzeichnungen sowie Literatur aus der Zeit des Dritten Reichs rekonstruiert Whitman ein vollständiges Bild der Verbindung zwischen den Nazis und den amerikanischen Rassengesetzen. U. a. beschreibt das Buch detailliert die Planungssitzung der Strafrechtskommission vom 5. Juni 1934.

78 Bemerkungen in einer Rezension des Buches von Heinrich Krieger aus dem Jahr 1936, *Das Rassenrecht in den Vereinigten Staaten,* zit. n. Kühl, *Nazi Connection,* S. 99.

79 Tocqueville, *Über die Demokratie in Nordamerika,* Erster Teil, S. 66.

80 Ebd., S. 14, 15.

81 Ryback, *Hitlers Bücher,* S. 147.

82 Kühl, *Nazi Connection,* S. 61, 62.

83 Spiro, *Defending the Master Race,* S. xi, 357. Um den Stellenwert von Stoddard und Grant in der US-amerikanischen Populärkultur jener Zeit zu verdeutlichen: F. Scott Fitzgerald bezog sich in einem Dialogabschnitt in seinem Roman *Der große Gatsby* in einer kaum verhüllten Anspielung auf die beiden Männer. Die Figuren Tom und Daisy sprechen über »ein prima Buch«, das Tom gerade liest, »von diesem Goddard«, ein Buch über die Herausforderungen, denen »die herrschende Rasse« gegenübersteht.

84 Fischer, *Hitler and America,* S. 2, 9.

85 Beorn, Waitman Wade, *The Holocaust in Eastern Europe: At the Epicenter of the Final Solution*. London 2018, S. 61.

86 Spiro, *Defending the Master Race,* S. 357.

87 Bétit, *Collective Amnesia,* S. 282. Hitler hatte sich persönlich ein Bild von der US-amerikanischen Rassenpolitik gemacht. Zur damaligen Zeit sagte er: »Ich habe mit Interesse die Gesetze einiger amerikanischer Staaten studiert über die Verhinderung der Fortpflanzung von Menschen, deren Nachzucht aller Voraussicht nach wertlos oder volksschädlich wäre«, zit. n. Ryback, *Hitlers Bücher,* S. 146.

88 Whitman, *Hitlers amerikanisches Vorbild,* S. 172.

89 Ebd., S. 99.

90 Ebd., S. 23.

91 Ebd., S. 173. Südafrika erließ erst 1949 mit der Verabschiedung des Prohibition of Mixed Marriages Act ein Verbot der Mischehe. 1957 verabschiedete Südafrika § 16 des Immoralitätsgesetzes, das Schwarzen und Weißen das Zusammenleben und den Geschlechtsverkehr verbot. Nathaniel Sheppard, »S. Africa Plans to

Repeal Racial Sex Ban«, *Chicago Tribune,* 16. April 1985 (https://www.chicagotribune.com/news/ct-xpm-1985-04-16-8501220310-story.html); Parks, Michael, »S. Africa to End Racial Ban on Sex: Will Repeal Laws Forbidding Blacks to Marry Whites« *Los Angeles Times,* 16. April 1985. (https://www.latimes.com/archives/la-xpm-1985-04-16-mn-23232-story.html).

92 Bei den letzten freien Wahlen vor der Nazi-Zeit, die 1932 stattfanden, erhielten die Nazis knapp 38 Prozent der Stimmen. Brustein, *Logic of Evil*, S. 9; Hett, *Death of Democracy,* S. 201.

93 Fischer, *Hitler and America,* S. 4.

94 Eichengreen, Barry/Hatton, Tim, *Interwar Unemployment in International Perspective,* IRLE Working Paper Nr. 12-88 (April 1988) (http://irle. berkeley. edu/workingpapers/12-88.pdf; https://www. irle. berkeley. edu/files/1998/Interwar-Unemployment-In-International-Perspective.pdf).

95 Koonz, *The Nazi Conscience,* S. 176.

96 Zit. n. Whitman, *Hitlers amerikanisches Vorbild*, S. 152.

97 Zit n. ebd., S. 151.

98 Ebd., S. 152.

99 Steinweis, Alan E., *Studying the Jew: Scholarly Antisemitism in Nazi Germany*. Cambridge 2006, S. 45.

100 Whitman, *Hitlers amerikanisches Vorbild*, S. 149 f.

101 Ebd., S. 123.

102 Ebd., 129.

103 »Protokoll der Sitzung der Strafrechtskommission vom 5.6.1934 (Vertrauliche Aussprache über die Vorschläge der Preußischen Denkschrift zur Frage des strafrechtlichen Rasseschutzes)«, Regge, Jürgen/Schubert, Werner (Hg.), *Quellen zur Reform des Straf- und Strafprozeßrechts*, II. Abteilung, NS-Zeit (1933–1939) – Strafgesetzbuch, Band 2, 2. Teil. Berlin 1989. S. 320.

104 Ebd.

105 Whitman, S. 135.

106 »Protokoll der Sitzung der Strafrechtskommission vom 5.6.1934

(Vertrauliche Aussprache über die Vorschläge der Preußischen Denkschrift zur Frage des strafrechtlichen Rasseschutzes)«, S. 320.

107 Ebd.

108 Ebd.

109 Vgl. Whitman, *Hitlers amerikanisches Vorbild*, S. 96.

110 Koonz, *The Nazi Conscience,* S. 171.

111 »Protokoll der Sitzung der Strafrechtskommission vom 5.6.1934 (Vertrauliche Aussprache über die Vorschläge der Preußischen Denkschrift zur Frage des strafrechtlichen Rasseschutzes)«, S. 435.

112 Fredrickson, *White Supremacy,* S. 123–124.

113 Whitman, *Hitlers amerikanisches Vorbild*, S. 159.

114 Ebd., S. 158f.

115 Dunkley, Nigel, Interview mit der Autorin, Berlin und Sachsenhausen, 24. Mai 2019.

116 Schrieke, *Alien Americans,* S. 133.

117 Ginzburg, *100 Years of Lynchings*, S. 155.

118 *The Crisis* 10, Nr. 2, Juni 1915, S. 71.

119 Lacayo, Richard, »Blood at the Roo«, *Time,* 2. April 2000. (http://content.time.com/time/magazine/article/0,9171, 42301,00.html).

TEIL DREI Die acht Säulen der Kaste

120 1. Buch Mose 9, 20–26.

121 Der englische Händler Richard Jobson schrieb 1623 über die Menschen, die er in Afrika südlich der Sahara antraf: »Zweifellos entstammen diese Menschen ursprünglich dem Geschlecht Kanaans, dem Sohne Hams, der die Geheimnisse seines Vaters Noah entblößte, wofür Noah, als er erwachte, Kanaan verfluchte, wie es unsere Heilige Schrift bezeugt.« Zit. n. Jordan, *White over Black,* S. 35.

122 3. Buch Mose 25, 44.

123 Cobb, *Slavery, from the Earliest Periods*, S. xxxv-xxxvi; clvii. Diese Auslegung der Bücher Mose wurde interessanterweise von einigen in Zweifel gezogen, die Schwarze Menschen noch mehr hassten

als die meisten Sklavenhalter selbst. Sie waren der Meinung, diese Auslegung könne nicht der Wahrheit entsprechen, da Afrikanerinnen und Afrikaner keine Menschen, sondern Tiere seien und daher nicht von einem Sohn Noahs abstammen könnten, ganz gleich, ob sie verflucht waren oder nicht.

124 Bailey, *Race Orthodoxy in the South,* S. 93.

125 Waller Hening, William (Hg.), *The Statutes at Large; Being a Collection of All the Laws of Virginia from the First Session of the Legislature, in the Year 1619*, S. 2: 170 (https://www.encyclopediavirginia.org/_Negro_womens_children_to_serve_according_to_the_condition_of_the_mother_1662).

126 Davis, Gardner und Gardner, *Deep South,* S. 15.

127 Diamond und Cottrol, »Codifying Caste«, S. 2.

128 »Forest Whitaker Was ›Humiliated‹ During Shoplifting Incident«, *Express,* 27. August 2013 (https://www.express. co. uk/celebrity-news/424990/Forest-Whitaker-was-humiliated-during-shoplifting-incident).

129 Zirin, David, »So ... the NYPD Just Broke an NBA Player's Leg«, *Nation,* 10. April 2015 (https://www.thenation.com/article/so-nypd-just-broke-nba-players-leg/); Maloney, Jack, »Sefolosha to Donate Large Portion of $ 4M Settlement from Police Brutality Lawsuit«, *CBS Sports*, 7. April 2017 (https://www.cbssports.com/nba/news/sefolosha-to-donate-large-portion-of-4 m-settlement-from-police-brutality-lawsuit/).

130 Bever, Lindsey, »Video Shows Former NFL Player's Violent Arrest After He Said Police Mistook a Phone for a Gun«, *Washington Post,* 27. April 2018 (https://www.washingtonpost.com/news/post-nation/wp/2018/04/27/desmond-marrow-video-shows-ex-nfl-players-violent-arrest/).

131 Davis, Scott, »LeBron James on His Advice to His Kids About Dealing with Police: Be Respectful and Put Your Phone on Speaker«, *Business Insider,* 17. Oktober 2017 (https://www.businessinsider.com/lebron-james-kids-advice-police-2017-10).

132 Ambedkar, *Castes in India,* S. 15.

133 Jahrhunderte später hielten es die Vollstrecker des Kastensystems während der Jim-Crow-Ära für inakzeptabel, dass Beziehungen zwischen Schwarzen und Weißen »dauerhaft, intim und auf der Grundlage der Gleichheit« existieren sollten. De Vos, George, »Psychology of Purity and Pollution as Related to Social Self-Identity and Caste«, in: Reuck und Knight, *Caste and Race,* S. 304.

134 »Obwohl das vollständige Bild niemals rekonstruiert werden kann, kann es teilweise getrost als gesetzt angesehen werden. [...] Da Davis' Partner als ›*Negro*‹ beschrieben wurde, während keine entsprechende ethnische Identifizierung von Davis vorgenommen wurde, lässt sich darauf schließen, dass Davis weiß war.« Leon Higginbotham, zit. n. López, *White by Law,* S. 17.

135 Die Gesetze gegen Mischehen waren so weit verbreitet, dass es effizienter ist, die Staaten zu nennen, die die Mischehen nicht verboten, als jene, in denen Verbote existierten. Abgesehen von Alaska und Hawaii, die den Vereinigten Staaten lange nach der Verabschiedung der meisten Mischehe-Verbotsgesetze beitraten, waren die einzigen Staaten, die sich nicht zu Mischehen äußerten: Connecticut, Minnesota, New Hampshire, New Jersey, New York, Vermont, Wisconsin und der District of Columbia.

136 Hansen, Suzy, »Mixing It Up«, *Salon,* 9. März, 2001 (https://www.salon.com/2001/03/08/sollors/).

137 López, *White by Law,* S. 11.

138 Die erste Gallup-Umfrage über die Ehe zwischen Ethnien im Jahr 1958 wurde unter weißen US-Amerikanerinnen und -Amerikanern durchgeführt. 94 Prozent der Befragten lehnte die Ehe zwischen Schwarzen und Weißen ab, drei Prozent hatte keine Meinung dazu, und nur vier Prozent stimmte zu. »Marriage«, *Gallup.com* (https://news. gallup.com/poll/117328/marriage. aspx).

139 Davis, Gardner und Gardner, *Deep South,* S. 17.

140 Weld, *American Slavery,* S. 157; Goodell, *American Slave Code,* S. 103.

141 *Freedom Never Dies: The Legacy of Harry T. Moore,* PBS, ausgestrahlt am 12. Januar 2001 (http://www.pbs.org/harrymoore/terror/howard.html; http://www.pbs.org/harrymoore/terror/lula.html).

142 Iyer, L. A. Krishna, *Social History of Kerala.* Madras 1970, S. 47. »Ein

Dalit, der einem Brahmanen näher als 95 Schritte kommt, würde ihn verunreinigen, und daher würden die Beschützer und Verwalter der Brahmanenfamilien, die Nairs, den säumigen Dalit auf grausame Weise töten.« Manjallor, Michael, A Critical Analysis of the Efficacy of MDG 2: Case Study of the Dalits of Kerala, India« Dissertation, Auckland University of Technology, Auckland, New Zealand, 2015, S. 79. (https://pdfs. semanticscholar.org/4a21/f1f611df809766fc38a7fa1f466313634896.pdf).

143 Ghurye, *Caste and Race in India*, S. 12.

144 Cox, *Caste, Class, and Race*, S. 33.

145 Sartre, *Überlegungen zur Judenfrage*, S. 24. Vgl. Steinweis und Rachlin, *Law in Nazi Germany*, S. 93.

146 »A Brief History of Jim Crow«, Constitutional Rights Foundation, n. d. (http://www.crf-usa.org/black-history-month/a-brief-history-of-jim-crow).

147 Paula Bevington beschreibt die Arbeit von Reverend Hugh Proctor, der 1908 den Bau der First Congregational Church in Atlanta leitete: »Zu seinen zahlreichen Initiativen für die Nachbarschaft gehörten die Gründung eines Waisenhauses und zweier Gefängnismissionen sowie die Errichtung eines öffentlichen Wasserbrunnens. Dieser Trinkbrunnen war nicht unbedeutend. Er ergänzte den einzigen öffentlichen Zugang zu Trinkwasser, der den Schwarzen in der Gemeinde zuvor zur Verfügung stand: eine Pferdetränke.« Bevington, Paula L., »Atlanta Colored Music Festival Association«, *New Georgia Encyclopedia*, 19. Juni 2014 (https://www.georgiaencyclopedia.org/articles/arts-culture/atlanta-colored-music-festival-association).

148 Gordon, Fon Louise, *Caste and Class: The Black Experience in Arkansas, 1880–1920*. Athens 1995, S. 60.

149 Doyle, *Etiquette of Race Relations*, S. 153, 151, 152.

150 »Where Should a Negro Get Hurt?«, *Christian Index 61*, 25. August 1932, S. 9, 10.

151 Wolcott, *Race Riots and Roller Coasters*, S. 96.

152 Weiner, *Black Trials*, S. 177.

153 Wiltse, *Contested Waters,* S. 126.

154 Holliday, Art, »1949 Swimming Pool Integration Sparked Violence, Triggered Change in St. Louis«, *KSDK*, 28. Februar 2018 (https// www.kskd.com/article/news/local/storytellers/1949-swimming-pool-integration-sparked-violence-triggered-change-in-st -Louis/63-524244606).

155 Wiltse, *Contested Waters,* S. 135–138 ,147–151.

156 Watkins, Mel, *Dancing with Strangers.* New York 1998, S. 127, 128. Alle Zitate und Angaben zu Al Brights Geschichte stammen aus dieser Quelle.

157 Fredrickson, *White Supremacy,* S. 134, 135.

158 Tushnet, *American Law and Slavery*, S. 150.

159 Mulford, *Franklin and the Ends of Empire,* S. 161.

160 Diamond und Cottrol, »Codifying Caste«, S. 266.

161 Biddiss, *Father of Racist Ideology*, S. 144; Biddiss (Hg.), *Gobineau*, S. 161.

162 Gouverneur William Hodges Mann, Zeugenaussage während einer Anhörung vor dem Committee on Immigration and Naturalization, US-Repräsentantenhaus, S. 8.

163 Ebd., S. 15–23.

164 Falco, Ed, »When Italian Immigrants Were ›the Other‹«, *CNN*, 10. Juli 2012 (http://www.cnn.com/2012/07/10/opinion/falco-italian-immigrants/index.html).

165 Der Fall war Rollins gegen Alabama, 1922.

166 Im Jahr 1911 verabschiedete Arkansas das Gesetz 320 (House Bill 79), die »Ein-Tropfen-Regel«. Dieses Gesetz machte das »Zusammenleben« verschiedener Ethnien zu einem Verbrechen und definierte als »*Negro*« einen jeden, »der irgendwelches *Negro*-Blut in sich hat.« Sandels, L. P./Hill, Joseph M., *A Digest of the Statutes of Arkansas Embracing All Laws of a General* Nature. Columbia 1894, S. 1375. 1910 hob der Oberste Gerichtshof von Louisiana die Verurteilung von Octave Treadaway aus New Orleans und seiner Geliebten, die gemischter Abstammung war, auf. In der *Encyclopedia of Arkansas* heißt es: »Der Oberste Richter Olivier Provosty entschied,

dass die Frau weder ›*Negro*‹ noch ›Schwarze‹ war, sondern eine ›Farbige‹. Sie gehörte zu einer Zwischenkaste, die auf einer doppelten Abstammung beruhte, wie sie in der Rechtsprechung von Louisiana definiert wurde. Innerhalb eines Monats nach Provostys Urteil trat der Gesetzgeber erneut zusammen und änderte das Gesetz, um den Begriff ›*Negro*‹ über einen Blutanteil von einem Zweiunddreißigstel zu definieren – im Grunde eine Ein-Tropfen-Regel. Als sich die Legislative von Arkansas im folgenden Jahr versammelte, ließ sie einem widerspenstigen Richter keinen Spielraum. Sie übernahmen den Wortlaut des Gesetzes von Louisiana und fügten die Ein-Tropfen-Klausel hinzu. Der Straftatbestand für Geschlechtsverkehr zwischen Ethnien war ›mit einem Monat bis zu einem Jahr Zuchthaus bei harter Arbeit zu bestrafen‹.«, Sweet, Frank W., »One Drop Rule«, *Encyclopedia of Arkansas,* 1. Februar 2019 (http://www.encyclopediaofarkansas.net/encyclopedia/entry-detail.aspx?entryID=5365).

167 Wolfe, Brendan, »Racial Integrity Laws (1924–1930)«, *Encyclopedia Virginia,* 4. November 2015 (https://www.encyclopediavirginia.org/racial_ integrity_laws_of_the_1920s).

168 Diamond und Cottrol, »Codifying Caste«, S. 281, 266.

169 Hewitt, Nancy A., *Southern Discomfort: Women's Activism in Tampa, Florida, 1880s to 1920s*. Urbana 2001, zit. n. Voogd, *Race Riots,* S. 40.

170 Ichioka, Yuchi, »The Early Japanese Immigrant Quest for Citizenship: The Background of the 1922 Ozawa Case«, *Amerasia* 4, Nr. 1 (1977), zit. n. López, *White by Law,* S. 60.

171 López, *White by Law,* S. 63.

172 Agarwal, Kritika, »Vaishno Das Bagai's Disillusionment with America«, *South Asian American Digital Archive,* 6. August 2014 (https://www.saada.org/tides/article/living-in-a-gilded-cage).

173 Okada, *No No Boy,* S. 202.

174 Riess, Jana, »Forty Years On, Most Mormons Still Believe the Racist Temple Ban Was God's Will«, *Religion News,* 1. Juni 2018 (https://religion-news.com/2018/06/11/40-years-later-most-mormons-still-believe-the-racist-priesthood-temple-ban-was-gods-

will/). S. auch »Race and the Priesthood«, *Church of Jesus Christ of Latter-day Saints*, n. d. (https://www.churchofjesuschrist.org/study/manual/gospel-topics-essays/race-and-the-priesthood?lang=eng).

175 Goodell, *American Slave Code*, S. 312.

176 Roediger, *Wages of Whiteness*, S. 57.

177 Ambedkar, *Castes in India*, S. 45.

178 Mills, *Racial Contract*, S. 51.

179 Clark, *Southern Discomfort*. S. auch das Interview von Lois Reitzes mit Tena Clark, *WABE/National Public Radio*, 27. Dezember 2018 (https://www.wabe.org/music-legend-tena-clark-unveils-her-chaotic-childhood-in-southern-discomfort).

180 De Vos, George, »Psychology of Purity and Pollution as Related to Social Self-Identity and Caste«, in: Reuck und Knight, *Caste and Race*, S. 304.

181 Hammond, James Henry, *Selections from the Letters and Speeches of the Hon. James H. Hammond of South Carolina* (New York, 1866), S. 318.

182 Bleser, *Secret and Sacred*, S. xii; Thompson Friend, Craig, »Sex, Self, and the Performance of Patriarchal Manhood in the Old South«, in: *The Old South's Modern Worlds: Slavery, Region, and a Nation in the Age of Progress*, Hg. L. Diane Barnes, Brian Schoen und Frank Towers. Oxford 2011, S. 247.

183 Brown, Rosellen, »Monster of All He Surveyed« (Rezension von Bleser, *Secret and Sacred*), *The New York Times*, 29. Januar 1989 (https://www.nytimes.com/1989/01/29/books/monster-of-all-he-surveyed.html).

184 Verba, Bashiruddin und Bhatt, *Caste, Race and Politics*, S. 83.

185 *Acts and Joint Resolutions of the General Assembly of the State of South Carolina, Passed at Sessions 1864–1865* (Columbia, S. C., 1866), S. 299.

186 Goodell, *American Slave Code*, S. 337.

187 Reuter, Edward B., »Competition and the Racial Division of Labor«, in: Thompson, *Race Relations*, S. 58.

188 *Independent* (New York) 54, Nr. 2798 (17. Juli 1902), S. 1739.

189 »Amerikanische Farbgrenzen existierten nicht, weil die Regierung sie verlangte«, schreibt der Historiker George M. Fredrickson, »sondern weil die Regierung, zumindest bis kürzlich, nichts dafür tat, um die diskriminierenden Praktiken privater Arbeitgeber und Gewerkschaften zu unterbinden.« Fredrickson, *White Supremacy,* S. 235. S. auch Roediger, *Wages of Whiteness*, S. 58; »In New York und einigen anderen Städten des Nordens wird Schwarzen noch immer die Erlaubnis verweigert, Kutschen zu fahren und ähnliche Tätigkeiten auszuüben, um ihren Lebensunterhalt zu sichern«, Goodell, *American Slave Code,* S. 337.

190 Sinclair, William A., *The Aftermath of* Slavery. Boston 1905, S. 67.

191 Warner, W. Lloyd/Davis, Allison, »A Comparative Study of American Caste«, in: Thompson, *Race Relations,* S. 231.

192 Bouglé, *Caste System,* S. 17.

193 Steinberg, *Ethnic Myth,* S. 206–207.

194 Roediger, *Wages of Whiteness,* S. 49.

195 Doyle, *Etiquette of Race Relations,* S. 154.

196 Doyle, *Etiquette of Race Relations,* S. 154, 155.

197 Brown, *Life of William Wells Brown,* S. 45.

198 Warner und Davis, S. 237.

199 Andrew Hacker wies auf die Rollen hin, die Schwarzen im Laufe der Geschichte vorbehalten waren: »Noch zu Lebzeiten waren ihre Leute von den großen Ligamannschaften ausgeschlossen; heute beziehen sie die höchsten Gehälter in den meisten Profisportarten. In Filmen mussten sich ihre Leute mit Rollen als Dienerinnen und Trottel begnügen. Jetzt werden zumindest einige von ihnen als Ärztinnen und Führungskräfte in der Wirtschaft gecastet. […] Zählt man alles zusammen, ziehen es die weißen USA immer noch vor, dass die Schwarzen Menschen des Landes Darsteller, Sportlerinnen, Musikerinnen und Komiker sind, die zur Ablenkung beitragen.« Hacker, *Two Nations,* S. 46.

200 »Narrative and Testimony of Sarah M. Grimké« (1830), in: Weld, *American Slavery,* S. 24.

201 Der SS-Mannschaftsführer war Richard Bugdalle. Die Tat wird in der Außenausstellung des KZ Sachsenhausen beschrieben.

202 Goodell, *American Slave Code,* S. 77.

203 Ebd.

204 Rajshekar, *Dalit,* S. 64.

205 Brown, *Slave Life in Georgia,* S. 74.

206 Goodell, *American Slave Code,* S. 287.

207 Ebd., S. 291; Franklin, H. Bruce, »*Billy Budd* and Capital Punishment: A Tale of Flour Centuries«, in: *Demands of the Dead: Executions, Storytelling and Activism,* Hg. Katy Ryan, Iowa City 2012, S. 117.

208 Goodell, *American Slave Code,* S. 290.

209 Stampp, *Peculiar Institution,* S. 209.

210 Informationstafel im Konzentrationslager Sachsenhausen.

211 Livingstone Smith, David, »The Essence of Evil: You Don't Have to Be a Monster or a Madman to Dehumanise Others. You Just Have to Be an Ordinary Human Being«, *Aeon,* 24. Oktober 2014 (https://aeon.co/essays/why-is-it-so-easy-to-dehumanise-a-victim-of-violence).

212 Smith, *Less Than Human*, S. 4, 6.

213 Stampp, *Peculiar Institution,* S. 174.

214 Ebd., S. 188.

215 Mills, *Racial Contract,* S. 99.

216 Stampp, *Peculiar Institution*, S. 178.

217 Ebd., S. 183.

218 Brown, *Slave Life in Georgia,* S. 57.

219 Ebd., S. 72

220 Ebd., S. 12–30.

221 Stampp, Kenneth M., »To Make Them Stand in Fear«, in: *A Turbulent Voyage: Readings in African American Studies*, Hg. Floyd W. Hayes III, Oxford 2000, S. 295.

222 Weld, *American Slavery*, S. 90.

223 Dollard, *Caste and Class*, S. 360.

224 Regester, *African-American Actresses*, S. 71–106; Bogle, *Toms, Coons*, S. 54–57.

225 Smedley und Smedley, *Race in North America*, S. 99.

226 Goodell, *American Slave Code*, S. 285.

227 Doyle, *Etiquette of Race Relations*, S. 55.

228 Sanders, Eulanda A., »The Politics of Textiles Used in African American Slave Clothing« in: *Textile Society of America Symposium Proceedings*. Washington, D. C. 2012, S. 740 (https://digitalcommons.unl. edu/tsaconf/740).

229 Dunkley, Nigel, Interview mit der Autorin, 25. Mai 2019.

230 *The Farmers' Register of 1834*, zit. n. Stampp, *Peculiar Institution*, S. 142.

231 Stampp, *Peculiar Institution*, S. 144.

232 Ebd., S. 207–208.

233 Douglass, *My Bondage*, S. 92.

234 Davis, Gardner und Gardner, *Deep South*, S. 394.

235 Cobb, James C., *The Most Southern Place on Earth: The Mississippi Delta and the Roots of Regional Identity*. New York 1992, S. 213.

236 Doyle, *Etiquette of Race Relations*, S. 149–150.

237 Berreman, *Caste and Other Inequities*, S. 159, zit. n. Smaje, *Natural Hierarchies*, S. 21.

238 Jordan, *White over Black*, S. 182.

TEIL VIER Die Tentakel der Kaste

239 »A Class Divided«, *Frontline*, PBS (26. März 1985) (https://www.pbs.org/wgbh/frontline/film/class-divided). Das Video über die Diskrimierungslektion der Lehrerin ist eines der am meisten aufgerufenen Videos von *Frontline*.

240 Interview mit Jan Elliott, *NBC*, 28. September 2017 (https://m. youtube.com/watch? v=eFQkLp5u-No).

241 Case, Anne/Deaton, Angus, »Rising Morbidity and Mortality in Midlife Among White Non-Hispanic Americans in the 21st Century« *Proceedings of the National Academy of Sciences* 112, Nr. 49 (8. Dezember 2015): S. 15078–15083 (https://doi.org/10.1073/pnas.1518393112).

242 Während des Zweiten Weltkriegs fielen über 400.000 US-amerikanische Soldaten.

243 Case, Anne/Coates, Ta-Nehisi, »Fear and Despair: Consequences of Inequity«, in: *Knowledge to Action: Accelerating Progress in Health, Well-Being an Equity,* Hg. Alonzo L. Plough (New York: Oxford University Press, 2017), S. 11–15.

244 Case, Anne/Deaton, Angus, »Mortality and Morbidity in the 21st Century«, *Brookings Papers on Economic Activity* (Frühjahr 2017) (https://www.brookings. edu/bpea-articles/mortality-and-morbidity-in-the-21st-century/); Case und Deaton, »Rising Morbidity«. Im Jahr 2019 war ein ähnlicher Trend im Vereinigten Königreich zu beobachten: »Deaths of Despair, Once an American Phenomenon, Now Haunt Britain«, *Economist,* 14. Mai 2019 (https://www.economist.com/britain/2019/05/14/deaths-of-despair-once-an-american-phenomenon-now-haunt-britain).

245 Mutz, Diana C., »Status Threat, Not Economic Hardship, Explains the 2016 Presidential Vote«, *Proceedings of the National Academy of Sciences* 115 (8. Mai 2018): S. 4330–4339.(https://doi.org/10.1073/pnas.1718155115).

246 Cash, *Mind of the South,* S. 66.

247 Smith, *Killers of the Dream,* S. 171.

248 Myrdal, *American Dilemma,* S. 2: 597.

249 Roediger, *Wages of Whiteness,* S. 60.

250 Du Bois, *Black Reconstruction,* S. 700.

251 Brief eines Sklavenhalters aus dem Osten Virginias im *Richmond Enquirer,* 4. Mai 1832, zit. n. Allen, Theodore, *The Invention of the White Race.* London 1997. S. 2: 255.

252 Smith, *Killers of the Dream,* S. 164–165.

253 Warner, W. Lloyd/Davis, Allison, »A Comparative Study of American Caste«, in: Thompson, *Race Relations,* S. 236.

254 Baker, Russell, »The Problem of the White Anglo-Saxon Protestant«, *The New York Times,* 9. November 1963.

255 Smith, *Killers of the Dream,* S. 179, 222.

256 Jadhav, Sushrut, Interview mit der Autorin, Mai 2018.

257 Ambedkar, *Annihilation of Caste,* S. 250.

258 Ambedkar, *Castes in India,* S. 45.

259 Mathis-Lilley, Ben, »An Ingenious and Powerful Case for Reparations in the *Atlantic*«, *Slate,* 22. Mai 2014 (https://slate.com/news-and-politics/2014/05/reparations-ta-nehisi-coates-clever-thorough-and-persuasive-case.html). Mathis-Lilley gelangte zu dieser Schlussfolgerung über die Analyse von Ta-Nehisi Coates' bahnbrechendem Artikel »The Case for Reparations« im *Atlantic* (2014).

260 Lipsitz, *Possessive Investment,* S. 5–7, 107.

261 Norton, Michael I./Sommer, Samuel, »Whites See Racism as a Zero-Sum Game That They Are Now Losing«, *Perspectives on Psychological Science* Nr. 6, 3 (2011), S. 215–218.

262 Pager, Devah, »The Mark of a Criminal Record«, *American Journal of Sociology* 108, Nr. 5 (März 2003): S. 937–975.

263 Hoffman, Kelly M. u. a., »Racial Bias in Pain Assessment and Treatment Recommendations, and False Beliefs About Biological Differences Between Blacks and Whites«, *Proceedings of the National Academy of Sciences* 113, Nr. 16 (19. April 2016): S. 4296-301.(https://doi.org/10.1073/pnas.1516047113). »Forschungen haben ergeben, dass Schwarze Patientinnen und Patienten gegen Schmerzen unterbehandelt werden, und zwar nicht nur im Vergleich zu weißen Patientinnen und Patienten, sondern auch im Verhältnis zu Vorgaben der Weltgesundheitsorganisation. [...] Neue Forschungsergebnisse der University of Virginia legen nahe, dass Ungleichheiten bei der Schmerzbehandlung zum Teil auf Vorurteile zurückzuführen sein könnten. In einer Studie mit Medizinstudierenden sowie Assistenzärztinnen und Ärzten fanden Forschende heraus, dass

eine beträchtliche Anzahl von weißen Medizinstudenten und Assistenzärztinnen falsche Vorstellungen über biologische Unterschiede zwischen Schwarzen und Weißen haben (zum Beispiel, dass die Haut von Schwarzen dicker sei, dass ihr Blut schneller gerinne), die sich darauf auswirken könnten, wie sie die Schmerzen Schwarzer Patientinnen und Patienten beurteilen und behandeln.« University of Virginia, »Study Links Disparities in Pain Management to Racial Bias«, *ScienceDaily,* 4. April 2016 (https://www.sciencedaily.com/releases/2016/04/160404153044.htm).

264 Metzl, *Dying of Whiteness,* S. 3–7, 174–175.

265 Vgl. 3 Mose 16, 5–10; 16, 20–22.

266 Perera, *The Scapegoat Complex*, S. 8.

267 Ebd., S. 12, 13.

268 Weld, *American Slavery,* S. 59.

269 Davis, Gardner und Gardner, *Deep South,* S. 49.

270 Weitere Informationen über das Lynchritual, vgl. Dray, *Persons Unknown*; Raper, *Tragedy of Lynching;* Litwack, *Trouble in Mind.*

271 Myrdal, *American Dilemma,* S. 2: 598.

272 Crenshaw, Kimberlé W., »Framing Affirmative Action«, *105 Michigan Law Review First Impressions* 123 (2007), https://repository. law. umich. edu/mlr fi/vol105/iss1/4/; Massie, Victoria M., »White Women Benefit Most from Affirmative Action – and Are Among Its Fiercest Opponents«, Vox, May 25, 2016. https://www.vox.com/2016/5/25/11682950/fisher-supreme -court-white-women-affirmative-action.

273 Crossman, Ashley, »Definition of Scapegoat, Scapegoating, and Scapegoat Theory«. *ThoughtCo.,* 2. August 2019 (https://www.thoughtco.com/scapegoat-definition-3026572.)

274 Carlson, Margaret, »Presumed Innocent«, *Time,* 24. Juni 2001 (http://content.time.com/time/magazine/article/0,9171,153650,00.html).

275 »Im Falle einer anderen Ermittlungsspur mit möglichen rassistischen Untertönen versuchte die Polizei festzustellen, ob der Tod von House mit dem Drogenkartell in Verbindung stand. Mark Mc-

Crimmon, ein Strafverteidiger, sagte, ein Klient, der Wochen zuvor bei einer Drogenrazzia in der Nachbarschaft verhaftet worden war, sei von der Polizei zu dem Bombenanschlag verhört worden.« Rosenberg, Eli, »Exploding Packages Tap into Simmering Tensions over Austin's Racial Segregation«, *Washington Post,* 15. März 2018 (https://www.washingtonpost.com/national/exploding-packages-tap-into-simmering-tensions-over-austins-racial-segregation/2018/03/15/595a7b24-28a4-11e8-874b-d517e912f125_story.html).

276 Ebd.; »Police: Exploding Package Caused Death of NE Austin Man, Tips Sought«, *CBS Austin,* 5. März 2018 (https://cbsaustin.com/news/local/austin-police-identify-man-killed-in-explosion).

277 Dart, Tom, »Austin Bombings: How They Unfolded, and What They Revealed«, *The Guardian,* 24. März 2008 (https://www.theguardian.com/us-news/2018/mar/24/austin-bombings-mark-conditt-texas).

278 Safina, *Beyond Words,* S. 155.

279 Howl Organization, »Wolf Behavior«, Teil 1, *Running with the Wolves,* o. J. (http://www.runningwiththewolves.org/behavior1.htm). *Running with the Wolves*, eine von Teresa DeMaio auf Long Island gegründete Organisation, widmet sich dem Schutz von Wölfen und Wildtieren.

280 Bancroft, *Slave Trading,* S. 81.

281 Stampp, *Peculiar Institution,* S. 343.

282 Vgl. Frucht, Richard, *Black Society in the New World*. New York 1971, S. 32.

283 Stampp, *Peculiar Institution,* S. 343.

284 Griggs, Brandon »A Black Yale Graduate Student Took a Nap in Her Dorm's Common Room. So a White Student Called Police«, *CNN*, 12. Mai 2018 (https://edition.cnn.com/2018/05/09/us/yale-student-napping-black-trnd/index.html).

285 Rojas, Nicole, »Black Man Records White Woman Calling 911 After Accusing Him of Breaking into His Own Car«, *Newsweek*, 17. August

2018. (https://www.newsweek.com/woman-calls-police-video-black-man-breaking-own-car-milwaukee-reporachel-1078717).

286 May, Patrick, »Video of a San Francisco Dad's ›Trespassing‹ 911 Call to Report a Black Software Engineer Goes Viral«, *Mercury News*, 9. Juli 2019 (https://www.mercurynews.com/2019/07/09/video-of-a-san-francisco-dad-trespassing-9-1-1-call-to-report-black-software-engineer-goes-viral).

287 Gomez, Melissa, »White Woman Who Blocked Black Neighbor from Building Is Fired«, *The New York Times*, 15. Oktober 2018. (https://www.nytimes.com/2018/10/15/us/hilary-brooke-apartment-patty-st-louis.html).

288 Du Bois, *Black Reconstruction*, S. 633.

289 Colonel J. L. A. Linard vom Hauptquartier der American Expeditionary Force beriet das französische Kommando über den Umgang mit Schwarzen Soldaten. Sein Memorandum, aus dem hier und im Folgenden zitiert wird, ist erschienen als »A French Directive«, *Crisis*, Nr. 18 (Mai 1919): S. 16–18 (https://glc. yale. edu/french-directive). Vgl. Onion, Rebecca, »A WWI-Era Memo Asking French Officers to Practice Jim Crow with Black American Troops«, *Slate*, 27. April 2016 (https://slate.com/human-interest/2016/04/secret-information-concerning-black-troops-a-warning-memo-sent-to-the-french-military-during-world-war-i.html).

290 Bauke, Nicole, »Black Soldier Killed in WWI Was Denied Medal of Honor. Advocates Are Now Trying to Change That«, *Army Times*, 28. Februar 2018 (https://www.armytimes.com/news/your-army/2018/02/28/black-soldier-killed-in-wwi-was-denied-medal-of-honor-advocates-are-now-trying-to-change-that/).

291 Ebd.

292 Ward, *Defending White Democracy*, S. 41.

293 Gergel, Richard, *Unexampled Courage: The Blinding of Sgt. Isaac Woodard and the Awakening of President Harry S. Truman and Judge J. Waties Waring*. New York 2019, S. 14.

294 Kluger, Richard, *Simple Justice: The History of Brown v. Board of Education and Black America's Struggle for Equality* (New York: Knopf,

2004), S. 298. Der Angriff auf Woodard und andere Schwarze Veteranen, die aus dem Krieg zurückgekehrt waren, beunruhigte Präsident Truman so sehr, dass er 1948 zwei wegweisende Executive Orders unterzeichnete: Executive Order 9981, die die Rassentrennung in den Streitkräften verbot, sowie Executive Order 9980, die Aufhebung der Rassentrennung innerhalb der Regierung.

295 Schrieke, *Alien Americans,* S. 143.

296 Ortiz, Paul, »Ocoee, Florida: Remembering ›the Single Bloodiest Day in Modern U. S. Political History‹«, *Facing South,* 14. Mai 2010 (https://www.facingsouth.org/2010/05/ocoee-florida-remembering-the-single-bloodiest-day-in-modern-us-political-history.html).

297 Wells, Ida B., *Crusade for Justice: The Autobiography of Ida B. Wells.* Hg. Alfreda M. Duster. Chicago 1970, S. 55.

298 Ball, Nathaniel C., »Memphis and the Lynching at the Curve«, *Uplift Memphis, Uplift the Nation: The Blog for Community Engagement.* Memphis 2015 (https://blogs. memphis. edu/benhooksinstitute/2015/09/30/memphis-and-the-lynching-at-the-curve).

299 Stampp, *Peculiar Institution,* S. 166.

300 »How an African Slave in Boston Helped Save Generations from Smallpox«, *History,* 1. Februar 2019 (https://www.history.com/news/smallpox-vaccine-onesimus-slave-cotton-mather).

301 Der folgende Bericht bezieht sich auf Washington, *Medical Apartheid,* S. 72-73; Najera, Rene F., »Black History Month: Onesimus Spreads Wisdom That Saves Lives of Bostonians During a Smallpox Epidemic«, *History of Vaccines,* 3. Februar 2019 (https://historyofvaccines.org/blog/black-history-month-onesimus-spreads-wisdom-that-saves-lives-of-bostonians-during-a-smallpox-epidemic-2); und Erin Blakemore, »How an African Slave in Boston Helped Save Generations from Smallpox«, *History,* 1. Februar 2019 (https://www.history.com/news/smallpox-vaccine-onesimus-slave-cotton-mather).

302 Du Bois, *Black Reconstruction,* S. 697.

303 Gross, Raphael, »Guilt, Shame, Anger, Indignation: Nazi Law and Nazi Morals«, in: Steinweis und Rachlin, *Law in Nazi Germany,* S. 92.

304 Jan, Tracy, »News Media Offers Consistently Warped Portrayals of Black Families, Study Finds«, *Washington Post,* 13. Dezember 2017 (https://www.washingtonpost.com/news/wonk/wp/2017/12/13/news-media-offers-consistently-warped-portrayals-of-black-families-study-finds).

305 C. K., »Black Americans Are Over-Represented in Media Portrayals of Poverty«, *Economist,* 20. Februar 2018 (https://www.economist.com/democracy-in-america/2018/02/20/black-americans-are-over-represented-in-media-portrayals-of-poverty).

306 »Langfristige Rückgänge der Geburtenraten bei nicht-hispanischen Schwarzen Teenagern waren besonders deutlich«, so die Analyse. »Der Rückgang der Geburtenraten unter hispanischen Teenagern war fast genauso stark, von 105 Geburten pro 1.000 Frauen im Alter von 15 bis 19 Jahren im Jahr 1991 auf 29 Geburten pro 1.000 Frauen im Jahr 2017.« Die Geburtenrate unter nicht-hispanischen weißen Teenagern, die historisch gesehen einen Bruchteil der Anzahl von Schwarzen und Latina-Teenagern ausmacht, fiel im gleichen Zeitraum in einem stetigen, aber langsameren Tempo von 43 pro 1.000 auf 13 pro 1.000, also von etwas mehr als einem Viertel der Schwarzen Geburtenrate auf etwa die Hälfte. »Teen Births«, *Child Trends,* 24. Mai 2019 (https://www.childtrends.org/indicators/teen-births). Die Analyse wurde mithilfe von Daten des Center for Disease Control durchgeführt.

307 Ebd.

308 Albany, Georgia, »versteigerte drei Schwimmbäder und einen Tennisplatz, anstatt sie zu desegregieren«. Die Stadt »schloss monatelang die Bibliothek." Sokol, *There Goes My Everything,* S. 93.

309 »McKinney Video: Protest over Texas Pool Party Policing«, *BBC,* 9. Juni 2015 (https://www.bbc.com/news/world-us-canada-33059484).

310 Capehart, Jonathan, »The McKinney, Texas Pool Party: More Proof That ›Black Children Don't Get to Be Children‹«, *Washington Post,*

10. Juni 2015 (https://www.washingtonpost.com/blogs/lost-partisan/wp/2015/06/10/the-mckinney-texas-pool-party-more-proof-that-black-children-dont-get-to-be-children).

311 Matory, *Stigma und Kultur,* S. 384.

312 Ebd., S. 333.

313 Ambedkar, *Annihilation of Caste,* S. 277.

314 Sarangi, Sudipta, »Capturing Indian ›Crab‹ Behaviour«, *Hindu Business Line,* 1. April 2013 (https://www.thehindubusinessline.com/opinion/capturing-indian-crab-behaviour/article22995064. ece).

315 Stevenson, Bryan, *Just Mercy*. New York 2014, S. 142.

316 Kasinitz, *Caribbean New York,* S. 36.

317 Ebd.

318 Matory, *Stigma and Culture*, S. 49.

319 Ambedkar, *Annihilation of Caste*, S. 294.

320 Varel, *Lost Black Scholar*, S. 85.

321 Ebd., S. 74.

322 Jensen Wallach, Jennifer, Einleitung zu Davis, Gardner und Gardner, *Deep South,* S. xvii.

323 Ebd., S. xxii.

324 Ebd.

325 Varel, *Lost Black Scholar,* S. 85.

326 Davis, Gardner und Gardner, *Deep South,* S. 561–562.

327 Varel, *Lost Black Scholar,* S. 86.

328 Ebd.

329 Ebd.

330 Ebd.

331 Ebd.

332 Ebd., S. 87.

333 Ebd., S. 92.

334 Wallach, »Einführung« in: Davis, Gardner und Gardner, *Deep South,* S. xxviii.

335 Adams, Jane/Gorton, D., »Southern Trauma: Revisiting Caste and Class in the Mississippi Delta«, *American Anthropologist* 106, Nr. 2 (Juni 2004): S. 334–345.

336 Cox, *Caste, Class, and Race,* S. 498, 519.

337 Smith, Robert, *Pioneers of Baseball* (Boston: Little, Brown, 1978), zit. n. *Encyclopedia of World Biography* (Farmington Hills, Mich., Gale Research, 1998), S. 62.

338 Tye, Larry, Interview mit Michel Martin, *National Public Radio,* 27. Juli 2009 (https://www.npr.org/templates/story/story. php?storyId=111063901&t=1659362787168). Vgl. Tye, Larry, *Satchel: The Life and Times of an American* Legend. New York 2009.

339 Goldman, Steven (Hg.), *It Ain't Over 'Til It's Over: The Baseball Prospectus Pennant Race* Book. Philadelphia 2007, S. 62.

340 Smith, *Pioneers of Baseball,* in: *Encyclopedia of World Biography,* S. 62.

341 Tye, Larry Interview mit Michel Martin.

342 »Satchel Paige«, *National Baseball Hall of Fame*, n. d. (https://baseballhall.org/hall-of-famers/paige-satchel).

343 Galbincea, Pat, »Pitcher Satchel Paige half den Indians 1948 beim Gewinn der Meisterschaft: Black History Month«, *Cleveland Plain Dealer,* 16. Februar 2013 (https://www.cleveland.com/metro/2013/02/pitcher_satchel_paige_helped_i.html).

344 Mellinger, Sam, »Fifty Years Ago, Satchel Paige Pitched His Last Big-League Game in KC at Age 59«, *Kansas City Star,* S. 18. September 2015 (https://www.kansascity.com/sports/spt-columns-blogs/sam-%20mellinger/article35763006.html).

345 »Satchel Paige 1906–1982«, Encyclopedia.com, n. d. (https://www.encyclopedia.com/people/sports-and-games/sports-biographies/satchel-paige).

346 Hacker, *Two Nations,* S. 250.

347 Ronningstam, *Identifying and Understanding,* S. 3.

348 Fromm, *Die Seele des Menschen,* S. 83.

349 Fromm, *Sigmund Freuds Psychoanalyse,* S. 56.

350 Fromm, *Seele des Menschen,* S. 74.

351 Ebd., S. 78.

352 Sakurai, *Theories of Narcissism,* S. 53.

353 Fromm, *Seele des Menschen,* S. 79.

354 Übersetzer und Verlag haben entschieden, das N-Wort der ursprünglichen Übersetzung an dieser Stelle nicht zu reproduzieren.

355 Ebd., S. 86.

356 Ebd., S. 79f.

357 Fromm, S. 88.

358 Ebd., S. 88.

359 Ambedkar, *Castes in India,* S. 47.

360 O'Dowd, Niall, »Was Your Family Shanty or Lace Curtain Irish? It's Important«, *Irish Central,* 10. Oktober 2019 (https://www.irishcentral.com/roots/shanty-lace-curtain-irish). Vgl. Jeanne Charters, »The Irish Caste System – What Shanty Irish Means«, *Jeanne Charters,* 25. Juli 2014 (https://jeannecharters.com/irish-caste-system-shanty-irish-means).

361 Bershidsky, Leonid, »Trump Trolls the Nordics. They Troll Him Back«, *Bloomberg,* 21. August 2019 (https://www.bloomberg.com/opinion/articles/2019-08-21/trump-doesn-t-seem-to-get-greenland-denmark-or-any-nordic-count); Frida Ghitis, »Why Trump Is So Obsessed with Scandinavia«, *CNN,* 21. August 2019 (https://www.cnn.com/2019/08/21/opinions/trump-denmark-scandinavia-obsession-ghitis/index.html).

362 Douglass, *God Among Germans,* S. 117.

363 Hill Collins, Patricia, *Black Feminist Thought: Knowledge, Consciousness and the Politics of Empowerment* (London: Routledge, 2000), S. 257.

364 Leach, Edmund, »Caste, Class, and Slavery: The Taxonomic Problem«, in: Reuck und Knight, *Caste and Race,* S. 10-11.

365 Reese, Ashley, »The Perverse Spectacle of Black Forgiveness«, *Jezebel,* 3. Oktober 2019 (https://jezebel.com/the-perverse-spectacle-of-black-forgiveness-1838747565).

366 »Ich betrat den Gerichtssaal als freier Mann ohne Vorstrafen«, sagte der Beschuldigte namens Deandre Somerville, ein Assistent in einer städtischen Ganztagsschule. »Als ich den Gerichtsaal verließ, ging ich als Krimineller in Handschellen.« Auf öffentlichen Druck hin löschte der Richter Somervilles Vorstrafenregister, jedoch erst, nachdem er seine Zeit im Gefängnis abgesessen hatte. Der Richter sagte, er habe so gehandelt, weil er glaube, dass Somerville »vollständig rehabilitiert« worden sei. Lockhart, P. R., »A Black Man Went to Jail for Missing Jury Duty. After Public Outrage, the Judge Cleared His Record«, *Vox,* 8. Oktober 2019 (https://www.vox.com/identities/2019/10/8/20904974/deandre-somerville-jail-sleep-jury-duty-florida-kastrenakes).

367 Abdurraqib, Hanif, »Why Do We Expect Victims of Racism to Forgive?«, *Pacific Standard,* 1. November 2018 (https://psmag.com/social-justice/why-do-we-expect-victims-of-racism-to-forgive).

368 Bailey, Everton Jr., »The Story Behind Devonte Hart's Famous ›Hug‹ Photo«, *Oregonian,* 28. März 2018 (https://www.oregonlive.com/pacific-northwest-news/2018/03/the_story_behind_devonte_harts.html).

369 Der Bericht über Devonte Hart, aus dem in diesen Absätzen erzählt wird, stammt von Shane Dixon Kavanaugh, »Devonte Hart Family Crash: Deceptions, Missed Signals Preceded Deaths«, *Oregonian,* 8. April 2018 (https://www.oregonlive.com/pacific-northwest-news/2018/04/devonte_hart_family_crash_dece.html); und Shane Dixon Kavanaugh, »Devonte Hart's Little Sister Told Police in 2010 She Was Beaten, Denied Food«, *Oregoni-*

an, 29. März 2018 (https://www.oregonlive.com/pacific-northwest-news/2018/03/devonte_harts_little_sister_to.html).

370 Victor, Daniel, »Hart Family Parents Killed 6 Children in Murder-Suicide, Jury Determines«, *The New York Times,* 5. April 2019 (https://www.nytimes.com/2019/04/05/us/hart-family-murder-suicide.html).

371 Gay, Roxane, »Why I Can't Forgive Dylann Roof«, *The New York Times,* 23. Juni 2015 (https://www.nytimes.com/2015/06/24/opinion/why-i-cant-forgive-dylann-roof.html).

372 Ebd.

373 Phillips, Kristine, »A Black Child's Backpack Brushed Up Against a Woman. She Called 911 to Report a Sexual Assault«, *Washington Post,* 16. Oktober 2018 (https://www.washingtonpost.com/nation/2018/10/13/black-childs-backpack-brushed-up-against-woman-she-called-report-sexual-assault/? outputType=amp).

374 Gay, »Why I Can't Forgive«.

375 Ray, Tinku, »No Escape from Caste on These Shores, ›Untouchables‹ from India Say«, *Pulitzer Center,* 26. Februar 2019 (https://pulitzercenter.org/reporting/no-escape-caste-these-shores-untouchables-india-say).

376 Doyle, *Race Relations,* S. 3, 4.

377 »Eine Gruppe Schwarzer Frauen behauptet, sie seien gedemütigt worden, als sie eines Zuges verwiesen wurden, weil sie ›lachten, obwohl sie Schwarz waren‹ – wodurch eine Debatte über den ›weißen Raum‹ und eine mögliche Klage ausgelöst wurde.« Neate, Rupert, »Napa Wine Train Controversy: ›I Do Think It Was Based on the Color of Our Skin‹«, *The Guardian*, 13. September 2015 (https://www.theguardian.com/us-news/2015/sep/13/napa-wine-train-laughing-while-black). Das Reiseunternehmen entschuldigte sich später für die Behandlung der Frauen und einigte sich außergerichtlich mit ihnen, nachdem die Frauen eine Klage eingereicht hatten. Vgl. Bowerman, Mary, »Black Women Kicked off Napa Valley Wine Train Settle«, *USA Today*, 20. April 2016 (https://www.usato-day.com/story/money/nation-now/2016/04/20/

black-women-kicked-off-napa-valley-wine-train-settle-racial-discrimination-case/83280120).

378 Cancian, Dan, »Pennsylvania Golf Club Ejects Black Women, Including NAACP's Sandra Thompson, for ›Playing Too Slowly‹«, *Newsweek,* 24. April 2018 (https://www.newsweek.com/golf-club-forced-apologize-evicting-black-women-898381). Vgl. Marco, Tony/DelValle, Lauren, »A Group of Black Women Say a Golf Course Called the Cops on Them for Playing Too Slow«, *CNN*, 25. April 2018. (https://www.cnn.com/2018/04/25/us/black-women-golfers-pennsylvania-trnd/index.html).

379 Aratani, Lori, »United Passenger: Dragging Incident More Horrifying Than When He Fled Vietnam«, *Washington Post,* 13. April 2017 (https://www.washingtonpost.com/local/trafficandcommuting/united-passenger-dragging-incident-more-horrifying-than-when-he-fled-vietnam/2017/04/13/7941ccdc-206f-11e7-be2a-3a1fb24d4671_story.html).

380 Jacobo, Julia, »Doctor Dragged Off United Airlines Flight After Watching Viral Video of Himself: ›I Just Cried‹«, *ABC News*, 9. April 2019 (https://abcnews. go.com/US/doctor-dragged%20 %20-off-united-airlines-flight-watching-viral/story? id=62250271).

381 Page-Gould, Elizabeth, »The Unhealthy Racist«, in: Marsh, Mendoza-Denton und Smith, *Are We Born Racist?*, S. 41.

382 Fiske, Susan T., »Are We Born Racist?«, in: Marsh, Mendoza-Denton und Smith, *Are We Born Racist?*, S. 7-15.

383 Geronimus, Arline T. u. a. »Race-Ethnicity, Poverty, Urban Stressors, and Telomere Length in a Detroit Community-based Sample«, *Journal of Health and Social Behavior* 56 (Juni 2015), S. 199–224. S. auch DeVita-Raeburn, Elizabeth, »Arline Geronimus: Q&A About Weathering, or How Chronic Stress Prematurely Ages Your Body«, *Everyday Health,* 16. Oktober 2018 (https://www.everydayhealth.com/wellness/united-states-of-stress/advisory-board/arline-t-geronimus-q-a/).

384 Lipsitz, *Possessive Investment in Whiteness,* S. 111.

385 Williams, David R., Interview mit der Autorin.

386 »Die Ungleichheiten innerhalb der ethnischen Gruppen bestehen selbst auf dem höchsten Bildungsniveau fort. Dieselben hochgebildeten Schwarzen Männer und Frauen, die länger leben als weniger gebildete Weiße, leben immer noch etwa 4,2 Jahre kürzer als vergleichbar gebildete Weiße und 6, 1 Jahre kürzer als vergleichbar gebildete Hispanics.« S. Olshansky, Jay u. a., »Differences in Life Expectancy Due to Race and Educational Differences Are Widening, And Many May Not Catch Up«, *Health Affairs* 31, Nr. 8 (https://www.healthaffairs.org/doi/full/10.1377/hlthaff. 2011.0746).

387 Graves, *Race Myth*, S. 133.

388 Hacker, *Two Nations*, S. 42.

TEIL SECHS Gegenbewegungen

389 Solman, Paul, »How the 2008 Financial Crisis Crashed the Economy and Changed the World«, *PBS NewsHour*, 13. September 2018 (https://www.pbs.org/newshour/show/how-the-2008-financial-crisis-crashed-the-economy-and-changed-the-world).

390 Gregory, David, »Sen. Biden Apologizes for Remarks on Obama«, *NBC News*, 31. Januar. 2007 (http://www.nbcnews.com/id/16911044/ns/nbc_nightly_news_with_brian_williams/t/sen-biden-apologizes-remarks-obama/#. Xkr895E8KhA).

391 2008 stimmten 57 der Weißen gegen den Demokraten. Im Jahr 2012 stimmten 61 Prozent gegen ihn. Jardina, *White Identity*, S. 218. Für eine umfasende Analyse der Rolle der Ethnie in Barack Obamas Wahlkampf und Präsidentschaft, s. Gillespie, *Race and the Obama Administration*.

392 Fisher, Patrick, »Economic Performance and Presidential Vote for Obama: The Underappreciated Influence of Race«, *Politics, Groups, and Identities* Nr. 4, 1 (2015): S. 30–46 (https://doi.org/10.1080/21565503.2015.1050413).

393 Die Demokraten gewannen bei den Präsidentschaftswahlen seit 1976 die folgenden Prozentsätze der weißen Wählerschaft: Carter, 1976: 48 Prozent; Carter, 1980: 36 Prozent; Mondale, 1984: 41 Prozent; Dukakis, 1988: 40 Prozent; Bill Clinton, 1992: 39 Prozent; Bill Clinton, 1996: 44 Prozent; Gore, 2000: 42 Prozent; Kerry, 2004

41 Prozent; Obama, 2008: 43 Prozent und 2012: 39 Prozent; Hillary Clinton, 2016: 37 Prozent. »How Groups Voted in 1976«, Roper Center, n. d. (https://ropercenter. cornell. edu/how-groups-voted-1976). Der Schatten des Bürgerkriegs schien über der Wahl von 2008 zu hängen. Obama gewann jeden Bundesstaat, den Abraham Lincoln 1860 gewonnen hatte, eine Wahl mit einer fast ausschließlich weißen Wählerschaft, die aber stellvertretend für die Zukunft der Sklaverei und der Republik stand, so Fisher, »Economic Performance and Presidential Vote for Obama«, S. 30–46, insb. S. 38.

394 Jardina, *White Identity*, S. 227.

395 Gillespie, *Race and the Obama Administration*, S. 194.

396 »Top GOP Priority: Make Obama a One-Term President«, *National Journal*, 23. Oktober 2010 (https://www.nationaljournal.com/member/magazine/top-gop-priority-make-obama-a-one-term-president-20101023/).

397 Batty, David, ›You Lie‹: Republican Joe Wilson's Outburst at Obama Health Speech«, *The Guardian*, 10. September 2009 (https://www.theguardian.com/world/2009/sep/10/you-lie-joe-wilson-obama-speech).

398 Christopher, Tommy, »Drama Clubbed: Jan Brewer Says ›I Felt a Little Bit Threatened‹ by President Obama«, *Mediaite*, 26. Januar 2012 (https://www.mediaite.com/tv/drama-clubbed-jan-brewer-says-i-felt-a-little-bit-threatened-by-president-obama/); Cooper, Brittney, »White Women's Rage: Five Reasons Jan Brewer Should Keep Her Fingers to Herself«, *Ms.*, 31. Januar 2012.(https://msmagazine.com/2012/01/31/5-thoughts-on-why-jan-brewer-should-keep-her-fingers-to-herself/).

399 Karaim, Reed, »America's Most Puzzling Governor«, *Politico*, 6. März 2014.(https://www.politico.com/magazine/story/2014/03/jan-brewer-americas-most-puzzling-governor-104384/). Brewer stieg von der Innenministerin zur Gouverneurin auf, als Präsident Obama Gouverneurin Janet Napolitano in sein Kabinett berief. Arizona hat keinen stellvertretenden Gouverneur, weshalb Brewer automatisch als Innenministerin nachrückte.

400 Slack, Donovan, »Jan Brewer: Obama ›Didn't Feel I Treated Him Cordially‹« *Politico Blog,* 25. Januar 2012 (https://www.politico.com/blogs/politico44/2012/01/jan-brewer-obama-didnt-feel-i-treated-him-cordially-112328).

401 Fischer, Howard, »Brewer Using Tiff with Obama to Raise Money«, *Arizona Daily Star,* 30. Januar 2012 (https://tucson.com/news/local/govt-and-politics/brewer-using-tiff-with-obama-to-raise-money/article_105ecbfa-4b79-11e1-8fa7-0019bb2963f4.html).

402 Chait, Jonathan, »The Color of His Presidency«, *New York,* 4. April 2014 (http://nymag.com/news/features/obama-presidency-race-2014-4).

403 Morris, Kevin u. a. »Purges: A Growing Threat to the Right to Vote«, *Brennan Center for Justice,* 20. Juli 2018 (https://www.brennancenter.org/our-work/research-reports/purges-growing-threat-right-vote).

404 Chait, »The Color of His Presidency«.

405 Potok, Mark, »The Year in Hate and Extremism«, *Southern Poverty Law Center,* 4. März 2013 (https://www.splcenter.org/fighting-hate/intelligence-report/2013/year-hate-and-extremism).

406 »AP Poll: U. S. Majority Have Prejudice Against Blacks«, *USA Today,* 27. Oktober 2012 (https://www.usatoday.com/story/news/politics/2012/10/27/poll-black-prejudice-america/1662067).

407 »Police Killed More Than 100 Unarmed Black People in 2015«, Mapping Police Violence, o. J. (https://mappingpoliceviolence.org/unarmed).

408 Khan, Amin, »Getting Killed by Police Is a Leading Cause of Death for Young Black Men in America«, *Los Angeles Times,* 16. August 2019.

409 Jardina, *White Identity*, S. 226.

410 Baldwin, *Nach der Flut das Feuer*, S. 31.

411 Jardina, *White Identity*, S. 273.

412 Edsall, Thomas B., »Is Rush Limbaugh's Country Gone?«, *The New York Times,* 18. November 2012 (https://campaignstops. blogs. nytimes.com/2012/11/18/is-rush-limbaughs-country-gone).

413 Hart Duerson, Meena, »Florida Man Who Warned He Wouldn't ›Be Around‹ If Barack Obama Was Reelected Kills Himself After the Election«, *New York Daily News,* 14. November 2012 (https://www.nydailynews.com/news/national/man-article-1.1201911); Dan Amira, »Overreactions: Florida Man Commits Suicide Over Obama Win«, *New York,* 14. November 2012 (http://nymag.com/intelligencer/2012/11/florida-man-commits-suicide-over-obama-win.html).

414 Jardina, *White Identity*, S. 7.

415 Ebd., S. 5.

416 Das Roper Center der Cornell University bezifferte Donald Trumps Anteil weißer Wählerinnen und Wähler 2016 auf 57 Prozent, also auf einen Prozent weniger als CNN.

417 Jardina, *White Identity*, S. 272, 267.

418 Dowland, Seth, »American Evangelicalism and the Politics of Whiteness«, *Christian Century,* 19. Juni 2018 (https://www.christianCentury.org/article/critical-essay/american-evangelicalism-and-politics-whiteness).

419 Tsai, Robert, »Specter of a White Minority«, *Los Angeles Review of Books,* 3. September 2018 (https://lareviewofbooks.org/article/specter-of-a-white-minority/).

420 Jardina, *White Identity,* S. 278.

421 Mutz, Diana C., »Status Threat, Not Economic Hardship, Explains the 2016 Presidential Vote«, *Proceedings of the National Academy of Sciences* 115 (8. Mai 2018): S. 4330–4339 (https://doi.org/10.1073/pnas.1718155115).

422 Baker, Peter, »Can Trump Destroy Obama's Legacy?«, *The New York Times,* 23. Juni 2017 (https://www.nytimes.com/2017/06/23/sunday-review/donald-trump-barack-obama.html).

423 Mutz, »Status Threat, Not Economic Hardship«.

424 Wolfe, Brendan, »Robert Edward Lee Sculpture«, *Encyclopedia Virginia,* 20. März 2019 (https://www.encyclopediavirginia.org/Robert_Edward_Lee_Sculpture#start_entry).

425 »Whose Heritage? Public Symbols of the Confederacy«, *Southern Poverty Law Center* (https://www.splcenter.org/20190201/whose-heritage-public-symbols-confederacy). Der Datensatz, die Karte und der Online-Bericht wurden am 1. Februar 2019 aktualisiert. Der ursprüngliche Bericht wurde am 21. April 2016 veröffentlicht. Er wurde von Booth Gunter und Jamie Kizzire verfasst und beinhaltet Beiträge von Cindy Kent.

426 Stephens, Alexander H., »Cornerstone Speech«, 21. März 1861, in: Henry Cleveland, *Alexander H. Stephens in Public and Private: With Letters and Speeches, Before, During, and Since the War* (Philadelphia, 1886), S. 717–729.

427 Leff, Leonard J., »*Gone With the Wind* and Hollywood's Racial Politics«, *Atlantic,* Dezember 1999 (https://www.theatlantic.com/magazine/archive/1999/12/gone-with-the-wind-and-holly woods-racial-politics/377919).

428 Lee Robert E./Custis Lee, Mary Randolph, 27. Dezember 1856, in: *Encyclopedia Virginia,* (https://www.encyclopediavirginia.org/Letter_from_Robert_E_Lee_to_Mary_Randolph_Custis_Lee_December_27_1856).

429 »Testimony of Wesley Norris«, *National Anti-Slavery Standard,* 14. April 1866, online verfügbar: http://fair-use.org/wesley-norris/testimony-of-wesley-norris. Vgl. Kane, Sean, »Myths & Misunderstandings| Lee as a Slaveholder«, *American Civil War Museum*, n. d. (https://acwm.org/blog/myths-misunderstandings-lee-slaveholder).

430 Poole, Robert M., »How Arlington National Cemetery Came to Be«, *Smithsonian Magazine,* November 2009 (https://www.smithsonianmag.com/history/how-arlington-national-cemetery-came-to-be-145147007).

431 Douglass, Frederick, Rede im Madison Square, New York, 30. Mai 1878, S. 13.

432 Cary, Nathaniel/Stanglin, Doug, »South Carolina Takes Down Confederate Flag«, *USA Today* via *Greenville* (S. C.) *News,* 10. Juli 2015 (https://www.usatoday.com/story/news/nation/2015/07/10/south-carolina-confederate-flag/29952953).

433 Brown, Rachel, »How New Orleans' Mayor Was Inspired by a Jazz Great to Take Down Confederate Monuments«, *National Geographic,* 11. März 2018 (https://nationalgeographic.com/news/2018/03/confederate-monuments-robert-lee-new-orleans-mitch-landrieu-katie-couric-video-documentary); McCandless Farmer, Britt, »Behind the Decision to Remove a Statue of Robert E. Lee«, *CBS News,* 11. März 2018 (https://www.cb-snews.com/news/behind-the-decision-to-remove-a-statue-of-robert-e-lee).

434 Landrieu, *Shadow of Statues,* S. 186.

435 Nach dem Sieg der Alliierten im Jahr 1945 hat Deutschland eine physische Entnazifizierung durchlaufen. Statuen von Naziführern sind verboten, und das Land hat restriktivere Gesetze gegen Hass- und Meinungsäußerung als die USA. Im Jahr 2017 gab es eine Bewegung zur Änderung der Namen jener Militärstützpunkte, die nach Generälen des Dritten Reichs benannt sind, darunter die Generalfeldmarschall-Rommel-Kaserne in Augustdorf. Huggler, Justin, »German Army to Drop Nazi Names from Barracks More than 70 Years After the End of World War Two«, *Telegraph* (UK), 14. Mai 2017 (https://www.telegraph. co. uk/news/2017/05/14/german-army-drop-nazi-names-barracks-70-years-end-world-war). Rommel ist eine vieldiskutierte, bis heute kontroverse Figur. Abgesehen von seinem Ruf auf dem Schlachtfeld war er in ein Komplott zum Sturz Hitlers verwickelt und wurde danach in den Suizid getrieben. Dies mag ein Grund dafür gewesen sein, dass mehrere Militärgebäude nach ihm benannt wurden, darunter auch die besagte Kaserne. Rommels Grabstätte auf dem Herrlinger Friedhof in Blaustein besteht aus einem Grabmal, einem Grabstein und einer Gedenktafel. Generell ist Rommels Rolle in Hitlers Kriegsmaschinerie und bei dem Attentat auf den Führer umstritten.

436 Landrieu, *Shadow of Statues,* S. 187.

437 Landrieu, Mitch, »What I Learned from My Fight to Remove Confederate Monuments«, *The Guardian,* 24. März 2018 (https://www.theguardian.com/us-news/commentisfree/2018/mar/24/new-orleans-mayor-louisiana-confederate-statues-removal-never-stop-confronting-racial-injustice).

438 Landrieu, *Shadow of Statues*, S. 189.

439 Ebd., S. 188, 190, 191, 192.

440 Ebd., S. 192.

441 Robertson, Campbell, »From Lofty Perch, New Orleans Monument to the Confederacy Comes Down«, *The New York Times*, 19. Mai 2017 (https://www.nytimes.com/2017/05/19/us/confederate-monument-new-orleans-lee.html); Tegan Wendland, »With Lee's Statue Removal, Another Battle of New Orleans Coming to a Close«, *National Public Radio*, 20. Mai 2017 (https://www.npr.org/2017/05/20/529232823/with-lee-statues-removal-another-battle-of-new-orleans-comes-to-a-close).

442 Brown, Rachel, »How New Orleans' Mayor Was Inspired by a Jazz Great to Take Down Confederate Monuments«, *National Geographic*, 11. März 2018 (https://nationalgeographic.com/news/2018/03/confederate-monuments-robert-lee-new-orleans-mitch-landrieu-katie-couric-video-documentary).

443 Landrieu, Mitch, »What I Learned from My Fight to Remove Confederate Monuments«, *The Guardian*, 24. März 2018 (https://www.theguardian.com/us-news/commentisfree/2018/mar/24/new-orleans-mayor-louisiana-confederate-statues-removal-never-stop-confronting-racial-injustice).

444 Koplowitz, Howard, »Legislature Passes Monuments Preservation Bill«, *Alabama Live*, 19. Mai 2017 (https://www.al.com/news/2017/05/house_passes_monuments_preserv.html).

445 Eisenman, Peter, „ ›Es ist kein heiliger Ort‹: Interview mit Mahnmal-Architekt Peter Eisenmann«, *DER SPIEGEL*, 10. Mai 2005 (https://www.spiegel.de/kultur/gesellschaft/interview-mit-mahnmal-architekt-peter-eisenman-es-ist-kein-heiliger-ort-a-355383.html).

446 Fest, *Der Untergang*, 2002.

447 Neiman, Susan, »There Are No Nostalgic Nazi Memorials«, *Atlantic*, 14. September 2019 (https://www.theatlantic.com/ideas/archive/2019/09/germany-has-no-nazi-memorials/597937).

448 Joshua Zeitz, »Why There are No Nazi Statues in Germany«, *Politico,* 20. August 2017 (https://www.politico.com/magazine/story/2017/08/20/why-there-are-no-nazi-statues-in-germany-215510).

449 Strafgesetzbuch § 86a: Verwenden von Kennzeichen verfassungswidriger und terroristischer Organisationen.

450 McClam, Erin, »Flags of Some Southern States Still Include Confederate Symbols«, *NBC News*, 23. Juni 2015 (https://www.nbcnews.com/news/us-news/flags-some-southern-states-still-include-confederate-symbols-n380161); »Supreme Court Refuses to Hear Appeal of Mississippi Flag Case«, *WLOX*, 12. Januar 2004 (https://www.wlox.com/story/1597564/supreme-court-refuses-to-hear-appeal-of-mississippi-flag-case).

451 »The State of Capital Punishment«, *National Conference of State Legislatures,* 30. Juli 2019 (https://www.ncsl.org/research/civil-and-criminal-justice/the-state-of-capital-punishment.aspx). Vgl. »State by State«, *Death Penalty Information Center*, o. J. (https://deathpenaltyinfo.org/state-and-federal-info/state-by-state).

452 Neiman, »There Are No Nostalgic Nazi Memorials«.

453 Neiman, *Von den Deutschen lernen*. S. 379.

454 »Republican Voter Suppression Efforts Are Targeting Minorities, Journalist Says«, *National Public Radio*, 23. Oktober 2018 (https://www.npr.org/2018/10/23/659784277/republican-voter-suppression-efforts-are-targeting-minorities-journalist-says).

455 »Mindestens neun Bundesstaaten verfolgen eine Politik wie die von Georgia, wo Bürgerinnen und Bürger aus dem Wählerverzeichnis gestrichen werden können, wenn sie bei vergangenen Wahlen keine Stimme abgegeben haben. Am bekanntesten ist die Regelung in Ohio. In diesem Bundesstaat wird das Streichungsverfahren für alle eingeleitet, die bei einer einzigen Wahl nicht zur Stimmabgabe erschienen sind. Das gesamte Ausschlussverfahren dauert sechs Jahre. Anfang dieses Jahres entschied der Oberste Gerichtshof der Vereinigten Staaten, dass Ohios Vorgehen im Einklang mit dem National Voter Registration Act stehe.« Kauffman, Johnny, »6 Takeaways From Georgia's ›Use It or Lose It‹ Voter Purge Investigation«, *National Public Radio*, 27. Oktober 2018.

456 »True Cost of US Healthcare Shocks the British Public«, *Politics-JOE,* 3. Dezember 2019 (https://m.youtube.com/watch?v=Kll-yYQw-muM).

457 Chait, Jonathan, »The Color of His Presidency«, *New York,* 4. April 2014 (http://nymag.com/news/features/obama-presidency-race-2014-4/).

458 Aizenman, Nurith, »Deaths from Gun Violence: How the U. S. Compares with the Rest of the World«, *National Public Radio,* 9. November 2018 (https://www.npr.org/sections/goats-and-soda/2018/11/09/666209430/deaths-from-gun-violence-how-the-u-s-compares-with-the-rest-of-the-world).

459 Gunja, Munira Z. u. a., »What Is the Status of Women's Health and Health Care in the U. S. Compared to Ten Other Countries?«, *Commonwealth Fund*, 19. Dezember 2018 (https://www.commonwealthfund.org/publications/issue-briefs/2018/dec/womens-health-us-compared-ten-other-countries; Welch, Ashley, »U. S. Women Pay More, Fare Worse During Pregnancy and Childbirth, Global Health Study Finds«, *CBS News*, 19. Dezember 2018 (https://www.cbsnews.com/news/us-women-more-likely-to-die-during-pregnancy-than-other-high-income-nations).

460 Gonzales, Selena/Ramirez, Marco/Sawyer, Bradley, »How Does U. S. Life Expectancy Compare to Other Countries?", *Health System Tracker,* 23. Dezember 2019 (https://www.healthsystemtracker.org/chart-collection/u-s-life-expectancy-compare-countries/#item-le_life-expectancy-in-years-at-given-age-2017_dec-2019-update).

461 Ingraham, Christopher, »Our Infant Mortality Rate Is a National Embarrassment«, *Washington Post,* 29. September 2014 (https://www.washingtonpost.com/news/wonk/wp/2014/09/29/our-infant-mortality-rate-is-a-national-embarrassment); Organisation for Economic Co-operation and Development, »Infant Mortality Rates«, 2020 (https://data.oecd.org/healthstat/infant-mortality-rates.htm).

462 Heim, Joe, »On the World Stage, U. S. Students Fall Behind«, *Washington Post,* 6. Dezember 2016 (https://www.washingtonpost.com/

local/education/on-the-world-stage-us-students-fall-behind/2016/12/05/610e1e10-b740-11e6-a677-b608fbb3aaf6_story.html).

463 Fiallo, Josh, »U. S. Falls in World Happiness Report, Finland Named Happiest Country«, *Tampa Bay Times,* 20. März 2019 (https://www.tampabay.com/data/2019/03/20/us-falls-in-world-happiness-report-finland-named-happiest-country).

464 Annie Lowrey, »As Usual, Americans Must Go it Alone«, Atlantic, 19. März 2020. (https://www.theatlantic.com/ideas/archive/2020/03/america-woefully-underinsured/608035/).

465 Simon Tisdall, »US's Global Reputation Hits Rock-Bottom Over Trump's Coronavirus Response«, Guardian, 12. April 2020. (https://theguardian.com/us-news/2020/apr/12/us-global-reputation-rock-bottom-donald-trump-coronavirus).

466 Tartakov, Gary Michael, Im Gespräch mit der Autorin während der International Conference on Caste and Race an der University of Massachusetts Amherst, 5. Mai 2018.

EPILOG Eine Welt ohne Kaste

467 Jerome und Taylor, *Einstein on Race,* S. 144–145.

468 Ebd., S. 32.

469 Francis, Matthew, »How Albert Einstein Used His Fame to Denounce American Racism«, *Smithsonian Magazine,* 3. März 2017 (https://www.smithsonianmag.com/science-nature/how-celebrity-scientist-albert-einstein-used-fame-denounce-american-racism-180962356).

470 Einstein an Peter Bucky, zit. n. Jerome und Taylor, *Einstein on Race,* S. 151.

471 Gewerzt, Ken, »Albert Einstein, Civil Rights Activist«, *Harvard Gazette,* 12. April 2007 (https://news. harvard. edu/gazette/story/2007/04/albert-einstein-civil-rights-activist/).

472 Jerome und Taylor, *Einstein on Race,* S. 88.

473 Ebd., S. 9.

474 Asante-Muhammad, Dedrick u. a., »The Ever Growing Gap«, *Institute for Policy Studies*, August 2016 (https://ips-dc.org/wp-content/uploads/2016/08/The-Ever-Growing-Gap-CFED_IPS-Final-1.pdf).

475 Anm. d. Ü.: Unter »Gerrymandering« versteht man in den USA die Manipulation von Wahlkreisen einer Partei zu den eigenen Zwecken. Die Praxis, die seit 1812 von den beiden großen Parteien des Landes angewandt wird, ist legal, wird jedoch kontrovers diskutiert und immer wieder angefochten. Zahlreiche Juristinnen und Aktivisten bewerten die Praxis als verfassungswidrig.

476 Smith, *Less Than Human*, S. 16.

477 Francis, Matthew, »How Albert Einstein Used His Fame to Denounce American Racism«, *Smithsonian Magazine,* 3. März 2017. (https://www.smithsonianmag.com/science-nature/how-celebrity-scientist-albert-einstein-used-fame-denounce-american-racism-180962356); Jerome und Taylor, *Einstein on Race,* S. 144.

LITERATUR

Abraham, Joshil K./Misrahi-Barak, Judith, *Dalit Literatures in India*. London 2018.

Alexander, Michelle, *The New Jim Crow: Mass Incarceration in the Age of Colorblindness*. New York 2010.

Allen, James, *Without Sanctuary: Lynching Photography in America*. Santa Fe 2000.

Allen, Theodore W., *The Invention of the White Race*, 2 Bände, London 2012.

Ambedkar, B. R., *Annihilation of Caste: The Annotated Critical Edition*. Hg. S. Anand. London 2014.

———, *Castes in India: Their Mechanism, Genesis, and Development*. Columbia 2020.

Anderson, Carol, *White Rage: The Unspoken Truth of Our Racial Divide*. New York 2016.

Arora, Namit, *The Lottery of Birth: On Inherited Social Inequalities*. New Delhi 2017.

Aston, Nathan M., *Literature of Marginality: Dalit Literature and African-American Literature*. New Delhi 2001.

Astor, Gerald, *The Baseball Hall of Fame 50th Anniversary Book*. New York 1992.

Bailey, Thomas Pearce, *Race Orthodoxy in the South and Other Aspects of the Negro Question*. New York 1914.

Baker, Ray S., *Following the Color Line: American Negro Citizenship in the Progressive Era*. New York 1964.

Baldwin, James, *Nach der Flut das Feuer. The Fire Next Time*. München 2019.

Bancroft, Frederic, *Slave Trading in the Old South*. Columbia 1996.

Baptist, Edward E., *The Half Has Never Been Told: Slavery and the Making of American Capitalism*. New York 2016.

Berreman, Gerald D., *Caste and Other Inequities: Essays on Inequality*. Meerut 1979.

Berry, Daina Ramey, *The Price for Their Pound of Flesh: The Value of the Enslaved, from Womb to Grave, in the Building of a Nation*. Boston 2017.

Bétit, Eugene DeFriest, *Collective Amnesia: American Apartheid: African Americans' 400 Years in North America, 1619–2019*. Xlibris 2019.

Biddiss, Michael Denis, *Father of Racist Ideology: The Social and Political Thought of Count Gobineau*. New York 1970.

——— (Hg.), *Gobineau: Selected Political Writings*. New York 1970.

Blackmon, Douglas A., *Slavery by Another Name: The Re-enslavement of Black People in America from the Civil War to World War II*. New York 2008.

Bleser, Carol (Hg.), *Secret and Sacred: The Diaries of James Henry Hammond, a Southern Slaveholder*. New York 1989.

Bogle, Donald, *Toms, Coons, Mulattoes, Mammies, & Bucks: An Interpretive History of Blacks in American Films*. New York 2016.

Bonilla-Silva, Eduardo, *Racism Without Racists: Color-Blind Racism and the Persistence of Racial Inequality in the United States*. Lanham 2003.

Bouglé, Célestin C., *Essays on the Caste System*. Cambridge 1971.

Bressey, Caroline, *Empire, Race, and the Politics of Anti-Caste*. London 2013.

Brown, John, *Slave Life in Georgia: A Narrative of the Life, Sufferings, and Escape of John Brown, a Fugitive Slave, Now in England*. London 1855.

Brown, Michael K. u. a., *Whitewashing Race: The Myth of a Color-Blind Society*. Berkeley 2003.

Brown, William Wells, *Narrative of the Life of William Wells Brown, an American Slave*. London 1850.

Bernstein, William, *The Logic of Evil: The Origins of the Nazi Party, 1925–1933*. New Haven 1996.

Cash, Wilbur J., *The Mind of the South*. New York 1941.

Childers, Thomas, *The Third Reich: A History of Nazi Germany*. New York 2017.

Clark, Tena, *Southern Discomfort: A Memoir*. New York 2018.

Coates, Ta-Nehisi, *We Were Eight Years in Power: An American Tragedy*. New York 2017.

Cobb, Thomas R. R., An Historical Sketch of *Slavery, from the Earliest Periods*. Philadelphia 1858.

Cox, Oliver Cromwell, *Caste, Class, and Race: A Study in Social Dynamics*. New York 1948.

Darity, William/Deshpande, Ashwini (Hg.), *Boundaries of Clan and Color: Transnational Comparisons of Inter-Group Disparity*. London 2003.

Dass Namishray, Mohan, *Caste and Race: A Comparative Study of B. R. Ambedkar and Martin Luther King*. Jaipur 2003.

Davis, Allison/Gardner, Burleigh B./Gardner, Mary, *Deep South: A Social Anthropological Study of Caste and Class*. Chicago 1941.

Delbanco, Andrew, *The War Before the War: Fugitive Slaves and the Struggle for America's Soul from the Revolution to the Civil War*. New York 2019.

Deshpande, Satish, *The Problem of Caste*. Hyderabad 2014.

Diamond, Raymond T./Cottrol, Robert J., »Codifying Caste: Louisiana's Racial Classification Scheme and the Fourteenth Amendment«, in: *Loyola Law Review* 29, Nr. 2 (Spring 1983), S. 255–285.

DiAngelo, Robin J., *White Fragility: Why It's So Hard for White People to Talk about Racism*. Boston 2018.

Dollard, John, *Caste and Class in a Southern Town*. New Haven 1937.

Douglass, Frederick, *My Bondage and My Freedom*. Oxford 2019.

———, *Narrative of the Life of Frederick Douglass, an American Slave: Written by Himself*, New Haven 2016.

Douglass, Paul F., *God Among the Germans*. Philadelphia 1935.

Doyle, Bertram Wilbur, *The Etiquette of Race Relations in the South: A Study in Social Control*. 1937; reprint New York 1971.

Dray, Philip, *At the Hands of Persons Unknown*. New York 2003.

Du Bois, W. E. B., *Black Reconstruction in America: Toward a History of the Part Which Black Folk Played in the Attempt to Reconstruct Democracy in America, 1860–1880*. New York 1935.

———, *The Souls of Black Folk*. Chicago 1903.

Dutt, Yashica, *Coming Out as Dalit*. New Delhi 2019.

Eberhardt, Jennifer L., *Biased: Uncovering the Hidden Prejudice That Shapes What We See, Think, and Do*. New York 2019.

Einstein, Albert, »Message to the National Urban League Convention, September 16. 1946«, in: Jerome, Fred / Taylor, Rodger, *Einstein on Race*. New Brunswick 2006, S. 144–147.

Entman, Robert M./Rojecki, Andrew, *The Black Image in the White Mind: Media and Race in America*. Hg. Susan Herbst und Benjamin I. Page. Chicago 2010.

Fest, Joachim, *Der Untergang: Hitler und das Ende des Dritten Reiches; eine historische Skizze*. Berlin 2002.

Fischer, Klaus P., *Hitler and America*. Philadelphia 2011.

Fitzgerald, F. Scott, *Der große Gatsby*. Frankfurt 2011.

Foner, Eric, *Reconstruction: America's Unfinished Revolution, 1863–1877*. New York 2011.

Fredrickson, George M., *The Arrogance of Race: Historical Perspectives on Slavery, Racism, and Social Inequality*. Middletown 1989.

———, *Racism: A Short History*. Princeton 2015.

———, *White Supremacy: A Comparative Study of American and South African History*. New York 1982.

Friedländer, Saul, *Das Dritte Reich und die Juden*. München 2007.

Fromm, Erich, *Die Seele des Menschen. Ihre Fähigkeit zum Guten und zum Bösen*. München 1979.

———, *Sigmund Freuds Psychoanalyse – Größe und Grenzen*. München 1981.

Ghurye, G. S., *Caste and Race in India*. London 1932.

Gilens, Martin, *Why Americans Hate Welfare: Race, Media, and the Politics of Antipoverty Policy*. Chicago 2000.

Gillespie, Andra, *Race and the Obama Administration: Substance, Symbols and Hope*. Manchester 2019.

Ginzburg, Ralph, *100 Years of Lynchings*. Baltimore 1988.

Goodell, William, *The American Slave Code in Theory and Practice: Its Distinctive Features Shown by Its Statutes, Judicial Decisions, and Illustrative Facts*. London 1853.

Grant, Madison, *The Passing of the Great Race*. New York 1916.

Graves, Joseph L., *The Race Myth: Why We Pretend Race Exists in America*. New York 2004.

Gross, Ariela J., *What Blood Won't Tell: A History of Race on Trial in America*. Cambridge 2008.

Hacker, Andrew, *Two Nations: Black and White, Separate, Hostile, Unequal*. New York 1992.

Hale, Grace Elizabeth, *Making Whiteness: The Culture of Segregation in the South, 1890–1940*. New York 1998.

Heimannsberg, Barbara/Schmidt, Christoph J., *The Collective Silence: German Identity and the Legacy of Shame*. San Francisco 2013.

Hening, William Waller (Hg.), *The Statutes at Large; Being a Collection of All the Laws of Virginia from the First Session of the Legislature, in the Year 1619*. New York 1823.

Hett, Benjamin C., *The Death of Democracy: Hitler's Rise to Power and the Downfall of the Weimar Republic*. New York 2018.

Hicks, Paul D., *Joseph Henry Lumpkin: Georgia's First Chief Justice*. Athens 2012.

Horne, Gerald, *The End of Empires: African Americans and India*. Philadelphia 2008.

Hunt, Raymond G./Bowser, Benjamin, *Impacts of Racism on White Americans*. Thousand Oaks 1996.

Ignatiev, Noel, *How the Irish Became White*. New York 1995.

Jacobson, Matthew F., *Whiteness of a Different Color*. Cambridge 1999.

Jardina, Ashley, *White Identity Politics*. Cambridge 2019.

Jerome, Fred/Taylor, Rodger, *Einstein on Race and Racism*. New Brunswick 2006.

Jones-Rogers, Stephanie E., *They Were Her Property: White Woman as Slave Owners in the American South*. New Haven 2019.

Jordan, Winthrop D., *White over Black: American Attitudes Toward the Negro, 1550–1812*. Durham 1968.

Kakel, C., *The American West and the Nazi East: A Comparative and Interpretive Perspective*. London 2011.

Kannabiran, Kalpana, *Non-Discrimination and the Indian Constitution*. Neu-Delhi 2012.

Kasinitz, Philip, *Caribbean New York: Black Immigrants and the Politics of Race*. Ithaca 1992.

Kendi, Ibram X., *Gebrandmarkt: Die wahre Geschichte des Rassismus in Amerika*. München 2017.

Kevles, Daniel J., *In the Name of Eugenics: Genetics and the Uses of Human Heredity*. New York 2013.

Koonz, Claudia, *The Nazi Conscience*. Cambridge 2003.

Kühl, Stefan, *The Nazi Connection: Eugenics, American Racism, and German National Socialism*. New York 1994.

Landrieu, Mitch, *In the Shadow of Statues: A White Southerner Confronts History*. New York 2018.

Lang, Berel, *Race and Racism in Theory and Practice*. Lanham 2000.

Lasch, Christopher, *The Culture of Narcissism: American Life in an Age of Diminishing Expectations*. New York 1991.

Levitsky, Steven/Ziblatt, Daniel, *How Democracies Die*. New York 2018.

Lipsitz, George, *The Possessive Investment in Whiteness: How White People Profit from Identity Politics*, Philadelphia 2006.

Litwack, Leon F., *Been in the Storm So Long: The Aftermath of Slavery*. New York 1998.

———, *Trouble in Mind: Black Southerners in the Age of Jim Crow*. New York 1999.

Logan, Rayford, *The Betrayal of the Negro: From Rutherford B. Hayes to Woodrow Wilson*. New York 1965.

López, Ian Haney, *White by Law: The Legal Construction of Race*. New York 1997.

Luxenberg, Steve, *Separate: The Story of Plessy v. Ferguson, and America's Journey from Slavery to Segregation*. New York 2019.

Mann, William Hodges, »Testimony during a hearing before the Committee on Immigration and Naturalization, U. S. House of Representatives«, Washington, D. C. 1912.

Manu/Olivelle, Patrick, *The Law Code of Manu*. New York 2004.

Marsh, Jason/Mendoza-Denton, Rodolfo/Smith, Jeremy A. (Hg.), *Are We Born Racist?: New Insights from Neuroscience and Positive Psychology*. Boston 2010.

Matory, J. L., *Stigma and Culture: Last-Place Anxiety in Black America*. Chicago 2015.

Metzl, Jonathan M., *Dying of Whiteness: How the Politics of Racial Resentment Is Killing America's Heartland*. New York 2019.

Michael, S. M., *Untouchable: Dalits in Modern India*. Boulder 1999.

Mills, Charles W., *The Racial Contract*. Ithaca 1997.

Montagu, Ashley, *Man's Most Dangerous Myth: The Fallacy of Race*. New York 1945.

Morrison, Wayne, *Criminology, Civilisation and the New World Order*, New York 2006.

Muhammad, Khalil G., *The Condemnation of Blackness*. Cambridge 2010.

Mulford, Carla J., *Benjamin Franklin and the Ends of Empire*. Oxford 2015.

Myrdal, Gunnar, *An American Dilemma: The Negro Problem and Modern Democracy*, 2 Bände. New York 1944.

Natrajan, Balmurli/Greenough, David, *Against Stigma: Studies in Caste, Race and Justice Since Durban*. Hyderabad 2009.

Neiman, Susan, *Von den Deutschen lernen: Wie Gesellschaften mit dem Bösen in ihrer Geschichte umgehen können*. Berlin 2020.

Okada, John, *No-No Boy*. Seattle 1981.

Olmsted, Frederick L., *The Cotton Kingdom: A Traveller's Observations on Cotton and Slavery in the American Slave States: Based Upon Three Former Volumes of Journeys and Investigations by the Same Author*. New York 1861.

Omvedt, Gail, *Understanding Caste: From Buddha to Ambedkar and Beyond*, New Delhi 2011.

Ortner, Helmut, *Hitler's Executioner: Roland Freisler, President of the Nazi People's Court*. Barnsley, South Yorkshire 2018.

Packard, Jerrold M., *American Nightmare: The History of Jim Crow*. New York 2002.

Painter, Nell Irvin, *The History of White People*. New York 2011.

Pandey, Gyanendra, *A History of Prejudice: Race, Caste, and Difference in India and the United States*. Cambridge 2013.

Perera, Sylvia B., *The Scapegoat Complex: Toward a Mythology of Shadow and Guilt*. Toronto 1986.

Phillips-Cunningham, Danielle T., *Putting Their Hands on Race: Irish Immigrant and Southern Black Domestic Workers, 1850–1940*. New Brunswick 2019.

Plough, Alonzo L.(Hg.), *Knowledge to Action: Accelerating Progress in Health, Well-being, and Equity*. New York 2017.

Pope, Liston, *The Kingdom Beyond Caste*. New York 1957.

———, *Millhands and Preachers: A Study of Gastonia*. New Haven 1942.

Powdermaker, Hortense, *After Freedom: A Cultural Study in the Deep South*. Madison 1939.

Prasad, Chandra Bhan, *Dalit Phobia: Why Do They Hate Us?* New Delhi 2006.

Pryor, Elizabeth B./Lee, Robert E., *Reading the Man: A Portrait of Robert E. Lee Through His Private Letters*. New York 2007.

Quellen zur Reform des Straf- und Strafprozeßrechts.

Rajshekar, V. T., *Dalit: The Black Untouchables of India*. Atlanta 1995.

Raper, Arthur F., *The Tragedy of Lynching*. Chapel Hill 2017.

Rawat, Ramnarayan S./Satyanarayana K., *Dalit Studies*. Durham 2016.

Regester, Charlene B., *African American Actresses: The Struggle for Visibility, 1900–1960*. Bloomington 2010.

Regge, Jürgen/Schubert, Werner (Hg.), *Quellen zur Reform des Straf- und Strafprozeßrechts*, II. Abteilung, NS-Zeit (1933–1939) – Strafgesetzbuch, Band 2, 2. Teil. Berlin 1989.

Reuck, Anthony V. S. de/Knight, Julie (Hg.), *Caste and Race: Comparative Approaches*. London 1967.

Roediger, David R., *The Wages of Whiteness: Race and the Making of the American Working Class*. London 2007.

Ronningstam, Elsa, *Identifying and Understanding the Narcissistic Personality*. New York 2005.

Rothstein, Richard, *The Color of Law: A Forgotten History of How Our Government Segregated America*. New York 2017.

Roy, Arundhati, *The Doctor and the Saint: Caste, Race, and Annihilation of Caste, the Debate Between B. R. Ambedkar and M. K. Gandhi*. Chicago 2017.

Ryback, Timothy W., *Hitlers Bücher: Seine Bibliothek – sein Denken*. Köln 2010.

Safina, Carl, *Beyond Words: What Animals Think and Feel*. New York 2105.

Sakurai, Takamichi, *Political Theories of Narcissism: Towards Self-Reflection on Knowledge and Politics from the Psychoanalytic Perspectives of Erich Fromm and Fujita Shōzō*. Münster 2018.

Sartre, Jean-Paul, *Überlegungen zur Judenfrage*. Reinbek 1994.

Schermerhorn, Calvin, *Unrequited Toil: A History of United States Slavery*. Cambridge 2018.

Schrieke, Bertram J., *Alien Americans: A Study of Race Relations*. New York 1936.

Senart, Emile, *Caste in India: The Facts and the System*. London 1930.

Shah, Alpa u. a., *Ground Down by Growth: Tribe, Caste, Class and Inequality in 21st Century India*. London 2017.

Shapiro, Herbert, *White Violence and Black Response: From Reconstruction to Montgomery*. Amherst 1988.

Sharma, Ursula, *Caste*. New Delhi 1999.

Smaje, Chris, *Natural Hierarchies: The Historical Sociology of Race and Caste*. Hoboken 2000.

Smedley, Audrey/Smedley, Brian D., *Race in North America: Origin and Evolution of a Worldview*. Boulder 2012.

Smith, David L., *Less Than Human: Why We Demean, Enslave, and Exterminate Others*. New York 2011.

Smith, Lillian E., *Killers of the Dream*. New York 1961.

Sokol, Jason, *There Goes My Everything: White Southerners in the Age of Civil Rights, 1945–1975*. New York 2008.

Spiro, Jonathan Peter, *Defending the Master Race: Conservation, Eugenics and the Legacy of Madison Grant*. Lebanon 2009.

Srinivas, Gurram, *Dalit Middle Class: Mobility, Identity and Politics of Caste*. Jaipur 2016.

Stampp, Kenneth M., *The Peculiar Institution: Slavery in the Ante-Bellum South*. New York 1956.

Steinberg, Stephen, *The Ethnic Myth: Race, Ethnicity, and Class in America*. Boston 1981.

Steinweis, Alan E./Rachlin, Robert D., *The Law in Nazi Germany: Ideology, Opportunism, and the Perversion of Justice*. New York 2013.

Stevenson, Bryan, *Just Mercy*. New York 2014.

Sussman, Robert W., *The Myth of Race: The Troubling Persistence of an Unscientific Idea*. Cambridge 2014.

Thompson, Edgar T. (Hg.), *Race Relations and the Race Problem: A Definition and an Analysis*. Durham 1939.

Tocqueville, Alexis de, *Über die Demokratie in Nordamerika*, Zwei Teile in einem Band. Leipzig 1836.

Trouillot, Michel-Rolph, *Silencing the Past: Power and the Production of History*. Boston 1995.

Tushnet, Mark, *The American Law and Slavery, 1810–1860: Considerations of Humanity and Interest*. Princeton 1981.

Varel, David A., *The Lost Black Scholar: Resurrecting Allison Davis in American Social Thought*. Chicago 2018.

Vaughan, Alden T., *Roots of American Racism: Essays on the Colonial Experience*. Oxford 1995.

Verba, Sidney/Bashiruddin, Ahmed/Bhatt, Anil, *Caste, Race and Politics: A Comparative Study of India and the United States*. Beverly Hills 1971.

Voogd, Jan, *Race Riots and Resistance: The Red Summer of 1919*. New York 2008.

Ward, Jason M., *Defending White Democracy: The Making of a Segregationist Movement and the Remaking of Racial Politics, 1936–1965*. Chapel Hill 2011.

Washington, Harriet A., *Medical Apartheid: The Dark History of Medical Experimentation on Black Americans from Colonial Times to the Present*. New York 2007.

Washington, Robert E. / Cunnigen, Donald, *Confronting the American Dilemma of Race: The Second Generation Black American Sociologists*. Lanham 2002.

Weiner, Mark S., *Black Trials: Citizenship from the Beginnings of Slavery to the End of Caste*. New York 2006.

Weld, Theodore, *American Slavery as It Is: Testimony of a Thousand Witnesses*. New York 1839.

Westermann, Edward B., *Hitler's Ostkrieg and the Indian Wars: Comparing Genocide and Conquest*. Norman 2016.

Whitman, James Q., *Hitlers amerikanisches Vorbild: Wie die USA die Rassengesetze der Nationalsozialisten inspirierten*. München 2018.

Williams, Richard, *Hierarchical Structures and Social Value: The Creation of Black and Irish Identities in the United States*. Cambridge 1990.

Wiltse, Jeff, *Contested Waters: A Social History of Swimming Pools in America*. Chapel Hill 2007.

Wolcott, Victoria W., *Race, Riots, and Roller Coasters: The Struggle over Segregated Recreation in America*. Philadelphia 2012.

Woodward, C. Vann, *The Strange Career of Jim Crow*. New York 2002.

Yengde, Suraj, *Caste Matters*. Gurgaon 2018.

Yengde, Suraj/Teltumbde, Anand, *The Radical in Ambedkar: Critical Reflections*. Gurgaon 2018.

Young, Donald R., *American Minority Peoples: A Study in Racial and Cultural Conflicts in the United States*. New York 1932.

BÜCHER VON KJONA SIND NACHHALTIG SCHÖN

Unsere **AUTOR:INNEN** erhalten alle die gleiche hohe **BETEILIGUNG** über Branchenstandard – im Hardcover 12 % ab dem 1. Exemplar – unabhängig von Herkunft, Geschlecht und Bekanntheitsgrad.

ÜBERSETZER:INNEN sind Urheber:innen und stehen bei uns auf dem Cover.

Unsere Bücher werden wiedererkannt durch ein **KLARES, KONZENTRIERTES DESIGN**: Wir verzichten auf Schutzumschläge und auf sogenannte Veredelungen wie Farbschnitte, Lacke und Sonderfarben, die Schadstoffe enthalten. Und wir schweißen unsere Bücher auch nicht in Plastikfolie ein.

Unser **PAPIER** ist **RÜCKSTANDSFREI RECYCLEBAR**. Das cradle to cradle®-Zertifikat verweist zudem auf den verantwortungsvollen Umgang mit Wasser und auf faire Arbeitsbedingungen in der Produktion. Am Firmenstandort der Druckerei wird die Abwärme der Druckmaschinen zum Heizen genutzt und mit einer Photovoltaikanlage Strom erzeugt. Alle CO_2-Emissionen, die dennoch beim Druckprozess entstehen, werden zu 110 % kompensiert. So wird unser Druck klimapositiv.

Unsere **DRUCKFARBEN** sind aus **PFLANZENÖL**, nicht aus Mineralöl. Indem wir unsere Bücher und Vorschauen in **VARIABLE FONTS** setzen, können wir den Farbauftrag stufenlos regulieren und die **MENGE DER VERDRUCKTEN FARBE** reduzieren.

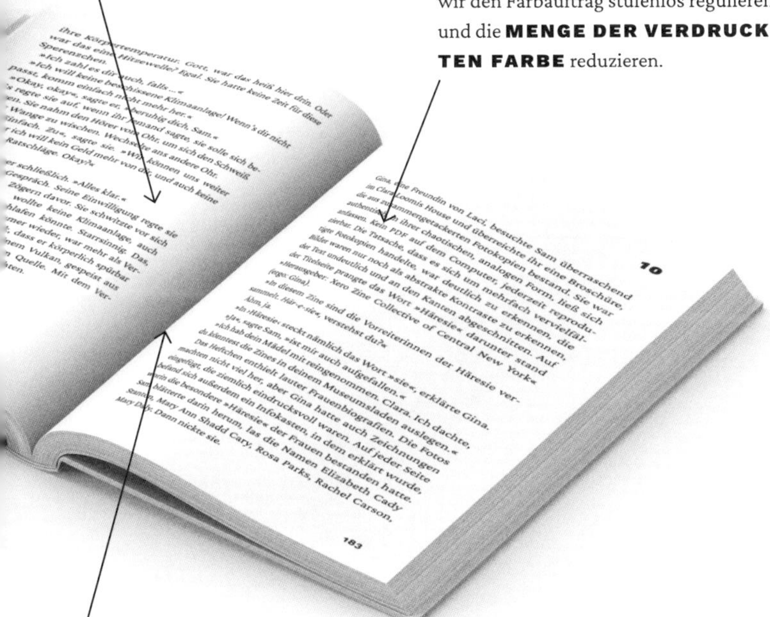

Aus Liebe zu Mensch und Umwelt:
Achten Sie auf unseren
NACHHALTIGKEITSHINWEIS

Unsere Bücher sind **FADENGEHEFTET** und somit anders als bei herkömmlichen Klebebindungen **ALTERUNGSBESTÄNDIG**.

NACHHALTIG · NEUGIERIG · UNABHÄNGIG ·

CERTIFIED cradle to cradle® SILVER

PurePrint® by gugler®
drucksinn.at

Zitate aus Quellen, die nicht auf Deutsch vorliegen,
hat Jan Wilm übersetzt.

Aus Liebe zu Mensch und Umwelt: klimapositiv gedruckt auf rückstandsfrei recyclebarem, alterungsbeständigem Papier.

FSC www.fsc.org MIX Papier aus verantwortungsvollen Quellen FSC® C005108

CERTIFIED cradle to cradle SILVER

PurePrint®
innovated by gugler* DruckSinn
Gesund. Rückstandsfrei. Klimapositiv.
drucksinn.at

WWW.KJONA.ECO

Deutsche Erstausgabe
Die amerikanische Originalausgabe erschien 2020 unter dem Titel *Caste. The Origins of Our Discontent* bei Random House, New York.

Korrektorat: Tamara Al Oudat
Covergestaltung: Marion Blomeyer, Lowlypaper
Covermotiv: Arthimedes
Foto im Nachsatz: Joe Henson
Innengestaltung und Satz: Herr K | Jan Kermes
Gesetzt aus der Crimson Pro und der Work Sans
Druck und Bindung: Gugler, Melk
ISBN 978-3-910372-04-7